Ulrich Im Hof
Das gesellige Jahrhundert

ULRICH IM HOF

Das gesellige Jahrhundert

Gesellschaft und Gesellschaften
im Zeitalter der Aufklärung

VERLAG C.H.BECK MÜNCHEN

CIP-Kurztitelaufnahme der Deutschen Bibliothek

Im Hof, Ulrich:
Das gesellige Jahrhundert: Gesellschaft u.
Gesellschaften im Zeitalter d. Aufklärung /
Ulrich Im Hof. – München: Beck, 1982.
ISBN 3 406 08708 6

ISBN 3 406 08708 6

© C.H. Beck'sche Verlagsbuchhandlung (Oscar Beck), München 1982
Satz und Druck: C.H. Beck'sche Buchdruckerei, Nördlingen
Printed in Germany

Inhalt

Zweiter Teil
Die Gesellschaften des 18. Jahrhunderts

Dritter Teil
Sozietätsbewegung und Sozietätsgedanke

Vierter Teil
Anhang

Unser Verhältnis zum 18. Jahrhundert

Zwischen unserm Zeitalter und dem 18. Jahrhundert liegen nicht nur zweihundert Jahre, sondern als politischer Trennungsstrich schieben sich verschiedene bürgerliche Revolutionen ein, von 1776 an in Nordamerika, von 1789 in Frankreich und von 1810 in den lateinamerikanischen Ländern. Sie wollten mit den politischen und sozialen Strukturen der alten Zeit brechen und konnten es auch auf weiten Strecken. So ist für die einen das 18. Jahrhundert eine Zeit der Tyrannis, des verlängerten Mittelalters, der Herrschaft der Kirchen über Schriftstellerei und Schule, der Ungleichheit bürgerlicher Rechte, der Oligarchie, der Unfreiheit, des gesellschaftlich-ständischen Zwanges, ja des bäuerlichen Elends. Für die andern aber ist es ein Gegenstand nostalgischer Sehnsucht nach einer intakten Ordnung der patriarchalischen Zucht, der Stabilität und der Ruhe, der Ausgeglichenheit. Wenn man in der romantischen Epoche, die auf die Revolutionszeit antwortete, seiner Sehnsucht nach der Burg, dem Schloß, der Kathedrale und dem Kloster poetischen Ausdruck gab, und wenn man vom Mittelalter schwärmte, so war das oft nur Jugenderinnerung an eine vorrevolutionäre Zeit. Die Schlösser Eichendorffs und Chateaubriands, Lubowitz und Combourg, stehen dafür! Das 18. Jahrhundert selbst hatte freilich schon sein eigenes Idyll geschaffen, dasjenige der Schäfer und Hirten, wie es mit Feder oder Stift Geßner und Fragonard festhielten.

Positive und negative Geschichtserinnerungen halten sich die Waage. Die Royalisten unter den Franzosen verehren die Größe der Monarchie, in Österreich ist die gute Kaiserin – Maria Theresia – nicht vergessen. Das konservative Spanien erinnert sich der letzten Kolonialherrlichkeit, und wer ist nicht vom Zauber des Venedig der Canaletto, Guardi und Guardini gefangen?

Aber: Nordamerika denkt an die britische Kolonialunterdrückung, Deutschland an die Unfähigkeit der Duodezfürsten des Heiligen Römischen Reiches Deutscher Nation, England erinnert sich der Korruption seiner Parlamentsstädte, der „rotten boroughs". Für Italien bedeutet die Epoche habsburgisch-bourbonische Fremdherrschaft. Und selbst die freie Schweiz will um die Mißwirtschaft der eidgenössischen Landvögte in den Gemeinen Herrschaften wissen.

Einigkeit herrscht darüber, daß das Jahrhundert eine Zeit intelligenter

Leute gewesen ist, die allerdings Ideen und Techniken erfanden, die sich im 19. und 20. Jahrhundert nicht nur gut ausgewirkt haben. Immerhin waren es Intellektuelle von aristokratischem Anstrich und gemäßigten Ansichten.

Lebendig aber ist heute noch und heute mehr denn je die Musik der Zeit, die Musik der Corelli, Vivaldi, Albinoni, Händel, der verschiedenen Bach, von Stamitz, Haydn, Mozart, Gluck, Boccherini und so vielen andern. Durch die Concerti, Sinfonien und Menuette findet man sicher am unmittelbarsten den Zugang zum Zauber dieses Zeitalters.

Malerei kann ebenfalls so unmittelbar wirken – wenn man dieses Vorspiel zu den Impressionisten erkennt –, seien es die Stilleben von Chardin oder die Porträts von Lawrence, Gainsborough, Latour oder Graff. Auch die verspielte Architektur des Rokokos mag ansprechen, aber wie leicht verstaubt sie doch. Ein Zeitalter wie unser eigenes, das der Romanik und noch mehr dem Archaischen zugewandt ist, hat hier seine Mühe.

Wenn schon die Architektur mit ihren Schnörkeln und ihren zarten Farbspielen dem Verblassen mehr als andere Künste ausgeliefert ist, so um so mehr die Literatur. Man ist im 18. Jahrhundert weit weg von der urtümlichen Kraft, die noch die Sprache des 16. und 17. Jahrhunderts bewegte. Zwar sind die so lebendigen Jugendgedichte Goethes und sein stets aufwühlender ‚Faust‘ Werke des 18. Jahrhunderts, – aber wie Schiller konfrontiert uns gerade Goethe mit dem Problem der marmorkalten Klassik und dem feierlichen Neuhumanismus. Wohl leben noch so und so viele Aussprüche von Swift und Voltaire – den großen Spöttern des Jahrhunderts – wer aber liest noch ihre Bücher? Gullivers Reisen sind zum Kinderbuch geworden ... Da sollte das 19. Jahrhundert viel zudecken.

Doch ist es nicht so, daß Zopf und Perücke, Dreispitz und Galanteriedegen, Reifrock und das zierliche Mieder als Mode immer noch Entzükken hervorrufen? Und schließlich halten die Melodien und Worte der Volkslieder oft diese Zeit fest – bis zu den beliebten Militärmärschen wie etwa dem ‚Hohenfriedberger‘ oder den ‚British Grenadiers‘.

Endgültig vorbei aber ist es mit bestimmten Staaten und bestimmten Gesellschaftsformen. Das 18. Jahrhundert ist die letzte Frist für die großen Republiken Venedig, Genua, die deutschen Reichsstädte. Es ist die vorletzte Frist für den kleinen Adel, die Reichsritter und besonders für die französischen Seigneurs, die auf fünfhundert bis tausend Jahre Tradition zurückblicken dürfen, beginnt „es" doch allüberall etwa mit Karl dem Großen, mit Charlemagne oder zumindest mit den Kreuzzügen. Und das gleiche gilt für die Kirche: Es ist die letzte Zeit der fürstlichen Bischofssitze und Abteien mit weltlicher Gewalt. Wohl brachte die Restauration von 1815 an noch einen Abendschimmer ehemaliger Herrlichkeit, aber nicht mehr ... und viele von Frankreichs Klöstern sind säkularisiert, verkauft und zerfallen seither zu Ruinen.

Das 18. Jahrhundert ist eine Welt ohne Fabriken, ohne Eisenbahnen, ohne Hinterlader. Es ist die Welt der Kutschenfahrt, der schlechten Straßen, der Segelschiffe, der eleganten Fregatten, der Stadttore und des Mauerrings, der unüberbauten Bauernlandschaft, der Gebirgswelt ohne Hotels und Bergbahnen! Welt aber auch von nicht sehr weit getriebener Hygiene und sehr begrenzter Medizin, der Kindersterblichkeit und des frühen Todes. Aber eines Hinscheidens, das noch in festen Normen einer Kirche stattfinden konnte und das sich durch die Hoffnung auf Unsterblichkeit der Seele erleichterte.

Das 18. Jahrhundert ist aber immer noch die Welt des Bettlerelends, der Straßenräuber, der deutlich zu Schau getragenen sozialen Unterschiede. Von denen, die auf der guten Seite der Barrikade angesiedelt waren, träumten jedoch viele den Traum einer besseren Zeit, eines sozialen und politischen Fortschritts, der in vielleicht nicht allzu ferner Zeit verwirklicht werden könnte.

Zu diesem Buch

Es trägt den Titel ‚Das gesellige Jahrhundert. Gesellschaft und Gesellschaften im Zeitalter der Aufklärung'. Wenn wir hier vom 18. Jahrhundert als einem „geselligen" Jahrhundert sprechen, so geschieht das darum, weil sich damals – wie kaum je in andern Zeitaltern – eine intensive und kultivierte Geselligkeit entwickelte und verbreitete, die sich vornehmlich in neuen gesellschaftlichen Formen, in „Sozietäten" ausdrückte.

Im ersten Teil dieses Buches soll die Gesellschaft des 18. Jahrhunderts vorgestellt werden, so wie sie das Jahrhundert selber sah und erlebte, die Gesellschaft vom Kaiser und König hinunter bis zum Bettler und Landstreicher. Zwar hat unermüdliche Forschung gerade der neuesten Zeit nachgewiesen, wie brüchig diese schön gestufte Welt geworden war, die immer noch nach dem mittelalterlichen Schema der „Drei Stände", des Adels, der Geistlichkeit und des „Dritten Standes", verwaltet und regiert wurde. Die vielberufene „Emanzipation des Bürgertums" ist im 18. Jahrhundert in vollem Gange, und „unter" dem Bürgertum stellen wir Wandlungen bei den Bauern und in der meist noch ländlichen Arbeiterschicht fest. Dennoch ist vordergründig der Welt Ordnung noch vom alten Schema bestimmt, und erst am Ende des Jahrhunderts sollten die festgefügten Dinge in Durcheinander geraten.

Innerhalb dieser alten Welt aber gingen geistige, wirtschaftliche und soziale Veränderungen hintergründig vor sich. Sie finden ihren beredten Ausdruck in dem, was man im deutschen Sprachgebiet „Aufklärung" nennt. Innerhalb dieser Bewegung stellen nun die „Gesellschaften", die „Sozietäten", einen gewichtigen Faktor dar, der erst seit den letzten Jahren durch die Forschung in seinen Zusammenhängen erkannt worden ist. Es handelt sich um die Akademien, die gelehrten und literarischen Gesellschaften, die Lesekabinette und Lesegesellschaften, die gemeinnützigen, ökonomischen Gesellschaften und schließlich die Freimaurerlogen, die im Laufe des Jahrhunderts ein teils ungemein dichtes Netz in Europa, aber auch in beiden Amerika bilden.

Diese auffallende Häufung von Gesellschaftsgründungen und Gesellschaftsaktivitäten, die man „Sozietätsbewegung" nennen kann, soll der Gegenstand des zweiten Teils des Buches sein. Es handelt sich dabei um ein gewisses Wagnis, denn wir befinden uns mitten in der Erforschung dieser Bewegung. Frankreich hat diese Forschung schon weit getrieben. In Deutschland und der Schweiz ist sie seit einigen Jahren in Gang gekommen. In andern Ländern scheint dieses Thema noch relativ wenig Untersuchung gefunden zu haben.

In diesem Buch wird das Schwergewicht auf die deutsche und – man möge das aus der Herkunft des Autors heraus verstehen – schweizerische Welt des 18. Jahrhunderts gelegt, doch wird versucht – und das ist in diesem so universal denkenden Jahrhundert wichtig –, stets den Gesamtzusammenhang zu sehen jener abendländischen Welt Europas und der beiden Amerika, die seit langer oder kürzerer Zeit von den antik-christlichen Kulturvorstellungen bestimmt ist.

Besonderer Dank sei hier Daniel Roche, dem Verfasser der voluminösen, vor kurzem erschienenen Darstellung der französischen Provinzakademien gesagt, wie auch Jerzy Wojtowicz für seine Untersuchungen im damals noch so umfassenden polnischen Raum, sowie dem unter Rudolf Vierhaus stehenden ,,Wolfenbütteler Symposion" über ,,patriotische und gemeinnützige Gesellschaften" im September 1977 und der von der ,,Historischen Kommission zur Erforschung des Pietismus" (Andreas Lindt und andere) veranstalteten Tagung anläßlich des 200. Jahrestag der ,,Deutschen Christentumsgesellschaft" im Oktober 1980; schließlich François de Capitani und Emil Erne, sowie allen andern Mitarbeitern im Historischen Institut der Universität Bern.

Erster Teil

Die Gesellschaft des 18. Jahrhunderts

I. Die Sozialordnung der Stände

1. Die Welt der Monarchen

Die Könige
Seit Menschengedenken regieren über die Schicksale dieser Welt die Könige und der Kaiser. Sie waren schon immer da, als Statthalter Gottes auf Erden für deren irdische Belange, letztlich Erben der Kaiser des altrömischen Imperiums.

Die Kronen dominieren Europa. Ein Dutzend Monarchen tragen Kaiser- oder Königskronen. Am besten hatte es Ludwig XIV. von Frankreich für mehr als ein halbes Jahrhundert verstanden, königliche Pracht und Herrlichkeit vorzuleben und auch durch reale Machtentfaltung spürbar zu machen. Er und sein Hof zu Versailles waren zum Vorbild für so gut wie alle Monarchen geworden. Seine Herrschaft endet zu Beginn des Jahrhunderts. Ludwig XV. löst ihn ab und regiert wiederum für ein gutes halbes Jahrhundert. Als er stirbt und Ludwig XVI. auf den Thron kommt, ist vieles anders geworden und Frankreich nicht mehr allein erste Macht in Europa.

Ludwig XIV. hatte dafür sorgen können, daß sein Haus, das Haus Bourbon, in zwei weiteren Königsreichen regierte. Es hatte in Spanien die Habsburger abgelöst (1700/1714). Auf Philipp V. folgen Ferdinand VI., Karl III. und IV. Das Regime der letztern beiden lebt weiter in den Porträts Goyas. Die spanisch-bourbonische Herrlichkeit findet ihre Repliken in den Vizekönigreichen über den Meeren, in Mexiko, Peru, Neu Granada, La Plata und den Philippinen. Als Sekundogenitur besitzen die Bourbonen außerdem das Königreich beider Sizilien, mit dem königlichen Hof in Neapel, mit Karl III. und Ferdinand IV.

Bis zum Beginn des 18. Jahrhunderts hatten die Habsburger von Wien und Madrid aus die Welt kontrolliert, nun saß zwar immer noch ein Habsburger in Wien, als Kaiser des Heiligen Römischen Reiches Deutscher Nation in alter Herrlichkeit. Kaiser war er, also erster Herrscher vor allen andern, wenn sich auch die Könige schon längst nicht mehr um dieses Vorrecht kümmerten. Er trug immer noch die alten Königskronen von Deutschland, Burgund und Italien, auch wenn Burgund schon hundert Jahre lang in der Hand des französischen Königs war und in Italien nur noch Restbestände von Wien aus kontrolliert wurden. Realität lag im

Königstitel von Ungarn und in demjenigen von Böhmen, Realität auch in der Herrschaft über die südlichen Niederlande, das heutige Belgien, über die schmal gewordene Lombardei und die Toscana. Mühselig versuchte in Wien, wo das schwere spanische Zeremoniell noch weiter lebte, Karl VI., das Überkommene zu wahren und vor allem seiner Tochter Maria Theresia die Nachfolge zu sichern. 1740 ereignete sich aber das längst Gefürchtete, daß ein anderer deutscher Fürst, der Kurfürst von Bayern als Karl VII. Kaiser wurde (1742–1745). Indessen ging die Kaiserkrone gleich nach dessen Tod wieder an Habsburg, an den Gatten der Maria Theresia, Kaiser Franz I. Maria Theresia selbst aber behauptete sich in ihren Landen, und als „Kaiserin" sollte sie Wien erneute Bedeutung verschaffen.

Paris und Wien waren unbestritten die großen Höfe mächtiger Staaten. Zu ihnen gesellten sich die andern Höfe, teils älteren Datums. In London residierte der König, der die Kronen Englands, Irlands und Schottland trug. Seit 1714 – nach dem Aussterben der protestantischen Stuarts – waren es die George aus dem deutschen Hannover. Hier war die kaufmännische Großstadt wichtiger und interessanter als der königliche Palast von St. James. In Kopenhagen erholten sich die dänischen und gleichzeitig norwegischen Könige – der vierte und der fünfte Friedrich und der sechste und der siebente Christian – von den vergangenen aufregenderen „großen" Zeiten des Seeheldenkönigs Christian IV. Auch im Stockholm der Königin Ulrika Eleonora, ihres Gatten Friedrich, und Adolf Friedrichs erholte man sich von vergangenen Heldentaten, – hier vom spektakulären König Karl XII. (1697–1718), der den ganzen Norden bis weit nach Rußland hinein achtzehn Jahre lang in Atem gehalten hatte. In Kopenhagen und Stockholm verstand man es, elegant eine nordische Variante des französischen Hofstils aufzubauen. Nachdem man sechzig Jahre lang von Madrid aus regiert worden war, erfreute man sich in Lissabon seit 1640 wieder eines einheimischen Hoflebens unter den Königen aus dem Haus Braganza: Im 18. Jahrhundert sind es Johann V., Joseph I. und die Königin Maria.

Das 18. Jahrhundert hatte zwei neue Könige kreiert: Der Kurfürst von Brandenburg war König in Preußen (1701) geworden und der Herzog von Savoyen König von Sardinien (1720); königliche Höfe gab es jetzt also in Berlin und in Turin.

Schließlich gab es immer noch einen König in Polen – in der ersten Jahrhunderthälfte waren es die Wettiner, die Kurfürsten von Sachsen (1697–1763), und somit konnte sich der entsprechende Glanz in Dresden entwickeln. Und weit weg im Nordosten war der russische Kaiser, der Zar, allmählich zu einer europäischen Größe geworden.

Unter diesen Kaisern und Königen sind heute noch vier als „große" Monarchen bekannt; bekannt, weil sie vor allem brachen mit dem überkommenen Bild des absoluten Königs von Gottesgnaden à la Ludwig XIV., weil sie effektiv und nicht durch ihre Minister regieren wollten. Alle überstrahlte der „Aufsteiger" Friedrich II. (1740–1786), der „Große" von Preußen, der „Philosoph" von Sanssouci – sein Schloß in Potsdam war mehr Arbeitskabinett als Hof. Er mokierte sich über die überkommene monarchische Pracht und Hofwelt und gab sich als „premier serviteur de l'Etat"; er war sein eigener Premierminister und sein eigener Feldherr. Parallel aber verstand es Kaiserin Maria-Theresia (1740–1790) in einem andern, aber ebenfalls nicht ludovicischen Stil die Monarchie zu führen, als Landesmutter im alten Sinn, was sie nicht daran hinderte, klug zu erneuern. Allerdings sollte ihr Sohn, der „gekrönte Revolutionär" Joseph II. (1780–90), ein eigenartiges Gemisch von monarchischer Autorität und „demokratischem" Gehabe, alles wieder in Frage stellen. Und schließlich ist die Prinzessin Sophie von Anhalt-Zerbst zu nennen: Aus einem recht kleinen deutschen Fürstentum gelangte sie durch Heirat mit Zar Peter III. nach St. Petersburg, wo sie als Katharina II. in ihrer Regierungszeit (1762–96) Europa erstaunte, mit einem aufklärerischen Programm, das seinesgleichen suchte.

Die vier genannten Monarchen führen „persönliches Regiment"; darin versuchten sich auch die Savoyer in Turin, zumindest Victor Amadeus und Karl Emanuel III., aber in altväterischer Weise. Aufgeklärter taten dies auch Stanislaus Augustus von Polen und Gustav III. von Schweden, ohne dabei Glück zu haben. Auch Georg III. (1760–1820) von Großbritannien machte sich zu Beginn seiner Regierung an ein „persönliches Regiment". Großbritannien hatte sich jedoch seit der „Glorreichen Revolution" daran gewöhnt, daß sich die „Krone im Parlament" und nicht über ihm befand, und der dritte Hannoveraner mußte mit seinem Programm der „königlichen Freunde" scheitern.

Die meisten Monarchen überließen ihrem ersten Minister unterschiedlicher Qualität oder auch ihren Mätressen bzw. deren Günstlingen die Herrschaft. Besonders deutlich wurde dies im Frankreich Ludwigs XV., wo man vom Regnum der Madame de Pompadour sprechen kann. Jeanne-Antoinette Poisson – von niedriger Herkunft – bestimmte die Geschicke Frankreichs, als „Maîtresse en titre", von 1745 bis zu ihrem Tod. Madame Du Barry folgte, mit geringeren politischen Ambitionen.

Es ist auffallend, daß in diesem Jahrhundert durch den Zufall der Erbfolgen Frauen in vielen Monarchien zum Regiment gelangten, nicht allein die zwei Kaiserinnen Maria Theresia und Katharina II. Das Jahrhundert beginnt mit Königin Anna in Großbritannien (1702–1714) und

mit Königin Ulrike Eleonore in Schweden (1718–1720). Es endet mit
Königin Maria in Portugal (1777–1816). Schon vor Katharina II. dominieren Frauen in Rußland, die Nachfolgerinnen Peters des Großen, Katharina I., Anna und Elisabeth. Dann wären einflußreiche Gattinnen von
Königen zu nennen wie etwa Elisabeth Farnese, die Gattin des spanischen Königs Philipp V., Karoline Mathilde in Dänemark, die Gattin des
zur Regierung unfähigen Christian IV., oder Maria Karolina im Neapel
Ferdinands IV. Frauen hatten schon immer eine wichtige Rolle in den
Monarchien gespielt, als Gattinnen der Könige, als deren Mätressen oder
als Königinwitwen; doch scheint dieses Jahrhundert, in welchem die
Emanzipation der Frau beginnt, auch an den Höfen Frauen günstig gewesen zu sein.

Für einen König gab es noch anderes zu tun, als zu regieren, und viele
zogen diese königlichen Beschäftigungen den Mühseligkeiten der Verwaltung vor. Dann widmete sich der Monarch dem Amüsement des Hoflebens und ging auf die Jagd. Nur in Berlin und in Turin legte man
weniger Wert auf solch königliche Tätigkeit, dort arbeitete man.

Drei Monarchen lebten geistig gestört zeitweise außerhalb dieser Rea-
litäten, die beiden Spanier Philipp IV. und Ferdinand VI. sowie Christian VII. von Dänemark. Georg III. von England zeigte früh schon Anzeichen von Geisteskrankheit, wurde aber erst sehr spät (1811) durch den
,,Prinzregenten", den späteren Georg IV., ersetzt.

Der Großteil der Monarchen lebte der Repräsentation, fernab von
Regierungsgeschäften und vom zu regierenden Volke, aber nach wie vor
getragen von einer unerschütterlichen Tradition der Treue und Ergeben-
heit; von Gott eingesetzt und nur ihm verantwortlich. Alle zusammen
blickten stolz auf einen uralten Stammbaum, und wenn auch in den
meisten Staaten die Königshäuser wechseln mußten, wenn kein männli-
cher Erbe da war, so war die neue Linie doch auch sehr alt, und die
Heirat garantierte ebenbürtige Abstammung. Ob jetzt die deutschen
Holstein-Gottorp in Schweden regierten oder die französischen Bourbonen in Spanien, – durch die Mutter, die Großmutter oder die Urgroßmut-
ter war der Zusammenhang mit der heimischen Dynastie gewahrt. So
handelt es sich um eine große Verwandtschaft auf den Thronen, die
intereuropäischen Charakter hat. Nur Jonathan Swift war so frech, sich
einmal im ,,Gulliver" ein Dutzend Könige heraufbeschwören zu lassen
mit ihren ,,richtigen" Vorfahren. Dann sah er vor sich, anstelle einer
langen Reihe von Gekrönten: in der einen Dynastie zwei Geiger, drei
geschniegelte Höflinge, einen italienischen Prälaten und in einer andern
einen Barbier, einen Abt und zwei Kardinäle. Doch bricht Swift diese
unerfreuliche Erscheinung mit der Bemerkung ab, er habe eine zu große

Verehrung für gekrönte Häupter, als daß er noch länger bei diesem so hübschen Thema verweilen wolle ...

Auch ein Swift wollte nicht an der überkommenen Institution rütteln. Nur wenige dachten daran, die Monarchen irgendwie zur Rechenschaft zu ziehen, wie dies noch in der Mitte des 17. Jahrhunderts mit Karl I. von England geschehen war, den das Parlament hatte hinrichten lassen. Die Erinnerung an diesen schrecklichen Einzelfall verdrängte man. Erst anderthalb Jahrhunderte später ereigneten sich 1792/93 gleich zwei ,,Königsmorde". Gustav III. von Schweden wurde an einem Maskenball das Opfer eines Adelskomplotts, und das revolutionäre Frankreich ließ seinen durch die Republik schon abgesetzten König Ludwig XVI. öffentlich hinrichten.

Doch das geschah zu Ende des 18. Jahrhunderts. Bis zum Beginn der Französischen Revolution war die Welt der Könige unerschüttert. Wenn in Rußland 1762 Zar Peter III. erdrosselt wurde, so lag das außerhalb des Normalen, weitab in barbarischer Umgebung. Wenn die Vereinigten Staaten von Amerika 1776 ihren König Georg III. absetzten, so vollzog sich dies über dem großen Meer, in der kolonialen Welt.

Mit dem Dutzend Königskronen war aber diese monarchische Welt keineswegs vollständig repräsentiert. In zwei Ländern, Deutschland und Italien, hatte sich eine Pluralität von Fürstlichkeiten entwickelt. Besonders in Deutschland war sie schier grenzenlos. Begnügte sich Italien immerhin mit nur ein paar kleineren Herrschaften: Großherzogtum Toscana, den Herzogtümern Modena, Parma, Piacenza, Mantua, dem Königreich beider Sizilien und dem Sonderfall des päpstlichen Kirchenstaates, so zählte das Heilige Römische Reich Deutscher Nation seine über 250 Fürstlichkeiten: Neben dem Kaiser und dem König von Preußen, sowie den Kurfürstentümern von Sachsen, Hannover und Bayern fand man da alle Varianten von Herzögen, Markgrafen, Pfalzgrafen, Fürsten und gewöhnlichen Grafen, ganz abgesehen von den Fürstbischöfen und Fürstäbten, die alle Souveränität beanspruchten und so über Hofhalt, Residenz mit Schlössern, Jagden etc. verfügten. Es sind dies die Duodezfürsten des Alten Reiches, Fürsten im Kleinstformat. Einige von ihnen besaßen aber doch so viel Macht, daß sie ihr kleines Versailles ganz nett ausstaffieren konnten – auch wenn sie politisch von geringer Bedeutung waren.

Der fürstliche Hof

Abbild von fürstlicher Herrlichkeit und Macht war der fürstliche Hof. Wir wählen zur Verdeutlichung einen von den mittleren aus, denjenigen des Herzogs von Württemberg, Karl Eugen (1737–1793). Allerdings ist dieser Hof einer der spektakulärsten im Deutschen Reiche gewesen. Der schwäbische Dichter Justinus Kerner hat im ‚Bilderbuch aus meiner Knabenzeit' Erinnerungen an den Ludwigsburger Hof festgehalten, so wie er ihn als Söhnchen des Oberamtmanns der Stadt erlebt hatte: „Während meiner ersten Kindheit regierte noch der Herzog Karl Eugen. Er hatte in Ludwigsburg seine Sommerresidenz, und in dieser Zeit füllten sich die weiten, menschenleeren Gassen, Linden- und Kastanienalleen Ludwigsburgs mit Hofleuten in seidenen Fräcken, Haarbeuteln und Degen und mit den herzoglichen Militärs in glänzenden Uniformen und Grenadierkappen, gegen welche die andern wenigen Bewohner in bescheidenen Zivilröcken verschwanden. Das prachtvolle Schloß mit seinen weiten Plätzen und Gärten, der nahe Park mit dem sogenannten Favoritschlößchen, die schattenreichen Alleen von Linden und Kastanienbäumen, die in weiten Reihen auf die Stadt zuliefen und selbst in der Stadt die schönsten Schattengänge voll Blüten und Duft bildeten, der große weite Marktplatz der Stadt selbst mit seinen Arkaden waren oft der Schauplatz der Vergnügungen dieses weltlustigen Fürsten, Schauplätze von Festen, die, gedenkt man ihrer in jetziger Zeit, einem wie bunte Träume erscheinen. So fanden in der dem Schlosse gegenüber gelegenen Favorite die ungeheuersten Feuerwerke statt, mit einem Aufwande, der dem am Hofe von Versailles gleichkam. Auf dem bei der Stadt gelegenen See wurden Feste gegeben, bei denen schöne Mädchen der Stadt als Seeköniginnen figurieren mußten. In seinen früheren Zeiten schuf der Herzog oft im Winter, in den sein Geburtstag fiel, Zaubergärten, ähnlich denen, die in den Erzählungen von ‚Tausend und eine Nacht' vorkommen. Er ließ in der Mitte des Herbstes über die wirklich bestehenden schönsten Orangengärten von 1000 Fuß in der Länge und 100 in der Breite ein ungeheures Gebäude von Glas errichten, das sie vor der Einwirkung des Winters schützte. In dessen Wänden verbreiteten zahllose Öfen Wärme. Das ganze Gewölbe des großen Gebäudes trug das schönste Grün, und es hing so in der Luft, daß man keinen einzigen Pfosten bemerkte. Da bogen sich Orangenbäume unter dem Gewichte ihrer Früchte. Da ging man durch Weingärten voll Trauben wie im Herbste, und Obstbäume boten ihre reichen Früchte dar. Andere Orangenbäume wölbten sich zu Lauben. Der ganze Garten bildete ein frisches Blätterwerk. Mehr als 30 Bassins spritzten ihre kühlen Wasser, und 100000 Glühlampen, die nach oben einen prachtvollen Sternenhimmel bildeten, beleuchteten nach unten die schönsten Blumenbeete."

„In diesem Zaubergarten nun wurden die großartigsten Spiele, dramatische Darstellungen und Ballette und Tonstücke von den größeren Meistern damaliger Zeit ausgeführt. Das war noch die Zeit der stürmischen

Periode dieses Herzogs, wo er bei einem solchen Feste einmal in weniger als fünf Minuten für 50000 Taler Geschenke in geschmackvollen Kleinodien an die anwesenden Damen austeilte."

„Auf dem großen Marktplatze, auf dem die Oberamtei, das Haus meiner Geburt, stand, wurden venezianische Messen gehalten. Der große Marktplatz war zeltartig mit Tüchern bedeckt, Verkäufer und Käufer waren maskiert. Es war ein buntes Getümmel von Masken, welche die tollsten Aufzüge und Spiele ausführten, worunter nicht das stärkste ein riesenhafter Heiducke des Herzogs war, der in die Maske eines Wickelkindes gekleidet, in einer Wiege herumgeführt und mit Brei von einer Amme, die ein Zwerg war, gespeist wurde. Von den Fenstern des Oberamteigebäudes konnte man den Marktplatz am besten überschauen, daher nahm der Herzog in solcher Zeit mit seiner Gemahlin Franziska den Aufenthalt daselbst."

„Meine Eltern mußten da jedesmal Raum schaffen, ja, auch die unteren Gelasse des Hauses, wo die Schreibstuben waren, mußten geleert werden: denn hier wurde in solcher Zeit eine Pharobank (ein damals beliebtes Glückspiel) eingerichtet."

„Der Herzog mit seinem goldbordierten Hütchen, seiner mit Buckeln gepuderten Frisur mit einem Zöpfchen, seinem kirschroten Rocke, seiner gelben Pattenweste, seinen gelben Hosen, hohen Stiefeln und Stiefelstrümpfen und die Herzogin in weitem Reifrocke mit schlanker Taille, hoher gepuderter Frisur, auf der hoch oben eine gelbe Bandschleife wie ein Kanarienvogel saß, sind meine ganz im Nebel schwimmenden, traumhaften Erinnerungen."

Diese Herzogin war Franziska von Hohenheim, Freiin von Bernardin, die – sie war mit einem Freiherrn verheiratet – der Herzog 1771 entführt hatte und die er schließlich 1784 in morganatischer Ehe heiratete. Sie ist – wie nicht jede fürstliche Mätresse – beim württembergischen Volk in bester Erinnerung geblieben, als das wohltätige „Franzele".

Später kommt Kerner auch auf eine andere Seite höfischer Welt zu sprechen, auf das Militär. „Hier marschierten oft die riesigen Grenadiere, man hieß sie Legioner des Herzogs, zur Parade oder bezogen die nahestehende Hauptwache. Sie waren nach dem Schnitte der Leibgarde Friedrichs des Großen gebildet, in Größe und Gestalt von Pappelbäumen, in roten Fräcken mit schwarzen Aufschlägen, und hatten auf den gepuderten Häuptern über den steinharten Zöpfen hohe spitze Grenadiermützen sitzen, die mit gelbem Bleche beschlagen waren. Oft hatte man hier auch derben Ohrenschmaus von einer Versammlung von Tambours, nach deren Trommelschlag ein gnädiger Pardon den diesem Soldatenjammer entlaufenen Landeskindern verkündigt wurde. Nicht selten fand auch auf diesem Platze die leidige Exekution eines Spießrutenlaufens statt oder konnte man aufgerichtete Galgen bewundern, an denen die Namen Desertierter angeschlagen waren."

Hier schließt Kerner einen kurzen Bericht an über eine der Finanzierungsmöglichkeiten solch eines Hoflebens: „Es ist mir auch noch wie ein Traum, daß ich die letzte, späteste Lieferung der von dem Herzog Karl an Holland verkauften, nach dem Kap bestimmten Truppen unter dem Gesange des schönen Liedes von Schubart: ‚Auf, auf, ihr Brüder und seid stark!' (des sehr populären Kapliedes mit einer außerordentlich zügigen Melodie) die Schloßallee hinabziehen sah."

Nicht nur Württemberg, auch andere deutsche Fürsten pflegten ihre Landeskinder regimentsweise zu verkaufen in gezwungenen fremden Dienst, sei es nach Amerika für die Engländer oder – wie hier – nach der niederländischen Kapkolonie.

Kerner schließt seine Erinnerungen an den Ludwigsburger Hof mit der Beschreibung vom Ende der Karl-Eugenschen Pracht. „Noch lebendiger aber erinnere ich mich eines andern Zuges – des nächtlichen Leichenzuges des Herzogs zur Gruft seiner Väter im Corps des Logis des Schlosses. Wachskerzen und brennende Pechkränze waren von dem Tore an, durch das man von Stuttgart kommt, bis zur Schloßkirche aufgestellt. Durch diese ging der Zug mit der Leiche des Herzogs, von acht schwarzbehängten Schimmeln gezogen, gefolgt von Wagen, Trabanten und Reitern, aber nicht langsam und feierlich, sondern unbegreiflicherweise rasch dem Dunkel zu, in dem aller Erdenglanz auf immer erlischt."

Kerner erfaßt in seinem Bericht so gut wie alle Elemente eines fürstlichen Hofes. Der Hof manifestiert sich primär durch das Residenzschloß, eines von den vielen Schlössern, in welchem der Fürst Hof zu halten pflegt, aber das wichtigste, das repräsentativste. Das alte Schloß in der Hauptstadt wird verlassen, denn man will sich freier bewegen können, als dies im Rahmen einer altväterischen oder einer zu großen Hauptstadt möglich ist. So verläßt der französische König im 17. Jahrhundert den Louvre und zieht nach Versailles, die Kurfürsten von Hannover gehen nach Herrenhausen und eben der württembergische Herzog von Stuttgart nach Ludwigsburg. Da läßt es sich nach beliebigem Ermessen planen und bauen, und man ist durch wenig gehemmt in der Ausfaltung. Versailles wird überall kopiert – aber nicht allein als Bau und als Gartenanlage: Das neue Schloß, sein Park bedingen eine ganz andere Ausstattung an Personal. Da ist einmal die Leibwache, in Versailles und an andern Höfen ist es die Schweizergarde. Für die Beweglichkeit ist ein großer Wagenpark an Kutschen neuester Ausstattung vonnöten. Für die Unterhaltung muß einmal ein stilvolles kleines und intimes Theater in das Palais eingebaut werden. Und dann kann man mit dem Genießen anfangen. Man hört und sieht italienische Opern. Wenn nicht Theater gespielt wird, dann organisiert man die großen Tanzanlässe, die Hofbälle. Und überall erklingt Musik: ,,Musik weckte den Kurfürsten; Musik begleitete ihn zur Tafel; Musik scholl auf seinen Jagden; Musik beflügelte seine Andacht in der Kirche; Musik wiegte ihn in balsamischen Schlummer, und Musik hat diesen wahrhaft guten Fürsten gewiß im Himmel bewillkommt." So sagt der sonst so kritische Daniel Schubart vom pfälzischen Kurfürsten Karl Theodor, der aus seinem Mannheimer Hof ein musikalisches Zentrum machte, das seinesgleichen suchte. In den Parkanlagen erfreut man sich der Wasserspiele – geblieben ist Händels ,,Wassermusik" – und großartigen Feuerwerks. Intime Soupers wechseln mit großen Banketten – mit komplizierten Tischordnungen. Wenn der Fürst Friedrich heißt, dann stellt man die Tische in der Form eines -F- auf. Unterhaltsam ist auch die Parade, die große Truppenschau.

Was treibt der Hof, wenn er nicht in diesen großen Aktionen tätig ist? Es wird sehr viel gespielt, gewonnen und verloren – und mehrmals kann eine Existenz ruiniert werden. Man trinkt im 18. Jahrhundert weniger als im 17. Das Amüsement ist raffinierter geworden. Die Jagd aber bleibt nach wie vor fürstliches Vergnügen und führt die ganze Gesellschaft in die Natur, an den Hütten der Bauern vorbei in die unendlichen Wälder des Fürstentums.

Der Genuß wird feiner. Man spielt nicht nur, nein man liest, literarisches Leben ist möglich. Es gibt gebildete Fürsten und vor allem gebildete Fürstinnen. War nicht Leibniz von zwei Fürstinnen protegiert und korrespondierte nicht die Landgräfin Karoline von Hessen mit den besten deutschen Dichtern? Im 18. Jahrhundert gehört es für den Fürsten zum guten Ton, eine Akademie zu stiften. Jede größere Monarchie rühmt sich einer solchen. – Nicht zu vergessen ist die Hofkirche oder die Hofkapelle und der dazugehörige Hofprediger, der nicht unbedingt ein Scharlatan zu sein braucht. Das Modell des großen Hofes setzt sich bis in kleine und kleinste Höfe fort, auch in die Sekundärhöfe der jüngern Brüder oder der Witwen.

Als Beispiel eines Witwenhofs aus der Zeit nach 1750 nehmen wir denjenigen der Markgräfin-Witwe Sophie Caroline Marie von Brandenburg-Bayreuth in Erlangen: Die Leitung liegt in der Hand eines Kammerherrn, des Freiherrn von Künssberg. Die Markgräfin umgeben zwei Hofdamen und zwei Pagen von Adel, die gleichzeitig an der Universität studieren, und ein Haushofmeister, der Korse Matheo Cella. Der Hof zählt 21 Bediente: Kammerfrauen, Kammerdiener, Kammerlakeien, Läufer, Heiducken, Köche, Kutscher, Bett- und Silbermägde. Dieser Hof-

staat von etwa 40 Personen untersteht für kleinere Vergehen der eigenen
Jurisdiktion durch die Markgräfin. Das Ganze wird bezahlt aus den
Abgaben von vierzehn Ämtern, unter denen sich auch Forstämter und
Handelsinnungen befinden.

Die Höfe, die für Architektur, Gartenbau, für die Künste aller Arten,
vom Theater, von der Oper bis zu den Porträtisten viel geleistet haben,
brachten Bewegung und Farbe in das Einerlei des Alltags der kleinen und
großen Residenzen. Hofdienst war gesucht als Ausbildung in der Eleganz
der Welt. Oft ist aber schon damals der Luxus, der Aufwand hart getadelt
worden und vor allem das höfische Nichtstun dieser Parasiten, die sich
aus den Abgaben eines Fürstentums ohne eigentliche Arbeit ein recht
angenehmes Leben gestalten konnten.

Die Höfe konnten Stätten feiner Kultur sein – wie etwa das Weimar
der Herzogin Amalia und des Herzogs August zu Goethes Zeiten. Andererseits waren sie auch Orte peinlichster Affären und unerquicklicher
Intrigen. Ehrgeizlinge jeder Art konnten hier billig Karriere machen, und
raffinierte Frauen konnten vom niedrigsten Stand bis zu hohem Einfluß
aufsteigen – nicht nur die Pompadour! Die Skandalchronik der Höfe ist
reich an schürzenjagenden Prinzen und ehebrüchigen Prinzessinnen. So
und so viele Fürstlichkeiten lebten getrennt, denn ihre ja rein diplomati-
schen Heiraten waren einem guten Eheleben eher abträglich. Da steht das
Rokokoidyll neben Brutalität und Elend.

Opfer waren natürlich in der Regel die Frauen. Doch konnte das
Schicksal auch Männer treffen, wie jenen Grafen Königsmarck, der auf
dem Weg zur Prinzessin Sophia Dorothea von Braunschweig-Lüneburg
erstochen wurde. Der Ehebruch der Gattin des spätern Georg I. von
England wurde damit geahndet, daß die Prinzessin für den Rest ihres
Lebens – für 32 Jahre – ins Schloß Ahlden verbannt wurde. Später verhielt man sich etwas toleranter, so wurde die ehebrüchige Gattin des
ebenso ehebrüchigen spätern Friedrich Wilhelm II. von Preußen, Elisabeth von Braunschweig, zwar zuerst auch gefangen gehalten, doch gestattete man ihr bald ein freieres Dasein.

Eine einst bekannte Geschichte, in der manche typischen Züge zusammenkommen, die aber dazu noch einen bestimmten exotischen Reiz besitzt, soll dieses höfische Kapitel beschließen. Es ist die Geschichte der
Camila Perricholi, die später von Prosper Mérimée und Thornton Wilder
dichterisch gestaltet worden ist. Die Geschichte spielt im fernen Vizekönigreich Peru, in der eleganten Hauptstadt Lima. Um 1760 herum macht
Mariquita Villegas als Schauspielerin im Limeser Theater Furore. Der
Vizekönig Don Antonio Amat verliebt sich in die schöne, temperament-
volle Chola aus dem verachteten Volk der Indios und Mestizen. Die

Villegas wird seine Mätresse und beherrscht ihn mit tausend Künstlerlaunen, die dem guten Don Amat einmal die Bezeichnung „perra chola" – „Hündin von einer Chola" – entschlüpfen lassen. Fortan wird die Favoritin des Vizekönigs allgemein die „Perricholi" genannt. Schließlich will diese Person bei einem Staatsaufzug in der offiziellen Kutsche des Vizekönigs mitfahren. Die ganze aristokratische Gesellschaft von Lima empört sich. Der Vizekönig kann sich nur noch aus der Affäre ziehen, indem er der Perricholi eine goldene Karosse schenkt; und nun kann die Chola in diesem Statussymbol durch die Straßen Limas paradieren. Bei der Rückkehr begegnet die goldene Kutsche einem einfachen Priester, der mit dem Viaticum auf dem Weg zur letzten Ölung ist. Diese Begegnung führt zur Wendung, und die bekehrte Sünderin schenkt ihre goldene Karosse der Kirche, auf daß das Sterbesakrament fortan auf würdigste Weise transportiert werden könne, und sie selbst widmet sich fortan frommen Werken.

Ob die Geschichte sich genau so zugetragen habe, ist weniger wichtig, als daß hier typische Züge des Hoflebens verdeutlicht werden: Der mögliche Aufstieg, die Freiheit in den Beziehungen, die Rolle der ständischen Unterschiede – und schließlich der fromme Hintergrund hinter all dem weltlichen Treiben, denn auch in Lima steht der Palast neben der Kathedrale.

2. Der hohe und der niedere Adel

Der alte Landadel

Die Könige und Fürsten bildeten die Spitze der ersten Klasse der Menschheit, des Adels. Wir haben schon gesehen, daß in Deutschland der Adel mit den 250 souveränen Monarchien ein weites Tummelfeld hatte. Zu diesen kleinen deutschen Monarchen müßte man aber gesellschaftlich auch den hohen Adel der andern Monarchien zählen, die englischen und schottischen Lords mit ihren riesigen Schloßanlagen und ihrem festen Sitz im Oberhaus, die großen Herren in Frankreich, die Rohan, die Condé und die Granden Spaniens. Sie fühlten sich den Königen sozusagen ebenbürtig, denn in ihrem Stammbaum figurierten immer wieder jüngere königliche Prinzen und Prinzessinnen. Ein großer Grundbesitz und einträgliche Hofchargen sowie in katholischen Ländern bischöfliche Würden garantierten die soziale Stellung.

Prinz Eugen von Savoyen – der „edle Ritter" des Volksliedes – aus einer Seitenlinie der savoyischen Dynastie, als Feldherr und Staatsmann Österreichs unbestritten, war das leuchtende Vorbild eines hohen Adligen das ganze Jahrhundert hindurch.

Aber von dieser Höhe ging es eine ganze Stufenleiter von Titulaturen abwärts bis zu den bescheidenen kleinen Adeligen – in Deutschland den Freiherren und Baronen –, die sozusagen zahllos die europäische Bühne bevölkerten. Sie waren die letzten Ritter mittelalterlicher Herkunft und immer noch da mit ihrer kleinen, alten Burg und dem dazugehörigen Dorf. In diesem Bereich waren sie wie biblische Patriarchen Herren über das Gericht und Inhaber der Polizeigewalt; das war ihr Patrimonium. In der betreffenden Landschaft hatten sie traditionellen Anteil an der alt-überlieferten Verwaltung. Sie saßen in den Provinzparlamenten und Landtagen, soweit diese Institutionen überhaupt noch existierten. Sie bezogen die von altersher festgelegten Abgaben von ihren Bauern. Sie setzten die Geistlichen ein oder schlugen sie ihrem Bischof vor. Sie verwalteten ihre Güter, und in der Armee ihres Fürsten bekleideten sie die Offiziersstellen. In ihrem bäuerlichen Bereich pflegten sie adlige Sitte mit den benachbarten Herren. Mit ihnen ritten sie aus, mit ihren Töchtern gingen sie zum Tanz, mit ihresgleichen übten sie sich in der Fechtkunst und gingen mit ihnen zusammen auf die Jagd.

Gerade die Jagd war eigentliches Zeichen des Standes. Wolf Hermhard von Hohberg hat in seinen ‚Georgica curiosa oder Adeliches- und Feldleben‘ schon 1682 auf die tiefere Bedeutung der Jagd aufmerksam gemacht. Was er da sagt, das gilt bis zum Ende der alten Zeit. Der Adel wurzelte ja in den vergangenen Jahrhunderten! Es ist, ,,das Jagen eine tapfere und ritterliche Uebung und dem Adel gleichsam ein Praeludium belli (ein Vorspiel des Krieges), darinnen sie lernen ein wildes Tier mit List und Geschwindigkeit anfallen, bestreiten und fällen, zu Fuss und zu Pferd ihre Waffen und Gewehre geschicklich brauchen, Kälte, Hitz, Regen und Ungewitter sowohl als der Sonnen heisse Strahlen ertragen und dulden, Durst und Abmattungen zu erleiden, die Gegend und Nachbarschaft von schädlichen, reissenden Tieren zu erledigen. Darum die Jagd von grossen und berühmten Potentaten allzeit geliebt und getrieben worden; dann sie ist eine Gemütserquickung, eine Schwermutsvertreibung, eine Feindin des Müssiganges und aller deren daraus entspringenden Laster, eine Ernährerin der Gesundheit, Uebung des Leibs, Vorspiel und Spiegel des Kriegs und eine gute und reiche Küchenmeisterin, die unsere Tafeln mit guten und herrlichen Speisen versorget.‘‘

Auch in diesen Kreisen – nicht nur am Hofe – organisierte man gerne Festlichkeiten, oft auch mit den Bauern zusammen. Die Junker frönten dem Spiel, dem gemeinsamen Trunk und machten die Gegend unsicher für Bauernmädchen und Edelfräulein. Bildung war nicht ausgeschlossen. Manche Burgen wiesen eine gut dotierte Bibliothek auf, und Gemälde zierten die Räumlichkeiten. Mit dem Ortsgeistlichen konnte man auf vertrautem Fuße stehen, man hielt sich einen Kandidaten der Theologie als „Hofmeister", als Privatlehrer für Söhne und Töchter. Man war Kavalier.

Allerdings wurde oft die finanzielle Basis, die rein landwirtschaftlich war, kleiner. Es gab ausgesprochen verarmte Adlige. Heinrich Heine spricht von der „mageren Ritterschaft". Bei Erbteilungen reichte oft die standesgemäße Ausstattung nicht mehr für alle Kinder. Es gab wenig Möglichkeiten anderwärtigen Auskommens. Man hatte ja keinen „Beruf" im bürgerlichen Sinn; nur Hofdienst und Militär war standesgemäß. Überzählige Söhne und Töchter konnte man in katholischen Ländern im Kloster unterbringen, wo sie Abt oder Äbtissin werden konnten. Für protestantische deutsche adelige Töchter waren die einst säkularisierten Damenstifte da. Eine der besten und ehrenhaftesten Möglichkeiten bot das Heer mit seinen vielen Offiziersstellen, und da konnte man es bis zu hohen Kommandantenstellen bringen.

Der Typus des kleinen Adligen variierte natürlich von Land zu Land. In England war die Gentry, der Kleinadel, der im Land herum den Boden besaß, die mächtige landwirtschaftliche Schicht; jener Squire im gemütlichen, nicht mehr burgartigen „Manor House", trinkend und konversierend mit dem anglikanischen Dorfgeistlichen. Im Parlament bevölkerte diese Schicht das Unterhaus. In Frankreich allerdings wurde infolge der Konzentration auf Paris dieser kleine Adel, der nur noch in den Parlamenten der Randprovinzen eine gewisse politische Funktion ausübte, in seinem Gewicht geschwächt. In Deutschland teilte er sich auf. Da waren die Reichsritter – vorhanden nur noch in Schwaben und Franken; dem Kaiser unterstellt, bildeten sie die unterste Stufe der selbständigen Glieder des Reiches. Neben ihnen stand der alte landesherrliche Adel, der dem betreffenden Fürsten verpflichtet war. Besonders stark war die politische und wirtschaftliche Stellung der „Krautjunker" östlich der Elbe, der großen Gutsherren der preußischen Krone. Im Königreich Polen saß jeder Adlige – er konnte noch so arm sein – im Reichstag und bestimmte mit über Wohl und Wehe dieser Adelsrepublik. Die landbesitzenden Schweizer Patrizier – besonders diejenigen in Bern und in Freiburg – mit ihren kleinen Gerichtsherrschaften nähern sich in republikanischer Abwandlung dem Typus der Gentry oder der deutschen Junker.

In der ritterlich-freiherrlichen Schicht herrschte immer noch ein starkes Standesbewußtsein. Freiherr sein hieß gegen oben und unten frei zu sein im kleinen lokalen Bereich. Wenn man an den Hof ging, wurde man eben Höfling, der zwar Karriere machen konnte, aber seine Unabhängigkeit verlor.

Im 18. Jahrhundert wurde der Versuch gemacht, diese Schicht wieder zu heben und, soweit sie ihm entfremdet war, wieder dem Boden zuzuführen. Dies war besonders in Frankreich notwendig, wo die merkantilistische Hofpolitik Handel und Gewerbe einseitig förderte. Die Bewegung der „Physiokratie" wollte die Theorie für einen besseren bodenbewirtschaftenden Adel schaffen. Hier setzten die ökonomischen Gesellschaften ein, die in der Regel vom Landadel getragen waren.

Die Revolution sollte diesem Adel teilweise den Boden entziehen, ihn politisch egalisieren. Er ist trotzdem nicht ganz ausgestorben, auch in Frankreich nicht. Im östlichen Deutschland, in Österreich-Ungarn und in England sollte diese Schicht als konservative Agrarpartei sich noch lange halten können. Fontanes ‚Stechlin', Galsworthys ‚Charwells of Condaford Grange' und d'Ormesson's ‚Au plaisir de Dieu' zeugen vom zähen Weiterleben im 19. und sogar im 20. Jahrhundert!

Der neue Verwaltungsadel
Neben dem alten Adel war etwa seit dem 16. Jahrhundert aus den Bedürfnissen der sich entwickelten Staaten allmählich ein neuer „Beamtenadel" entstanden. Bürgerliche Juristen begannen in die Verwaltung einzudringen, denn ein Studium wurde nötig; man mußte Latein können, um das Römische Recht verstehen zu können, das allmählich das nicht mehr genügende alte Gewohnheitsrecht zu ergänzen oder zu ersetzen begann. Diesen Juristen mußte man den Adelstitel geben, denn man konnte sich bei den Fürsten einen Nichtadligen in so hohen Funktionen nicht vorstellen. So entstand die „Noblesse de robe", der neue Adlige in der Robe des Magistraten, der als „Parvenu" neben die „Noblesse d'épée", den alten ritterlichen Adel trat. In manchen Fällen zog der alte Adel denn doch nach und begann seine Söhne an die Universitäten zu schicken, wo sie oft den trinkenden und duellierenden Bodensatz der juristischen Fakultät bildeten. Fritz Wagner sagt vom Beamtentum dieser Übergangszeit: „Der lange, verschlungene Weg vom Amt als Pfründe zum Amt als besoldetem Staatsdienst hat nicht einmal in Preußen vom patrimonialen Charakter ganz weggeführt. Die Schicht staatlichen Beamtentums blieb überall dünn, nicht nur in England, sondern der gesamte Erdteil zeichnet sich durch unzählige Formen von Selbstverwaltung, wenn auch oft rudimentärer Art, aus. Es blieb bei Mischungen von staatlichem und ständischem Beamtentum, wobei die regionalen Einflüsse durch die Forderung des ‚Indigenats', die Verwendung Eingeborener und Ansässiger, eine große Rolle spielen."

Das oben genannte Beamtentum setzte sich vor allem im Frankreich Ludwigs XIV., im Spanien der Bourbonen und spät im Österreich der Maria Theresia durch. Für die deutschen Fürstentümer ist vorbildlich das

kleine Herzogtum Sachsen-Gotha, wo 1655 Veit Ludwig von Secken-
dorff seinen ‚Fürstenstaat' verfaßt, ein Handbuch für die Verwaltung, das
bis in die Mitte des 18. Jahrhunderts gültig blieb, bis 1760/61 Johann
Heinrich Gottlob Justi's ‚Die Grundfesten zu der Macht und Glückseligkeit der Staaten oder ausführlichen Vorstellung der gesunden Polizeiwis-
senschaft' es ersetzt.

In Preußen geschieht der Übergang unter König Friedrich Wilhelm I.
(1713–1740). Man beginnt im 18. Jahrhundert Spezialschulen für Beamte
zu errichten, im Reich nennt man sie Ritterakademien oder Kameralschulen. Bekannt geblieben ist die von Herzog Karl Eugen auf seinem Schloß
„Solitude" errichtete Hohe Karlsschule, die Schule, der sich Friedrich
Schiller durch seine Flucht entzog.

Die Laufbahn eines deutschen Beamtenadligen verlief in der Regel
nach folgendem Muster: Sohn eines Beamtenadligen, der in der Landesverwaltung steht, juristisches Studium an der Landesuniversität und
eventuell noch weiteren Hochschulen – mit Vorliebe Göttingen –, dann
Übergang in den Fürstendienst; möglicherweise eine zeitlang in Wien in
der kaiserlichen Verwaltung, schließlich bei einem deutschen Landesfür-
sten. Hier – als Minister – der Versuch, Ordnung in die altväterische
Rechtstradition zu bringen und die Finanzen auf eine solide Basis zu
stellen, ja wirtschaftliche und soziale Reformen zu verwirklichen. Wenn
man Glück hat, so bleibt einem der Landesfürst stets gewogen und man
kann sein begonnenes Tagewerk zu Ende führen; hat man aber Unglück,
so kommt der Moment, wo der aufgeschlossene Fürst verstirbt und man
dem Nachfolger ausgeliefert ist, der, vom Hof und seinen Intrigen beeinflußt, einen mit Schmach und Schande entläßt.

Varianten dieses Beamtenschicksals haben besonders die beiden württembergischen Juristen von Moser erlebt. Der Vater, Johann Jakob von
Moser (1701–1785), aus altem württembergischen Juristenadel ist erst für
kurze Zeit Professor der Jurisprudenz in Tübingen und Frankfurt. 1747
tritt er in den Fürstendienst beim Landgrafen von Hessen-Homburg,
dann wird er Landschaftskonsulent in Stuttgart, d. h. Rechtsberater der
württembergischen Stände. In dieser Stellung versucht er vergeblich den
absolutistischen Tendenzen seines Landesherrn, Karl Eugen, Einhalt zu
gebieten. Der Konflikt geht so weit, daß ihn der Herzog 1759 bis 1764
auf dem Hohentwiel interniert, bis er durch Reichsintervention befreit
wird, um weiterhin unentwegt die Arbeit am Versuch, „altes Recht" mit
moderner Landespolitik zu verbinden, fortzusetzen. In seinen ungemein
zahlreichen juristischen Publikationen finden sich die für diesen Juristenadel maßgebenden Sätze:

„In meinen Ämtern und Schriften bin ich nie kein Parteigänger gewe-

sen und habe mein Lebtag den Grundsatz nie angenommen: Wessen Brot
ich esse, dessen Lied singe ich; sondern Recht ist bei mir Recht, und
Unrecht ist Unrecht, es mag meinen Herrn, meine Prinzipalen oder son-
sten treffen, wen es will; dahero ich mich auch weder in meinen herr-
noch landschaftlichen Diensten, weder durch Versprechungen habe bewegen, noch durch Befehle nötigen oder durch Drohungen schrecken
lassen, etwas zu verteidigen, so ich für ungerecht oder übertrieben halte."

„Unter einem ehrlichen Mann verstehe ich hier einen solchen der sich
zu allen Zeiten, in allen seinen Handlungen ohne einige Ausnahme recht-
schaffen, aufrichtig und gerade bezeugt, mithin jederzeit ohne Falsch,
ohne interessierte oder andere Nebenabsichten, ohne Menschengefällig-
keit oder Furcht nach bestem Wissen und gewissen handelt."

Sein Sohn, Friedrich Carl von Moser (1723–1798), stand in verschiedener Herren Diensten, beim Kaiser und hauptsächlich in Hessen-Darm-
stadt, vergeblich dem Soldaten- und Mätressen-Landgrafen widerste-
hend. Schon 1759 erschien sein Büchlein ‚Der Herr und der Diener', das
Programm für ein richtiges Verhältnis zwischen Fürst und Minister, mit
dem Postulat, daß beide für das Gemeinwohl da sein sollten. In der 1765
erschienenen Abhandlung ‚Von dem deutschen Nationalgeist' ging es
Moser darum, das alte Band unter den Gliedern des Reichs wieder zu
festigen. Hier stehen Sätze, die zwar auf den nationalen Aspekt einer
stärkeren deutschen Einheit zielen, aber gleichzeitig das Postulat des ver-
antwortungsvollen Fürsten erhellen:

„Von unsern Fürsten, Prinzen, Grafen und Herren würde es entweder
verwegen oder lächerlich sein, nur einmal die Frage anzustellen. Die
Zeiten, wo sie selbst die Reichstage besuchten, und ihre Söhne mitnah-
men, um ihnen Liebe gegen das Vaterland, Ehrfurcht gegen ihresgleichen,
Kenntnis der Geschäfte, der Gesetze und der ganzen deutschen Verfassung schon in zarter Jugend einzulöffeln suchte, wo die Prinzen und
Grafen an den Hof und in den Dienst des Kaisers und weiser Fürsten
geschickt wurden, so sie zu Hause selbst den Beratschlagungen beiwoh-
nen und lernen mußten, was Gottes, des Kaisers und der Stände seie, wo
sind sie?, in den Jahrbüchern und Archiven findet man noch ihr Angedenken ..."

Dann zitiert er aus Albrecht von Hallers ‚Verdorbenen Sitten', die
allerdings auf die Republik gemünzt sind:

„Wo ist der edle Geist, der nichts sein eigen nennet, Der nichts
wünscht für sich selbst und keinen Reichtum kennet,

als den des Vaterlandes –

Ach! sie vergrub die Zeit und ihren Geist mit ihnen, Von ihnen bleibt
uns nichts, als etwas von den Mienen."

Moser schließt mit der nur zu berechtigten Feststellung:
,,Der militärische Geist unserer Zeit hat alle Sorgen dieser Art verdrungen und verschlungen."

Die Reihe der bedeutenden Vertreter des Beamtenadels ist lang. Es wäre der bekannteste von allen, Montesquieu, zu nennen, Präsident des hohen Gerichtshofes, des ,,Parlements" von Bordeaux, der die Summe seiner praktischen und theoretischen Überlegungen im ,Esprit des lois', dem ,,Geist der Gesetze", 1748 einem begeisterten Publikum vorlegte. Hier versuchte er für Frankreich eine gesetzmäßige und nicht von der Persönlichkeit des Königs abhängige Ordnung zu entwerfen.

Man könnte auch einen andern Franzosen erwähnen, René-Louis d'Argenson (1694–1757), aus altem Pariser Amtsadel – der Vater Polizeichef von Paris, der Großvater Staatsrat Colberts –, er selbst ebenfalls Staatsrat, eine zeitlang im obersten Finanzrat und Außenminister; als Beamter nicht sonderlich glücklich zwischen seinen klugen Ideen und den Hofkabalen. Seine 1764 nach seinem Tod erschienenen ,Considérations sur le gouvernement ancien et présent de la France' wirkten wie ein zweiter ,Esprit des Lois'. Darin findet sich eine Betrachtung über die Stellung der Untertanen des Königs:

,,Man hat vielleicht nie an das Maß Freiheit gedacht ... das die Gesetze den Untertanen lassen müssen, damit diese ihren ganzen natürlichen Schwung und den Antrieb zu großen Unternehmungen bewahren; an ein Maß Freiheit, das allerdings keine Maßlosigkeit duldet, wenn sie die allgemeine Ordnung stört."

Dies war nicht nur Denken der Aufklärung, das war auch Ausdruck der Freiheitskonzeption eines unabhängig denkenden Mitglieds des Amtsadels oder auch des Adels überhaupt.

3. Die Geistlichkeit

Die Geistlichkeit als Stand

Der Klerus, die Geistlichkeit, war von altersher der erste Stand in der Weltordnung. Allerdings fällt er eigentlich aus dem Rahmen dieser ständischen Ordnung, weil er – infolge des Zölibats – sich aus andern Ständen rekrutieren muß. Sowohl der Adel wie das Bürger- und Bauerntum sorgen für die Rekrutierung der Geistlichkeit, so daß sich im geistlichen Stand die ,,weltliche" Ständeordnung wieder reflektiert. Außerdem zerfällt die Geistlichkeit seit der Reformation in eine katholische und eine protestantische Gruppe, die sich zwar in vielem unterscheiden, aber dennoch gemeinsame Züge aufweisen.

Die Geistlichkeit war stets in die politische Welt eingebaut. Das zeigte sich immer noch in ihrem festen Sitz in den Parlamenten, soweit solche noch existierten. Der deutsche Reichstag hatte seine „geistliche Bank" besetzt mit Bischöfen und Äbten, und ebenso verhält es sich in den Reichskreisen. Frankreichs „Stände" kannten ihren zweiten Stand, den Klerus, auch hier in den Provinzparlamenten noch aktiv. Im württembergischen Landtag saßen evangelische Prälaten auf der „Geistlichen Bank", und das englische Oberhaus ist aus geistlichen und weltlichen Lords zusammengesetzt, d. h. daß hier die anglikanischen Bischöfe ihre Vertretung haben.

Jeder Staat – ob protestantisch oder katholisch – besaß seine etablierte Kirche. Überall war sie – ob protestantisch oder katholisch – straff organisiert, und selbst die calvinistisch-zwinglianischen Reformierten kannten im Amt des Antistes oder der Decane eine bischofähnliche Spitze.

Jedes Dorf besaß Pfarrhaus und Kirche mit ihrer finanziellen Absicherung durch die „Pfründe", die die Reformation überdauert hatte! Die Pfarrer, ob katholisch oder protestantisch, wurden nach wie vor als Hirten über den Schafen ihrer Gemeinde betrachtet und kontrollierten Gläubige und – Ungläubige. Kirchenbesuch war da wie dort selbstverständliche Pflicht. Schule und Sozialfürsorge unterstanden der Aufsicht des Dorfgeistlichen. In unterster Instanz repräsentierte er die geistliche Zucht und Gerichtsbarkeit. Die Kirche war hüben und drüben das Zentrum des Dorfes – wenn auch oft konkurrenziert durch das Dorfwirtshaus oder auch den Adelssitz über dem Dorfe. – In den Städten wiederholte sich diese Ordnung in den verschiedenen Kirchengemeinden der Quartiere.

Der Geistliche war in der Regel der einzige „Intellektuelle" im ländlichen Bereich. Da das Theologiestudium nach wie vor an erster Stelle stand, bildeten die Geistlichen den eigentlichen Rückhalt der Bildung; Juristen gab es wenige, Mediziner noch weniger – und sie verstanden noch nicht so viel wie heute. Theologen verwalteten das Lehramt an mittleren und höheren Schulen, sie waren nicht nur geistlicher Stand, sondern auch der Lehrstand.

Wenn auch viele Strukturen in beiden Konfessionen sich ähnlich waren, so hatte die Konfessionalisierung Europas doch große Unterschiede geschaffen; diese Unterschiede wurden besonders im 17. Jahrhundert betont, aber auch im 18. war im Volk die Konfessionalisierung noch stark verankert. „Papisten" und „Ketzer" standen sich nach wie vor in gegenseitiger Verachtung feindlich gegenüber. Zwar lieferte sich nur noch die Schweiz zu Beginn des Jahrhunderts (1712) einen konfessionellen Bürgerkrieg, der allerdings schon stärkere politische und soziale Züge aufwies als die früheren. Verfolgungen und Ausweisungen von Andersgläubigen endeten in der ersten Hälfte des 18. Jahrhunderts. Nach 1685 hatte die Revokation des Schutzedikts von Nantes zur aufsehenerregenden Massenemigration des französischen Protestantismus geführt. Parallel lief die Ausweisung der Waldenser durch die Herzöge und Savoyen. Die Emigranten fanden Zuflucht in den protestantischen Nachbarländern, besonders in bestimmten deutschen Fürstentümern – wo zum Beispiel das hugenottische Karlshafen in Hessen oder der hugenottische Stadtteil von Erlangen für sie erbaut wurden. Im Württembergischen und anderswo wurden eigentliche Waldenserdörfer gegründet.

1711 vertrieb man die Protestanten aus Polen. Eine letzte spektakuläre Ausweisung erfolgte 1732 aus dem lutherisch gebliebenen Pinz- und Pongau des Erzbistums Salzburg. Die etwa 14000 evangelischen Salzburger sind vor allem durch den preußischen König in Ostpreußen angesiedelt worden. Ein Teil folgte einer Einladung der ,,Society for the Promotion of Christian Knowledge" und zog über das Meer in die englische Kolonie Georgia. – In Frankreich wie im Piemont blieben allerdings Protestanten trotz aller Verfolgung zurück und reorganisierten sich im Geheimen als ,,Kirche der Wüste". Deren Pfarrer wurden im bernischen Lausanne ausgebildet. Von der Mitte des Jahrhunderts an verhielt man sich in Frankreich allmählich toleranter gegen sie, 1781 erließ Joseph II. sein berühmtes Toleranzpatent, und da kamen alle die vielen übriggebliebenen nichtkatholischen Gruppen wieder aus ihren Schlupfwinkeln hervor.

Ein Gegenstück zu diesen katholischen Verfolgungswellen um die Jahrhundertwende bildet die Unterdrückung der katholischen Iren durch die englische Krone. Irland hatte der Protestantisierung in großen Teilen widerstanden. Im 17. Jahrhundert verhärtete sich die Situation immer mehr, da Irland der Rückhalt aller Rekatholisierungsbestrebungen in England war. Die 1691 von Wilhelm III. versprochene Glaubensfreiheit blieb Buchstabe. Katholische Schulen, katholischer Unterricht, Besuch ausländischer Schulen blieben verboten. Erst gegen Ende des Jahrhunderts lockerten sich die Bestimmungen: 1778 Erlaubnis zur Erbpacht, 1783 Freigabe des katholischen Gottesdienstes und Abschaffung des Zwangs zur Teilnahme an anglikanischem Gottesdienst. Inzwischen war aber der nordöstliche Teil des Landes – Ulster – durchprotestantisiert worden und damit eine große Hypothek für die weitere Zukunft der Insel entstanden.

Die katholische Geistlichkeit

Spanien und Portugal mit ihren großen Kolonien in Lateinamerika, alle italienischen Monarchien und Republiken, Frankreich, Alt-Österreich und das Königreich Polen bildeten geschlossene römisch-katholische Herrschaftsgebiete. Im Deutschen Reich waren das Kurfürstentum Bayern, die Bistümer am Main und am Rhein und viele kleinere Herrschaften, besonders im Süden, katholischer Konfession. Ein ähnlich buntes Bild bot die Schweiz, wo die Mehrheit der Kantone – allerdings die kleineren und wirtschaftlich schwächeren – geschlossen katholisch waren. Hier wie im Reich gab es Gebiete, wo die Konfessionszugehörigkeit von Dorf zu Dorf wechselte oder in einem „paritätischen" Dorf zwei Kirchen nebeneinander existierten, wenn nicht die alte Dorfkirche von beiden Konfessionen benutzt werden mußte. Diese „paritätischen" Gebiete sind nicht etwa toleranter gewesen als die geschlossen konfessionellen – im Gegenteil!

Das war das katholische Europa. Hier stand man bewußt in der uralten Tradition seit der ersten Christianisierung. Man verehrte nach wie vor mit Inbrunst die alten Heiligen. Benediktinerklöster zeugten von mittelalterlicher Kultur, Burgen der Ritterorden erinnerten an die Kreuzzüge, Franziskaner- und Dominikanerklöster an die Sozialarbeit in den spätmittelalterlichen Städten. Allerdings hatten die Kapuziner im Bauernvolk und die Jesuiten bei den Gebildeten einen neuen Wind gebracht, und viele romanische und gotische Kirchen waren durch barocke ersetzt oder zumindest stilistisch umgewandelt worden. Dies war äußeres Zeugnis einer neuen Orientierung im Katholizismus. An die Stelle der lässigen, relativ freien und außerordentlich bunten Welt im Herbst des Mittelalters war eine straffere, einseitigere getreten. Man hatte eben doch den Norden, große Teile Deutschlands und der Schweiz und ganz England und Schottland verloren und damit wohl einen bestimmten „völkerpsychologisch" andersartigen Teil der Kirche. Daß Frankreich trotz der Unterdrückung der Hugenotten protestantisch infiziert war, sollte sich in der so entschiedenen französischen Aufklärungsbewegung zeigen!

Von den Königen waren alle mit Ausnahme der zwei skandinavischen, des englischen und des preußischen katholischer Konfession. Aber gerade diese Könige machten der immer noch von Rom aus zu regierenden Kirche Mühe. Schon längst hatten die Monarchen nur ungern Rom gehorcht und sich mit der Zeit allerhand Vorrechte zu verschaffen gewußt. Man hatte zwar versucht, im Konzil von Trient (1563) dem Papst bzw. der Kurie die einstige Macht zurückzugeben, man hatte versucht, die Bischöfe zu disziplinieren, und verfügte überall über einen der Kurie recht ergebenen Klerus; aber schon im 17. Jahrhundert regte sich vor allem in Frankreich die Tendenz, römische Gesetze erst zu prüfen, bevor man sie dem Volk mitteilte. Im 18. Jahrhundert wurden nun auch die lateinischen Monarchien immer selbständiger. So gut wie alle machten ihre bewußt antikuriale Periode durch. Bestimmte Minister, Pombal in Portugal als erster, dann Aranda in Spanien, Tanucci in beiden Sizilien, versuchten der Kirche insbesondere die Schule zu entziehen und Aufsicht über die Priesterausbildung zu gewinnen und kirchliches Gut unter letztlich staatliche Kontrolle zu bringen. Schließlich wurde auch unter Joseph II. Österreich und seine weitverzweigten Dependenzen davon erfaßt. Nicht nur erließ er 1781 sein Toleranzpatent, sondern mit Hilfe eifriger und ergebener Bischöfe suchte er die katholische Kirche in staatlichen Griff zu bekommen. Es ging um nichts weniger als um das Nachholen dessen, was die protestantischen Fürsten vor 250 Jahren ins Werk gesetzt hatten und was sich äußerlich vor allem in der Aufhebung „unnützer" Klöster äußerte.

Auch wenn es sich bei dieser antikurialen Bewegung um einen Griff des Staates auf die Kirche handelte, so blieb die traditionelle Struktur der Kirche unangetastet. So bot denn die katholische Kirche das ganze Jahrhundert hindurch durchaus noch das gleiche Bild wie in den vorhergehenden.

Auf der untersten Stufe der Weltgeistlichkeit befand sich der Kleriker, der in den Dörfern tätig war, in der Dorfpfarrei oder in den Kaplaneien. Häufig war dieser sogenannte „Niedere Klerus" bäuerlicher Herkunft und gerade darum oft recht volksverbunden. Ausgebildet war er an den Priesterseminarien der Bistümer. Nach wie vor war seine erste Funktion der Gottesdienst, d. h. das Messelesen verbunden mit der Seelsorge, in welcher die Beichte eine erste Rolle spielte. Die lateinische Liturgie war wichtiger als intellektuelle Bildung, und gebildete Kleriker wie Laien klagten über deren Mangel. Kein geringerer als der französische Katholik Péguy hat zu Beginn unseres Jahrhunderts gesagt: „Die Juden lesen seit dreitausend Jahren, die Protestanten seit vierhundert, ich erst seit meiner Großmutter." Diese bittere Feststellung gilt für das Bauernvolk und die städtischen Unterschichten. Beim höheren Klerus war das anders.

Der höhere Klerus – die Bischöfe, die Geistlichen am bischöflichen Hof oder in städtischen Chorstiften, Geistliche an städtischen Hauptkirchen oder gar am fürstlichen Hof – mußte über ein besseres Niveau verfügen. Es wimmelte in diesem Jahrhundert ja nur so von gebildeten und geistreichen „Abbés", und ein schöner Teil der französischen, spanischen und italienischen Literatur ist von Geistlichen geschrieben. Abbé Nollet galt z. B. als der beste Physiklehrer in Paris. Dieser Teil des Klerus rekrutierte sich aus dem städtischen Bürgertum und dem Adel. In Frankreich waren alle Bischofssitze vom Hochadel besetzt. In Deutschland kam noch dazu, daß Bistümer immer noch den Doppelcharakter von geistlicher und weltlicher Herrschaft trugen. In – und manchmal auch außerhalb – ihrer geistlichen Diözese verfügten sie seit alten Zeiten über eine fürstliche Herrschaft, die im Fall der drei Kur-Erzbistümer Mainz, Köln und Trier, sowie in Lüttich, Münster, Würzburg, Bamberg, Salzburg die Größe eines mittleren deutschen Fürstentums, etwa der Kurpfalz oder Württembergs aufwies. Der römische Nuntius in Wien – es war der jansenistisch gesinnte Domenico Passionei – sagte einmal ,,Episcopi Germaniae non sunt episcopi, sunt Domini" – die deutschen Bischöfe sind nicht Bischöfe, sondern Fürsten", etwa in der Art des Franz Konrad Kasimir von Rodt-Bussmannshausen, Kardinal und Fürstbischof von Konstanz, den einer seiner Dorfgeistlichen folgendermaßen schildert: ,,Dieser Kirchenprälat hat sich mehr Ansehen durch seine hohe Würde, angebohrene Leutseligkeit und große Leibsgestalt, als durch die Gelehrtheit und Heiligkeit der Sitten erworben ... gleich seinen Vorfahren hat er sein Bisthum nur in der Person seiner Weihbischöfen, deren Heimsuchung von keiner sonderbaren Auferbauung, visitiert ... er ließe sich meistens von denen Jesuiten leiten, und anführen, für welche er eine so blinde Hochachtung getragen, das er bei der Tafel, da ihm die Bulle der Aufhebung dieses Ordens überreicht worden, selbe zum zweitenmal in einen Winkel geschmissen, ob welchem er einen derben Verweis von Rom aus solle empfangen haben. Der Jagd ware er unmäßig ergeben, unterhielte eine namhafte Zahl der Jägern und Jagdhunden, und rennte oft in der Gutsche, auf dero Hintertheil ein erbeuteter Hirsch geflochten ware, durch die Straßen und Reihen der hungerigen Bürgeren der Stadt Constanz triumphierlich nach seinem bischöflichen Sitz Meersburg ... wie weit herrlicher wäre sein Angedenken gewesen, wann er sich seinen Untergebenen mit apostolischem Schweiß befeuchtet gezeiget, und die Armen mehr mit denen überflüssigen Einkünften als mit der Eitelkeit seiner fürstlichen Pracht gespiesen hätte."

Es gab allerdings auch Bischöfe, die dem hier gezeichneten apostolischen Ideal nahe kamen. Vorbild war hier für alle Fénelon, der französische Bischof, der Ludwig XIV. getrotzt hatte und am Beginn einer katholischen Reformbewegung stand. Es gab Bischöfe, die sich mit Eifer der Besserstellung ihrer Untertanen widmeten oder viel zur Förderung des geistigen Niveaus ihrer Diözese taten, so etwa Franz Friedrich Wilhelm von Fürstenberg, Generalvikar von Münster, oder Emmerich Joseph von Breidbach-Dürresheim, Kurfürst und Erzbischof von Mainz. Die geistlichen Fürstentümer standen im allgemeinen nicht schlecht da, wenn man sie mit den weltlichen verglich.

Der Ausspruch ,,... sunt domini" gilt aber nicht allein für die deutschen Bischöfe. Die französischen etwa besaßen zwar keine politische Souveränität, aber große Herren konnten sie doch sein, wie etwa der eitle

Straßburger Bischof Fürst-Kardinal Louis René von Rohan, der sich um
1785 in die Halsband-Affäre verwickeln ließ, eine der peinlichsten Hofaf-
fären Frankreichs um Kauf und Geschenk des berühmtesten Schmuck-
stücks der Zeit für die Königin Marie-Antoinette. Die Lebensführung
solcher Geistlicher war der Grund zum Zorn, der sich schließlich in der
Französischen Revolution mit der Aufhebung von Kirche und Christentum 1793/94 Luft machen sollte.

Solche hohe Geistliche waren einfach Adlige, die der Zufall in ein
geistliches Gewand gesteckt hatte und die wie ihre Brüder und Cousins
das standesgemäße Leben führen wollten und sich oft keinen Deut um
ihre kirchlichen Obligationen kümmerten. Hohe kirchliche Ämter waren
zu Pfründen bestimmter Familien geworden. Hier konnte man die über-
zähligen Kinder versorgen und familienpolitischen Einfluß ausbauen.

Für den Eintritt in die Domkapitel, die für die Verwaltung des Bistums
gedacht waren, nun aber eigentliche Sinekuren mit guten Einkünften
bildeten, verlangte man im Reich seit dem 17. Jahrhundert nicht mehr die
alte einfache Adelsprobe von vier adligen Vorfahren, also den Großel-
tern, sondern steigerte das zu Sechzehnerproben, also bis zu den Urgroß-
eltern, ja gelegentlich bis zu zweiunddreißiger Proben. Es machte sich
gut, einige Fürstbischöfe in der Familientradition zu wissen.

Zur Weltgeistlichkeit trat die Ordensgeistlichkeit mit ihren Mönchen
und Nonnen verschiedenster Herkunft, in Klöstern verschiedenster Observanz, Tradition und sozialer Bedeutung mit oft sehr vornehmen Äbten
und Äbtissinnen – in Deutschland häufig mit reichsständischem Rang.
Über die alte klösterliche Struktur hatte sich mit der Gegenreformation
zusätzlich das dichtmaschige Netz von Kapuzinerklöstern und Jesuiten-
kollegien gelegt. Neben sie waren neuere Orden wie die Salesianerinnen,
die Kapuzinerinnen, die Eudisten und andere getreten, welche vor allem
die strenge Zucht der barocken Katholizität pflegten. Die Andachtsübun-
gen der Laien-Tertiarierorden, die Marterwerkzeuge, die sich in manchem Adelsschloß fanden, zeugen davon, daß innige Frömmigkeit vor
allem bei den Frauen auch im 18. Jahrhundert nicht erstorben war. Für
eine einfache weibliche Bildung sorgte der Orden der Ursulinen. Nach
wie vor wirkte der bäuerlich-grobe Kapuziner einfach und volksverbunden im ländlichen Bereich oder in städtischer Unterschicht, als willkommene Hilfe für die Weltgeistlichkeit. Den eleganten und gebildeten Jesuiten aber, die immer noch das mittlere und höhere Schulwesen verwalteten, wurde im Laufe des Jahrhunderts der so sicher besessene Boden
entzogen, und 1773 verfügte der Papst die Aufhebung des Ordens – ein
allerdings nur sehr vorläufiger Sieg katholisch-staatlicher Aufklärung!

Daß ein Papst – wenn auch wider Willen – von den katholischen

Monarchen gezwungen werden konnte, diese Stütze der Kurie aufzuge-
ben, zeigt, wie schwach in diesem Jahrhundert die Stellung der Päpste
geworden war. Diese acht Italiener aus vornehmer Familie versuchten
vergeblich sich den antikurialen Bewegungen entgegenzustellen. Die Könige verkehrten höflich mit ihnen, aber taten, was ihnen ihre antikurialen
Minister anrieten. Mit der einen Ausnahme von Benedikt XIV.
(1740–1758) wurden sie auch von der literarisch-wissenschaftlichen Welt
kaum ernst genommen. Der Papst war nicht viel mehr als ein italienischer
Fürst, in einem schlecht regierten veralteten geistlichen Fürstentum, das
sich Kirchenstaat nannte und dessen Herrscher den höchsten kirchlichen
Titel trug. Der Tiefpunkt war erreicht, als Napoleon ungestraft zuerst
den greisen Papst Pius VI. und später dessen Nachfolger Pius VII. aus
Rom vertreiben ließ und als exilierte Gefangene behandeln konnte.

Die protestantische Geistlichkeit
Dem äußerlich und strukturell geschlossenen römischen Katholizismus
stand eine differenzierte protestantische Welt gegenüber, die konfessionell in drei Hauptgruppen zerfiel. Die lutherische Gruppe umfaßte viele
deutsche Fürstentümer und Reichsstädte, insbesondere das Königreich
Preußen, die Kurfürstentümer Sachsen und Hannover, das Herzogtum
Württemberg als größere geschlossene Gebiete; dann die zwei nordischen Königreiche, Dänemark mit Norwegen und Schweden mit Finnland, und schließlich das russisch regierte Baltikum. Dazu kamen Minori-
täten im französischen Elsaß und im Königreich Ungarn.

Zur reformierten Gruppe, d. h. zu der zwinglisch-calvinistischen Konfession, gehörte die Mehrheit der Schweiz, die Republik Genf und die
Republik der Niederlande – und mit ihr auch die entsprechenden Kolonien, besonders Südafrika. Dazu traten einige westdeutsche Fürstentümer, wie die Kurpfalz und Hessen-Nassau sowie die Presbyterianer – als
Mehrheit im Königreich Schottland, als Minorität in England. Restbestände des Hugenottismus fanden sich in Frankreich, vor allem im Süden.
Die in einigen piemontesischen Alpentälern verbliebenen Waldenser
wurden im 18. Jahrhundert vom Staat geduldet. Im ehemals türkischen
Ungarn war die Mehrheit der Bevölkerung calvinistisch. In dieser konfessionellen Gruppe hielten sich selbständige Staaten mit reformierter
Staatsreligion und solche, in denen die Reformierten minoritäre Positio-
nen einnahmen, die Waage. Infolge Auswanderung war ein Großteil der
nordamerikanischen Provinzen calvinistisch geprägt, doch nur in wenigen – vor allem in Massachusetts – bestimmten die Calvinisten die Dinge.
Die dritte staatskirchliche Gruppe bildeten die Anglikaner – Staatskirche in England und allerdings in sehr prekärer Position in Irland und

minoritär in Schottland. Anglikaner waren natürlich auch in den englischen Kolonien anzutreffen.

Die Reformation hatte bekanntlich zur Absplitterung von radikaleren Gruppen geführt, die sich nicht in die Staatskirchen der Reformation finden konnten. In manchen Ländern – etwa in der Schweiz – lebten immer noch Wiedertäufer, aber periodisch verfolgt. Frei konnten sich solche Gruppen in den Niederlanden bewegen und in England seit 1688. Frei waren sie auch in den englischen Kolonien, wo sie allmählich dem amerikanischen Wesen ihren Stempel aufdrückten. So wichtig sie für die Religions- und Sozialgeschichte sind, so waren sie doch im 18. Jahrhundert immer noch gesellschaftliche Randgruppen. Gesellschaftlich zählte bis weit ins 19. Jahrhundert hinein die Staatskirche und da gab es nur die drei Möglichkeiten: lutherisch, reformiert oder anglikanisch.

Sosehr man in der Reformationszeit und besonders im orthodoxen 17. Jahrhundert die dogmatischen Unterschiede zwischen diesen drei Gruppen betont hatte und sich gegenseitig fast so verabscheute wie den gemeinsamen römischen Feind, – in gewissen Strukturen gleichen sich die drei Gruppen.

Sie sind landeskirchlich organisiert. Der betreffende Staat – ob Republik oder Fürstentum ist nicht so wichtig – beziehungsweise die betreffende Obrigkeit ist als christliche Obrigkeit auch für die Kirche verantwortlich. Die katholische „Freiheit" der Kirche vom Staat, ihre päpstliche Selbständigkeit fällt damit weg. Die Geistlichkeit ist Teil der Staatsfunktionäre, verlängerter Arm der Obrigkeit. Von der Kanzel werden die landesherrlichen Verordnungen bekannt gegeben. Die Geistlichkeit besitzt allerdings Sonderstatus und hat viel Verantwortung und Einfluß im Staate.

Die Pfarrerschaft ist ein Stand mit ausgesprochenen Standesmerkmalen. Sie ist organisiert, hat ihre eigene Verwaltung: Im Anglikanismus wird die bischöfliche katholische Organisation beibehalten, im Luthertum finden wir Superintendent und Konsistorium, bei den reformierten Antistes und Konvent der Stadtpfarrerschaft, in manchen Gebieten noch die Pfarrsynode aller Pfarrer als ständische Versammlung – deutlich etwa in der Republik Graubünden oder im Fürstentum Neuenburg.

Weil die Klöster und ähnliche Institutionen wegfallen und die Vielzahl der Geistlichen drastisch reduziert ist, so ruht weit mehr Verantwortung auf dem einzelnen Pfarrer. Seine Aufgabe ist einmal die Predigt, d. h. die Wortverkündigung in Form der Bibelinterpretation. Ein intensiver Katechismusunterricht führt zur Intensivierung des Volksschulunterrichts und ist ein Teil des Kampfes gegen den Analphabetismus, den man nun seit 200 Jahren führt. Mit der neugeordneten Armenfürsorge – nur noch für „würdige Arme" – spurt man in ein neues Arbeitsethos ein. Das ehemalige geistliche Gericht nimmt bei den Reformierten die besondere Gestalt des Sittengerichtes in jeder Pfarrei ein. Hier wird das Laienelement intensiv beigezogen, da diese Gerichte aus den Gemeindevorstehern bestehen und der Pfarrer nur beisitzende Funktion hat. Das ganze System ist auf intellektuelle Schulung und gezielte Erziehung ausgerichtet. All dies konnte man im 18. Jahrhundert mit seinem pädagogischen Impuls mühelos ausbauen und intensivieren.

Wie bei den Katholiken lag das Lehramt in geistlichen Händen – aber weit stärker in die staatlichen Schulsysteme eingebaut als bei den international ausgerichteten Jesuiten.

In der Ausbildung lag das Schwergewicht auf der lateinischen, griechischen und hebräischen Philologie, das heißt auf den biblischen Sprachen. Da die Liturgie sich stark reduziert hatte, konnte mehr Energie auf wissenschaftliches Studium verwendet werden. Gemeinsam mit der katholischen Ausbildung blieb eine allgemeine humanistische Grundlage.

Die soziale Herkunft der Geistlichen, die im 16. Jahrhundert noch teilweise bäuerlich gewesen war, wurde immer städtischer bzw. bürgerlicher. Der geistliche Beruf war ein Aufstiegsberuf aus dem Kleinbürgertum der Handwerker. Bald bildeten sich eigentliche Pfarrdynastien. Die evangelische Geistlichkeit war die gelehrte Oberschicht des betreffenden Territoriums. Die Theologen waren nicht nur als Geistliche, sondern als Intellektuelle an sich geachtet. Die Pfründen, die man wohlweislich aus katholischer Vergangenheit weiterführte, gewährten mehr oder weniger ein genügendes Auskommen und genügend Muße für intellektuelle Arbeit.

Da die protestantischen Kirchen den Zölibatszwang ganz bewußt aufgehoben hatten – den die Gegenreformation für die katholischen Geistlichen noch verschärfte –, schufen sie eine neue soziale Institution, das „protestantische Pfarrhaus", d. h. die Pfarrfamilie mit der Pfarrfrau und den Pfarrerskindern, eine Modellfamilie bürgerlichen Zuschnitts, die sich im 16. Jahrhundert als Neuheit herausbildete, im 17. sich verfestigte und im 18. zu voller Blüte kam. Insbesondere wurde hier für die Frau eine neue Position aufgebaut, da sie innerhalb der Pfarrgemeinde ein Vorbild weltlicher Tugenden zu sein hatte. Die Pfarrfrau – oft selbst aus einem Pfarrhaus stammend – konnte ihrem Mann eine eigentliche vollwertige Partnerin sein. Auf wenig hundert Einwohner kam immer eine Pfarrfamilie mit ihrer Kinderschar. Von diesen Kindern ergriff in der Regel mindestens eines wiederum den Pfarrberuf, und die Töchter konnten Pfarrer heiraten. Damit wurde ein intellektuelles Erbe von Generation zu Generation weitergegeben. Die schon genannten Pfarrdynastien sind typisch für alle protestantischen Territorien. Der Lebensstil war von Land zu Land verschieden. In England war der anglikanische Klerus oft mit der Gentry verflochten. In Frankreich hatte der 1685 liquidierte protestantische Pfarrerstand großbürgerlichen Anstrich. In der Schweiz war er ausgesprochen hauptstädtisch und munizipalstädtisch-bürgerlich mit gelegentlicher Beziehung zum Patriziat. Ähnlich stand es in Deutschland und Skandinavien, wo in lutherischer Tendenz man noch näher beim Typus des Amtsträgers war und sich in gesellschaftlicher Verbindung mit dem Adel befand, auch wenn nur Hofprediger und Superintendenten gelegentlich in den Adel hineinheirateten.

Allerdings darf man nicht vergessen, daß es auch Hungerpfarreien in abgelegenen Gegenden gab und daß die Vikariatszeit oft ein langer bitterer Weg war mit bescheidenen und oft mühevollen Lehrstellen bei Adligen oder an den Lateinschulen. Servilität den Regierenden gegenüber konnte wechseln mit Unabhängigkeit aufgrund der Freiheit des Evangeliums.

Ob in irgendeiner englischen Grafschaft zwischen Cornwall und Yorkshire oder im schwedischen Dalarne, in der Mark Brandenburg oder im Herzogtum Württemberg, im waadtländer Jura oder im untersten Engadin, ob englisch, schwedisch, norddeutsch oder schwäbisch, französisch oder rätoromanisch – überall traf man letztlich den gleichen Typus des Pfarrhauses an, idyllisch verherrlicht in Vossens ,Luise' oder gemütlich ironisiert in Goldsmith's ,Vicar of Wakefield'.

4. Das städtische Bürgertum

Das Bürgertum in Republik und Monarchie

Unter dem ,,Dritten Stand" begriff man an sich den Rest der Menschheit, das heißt: die erdrückende Mehrheit aller. Schon längst aber war der dritte Stand differenziert, zumindest konnte man auf den ersten Blick den in der Stadt wirkenden Bürger und den das Land bearbeitenden Bauern unterscheiden.

Jerzy Wojtowicz sagt in seinem Buch über die Stadt im 18. Jahrhundert: ,,Die europäischen Städte zur Zeit der Aufklärung traten nach der Epoche von Kriegen, Epidemien und Hungersnöten, die in der ersten Hälfte des XVIII. Jahrhunderts noch vorkamen, in eine Phase schneller Entwicklung. Das Entstehen neuer Industriezweige, die Zuströmung großer Bevölkerungsmassen vom Dorf, die Entwicklung des politischen Lebens, des Handels – das alles begünstigte die Entwicklung der Städte. Am schnellsten wuchsen die englischen Städte, an deren Spitze das riesi-

ge, 800 bis 900 Tausend zählende London stand. Frankreich besaß vor
der Revolution 1175 Städte, davon 60 mit mehr als 10 Tausend Einwohnern. Die größte Stadt war das 600 Tausend zählende Paris. Auf der
iberischen Halbinsel waren Madrid mit seinen 160 Tausend Einwohnern
und Lissabon die größten Städte. Zu den größten europäischen Städten
gehörten außerdem Warszawa zur Zeit des Grossen Sejms, Berlin, Wien,
Amsterdam."

Das städtische Bürgertum war im 12. und 13. Jahrhundert schon zu
einem wirtschaftlichen und politischen Faktor geworden, mit dem Adel
und Geistlichkeit zu rechnen hatten. Aus dem späten Mittelalter stammten denn auch die noch existierenden festen städtischen Vertretungen in
den Parlamenten der Monarchien, etwa die Städtebank im Deutschen
Reichstag oder die Vertretung der ,,Boroughs" im englischen Unterhaus.

Nur in wenigen Teilen Europas war es den Städten gelungen, zu selbständigen Republiken zu werden. Aus einem Bündnissystem von städtischen und ländlichen Kommunen war die Eidgenossenschaft im 15. Jahrhundert entstanden und zu Ende des 16. die Republik der Vereinigten
Niederlande. Als Stadtstaaten waren Venedig, Genua, Lucca und San
Marino aus der italienischen Städtebewegung noch übriggeblieben, und
das altfreie Ragusa hörte 1718 auf, den Türken Tribut zu zahlen.

Alle übrigen Städte Europas unterstanden einer Monarchie. Am selb-
ständigsten waren die deutschen Reichsstädte. 1803 zählte man noch ein
halbes Hundert. Bedeutend waren immer noch Frankfurt, Nürnberg,
Augsburg und vor allem die drei Hansestädte Bremen, Hamburg und
Lübeck. Dann nahm die Bedeutung ab über solche, die zumindest noch
ein wirkliches Territorium besaßen, wie Schwäbisch-Hall, bis zu den
sozusagen verdorften wie Buchau am Federsee. In mittlerer und noch
recht wackerer Position befand sich eine Stadt wie Lindau am Bodensee,
die wir hier als Beispiel nehmen möchten: Wir folgen der Beschreibung,
die der österreichische Staatsmann Graf Karl von Zinzendorf 1764 von
dieser Stadt verfaßt hat:

,,Den besten Hafen auf dem See hat die freie Reichsstadt Lindau. Sie
steht auf zwei Inseln des Bodensees; wovon aber die kleinere nur aus
Weinbergen und aus Gärten besteht. Mit dem festen Lande wird die Stadt
durch eine 290 bis 300 Schritt lange Brücke, welche seit dem schwedischen Kriege von Holz aufgebaut worden, verbunden."

,,Die Einwohner sind meistens Protestanten; doch ist daselbst zu u. l.
Frauen ein katholisches, freies, weltliches, unmittelbares Stift, welches
aus einer Äbtissin, die des Heiligen Römischen Reichs Fürstin ist, und
aus 12 adeligen Chorfrauen besteht, die aus dem Stifte heiraten können."

Lindau gehört also zu den Städten gemischter Konfession.

„Man rechnet an die 500 Bürger und einige tausend Einwohner in der Stadt."

„Sie hat auf dem Reichstage unter den Reichsstädten der schwäbischen Bank die fünfzehnte, bei dem schwäbischen Kreise aber unter den Reichsstädten die zwölfte Stelle."

„Die Reichsstadt Lindau hat ein ziemlich ansehnliches Gebiete ... Drei Dörfer, Weiler und Schlösser liegen unter der Stadt ihrer hohen und niedern Gerichtsbarkeit; über das vierte aber, nebst noch andern Orten, hat die Stadt nur die niedere Gerichtsbarkeit."

Diese kleine republikanische Herrlichkeit hat Hermann Heimpel im Rückblick auf seine Kindheit mit folgenden Worten festgehalten: „Lindau war eine kleine Stadt, doch keine Kleinstadt, nicht verstumpft und versauert wie ihre reichsstädtischen Schwestern. Der See gab ihr die Weite, der Säntis, die Lage an der Grenze, am Fuß der Pässe, noch immer die Geschichte. Den Getreidehandel ersetzte der Verkehr der Fremden. So fremdenfeindlich sich alle Lindauer geben mochten, sie lebten mit. Es gab viel Besuch, und er wurde reich bewirtet. Man widmete sich seinen Gästen, machte die Arbeit am frühen Morgen und feierte die Feste am Nachmittag. Die Leute waren reich und fröhlich, sie machten familienweise Partien auf den Pfänder und auf den Gebhardsberg und tranken reichlich und mäßig Wein im Weissen Kreuz zu Bregenz. Man lebte mehr, als man las ..."

Diese Schilderung trifft durchaus die Situation zu der Zeit, da Lindau noch Reichsstadt war und noch nicht der bayrischen Krone unterstand.

Wir können die Reichsstadt Lindau mit der nächstgelegenen Reichsstadt, dem 20 Kilometer entfernten Buchhorn, vergleichen, um den bescheidenen Typus erfassen zu können. Zinzendorf beschreibt hier so: „Buchhorn, eine freie Reichsstadt am Bodensee; deren Einwohner römischkatholisch. Der Bürger sind etwa 60. Die Einwohner werden für die einfältigsten in ganz Schwaben gehalten; und man sagt ihnen solche Stückchen nach, wie etwa denen von Schilda in Meissen. Die Stadt an sich ist gar arm; der Verschleiß des bayrischen Salzes aber gibt ihr etwas Verdienst." Kein Wunder, daß diese Reichsstadt nach der 1803 erfolgten Aufhebung der Reichsstandschaft mit dem königlich württembergischen Friedrichshafen verschmolzen wurde!

Eine ähnlich selbständige Stellung wie die Reichsstädte besaßen die englischen „Boroughs". Auch hier fand man die große Ungleichheit in der Bedeutung. London war Weltstadt und konnte im Parlament den Ton angeben. Würdige Kathedralstädte waren immerhin noch regionale Zentren. Dann aber gab es solche, die restlos verdorft waren oder überhaupt nicht mehr existierten, wo einfach am ehemaligen Territorium –

zum Beispiel einer Wiese oder einer stillgelegten Salzgrube – noch das Recht, ein Parlamentsglied zu ernennen, haftete. 1832, in der „Reform Bill", erreichte diese „rotten boroughs" das Ende, und schon längst aufstrebende neue Städte – wie etwa Birmingham – erhielten endlich ihre Parlamentssitze.

Die übrigen Städte waren Residenzen, wo der Hof den Ton angab, Verwaltungsstädte mit königlicher Beamtenschaft, Garnisonsstädte, Handelsmetropolen, regionale Marktzentren oder kleine, verschlafene Provinzstädtlein, wo man sich in einer vergangenen Pracht sonnte. Natürlich besaßen sie noch eigene Stadtverwaltung. Aber in Frankreich werden z. B. seit 1680 die Oberhäupter der Städte nicht mehr von den städtischen Räten ernannt. Alles Wesentliche hing in solchen Städten nicht mehr von der städtischen Entscheidung durch die Bürgerschaft ab. Hier konnte sich kein rechter Bürgerstolz und keine rechte „Bürgerlust" entwickeln, da das historische Bewußtsein einer republikanischen einstigen Größe fehlte und man Schritt auf Tritt von adliger Welt umgeben war.

Ob Republik oder unfreie Stadt – die Tätigkeit der Bürger, die soziale Zusammensetzung, war ähnlich. Die Bürgerschaft beschäftigte sich immer noch mit dem traditionellen Handwerk, das die Stadt einst geprägt hatte. Je nachdem konnte der Handel eine größere Bedeutung haben und sich aus dem Gewerbe eine Industrie mit kaufmännischer Prägung entwickelt haben. Ein gewisser Teil der Bürgerschaft war in der städtischen Administration beschäftigt, meist im Nebenamt. Die Geistlichkeit umfaßte einen nicht unwesentlichen Teil der Bürgerschaft, in Zürich ein Sechstel. Größere Städte besaßen ja mehr als eine Stadtkirche, und katholische verfügten über die üblichen Klöster: Franziskaner, Kapuziner, Dominikaner, Clarissinen, Ursulinen und das Jesuitenkollegium. Dem letzteren entsprach in protestantischen Städten die Lateinschule. Manche Städte waren Sitz einer Universität oder Hohen Schule. Neben die Geistlichkeit trat damit auch ein Gelehrtenstand von Theologen, Juristen und einigen Medizinern. Advokaten und Apotheker ergänzten den akademischen Charakter einer größeren Stadt. Meist war man noch im Besitz einiger Dörfer, in denen man die Verwaltung wahrnahm.

Weitaus das größte Territorium besaß Venedig: die „Terra ferma" vom Comersee bis ins Friaul, den Küstenstreifen an der Adria und die Jonischen Inseln vor Westgriechenland. Genua verfügte über die ligurische Küste, Lucca besaß ein Hinterland mittlerer Größe. Hall, Nürnberg, Rothenburg, Ulm und Rottweil hatten den Umfang eines mittleren Schweizerkantons. Nördlich der Alpen war Bern der größte Stadtstaat, von den Toren Genfs bis in die Mitte der Schweiz. Die Republik führte die Fürstenkrone über dem Berner Bär und ließ den Schultheiß auf einem

Thron Sitz nehmen. Berns Territorium entsprach im Umfang etwa dem Herzogtum Württemberg.

Von den demokratischen Ansätzen des 14. und 15. Jahrhunderts – der Zunftbewegung – war meist nur noch ein Abglanz vorhanden. Die Zunftvorstände saßen zwar oft noch irgendwie im Regiment, aber die eigentliche Macht lag in der Hand einer Oligarchie sei es von landbesitzenden Patriziern, die gerne adliges Leben führten und oft kleine Herrschaften besaßen, oder Kaufleuten mit ihrer wirtschaftlichen Schlüsselstellung. Die Stadtgeschichte ist voll von innerer Bewegung, von Reaktionen der Zünfte, der Handwerker gegen die Kaufleute und der Kaufleute gegen das Magistratenpatriziat. Am härtesten wurde dieser Kampf das ganze Jahrhundert hindurch in der Republik Genf geführt, wo sich die Großunternehmer dieser industrialisierten Stadt gegen die alten Familien, die in der Stadtregierung saßen, auflehnten und wo sich auch schon die Arbeiterschaft in den Kampf einmischte. Der ideologische Streit um Rousseau, den „Bürger von Genf" gab dieser lokalen Auseinandersetzung allgemeinen Charakter. Nach gewissen Erfolgen wurde 1782 das Patriziat durch eine vereinte bewaffnete Intervention der Monarchien und Aristokratien von Frankreich, Savoyen und Bern wieder in seine Rechte eingesetzt. Genf war wie Holland ein Vorspiel der Pariser Revolution, ein Sieg der Gegenrevolution.

Im übrigen bestand die Bürgerschaft keineswegs aus allen Einwohnern der Stadt. Man hatte vom 16. Jahrhundert an begonnen, das Bürgerrecht zu schließen und wenig Neuaufnahmen zu machen. Augsburg soll bei 30000 Einwohnern im 18. Jahrhundert noch 6000 Bürger aufgewiesen haben. Das Bürgertum war also nach unten abgeschlossen und hatte aristokratische bzw. oligarchische Züge angenommen. Die republikanische „Gleichheit" galt nur noch unter denen, die das Bürgerrecht der Stadt besaßen, das allerdings für „Reich und Arm". Das Gegenstück zur „Krone" des Fürsten ist nach wie vor der „Freiheitshut", jene symbolische Kopfbedeckung, die der Republikaner vor dem König aufbehalten darf. „Krone" und „Freiheitshut" waren inzwischen aber alt geworden . . .

Die Kaufmannschaft

Das fortschrittliche Element in der Stadt war seit jeher der Kaufmann. Das 18. Jahrhundert brachte dem Handel neue Möglichkeiten und der Industrie weite Ausdehnung. Die Bedürfnisse der Menschheit waren anspruchsvoller geworden. Wir zitieren wiederum Wojtowicz: „Wichtige Änderungen gingen auch auf dem Gebiet des Handels und der Industrie vor sich. Nach dem Siebenjährigen Krieg rückte England als See- und

Kolonialmacht an erste Stelle, da seine Schiffe an fast alle Punkte des Erdballs gelangten; große Bedeutung im europäischen Handel besaß immer noch Frankreich und danach Holland. Neben dem See- und Kolonialhandel entwickelte sich der Binnenhandel, große Bedeutung gewannen internationale Messen, unter ihnen die berühmte Leipziger Messe. Die Entwicklung der kapitalistischen Ordnung ging voran, am stärksten entwickelte sie sich in England. In den anderen europäischen Ländern jedoch zeichneten sich auch Gebiete hochentwickelter Industrialisierung ab, z. B. das Gebiet Verviers in Belgien, einige Schweizer Kantone, das schlesische Gebiet der Leinwandindustrie. In Deutschland, wo die Protektionspolitik des Staates nach dem Siebenjährigen Krieg bedeutende Ergebnisse brachte, war die Industrie stark entwickelt, vor allem in Sachsen sowie in Preußen, wo die staatlichen Behörden die Entwicklung einiger Produktionszweige förderten."

Der europäische Kaufmann drang immer intensiver in überseeische Gebiete ein, und in Europa sorgten das Kanalsystem des 17. Jahrhunderts und das sich immer verbessernde Straßennetz für bessere Transportmöglichkeiten. Die Industrialisierung im Verlagssystem – d. h. in der Verlegung der Arbeit auf das Land, wo für den Handelsherrn in der Stadt gesponnen und gewoben wird – begann in Ansätzen zur Fabrikarbeit zu werden. Es handelte sich in erster Linie um Textilfabrikation, doch wurde allmählich über das alte Uhrengewerbe hinaus die Maschinenherstellung wichtiger. Die Dampfkraft war entdeckt, und gegen Ende des 18. Jahrhunderts konnte man sie technisch für die Fabrikation anwenden.

Wir können noch einmal auf die Reichsstadt Lindau greifen, als Beispiel für eine Stadt mit bedeutendem mittleren Handel: Lindau liegt an der alten Handelsstraße von Mailand über den bündnerischen Splügen nach Oberdeutschland: ,,Von Fussach kommen die meisten mit kostbaren italienischen Waren. Doch kommen auch einige von Rheinegg mit eben diesen Waren; weil daselbst Waren den Rhein hinauf, von Chur auf Holzflößen herkommen. Von Rorschach werden Kaufmannsgüter, unter anderem viel Rauchwaren, Seidenzeug oder Drogue-Waren von Zürich hergebracht."

,,Nach Schaffhausen wird viel Salz, Baumwolle und italienische Ware verführt. Die Fahrzeuge aber kommen meist leer zurück, so wie die von Stein am Rhein. Alle Wochen kommt ein Schiffer von Schaffhausen nach Lindau, bringt Weine dahin, und nimmt Salz und Kaufmannsgüter mit sich zurück. Es sind 3 solcher Schiffer, welche diese Fahrt als ein Lehen vom Bischof von Konstanz haben, und jedem neuen Lehenherrn 5 Gulden zahlen müssen. Von Bregenz kommen keine Waren, sondern meist Holzschiffe."

„Die Schiffer aus verschiedenen Hafen des Bodensees unterscheiden sich durch die Farbe ihrer Segeltücher."

„Zu Lande werden Waren von Frankfurt, Nürnberg, Augsburg und Kempten nach Lindau gebracht und dann zu Wasser weiterspediert; wo wie zu Wasser viele ankommen, welche über Land weiter versendet werden."

„Der lindauische Handel ist außer ... hier verfertigt werdenden Leinwanden ein bloßer Speditionshandel."

Heimpel sagt zusammenfassend: „Diese Stadt streckte noch immer, und lange bevor es wieder ein Deutsches Reich gab, ihren Handel ans Mittelmeer. Von Livorno und Triest, Korfu und Athen konnte man in Lindau hören, ohne alte Papiere zu lesen. Diese Welt und die Heimat gehörten zusammen. Wie ein kleines Zürich blinkte die Stadt an ihrem Bodensee, bunt und froh, wie ein bescheidenes Genua am Schwäbischen Meer."

Lindau ist das Beispiel einer Stadt, die vornehmlich Handel treibt, in der Leinwand aber Produktion mit Handel verbindet. In vielen Städten wandeln sich Gewerbe und Handel zum Unternehmen: Einkauf des Rohmaterials, Bearbeitung durch Heimarbeit auf dem Land, Veredelung in der Stadt, Verkauf im Ausland.

Das Zentrum des kaufmännischen Betriebes war immer noch das städtische Haus des Kaufmanns, wo Lagerräume, Kontor und Wohnung sich unter dem gleichen Dach befanden. Der eine Kaufmann mit ganz wenigem Personal führte und überwachte den ganzen Vorgang. In der Regel spielte dabei die Gattin des Kaufmanns eine bedeutende Rolle. Ein Bericht aus Zürich zeigt dies: „Die Haushaltungsgeschäfte wurden ganz der treuen Sorge der Frauen überlassen; Reinlichkeit, die aber nicht bis zur Beschwerde für Hausgenossen und Fremde getrieben ward, Sparsamkeit mit Ehrenfesten verbunden, Anstalten, daß jedes Ding zu seiner Zeit, und in Ordnung geschehe, daß viel durch die Haushaltung selbst gearbeitet, und Lohn an Mietlinge erspart werde, daß alles Nötige im Überfluß, und Bequemlichkeiten nach Maß und Ziel vorhanden seien, Kenntnisse und Geschicklichkeit in jeder häuslichen Arbeit von der Küche bis auf die künstlichsten Werke mit der Nadel, und eine etwelche Übung in der Tonkunst, zu ihrem eigenen und des Mannes Vergnügen, war ihre Lust: daß ihr Mann geehrt, und die Kinder als wohl gezogen, beliebt seien, ihm in den Berufsgeschäften behilflich zu sein, in seiner Abwesenheit seine Stelle zu vertreten, und es in manchen Dingen so gut zu machen als er, war ihr höchster Ehrgeiz. Die Erziehungssorgen teilte sie mit dem Mann, aber sie befolgte darüber dieselben Pläne und Anstalten." Mit dem Satz „ihm in den Berufsgeschäften behilflich zu sein, in seiner Abwesen-

heit seine Stelle zu vertreten" wird die Mobilität des Kaufmanns ange-
deutet, der auf ausgedehnte Reisen zu gehen hatte und auch bei seinen
Heimarbeitern gelegentlich nach dem Rechten zu schauen hatte. Dazu
trat – dies gilt für die Republiken – das Engagement in der Politik der
Stadt. Aus jenem schwer zu scheidenden Gemisch von republikanischer
Verantwortung und kaufmännischem Interesse war es Selbstverständlichkeit, einen größern oder kleineren Teil der Zeit der Stadt zur Verfügung
zu stellen.

Ein düsteres Bild von der Kaufmannschaft entwirft allerdings Friedrich
Carl von Moser. Von einem Aufenthalt in Holland sagt er: ,,Man kann
unter der dicken Seeluft nicht tiefer Atem holen, als unter dem unaufhör-
lichen, alltäglichen, allgemeinen und eckelhaften Geschwätz von Haben
und Geben, Gewinnen und Verlieren, Sparen und Sammeln, nicht nur bei
dem Volk der Kaufleute, sondern auch bei denen, wo man noch eher
Zufriedenheit, Erhabenheit des Herzens, Geschmack und geläuterte
Denkungsart suchet und zu finden vermeinet . . . Der spirit publick ist der
Kaufmannsgeist. Von den Herren der Regierung getraue ich mir zwar
nicht das zu sagen, wie eine Dame sie charakterisiert hat: Ce n'est plus la
Republique, c'est un Corps de Marchands, soumis au Prince d'Orange
(Das ist nicht mehr die Republik, das ist eine Handelsgesellschaft, die
dem Prinz von Oranien unterworfen ist); es könnte aber in 30 oder 40
Jahren dieses Gemälde um so eher gleichen. Die alten Republikaner ster-
ben vollends ab und mit ihnen ihre Liebe zur Freiheit, ihre alten und
echten Grundsätze, die Gewalt des Prinzen in Bestellung der obrigkeitlichen Ämter und lukrativen Bedienungen macht die meisten Familien
schon jetzt bücken und kriechen und ihre Nachkommen werden es noch
besser lernen."

Die kaufmännischen Republikaner schienen dem deutschen Verwal-
tungsadligen nicht mehr die alten zu sein, jene holländischen Handelsleute, die sich seit dem Beginn der niederländischen Unabhängigkeit nicht
nur gegen das katholische Spanien, sondern ebensosehr gegen die orani-
schen Statthalter und deren adligen Landanhang gestemmt hatten. – Immerhin haben sich diese ,,alten Republikaner" als moderne Patrioten
1785 noch einmal gegen den Prinzen von Oranien erhoben. Es war nicht
ihre Schuld, daß sie schon nach zwei Jahren einer preußisch-gegenrevolu-
tionären Intervention zum Opfer gefallen sind, genau wie die Genfer
Kaufleute anno 1782.

Trotz diesen Mißerfolgen in zwei aristokratischen Staatswesen war es
Tatsache, daß überall die Kaufleute reicher und reicher wurden. Ihr
Reichtum sprengte die Maße kleinbürgerlicher Städte. Das alte Handels-
haus in den engen Gassen genügte oft nicht mehr. Man konnte es allen-

falls repräsentativ schöner ausbauen oder niederreißen und einen kaufmännischen Palast erstellen. Wie der Adel trachtete man nach dem Landsitz, wo man sich frei und gesellschaftlich vornehmer bewegen konnte. In republikanischen Verhältnissen, da konnte man allmählich die Macht an sich bringen und die Zünfte unterlaufen. Da war man angesehen und geachtet. In den Augen des Adels aber blieb man der Emporkömmling, der „Parvenu". Kaufleute hatten keine Zeit für höfische, adlige Beschäftigung, für Jagd, Spiel und Frauen. Sie arbeiteten hart und ihre Lebensführung pflegte puritanisch zu sein.

Die Monarchien hatten einst noch die höhere Magistratur in den Adel einbauen können, die Kaufleute aber nur in geringem Maße – denn „Pfeffersäcke" verachtete man noch mehr als Juristen. Der Kampf gegen altes Patriziat und alten Landadel mochte in Genf und in den Niederlanden scheitern; von der Französischen Revolution an sollte die Schicht der kaufmännischen Industriellen – als Großbourgeoisie – ihren Siegeszug durch die ganze Welt antreten mit oder ohne Königtum!

Die Handwerker
Kaufleute und Handwerker hatten die Stadt einst zu dem gemacht, was sie nun geworden war. Aber wie wir gesehen haben, waren die Zeiten vorbei, als die Zünfte in ihr den Ton angaben und das progressive Element darstellten. Besonders in den Republiken waren zwar ihre Organisationen noch intakt, aber oft nur noch als gesellschaftliche Treffpunkte der Zunftgenossen und Zentren ängstlicher Bewahrung von alten Handwerksprivilegien. Man suchte den Rang der Stadt dem Land gegenüber zu bewahren und zu verhindern, daß in den Bauerndörfern ein selbständiges Handwerk aufkommen konnte, andererseits sah man mit viel Neid den Aufstieg der Unternehmer, die aus Gewerbebetrieben Fabriken zu machen drohten. Die Zünfte in den Stadtregierungen waren endgültig von der Kaufmannschaft unterwandert.

Das Gewerbe war in der Regel rückwärts gewandt und abgeneigt, Innovationen anzunehmen. Hier setzten unter anderem ökonomische und gemeinnützige Gesellschaften ein, denen es am Herzen lag, dem Gewerbe die technischen Entdeckungen und organisatorischen Neuerungen nahezubringen. Derartige Reformen waren in Monarchien leichter durchzuführen als in Republiken, wo eben dem Handwerk politische Bremsmöglichkeiten zur Verfügung standen.

Das Handwerk war immer noch der Zunftordnung, wie sie sich im späten Mittelalter herausgebildet hatte, verpflichtet. Der Handwerker wohnte im eigenen Haus, das auch seinen kleinen Betrieb umfaßte. Dem Meister standen einige wenige Gesellen zur Verfügung. Da der Beizug

von ungelernten Arbeitern gesetzlich beschränkt war, war es unmöglich,
den Betrieb zu erweitern. Die Entwicklung zum Großunternehmen
konnte nur durch Verlegung der Arbeit auf das Land erreicht werden,
wie dies die Großkaufleute taten. Erst mit der Abschaffung der Zunftordnungen im 19. Jahrhundert war es möglich, daß etwa aus einer
Schmiede eine Metallfabrik entstand. Besonders ausgeprägt war das
Handwerkswesen natürlich in den Republiken, wo der Handwerker
noch an der Stadtregierung teilhaben konnte.

Der Zürcher Junker Ludwig Meyer von Knonau schildert in seinen
‚Lebenserinnerungen‘ ansprechend und zutreffend die Situation dieser
Klasse in der Stadt Zürich: ,,Mit Recht wurden Anmaßungen von Personen aus der sogeheißenen Herrenklasse von selbständigen ältern und
jüngern Glieder der sogenannten Bürgerklasse derb zurückgewiesen. Der
Ausdruck: ‚Ein Herr und Bürger‘ (man sprach aus Burger) und: ‚ich bin
ein Herr und Burger‘ war ein Machtwort, das man in Kollisionsfällen
gegen sich höher Glaubende und ebenso gegen Landleute und Ausländer
brauchen hörte. Der geringste zürcherische Bürger hatte als regierungsfä-
hig, das tiefe Gefühl, mehr zu sein, als irgend ein Landmann oder ein
Bürger von Winterthur und Stein, ungefähr wie der geringste polnische
Edelmann mit Stolz auf einen Kaufmann oder angesehenen Bürger von
Warschau und Krakau hinabsah. Der Bäcker, von dem meine Eltern das
Brot kauften, Irminger, war ein talentvoller, der Geschäfte kundiger
Mann, zur Zeit meines Eintretens in die bürgerlichen Verhältnisse ein
sehr angesehener Zunftmeister (Mitglied des Rates), und man näherte
sich ihm in ehrerbietiger Haltung. So verhielt es sich noch mit mehreren
andern, und eine große Zahl von Handwerkern war berechtigt, als Glieder des Großen Rates, Ehrerbietung zu fordern. Die höchst aristokratische Wahl der Glieder des Großen Rates, die von den Ratsgliedern und
Großräten jeder Zunft gewählt wurden, hätten ein vollständiges Patriziat
herbeiführen müssen, wenn nicht die Zunftmeister, die beiden ersten
Vorsteher, von der ganzen Zunft gewählt und dadurch von den Bürgern
abhängig gewesen wären. Am meisten behaupteten die Fleischer das
Zunftsystem, und bis 1798 waren der eine Zunftmeister und sechs aus
den Zwölfern ausschließlich Fleischer. Ihnen näherte sich die Bäcker-
und Müllerzunft, indeß bei den Schuhmachern und bei den Schneidern
nur noch ein Handwerker im Großen Rate saß und dergleichen mehr.
Am fühlbarsten war eine Art von Patriziat in gewissen gesellschaftlichen
Kreisen und bei den Frauenzimmern. Unsichtbare Mächte entschieden
hier über Hoffähigkeit und Hofunfähigkeit. Keiner, der nicht zu der
guten Gesellschaft gehörte, erhielt den Zutritt und noch weniger ein
Frauenzimmer aus dieser Klasse. Es war ein wichtiger Fortschritt, als

man am Ende der Achtzigerjahre der Familie ... das Konzertzirkular zugehen ließ und zwanzig Jahre später stand sie in der ersten Linie. Noch lange behauptete das Frauenzimmer seine Prärogative. Am meisten bewahrte die sogeheißene Bürgerklasse ihr Recht in Militärverhältnissen. In dem Quartier (Regiment), in welchem ich Dienste leistete, waren drei Gerber, ein Buchbinder, ein Küfer (Böttcher) Hauptleute, und in der Kompagnie wo ich zuerst eintrat, war mein Hauptmann ein Landmann, Wirth und Weibel (erster Gerichtsdiener der Landvogtei), dabei aber ein kluger Mann, der den Dienst sehr gut verstand."

Dem Zürcher Beispiel soll das schon zitierte Beispiel aus der deutschen Reichsstadt Lindau beigefügt werden, Beispiel aus einer hauptsächlich des Transithandels wegen blühenden Stadt. Zinzendorf kommt hier kurz auch auf die Handwerker zu sprechen: ,,In der Stadt sind viele Rot- und Weißgerber, Gold- und Silber-Arbeiter, Groß- und Klein-Uhrmacher; an die 8 Weber, einige Hutmacher, Säckler, Färber etc. Sie verfertigen zu Lindau künstliche grüne Ofenkacheln. Ein Seidenweber ist da, der vier Stühle hat, und nach Augsburg Tüchel arbeitet. Eine Glockengießerei, wo erst kürzlich 50 Kanonen für Zürich gegossen worden. Eine Pulver- und eine Papier-Mühle, welche letztere nicht genug verfertigen kann."

Hier wird die kleine eifrig tätige Welt des Gewerbes statistisch festgehalten. Über die Mentalität des Lindauer Handwerks gibt Hermann Heimpel Auskunft, wenn er ein Gespräch seines Onkel Ernst festhält: ,,Wenn wir morgen ins Museum gehen, zeige ich dir die Kämme, die deine Vorfahren gemacht haben. Die waren Kammacher, und ihre Kämme gingen weit hinunter nach Italien, damals, als die Rokokodamen die hohen Frisuren hatten. Die Werkstatt war gegen den See zu, wo heute der Bayerische Hof steht. Der letzte Kammacher war ein Bruder vom Cadixer, Johann Jakob, deines Großvaters Pate. Aber auch sein Vater war ein Kammacher, und die älteren Vorfahren werden auch Kammacher gewesen sein. Warum wohl? Weil die Zünfte erblich waren damals. Du mußt wissen, unsere Vorfahren waren einfache Leute, Handwerker, Kammacher und Fischer wie die Oberreits und Bäcker wie die Häberlins, erst deine Großmutter war eine Patriziertochter, und dein Großvater konnte sie heiraten, nachdem er ein tüchtiger Arzt geworden war. Er war der erste Akademiker in der Familie, wir sind noch frisch, kein alter Geistesadel von Pastoren und Schulmeistern. Also los!"

Heimpel kommt hier am Schluß auf die Funktion des Handwerkerstandes als Reservoir für andere Berufe zu sprechen. Während ein Teil des Handwerks nach wie vor stolz und eigensinnig auf der Bewahrung des Überkommenen beharrte und Handwerker im kleinen Bereich des Familienbetriebs mit den paar Gesellen bleiben wollte, konnten ehrgeizige und tüchtige Glieder aus dem Stand hinaustreten, in protestantischen Städten vor allem Geistliche werden. Der akademische Beruf des Advokaten war wie derjenige des Arzts im 18. Jahrhundert noch nicht sonderlich geachtet. Sie gehörten eben zu der bürgerlichen Mittelklasse, in der auch ihre Vorfahren, die Handwerker, figurierten; auch hier sollte das 19. Jahrhundert ungeahnte Möglichkeiten öffnen. Es ist darum auch ein Jahrhundert der Rechtsanwälte, weit über die Belange der Justiz hinaus, geworden.

Das Kleingewerbe sah mit den Revolutionen des 19. Jahrhunderts seine Privilegien schwinden – aber es sollte sich dennoch erstaunlich zähe bis weit ins 20. Jahrhundert behaupten.

5. Das Bauerntum

Der dritte Stand teilte sich seit dem Aufkommen der Städte in Bürger in der Stadt und Bauern auf dem Land. Dem Bauern oblag die urtümlichste Aufgabe, die der Nahrungsbeschaffung, nicht nur für sich selbst, sondern für die Stände, die ihn schützen und betreuen sollten, Adel, Geistlichkeit – und auch städtische Bürger. In der landbebauenden Schicht finden wir im Laufe der Zeit ungemein viele Unterschiede, die teils von der Bebauungsart abhängen: Ein Gebirgsbauer ist nicht den gleichen wirtschaftlichen Gesetzen unterworfen wie ein Flachlandbauer; ein toskanischer Bauer ist kaum vergleichbar mit dem tirolischen, auch wenn beide letztlich österreichischer Herrschaft unterworfen sind; zwischen dem Pflanzer in Virginia und dem Farmer in Massachusetts klaffen Unterschiede, auch wenn beide aktiv an der Loslösung von der englischen Krone teilnehmen.

Schon die Definition des „Bauern" macht Mühe. Die heutige Forschung versucht davon auszugehen, daß sie als „Bauern" nur denjenigen unter den Landbebauenden betrachtet, der seinen Boden in irgendeiner Form – ob direkt oder indirekt – als eigenen betrachten kann, der sich selbst im lokalen Bereich als relativ unabhängig versteht.

Politische Freiheit besitzen die Bauern allerdings nur noch in gewissen alpinen und voralpinen Bereichen, d. h. in fünf Kantonen der Schweizerischen Eidgenossenschaft und in den mit ihr verbündeten Republiken Graubünden und Wallis. In diesen Ländern erfreut sich der grundbesitzende Hausvater immer noch demokratischer Verhältnisse. Er hat das Recht, im Bereich seiner Dorfgemeinde und im gesamtstaatlichen Raum der Republik die Behörden zu bestellen, selbst in sie gewählt zu werden, und kann in den Gemeinde- und Landessachen frei mitregieren. Höchster politischer Ausdruck dieser Freiheit ist die Landsgemeinde, die Volksversammlung aller, die das Landrecht besitzen. Noch zu Beginn des 18. Jahrhunderts fixiert der Kanton Schwyz mit dem 21. Artikel der 26 „Landespunkte": „Daß die Maien-Landsgemeinde der größte Gewalt und Landesfürst sein solle und ohne Kondition setzen und entsetzen möge. Und wer dawider ratete und dawider wäre, daß die Landsgemeinde nicht der größte Gewalt und Landesfürst seie, und nicht setzen und entsetzen möge, ohne Kondition, der solle dem Vogel im Luft erlaubt und 100 Ducaten auf sein Kopf geschlagen sein; der Obrigkeit, Malefizgericht und andern Gerichten aber solle das Recht, was jedem gehört, auch gelassen sein, und solle man den Landleuten auch lassen, was ihnen gehört."

Das bedeutete, daß nebst Gott dem Allmächtigen im Lande Schwyz, das vierzehn Dorf- oder Talschaften umfaßte, alle Macht dem souveränen Volk, versammelt in der Landsgemeinde, zustehe. Jeder Landmann, soweit er das Landrecht besaß, war damit Teil der Souveränität und „regierte sich selbst". Der Artikel 21 ist in Wirklichkeit eine Deklaration gegen die immer größer gewordene Macht der Räte des Landes bzw. der schon längst entwickelten Aristokratie eines Patriziates von Grundbesitzern, Magistraten und Soldoffizieren. Der Viehzucht treibende kleine Gebirgsbauer war – wenn er auch stolz auf eigenem Grund und Boden saß – doch wirtschaftlich weitgehend von den „großen Hansen" abhängig, die er allerdings an tumultuösen Landsgemeinden periodisch abzusetzen und wenn nötig einzusperren pflegte, was für sein freiheitliches Selbstverständnis immerhin eine gewisse Bedeutung hatte. Solche schweizerisch-demokratische Rechte hatte doch niemand anderer in der ganzen Welt. Allenfalls noch Bauern in den ländlichen Provinzen der Niederlande. Diejenigen in den isolierten Reichsdörfern waren nur dem Kaiser untergeben. Alle übrigen Bauern waren irgendwie einem unmittelbaren Herrn unterworfen. Seit dem Mittelalter galt „Nulle terre sans seigneur", „kein Boden ohne Herr". Dieser Boden gehörte entweder dem Adel, der Kirche, später auch den Bürgern und vor allem dem Staat, sei es direkt oder als Oberherr der Stände. Dem jeweiligen Inhaber solcher Gewalt war eine Grundsteuer als Naturalgabe zu entrichten. Immerhin sind die Abstufungen ungemein differenziert.

Der Stellung von freien Bauern wie den alpinen Schweizern kamen sehr nahe Bauern in der österreichischen Grafschaft Tirol, in den holsteinischen Dithmarschen, in Westfalen, im Württembergischen, auch in Schweden. Die Untertanen der schweizerischen Städte wären etwa dazu zu zählen. Doch auch diese mehr oder weniger selbständigen Bauern sind eine verschwindend kleine Zahl in Europa. Man muß nun aber festhalten, daß im allgemeinen in Westeuropa, in Frankreich, England, Deutschland, der Bauer keineswegs leibeigen ist, wie er dies vor allem in den östlichen Ländern geworden war – östlich der Elbe, wo der Bauer Besitz des Gutsherrn war, fast wie seine Pferde und seine Kühe. Dort war er schollengebunden, durfte ohne Erlaubnis nicht wegziehen, und die Heiraten unterstanden der herrschaftlichen Genehmigung. Doch auch hier sind die Verhältnisse regional wieder sehr verschieden.

Was die wirtschaftliche Struktur betrifft, so unterscheidet man in Deutschland Großbauern auf großen Höfen mit einem eigentlichen Einkommen aus dem Betrieb, dann mittlere Bauern, die nur gerade genug aus ihrem Boden ziehen können, um eine leidliche Existenz zu führen, und schließlich Kleinbauern, die auf Nebenverdienst angewiesen sind, aber immer noch auf „eigenem" Boden sitzen. Sie zählen alle zur Dorfgemeinde, die aber ihrerseits meist nicht die Mehrheit der Bewohner umfaßt. Die wohlhabenderen Bauern und solche aus alten Bauernfamilien bilden da ein eigentliches Dorfpatriziat.

Übrigens waren sehr viele Bauern Pächter. Solche Pächter konnten mächtige Herren sein, wie etwa jener Großvater mütterlicherseits, von dem der bekannte Amerikadeutsche Carl Schurz in seinen Erinnerungen berichtet. Dieser Heribert Jüssen war Pächter der Burg „Gracht" bei Liblar in der Nähe von Köln. Die Burg und das Gut befanden sich im Besitz der Grafen Wolf-Metternich. Der Pächter aber schaltete und waltete sozusagen unumschränkt: „Mein Großvater war im Dorfe und weithin in der Umgegend als ,der Burghalfen' bekannt. (,Halfen' wurden ursprünglich diejenigen Pächter genannt, die mit ihren Gutsherren den Ertrag der Ernten zu gleichen Hälften teilten. Diese Einrichtung hatte jedoch in diesem, wie in den meisten Fällen am Rhein, der Zahlung eines Pachtzinses in Geld Platz gemacht. Aber der Name ,Halfen' blieb.)"

„Mein Großvater, der Burghalfen, hatte zur Zeit meiner ersten Erinnerung ungefähr sein sechzigstes Jahr erreicht. Er war ein Mann von gewaltigen Proportionen, über sechs Fuß groß, von mächtiger Breite in Brust und Schultern. Eine sorgfältige Erziehung hatte er nicht genossen. Das Lesen und Schreiben verstand er, aber zu seinen Lieblingsbeschäftigungen gehörte es nicht. Mit Büchern machte er sich wenig zu tun; dahingegen war er ein Mann von großer Autorität unter dem Volke. Vom Dorfe und aus der Umgegend kamen die Leute zum Burghalfen, um sich bei ihm Rat zu holen, oder ihm ihre Streitigkeiten vorzulegen."

„Aber ein tüchtiger Ackerbauer war er auch – verständig, energisch und unermüdlich. In aller Frühe mit den Knechten auf dem Felde, unterwies und regierte er nicht nur, sondern, wenn es galt, ging er ihnen in der schwersten Arbeit mit gutem Beispiel voraus. Sein Bild steht noch vor mir, wie er dem Brauch gemäß in eigener Person den ersten Erntewagen in die Scheune brachte, die Peitsche in der Hand auf einem der drei oder vier Pferde sitzend, die eins nach dem andern, tandemartig, vor den Wagen gespannt waren. Oft habe ich auch sagen hören, daß sein Rat über landwirtschaftliche Dinge von seinen Berufsgenossen häufig gesucht und hoch geschätzt wurde. Natürlich war er ein König in seinem Hause, aber ein König, dem man nicht nur gehorchte, sondern den man auch lieb hatte, und dessen Fehler man ansah wie eine Art von Naturnotwendigkeit, an der sich eben nichts ändern ließ."

,,Neben ihm stand meine Großmutter in merkwürdigem Kontrast. Sie war eine kleine, schmächtige Frau mit einem mageren Gesicht, das einmal hübsch gewesen war; von zarter Gesundheit, fromm, sanft, häuslich, immer tätig und voll von Sorgen. Der Haushalt, dem sie vorstand, war in der Tat groß genug, um ihr wenig Ruhe zu lassen. Bei Tagesanbruch im Sommer und bei Lampenlicht im Winter war sie auf den Füßen, um zu sehen, daß das zahlreiche Gesinde, männliches und weibliches, an die Arbeit kam und sein Frühstück hatte. Da waren wohl nahezu zwei Dutzend Knechte und Mägde, die gelegentlich beschäftigten Taglöhner nicht gerechnet."

Die bäuerliche Welt war eine stabile Welt von langer Dauer, dominiert von den Bedingungen und Launen der Natur. Doch diese scheinbar feste Welt geriet im 18. Jahrhundert ins Wanken, weil man jetzt auf Eingriff in den traditionellen Gang der Dinge bedacht war. Es war nötig, mehr aus dem Boden zu holen. Da setzten die ökonomischen Gesellschaften in so gut wie allen Ländern Europas wie in Übersee mit ihren Plänen und Vorschlägen ein. Der gottgegebene Zyklus von schlechten und guten Ernten, jene sieben mageren und fetten Jahre des Alten Testaments sollten rationaler Gestaltung unterworfen werden.

Das 18. Jahrhundert war eine ruhigere Zeit für den Bauern. Die großen inneren Kriege – in Frankreich die Hugenottenkriege, in Deutschland der katastrophale Dreißigjährige Krieg, in England der Bürgerkrieg – waren vorbei. Die Epidemien waren am Ausklingen und große Hungersnöte seltener. Man erholte sich. Die schönen Bauernhöfe zeugen in gewissen Regionen heute noch davon.

Allerdings, wenn ein Krieg durch eine Gegend zog, erlebte man wiederum altes Grauen, denn keine Befestigungsanlage schützten die Dörfer. Noch zu Ende des Jahrhunderts notierte ein Soldat – es ist Magister Friedrich Christian Laukhard – vom Feldzug nach Frankreich: ,,Endlich wurde befohlen, daß man einstweilen für die Pferde fouragieren und aus den nächsten Dörfern Holz und Stroh holen sollte. Das Getreide stand noch meistens im Felde, weil dieses Jahr wegen des anhaltenden Regens die Ernte später als gewöhnlich fiel. Das Fouragieren ging so recht nach Feindesart: man schnitt ab, riß aus, zertrat alles Getreide weit und breit, und machte eine Gegend, woraus acht bis zehn Dörfer ihre Nahrung auf ein ganzes Jahr ziehen sollten, in weniger als einer Stunde zur Wüstenei."

„In den Dörfern ging es noch weit abscheulicher her." Die Soldaten sollten Holz und Stroh holen. „Ehe aber diese Dinge genommen wurden, untersuchten die meisten erst die Häuser, und was sie da Anständiges vorfanden, nahmen sie mit, als: Leinwand, Kleider, Lebensmittel und andere Sachen, welche der Soldat entweder selbst brauchen oder doch an die Marketender verkaufen kann. Was dazu nicht diente, wurde zerschlagen oder sonst verdorben."

Und wenn nicht Krieg war, so gab es die schwere Belästigung durch die Jagd der Herren. Freiherr von Hohberg stellt diesbezüglich tadelnd fest: „Der Wildbann wird heutigen Tages darum hoch mißbraucht, daß man durch allzuvieles Verschonen und Überhäufung des Wildprets der armen Untertanen Felder, Gründe und Wiesen also verderbet und ringert, daß sie durch unglaubige große Mühe, heftigen Verlust, vergebliches Wachen und empfindliche Verwüstung Tag und Nacht gequält und in Verderbung und Armuth gestürzet werden. Daher wohl zu wünschen wäre, daß christliche Obrigkeit diese sonst zwar zulässige und edle, durch Übermaß aber allzuschädliche Übung in etwas moderieren möchte, damit es nicht das Ansehen gewinne, ein Stück Wild sei ihnen lieber als ein fleißiger Untertan und Nebenchrist."

Für den Bauern sollte der Adel ein militärischer Schutz sein, das war er oft nicht mehr. Der gleiche Hohberg fordert: „Diejenigen Güter und Herrschaften sind glückselig, die mit vielen, benebens aber auch guten, getreuen und vermöglichen Untertanen, bevorab wenn sie wohl hausen, versehen sind. Die sollen aber auch christlich und billich gehalten, bei ihren Privilegien geschützet, in Gefährlichkeit gehandhabt, ihnen auf Begehren das Recht und Billigkeit erteilet und nichts wider den alten Gebrauch aufgebürdet werden. Das ist ein Herr vor Gott und der Welt schuldig."

Das wurde Ende des 17. Jahrhunderts geschrieben. Im 18. hieß das, daß der Staat sich aus wohlverstandenem Interesse um Förderung und Hebung der Landwirtschaft zu kümmern habe, daß Dorfgeistlicher und Amtmann sich um die ökonomische und geistige Lage der Bauern zu sorgen und nach neuen Methoden beratend und befehlend in die altgewordenen Strukturen einzugreifen hätten. Das 19. Jahrhundert sollte in diesem Sinn weiterfahren, und die mündig gewordenen Bauern haben da und dort ihr Schicksal selbst in die Hand genommen.

6. „Das Volk"

Die Unterschicht und ihre Randgruppen
In der alten Rangordnung befand sich „unter" dem Bauern und „unter"
dem Bürger eine bunte Menge von sozialen Gruppen, die das gemeinsam
hatten, daß sie entweder den mittleren oder oberen Ständen zu Dienst
standen oder sich am Rand, beziehungsweise außerhalb der „Gesellschaft" befanden. Das war das „Volk" im sozialen Sinn; noch nicht das
„Volk" im nationalen Sinn, wie es die Romantik verherrlichen sollte. In
der Burg des Pächter Jüssen sprach man vom „Gesinde", „gewöhnlich
das Volk genannt". Wenn wir wissen, daß meist weit mehr als die Hälfte
der städtischen Einwohner nicht zu den Bürgern gehörte und daß in den
Dörfern meist nur ein Drittel zu den wirklichen Bauern gezählt werden
kann, so umfaßt diese Gruppe weitaus den größten Teil der Menschheit,
wobei natürlich regionale Unterschiede auch hier zu beachten sind. Für
die meisten gilt Besitzlosigkeit vor allem an Boden, und die meisten von
ihnen konnten weder lesen noch schreiben.

Eigentlich verfügt jede höhere Klasse über ihre entsprechende dienen-
de Unterschicht. Das Bürgertum in den Städten hatte seine Mägde und
Knechte – oft ländlichen Ursprungs. Die Handwerksmeister arbeiteten
mit den Gesellen, die später möglicherweise selbst Meister werden konnten, die Unternehmer mit den Arbeitern und Heimarbeitern. Auf dem
Land hatte der wohlhabende Bauer nicht nur seine Mägde und Knechte,
sondern die ganze ländliche Unterschicht stand ihm zu Diensten. Das
waren die Taglöhner, die Häusler, die Tauner. Sie lebten in bescheidenen
Häuslichkeiten, oft mehr als eine Familie unter einem Dach, im besten
Fall mit ein wenig Boden, in ungünstigen Lagen, in Überschwemmungs-
land oder an Waldrändern, dort wo der Boden landwirtschaftlich uner-
giebig war. Dazu gehörten auch die Köhler und die Hausierer. Hier holte
der Bauer seine Hilfskräfte, wenn es ans Ernten oder ans Holzen ging.
Handwerk auf dem Land war nicht sehr geachtet, das feinere Handwerk
fand sich in der Stadt.

In einem gewissen Grad hat auch der Adel seine ihm eigene Unterschicht, sofern wir an den Militäradel denken. Der Offizier ist grundsätzlich von Adel; der Soldat rekrutiert sich aus der Unterschicht. Das
18. Jahrhundert ist mehr denn je ein Jahrhundert der Berufsheere, der
stehenden Armeen. Die Miliz war schon längst in Abgang gekommen
und nur noch in wenigen Ländern erhalten geblieben, besonders in der
Schweiz, die außerdem ihre ärmere Bevölkerung in fremde Dienste
schickte. Im 18. Jahrhundert sprach man vom „Soldatenjammer". Der

Dienst war hart, das Garnisonsleben eintönig, die Strafen – Spießruten-
laufen – entehrend und grausam. Es gab Eliteregimenter, in denen die
Verhältnisse besser waren. Die Schweizer etwa erfreuten sich eines eigenen Disziplinarrechts und waren unter sich. Äußerlich präsentierten sich
diese Armeen glänzend und waren eine Augenweide für Adel und Bürgertum. Die eleganten bunten Uniformen waren attraktiv für alle jungen
Mädchen. In Garnisonsstädten und Residenzen konnte Soldatsein ein
Beruf sein wie ein anderer dienender Beruf. Abenteuerlust kam in den
Feldzügen auf ihre Rechnung. ,,Der Soldat im Lager ist gewöhnlich leb-
haft und munter; er singt und treibt sonst allerlei, um die Zeit hinzubrin-
gen und das Lästige zu vergessen." Die Kriege des 18. Jahrhunderts wurden mit einer gewissen Ritterlichkeit geführt. ,,Messieurs les Anglais tirez
les premiers" – ,,Feuern Sie bitte als erste, meine Herren Engländer" –
sollen bei Fontenoy die französischen Offiziere ihren englischen Kame-
raden zugerufen haben. Abgesehen aber davon, daß diese erste Salve die
schön gerichtete Reihe von im Moment wehrlosen Soldaten in französischen Uniformen traf, die zwar Deutsche, Schotten oder Schweizer sein
konnten, wissen wir um etliche Berichte vom Soldatenelend – nicht nur
durch des Toggenburgers Bräkers Erzählung von seinem preußischen
Rekrutendienst. Laukhard berichtet vom elenden Rückzug von 1792:
,,Bisher waren wir in der Wäsche noch ziemlich rein geblieben, aber nun,
da sich nicht mehr waschen ließ, da sogar das Leinenzeug im Tornister
vermoderte, fanden sich auch sehr unangenehme Tierchen, diese schreckliche Plage des Soldaten im Felde, bei uns unerträglich ein. Selbst die
Offiziere konnten ihnen nicht mehr entgehen und lernten nun auch erst
recht das volle Elend des Krieges erkennen. Aber nichts nahm unsere
Leute ärger mit, als der Durchfall, der allgemeine Durchfall, und die
darauf folgende fürchterliche Ruhr."

Seume schildert die nach Nordamerika verfrachteten deutschen Sold-
truppen: ,,Das Leben im Lager im Spätjahr war schlecht genug; keine
gute Kost und Kälte bis zum Heulen und Zähneklappern. Unser Bataill-
on sah aus buntscheckig, wie eine Harlekinsjacke, da es aus den Uniformen aller Regimenter bestand. Wir hatten weder Fahnen noch Kanonen,
da es täglich hieß, wir sollten zu unsern Regimentern stoßen. Ich nebst
ungefähr fünfundzwanzig andern war dem Regiment Erbprinz zugefal-
len, habe aber das Regiment nie gesehen."

Die Lage war für den Soldaten insofern auch hoffnungslos, als ein
Avancement zum Offizier bei den meisten Truppen unmöglich war: ,,So
kam denn endlich die Nachricht vom Frieden uns eben nicht erwünscht:
denn junge tatendurstige Leute sehen nicht gern ihrer Bahn ein Ziel
gesteckt. Man hatte mir geschmeichelt, ich könnte Offizier werden und

mir eine Laufbahn eröffnen. Mit dem Frieden war alles geschlossen: denn
nach unserer alten, sogenannten guten Ordnung konnte kein Bürgerlicher in der Regel weiter aspirieren als bis zum Feldwebel; ein Ehrenpo-
sten, dessen lebenslängliche Dauer ich eben nicht sehr beneidete. Bei uns
mußte man Edelmann sein oder viel Geld haben, um im Staate ein Mann
zu werden; zwei Verdienste, deren philosophische Gültigkeit jedem Vernünftigen sogleich in die Augen springt. Zuweilen tat Verbindung und
Empfehlung auch etwas; und noch seltener wurde zufälligerweise auch
wohl wirkliches Talent bemerkt. Im Kriege, ... wo man Männer für
Ämter und nicht Ämter für Männlein sucht, sind die Ausnahmen häufiger und es tritt da, dem Kastengeist zum schweren Ärger, nicht selten das
alte primitive impertinente Menschenrecht wieder ein, daß jeder nur das
gilt, was er wert ist."

Dies ist zu Ende des Jahrhunderts geschrieben und macht eine Reaktion – nicht nur des Soldaten – sondern der Unterschicht überhaupt auf
diese „alte, sogenannte gute Ordnung" deutlich. Die meisten Leute trugen ihr Unterschichtsschicksal in Gottergebenheit.

Wir haben den „Soldaten" als einen besonderen Typus der „Unterschicht" stellvertretend für die übrigen etwas ausführlicher betrachtet.

Ein weiterer Stand – der sich heute ganz anderer Achtung erfreut –, der
der Unterschicht zuzurechnen ist, ist der Stand des Schulmeisters; nicht
des theologisch gebildeten Professors an Lateinschulen oder Gymnasien,
sondern des Volksschulmeisters auf dem Lande. Johann Gottfried Seume, der Soldat, den wir zitiert haben, ein Mann aus armer ländlicher
Familie, träumte davon, Schulmeister zu werden; sein Berater ruft aus:
„... werde doch lieber Leinweber: ein Dorfschulmeister ist ein jämmerli-
ches Tier ... Und nun fing er an, mir ein gar schreckliches Gemälde der
armen Dorfschulmeisterlein in Thüringen und Meissen zu zeichnen. Ich
ließ mich aber nicht abhalten, und meinte, jeder Stand habe seine Plage
und seinen Frieden."

Jean Paul schildert das Schulmeisterleben seines Großvaters in seiner
ironischen Art: „Mein Vater war der Sohn des Rektors Johann Richter in
Neustadt am Kulm. Man weiß nichts von diesem als daß er im höchsten
Grade arm und fromm war: ... Sein Schulhaus war ein Gefängnis, zwar
nicht bei Wasser und Brot, aber doch bei Bier und Brot; denn viel mehr
als beide – und etwa frömmste Zufriedenheit dazu – warf ein Rektorat
nicht ab, das obwohl vereinigt mit der Kantor- und Organistenstelle,
doch dieser Löwengesellschaft von 3 Ämtern ungeachtet nicht mehr
abwarf als 150 Gulden jährlich. Und an dieser gewöhnlichen baireuthi-
schen Hungerquelle für Schulleute stand der Mann 35 Jahre lang und
schöpfte. Allerdings hätt' er weitergerückt, z. B. zu einem Landpfarrer

hinauf. Sooft die Schulleute ihre Kleider wechseln, z. B. den Schulmantel in den Priestermantel, so bekommen sie bessere Kost, wie die Seidenraupen bei jeder neuen Häutung reichers Futter erhalten, so daß ein solcher Mann die Vermehrung seiner Einkünfte durch das Vermehren seiner Arbeiten so weit treiben kann, daß er einem mit Wart- oder mit Gnadengeldern oder überhaupt hohen quieszierten Staatbeamten nachkommt, dessen fünf Notenlinien von Treffern durch die ganze Partitur der Kammer bei allem Pausieren des Instruments durchgeführt werden."

Außerhalb des Üblichen, wenn auch nicht außerhalb der ,,Gesellschaft" bewegte sich teilweise die Welt der Künstler. Maler und Bildhauer waren Handwerker von besonderer Begabung, und in diesem Jahrhundert der raffinierten Ausstattung von Schloß und Bürgerhaus hatten sie genügend zu tun. Jedermann von Reputation ließ sich doch sein Porträt malen.

Musiker fanden nicht nur an den Höfen sondern in kirchlichen Diensten ein Unterkommen; und bürgerliche Kreise begannen sich stärker um das Konzertwesen zu kümmern.

Schauspieler konnten in den Residenzen zu hohem Ansehen und Reichtum gelangen. Wir haben die Perricholi kennengelernt. Deutsche Kleinfürsten holten gerne Pariser Schauspielerinnen an ihre Höfe, wo sie als Mätressen wohl versorgt waren und eine Rolle weiter spielen konnten, etwa die Clairon – von den fünfziger Jahren an eine der größten Schauspielerinnen in Paris –, die später am markgräflichen Hof von Ansbach als ,,mütterliche Freundin" des Markgrafen Carl Alexander wirkte, und zwar in einem für das Land durchaus positiven Sinne. Da waren aber auch die Wandertruppen mit ihren wunderlichen Schicksalen – festgehalten in Goethes ,Wilhelm Meister'. Und das ging hinunter bis zu den Gauklern und Bänkelsängern, den Straßenmusikanten und Savoyardenknaben, die das Ihre getan haben, um in diesem Jahrhundert für alle Stände Freude, Vergnügen und Abwechslung zu bringen. Eine undankbare Welt verwies sie jedoch an den Rand der Gesellschaft, und die rigorosen unter den Aufklärern haben ja den ,,Hanswurst" von der Bühne verdrängt und damit eine gesellschaftliche Scheidung in die künstlerische Welt gebracht.

Meist weder durch eigene Schuld noch durch eigene Wahl befanden sich am Rande dieser Gesellschaft ethnische und religiöse Gruppen. Versteckt gab es in vielen protestantischen Ländern immer noch die Nachkommen der Täufer und neuere Formen von Sektiererei: versteckt auch die Evangelischen im katholischen Frankreich und in den katholischen Ländern Österreichs. Das 18. Jahrhundert wurde da toleranter, aber eingebaut in die Gesellschaft wurden diese Gruppen nicht. Zu Ende des

Jahrhunderts setzte denn auch wieder ein härterer Kurs ein. Frei bewegen konnten sie sich eigentlich nur in den Niederlanden, in England und in dessen Kolonien. Dazu kamen die Glaubensflüchtlinge, Hugenotten, Waldenser, Salzburger, Böhmische Brüder; Leute, die vor ihrer Vertreibung eine rechte Existenz gehabt hatten und nun das Schicksal von Emigranten durchkosten mußten.

Ethnisch und religiös diskriminiert waren natürlich nach wie vor die Juden, auch dort, wo sie noch geduldet waren, im Ghetto verschiedener Prägung. Nun aber begann die Emanzipation, nicht nur der Aufstieg von „Geldjuden" zum Bankier, sondern auch der Durchbruch in die geistige und literarische Welt aus dem Ghetto von Altem Testament und Thora. Die Niederlande kennen Spinoza und Deutschland Moses Mendelssohn, beide haben für die philosophische Aufklärung eine maßgebende Rolle gespielt.

Als weitere ethnische Gruppe wären die Zigeuner zu nennen, die mit ihrem Herumwandern, Hausieren und Stehlen ins Jahrhundert eine außerordentlich pittoreske Note gebracht haben.

Das Stehlen der Zigeuner war noch relativ harmlos. Das Jahrhundert aber kennt auch den Wegelagerer und Straßenräuber, den Highwayman in England, den Briganten in den Abruzzen. Die umgeworfene und ausgeraubte Kutsche ist ein beliebtes Sujet der Romane der Zeit, und der Räuber erfreut sich als romantischer Held großer Beliebtheit, bis hin zu Tommaso Rinaldini, der um 1786 herum den Kirchenstaat unsicher machte. Er ist durch Vulpius' Roman ,Rinaldo Rinaldini' als „der Räuber allerkühnster" bis heute bekannt geblieben.

Wer nicht unter die Diebe und die Räuber ging, der gehörte zu den Bettlern. Bettler gab es schon immer. Armut war sozusagen biblisch vorgesehen. Bis dahin war dieses Problem durch die christliche Caritas gelöst worden. St. Martin hatte den Mantel mit dem Bettler geteilt. Wem Gott genügend Auskommen verliehen hatte, der war verpflichtet, angemessen mit dem Armen zu teilen; angemessen bedeutete, daß er Almosen zu spenden hatte. Das galt für den König wie für den Bauern. Die katholische Kirche hatte dafür außerdem ihre Bettelorden, die – selbst bettelnd – besonders in städtischen Verhältnissen Armenfürsorge trieben. Die franziskanisch-dominikanische Tradition wurde vom 16. Jahrhundert an durch die Kapuziner weitergeführt oder durch neue Orden wie die Lazaristen und Vinzentinerinnen, wo sich Volksmission mit Sozialfürsorge paarte.

Vom reinen Almosengedanken hatte sich die Reformation zu lösen versucht. Allerdings wurde weiterhin das Almosen von den Vermögenden verlangt; aber es sollte Ordnung in die Verhältnisse gebracht werden.

Insbesondere bei den Reformierten unterschied man nun zwischen „würdigen" und „unwürdigen" Armen. Das Almosen sollte nicht mehr blind vergeben werden, sondern gezielt. Die Kirchgemeinden hatten den „Armenseckel" einzurichten: Eigentliche Armensteuern der Gemeinden mußten erhoben werden. Überdies wollte man die Armut, die bisher Selbstverständlichkeit war, überwinden, indem man die Armen zur Arbeit erziehen wollte. Wer nicht arbeitete, sollte auch nicht mehr essen, wie es im Alten Testament hieß. Die Armut war kein christliches Ideal mehr.

Das 18. Jahrhundert stand vor dem Problem, daß die Armut im Zunehmen begriffen war, da sich die Bevölkerung vermehrte, und es wollte nicht mehr untätig dieses Problem als unverrückbare Tatsache hinnehmen. Ein bernischer Pfarrer beantwortet eine Preisfrage der bernischen ökonomischen Gesellschaft über die Bettelei mit folgender Überlegung: „Denn wo Bettelsucht und wirkliche Bettelei im Schwang geht, da ist Armut, weil dadurch aller Fleiß, alle Arbeitsamkeit und alles Bestreben, etwas auf eine rechtmäßige Weise zu erwerben, niedergeschlagen und gedämpfet, und hingegen die Trägheit und der Müßiggang genähret und gepflanzet werden. Es verhält sich auch mit dem Erbettelten gewöhnlich ebenso wie mit dem, was man mit Spielen gewinnt; was leicht erworben wird, das wird auch wieder leicht durchgebracht und aus diesem allem muß notwendig Armut folgen."

Dies ist zwinglisch-calvinisch gedacht. Der Bettel verhindert den „Fleiß" und die „Arbeitsamkeit". Es genügt nicht mehr „Almosen" auszuteilen und zu bescheinigen, daß der „Arme" des Almosens „würdig" sei.

Es genügt auch nicht mehr, die Armen zu verjagen und an andere Gemeinden zu weisen, in „Betteljagden" über die Landesgrenze zu treiben. Hier sollten die gemeinnützigen Gesellschaften ihre große Aufgabe finden.

Die Arbeiter

Mit der fortschreitenden Industrialisierung zeichnete sich vor allem in Ländern wie England, Frankreich, den Niederlanden, Deutschland und der Schweiz eine neue Schicht ab, diejenige der Heim- und Manufakturarbeiter. Da – wie wir gesehen haben – das Gewerbe allein die Bedürfnisse der Gesellschaft nicht mehr erfüllen konnte, griff man auf die Bevölkerungsreserven, eben jene ärmeren Schichten zurück, die weder in der Stadt noch auf dem Land ein genügendes Auskommen hatten und um jede Arbeit froh waren, die ihnen das Dasein erleichterte. Die „Verleger", die Textilkaufleute, konnten so auf billige Art den einfacheren Teil ihrer

Produktion herstellen lassen. Gutsbesitzer haben gelegentlich ihre Gutsuntertanen zu Manufaktur, d. h. Fabrikarbeit, verpflichtet. Die Uhrenfabrikanten ließen die einzelnen Bestandteile auf dem Lande herstellen. Oft aber geschah die Einführung von Heimarbeit aus humanitären Motiven; so wenn Diakon Heidegger im Kanton Glarus oder Pfarrer Oberlin im elsässischen Steintal in Verbindung mit städtischen Industriellen der armen Bevölkerung entlegener Gegenden die Möglichkeit zu neuem Verdienst verschafften. Dem dumpfen Häusler- und Taunerschicksal konnte man bislang eigentlich nur durch Auswanderung oder Kriegsdienste entrinnen.

Die Heimarbeiter rekrutierten sich vornehmlich aus den ländlichen Unterschichten, den Häuslern und Taunern. Sie betrieben das Weben und Spinnen entweder neben ihrer bescheidenen Tätigkeit im Dienst der bäuerlichen Wirtschaft oder lebten ausschließlich von industrieller Arbeit.

Johann Wolfgang Goethe kommt im dritten Buch von ‚Wilhelm Meisters Wanderjahren' auf einen Besuch in einer Heimarbeitergegend auf diese industrielle Arbeit zu sprechen: „In die verschiedenen Häuser eintretend fand ich Gelegenheit meiner alten Liebhaberei nachzuhängen und mich von der Spinnertechnik zu unterrichten. Ich ward aufmerksam auf Kinder, welche sich sorgfältig und emsig beschäftigten die Flocken der Baumwolle auseinander zu zupfen und die Samenkörner, Splitter von den Schalen der Nüsse, nebst andern Unreinigkeiten wegzunehmen: sie nennen es erlesen. Ich fragte, ob das nur das Geschäft der Kinder sei, erfuhr aber daß es in Winterabenden auch von Männern und Brüdern unternommen werde." Von der selbstverständlichen Kinderarbeit geht es über zu den Erwachsenen: „Rüstige Spinnerinnen zogen sodann, wie billig, meine Aufmerksamkeit auf sich. ... Die Spinnende sitzt vor dem Rade, nicht zu hoch; mehrere hielten dasselbe mit über einander gelegten Füssen in festem Stande, andere nur mit dem rechten Fuß, den linken zurücksetzend. Mit der rechten Hand dreht sie die Scheibe und langt aus so weit und so hoch sie nur reichen kann, wodurch schöne Bewegungen entstehen und eine schlanke Gestalt sich durch zierliche Wendung des Körpers und runde Fülle der Arme gar vorteilhaft auszeichnet; die Richtung besonders der letzten Spinnweise gewährt einen sehr mahlerischen Contrast, so daß unsere schönsten Damen an wahrem Reiz und Anmuth zu verlieren nicht fürchten dürften, wenn sie einmal anstatt der Guitarre das Spinnrad handhaben wollten."

„In einer solchen Umgebung drängten sich neue eigene Gefühle in mir auf; die schnurrenden Räder haben eine gewisse Beredsamkeit, die Mädchen singen Psalmen, auch, obwohl seltener, andere Lieder."

„Zeisige und Stieglitze, in Käfigen aufgehangen, zwitschern dazwi-
schen, und nicht leicht möchte ein Bild regeren Lebens gefunden werden,
als in einer Stube wo mehrere Spinnerinnen arbeiten."

Goethe interessiert vornehmlich die technische Seite der Heimarbeit,
und er betrachtet den ganzen Vorgang mit einem Wohlgefallen ästheti-
scher und allenfalls folkloristischer Herkunft. Etwas anders sieht diese
Arbeit in den Augen eines Basler Pfarrers aus, der den Arbeitsvorgang in
die Form eines „Weberliedes" pietistischer Prägung faßt:

Hier steh ich bei dem Webe-Stuhl.
Herr, mach ihn mir zur guten Schul
Daß bei der äußern Handelschaft
Dein Wort in meinen Herzen haft.

Die Seide kommt von Würmern her.
Herr hilf, daß ich zu deiner Ehr,
Vom gift'gen Sünden-Samen frei,
ein frommes Erden-Würmlein sei.

Man sammelt, färbt und haspelt sie
Mit allem Fleiß und vieler Müh;
Man theilet sie auf Spulen aus,
Und machet einen Zettel draus.

O guter Meister:
O Himmels-Weber: rüste mich
Zum Heiligen Gebrauch für Dich,
Und schaffe, daß ich immerhin
Ein reiner Seiden-Faden bin.

Der Zettel kommet ans Geschirr
O hing ich immer fest an Dir:
Er duldet alles und ist stumm.
Herr: wind auch mich um Dich herum.

So geht es denn aufs Weben los.
Wie manchen Zug, wie manchen Stoß:
Doch schreckt das Rumpeln mich nicht ab:
Ich webe, bis ich Bändel hab.

Bricht dann ein Fädemlein entzwei,
So eil und knüpf ich ihn aufs neu.
Zeigt sich am Räder-Werk in Fehl,
So richt' ich's ein, und salbs' mit Oehl.

Herr: also halt und knüpfe doch
Wenns fehlen will, mich an dein Joch,
und gib mir immer neuen Saft
Aus deiner Blut- und Geistes-Kraft.

Je handlicher ich wirken mag,
Je näher kommt der Fergungs-Tag.
Da nehm ich den bedingten Lohn,
Und ziehe wohl vergnügt davon.

Hallelujah: was will ich mehr?
Der Heiland ist mein Bändel-Herr.
Er deckt uns hier und dort den Tisch.
Hallelujah: so web' ich frisch.

Auch hier wird das Glück des Heimarbeiters festgehalten, der stillvergnügt am Fertigungstag den bescheidenen Lohn von seinem „Bändelherren", dem Unternehmer, in Empfang nimmt. Tatsächlich hat sich viel Frömmigkeit in den Weber- und Spinnergegenden entwickelt. Hier fand man sich in den Erbauungsgemeinden und Sekten wieder, da die landeskirchliche Geistlichkeit es in der Regel eher mit den altgewohnten, biblischen Vorbildern mehr entsprechenden Bauern hielt. Die Weber hatten viel Zeit, bei der Arbeit zu spintisieren und nachzudenken, auch zum Lesen und zum Erzählen. Ihr Typus war beweglicher als der der eingesessenen Bauern. Aber sie waren arme Leute von Herkunft her, und ihr Gewinn zerfloß oft in bescheidenem Luxus, der bisher höchstens reichen Bauernsöhnen und Töchtern zugestanden hatte. In der Regel galten sie als leichtfertig, denn sie entrannen den festen Regeln der bäuerlichen Sitte und Zucht. Was weder der Weimarer Hofmann noch der Basler Pfarrer schildern, ist das Elend, das über die nicht krisenfeste Heimarbeiterschicht periodisch hineinbrechen konnte, wenn ein Weltmarkt zusammenbrach und man wieder zum gedrückten Dasein des gewöhnlichen ländlichen Glieds der untersten Schicht zurückkehren mußte, ja zur Armut und zur Bettelei.

Goethe läßt einleitend einen alten Weber von einer drohenden Gefahr reden: „Denn es war nicht zu leugnen, das Maschinenwesen vermehre sich immer im Lande und bedrohe die arbeitsamen Hände nach und nach mit Untätigkeit". Die Fabrik, die „Manufaktur", kam gegen Ende des Jahrhunderts immer mehr auf und damit die Konzentration der Arbeiter im Fabrikgebäude mit seinen härteren Bedingungen. Bald sollte es in England zu den Fabrikzerstörungen kommen, zu jener ohnmächtigen und verzweifelten Auflehnung der Heimarbeiter gegen diese neue effizientere Form der industriellen Arbeit.

Rudolf Vierhaus sagt abschließend über die „ländlichen Gewerbetreibenden und Manufakturarbeiter": „Die Regierungen wie die aufgeklärten Schriftsteller des 18. Jahrhunderts sahen in den Manufakturen ein
wirksames Mittel des ökonomischen Fortschritts, Armut und Beschäfti-
gungslosigkeit der Bevölkerung zu verringern und deren Verlotterung zu
verhindern. Diese Erwartung hat sich jedoch nur bedingt und allenfalls in
einem langen, in die umfassendere Industrialisierung und die Fabrikpro-
duktion einmündenden Prozeß der Gewöhnung und des Lernens erfüllt,
der hohe soziale Kosten forderte. Die Armut der untersten Bevölkerungsschichten ist im 18. Jahrhundert durch Heimarbeit und Manufakturen nicht behoben worden, aber ohne beide wäre sie noch größer gewesen."

Mit dem Heim- und Manufakturarbeiter war im 18. Jahrhundert eine
eigentliche neue Klasse entstanden, die sich vom Bauerntum abhob. Infolge der trotz allem noch festen Sozialordnung gab es für sie kaum
Aufstiegsmöglichkeiten, ausgenommen die des Zwischenträgers, des Ver-
bindungsmanns zum Kaufmann in der Stadt, der die Ware brachte und
wieder abholte. Als dann im 19. Jahrhundert Zunft- und Standesschranken zumindest offiziell fielen, da wurde es möglich, selber zum Fabrikanten aufzusteigen. Möglich wurde auch der Übergang in andere Berufe
und möglich die Arbeiterschaft des 19. und 20. Jahrhunderts mit ihrer
gewaltigen politischen und sozialen Sprengkraft.

Im 18. Jahrhundert aber wohnten sie mit den andern ihresgleichen
noch „drunten wo die schweren Ruder der Schiffe streifen", und nur
wenige von ihnen wagten es den Traum von „Vogelflug" und den „Ländern der Sterne" zu träumen. Man darf wohl die Gesellschaft des
18. Jahrhunderts mit jenen Worten zeichnen, die Hugo von Hofmanns-
thal gute hundert Jahre später formulierte:

> Manche freilich müssen drunten sterben,
> Wo die schweren Ruder der Schiffe streifen,
> Andere wohnen bei dem Steuer droben,
> Kennen Vogelflug und die Länder der Sterne.
>
> Manche liegen immer mit schweren Gliedern
> Bei den Wurzeln des verworrenen Lebens,
> Andern sind die Stühle gerichtet
> Bei den Sibyllen, den Königinnen,
> Und da sitzen sie wie zu Hause,
> Leichten Hauptes und leichter Hände.

II. Die Staaten und der Lauf der Welt

1. Die Staaten des Gleichgewichtssystems

Im Jahr 1785 zirkulierte ein Flugblatt mit dem Titel ‚Politisches Barometer':

Portugal bittet um alles,
Spanien verschafft alles,
Neapel macht mit alles,
Parma schickt sich in alles,
Venedig schweigt zu alles,
Genua lacht auf alles,
Sardinien wacht auf alles,
England hilft zu alles,
Frankreich mischt sich in alles,
Schweiz glossiert über alles,
Vor Russland fürcht' sich alles,
Deutschland äfft nach alles,
Schweden denkt zurück auf alles,
Dänemark leidet alles,
Polen verliert alles,
Preussen stift an alles,
Der Türk verwundert sich über alles,
Das heilige Reich glaubt alles,
Der Kaiser zeigt Lust zu alles,
Der Papst lässt zu alles,
Durcheinander geht alles,
Und so ist verwirrt alles,
Komm, Gott, erbarm dich über alles,
Sonst kommt der Teufel und holt alles.

Das Flugblatt erschien zwei Jahre, nachdem der Friede von Versailles den langen Krieg beendet hatte, der um die Unabhängigkeit der englischen Kolonien in Nordamerika geführt worden war. Man wußte noch nicht, daß vier Jahre darauf in Frankreich die revolutionären Ereignisse in Gang kommen sollten, die von 1792 an in einen Weltkrieg ausmündeten, in welchem der „Teufel" – wie die Welt der Könige und des Adels gerne Napoleon Bonaparte bezeichnete – so ziemlich alles „holen" sollte.

1785 ging anscheinend „alles durcheinander":

Portugal bittet um alles, denn es ist als armes Land – das Gold Brasiliens geht an Hof, Adel und ausländische Kaufleute – auf das Wohlwollen Englands und Spaniens angewiesen.

Spanien verschafft alles, dank einer relativ glücklichen Politik im letzten Krieg auf seiten Frankreichs gegen England, und ist immer noch im Besitz der halben Welt.

Neapel macht mit alles, indem die spanisch-bourbonische Monarchie beider Sizilien wie andere katholische Monarchien sowohl die aufgeklärte Reform als auch die nachfolgende Reaktion durchmacht.

Parma schickt sich in alles, denn eingekeilt zwischen Sardinien, Piemont, der Republik Genua, dem österrreichischen Mailand hat es nicht viele andere Möglichkeiten; seit 1749 spanisch-bourbonische Sekundogenitur, erlebt es wie Neapel Reform und Reaktion.

Venedig schweigt zu alles, weil man aristokratisch vornehm und gesellschaftlich glanzvoll, mäßige Reformen vornehmend und in kluger Neutralität, es nicht nötig hat, überall mitzureden.

Genua lacht auf alles, indifferent gegen die Kirche, freimaurerisch aufgeklärt.

Sardinien wacht auf alles, das heißt: mit einer volksverbundenen, aber kulturfeindlichen Monarchie überwacht Sardinien-Piemont seine schwächeren Nachbarn. Seit 1748 hat es seine Grenzen schon nahe an Mailand vorschieben können, und 1782 hilft es mit, die altverhaßte Republik Genf zu demütigen.

England hilft zu alles, auch wenn man gerade die 13 Kolonien verloren hat, so befindet man sich in unentwegtem Aufstieg. Zuhause wird industrialisiert, und die britischen Kaufleute sorgen dafür, daß „Britannia" die Meere beherrscht.

Frankreich mischt sich in alles, sei es in den Kolonien, sei es in Europa, wenn auch mit wenig politischem Glück; dabei um so erfolgreicher mit Wort und Schrift in der internationalen „république des lettres".

Schweiz glossiert über alles, weil von ihr in deutscher, französischer und italienischer Sprache auf dem Hintergrund einer zwar etwas isolierenden Neutralität ein reiches Schrifttum gemäßigt-aufgeklärter Art ausgeht.

Vor Russland fürchtet sich alles, denn Katharina II. treibt allüberallhin aktive Politik, gegen die Türkei, Schweden, Dänemark und Polen. Mit seiner Kosakenreiterei steht es nun in langer Front von Riga bis zum Schwarzen Meer.

Deutschland äfft nach alles, weil es im Hofleben wie im Schrifttum immer noch gerne französische oder auch englische Vorbilder imitiert und erst schüchtern vom „deutschen Nationalgeist" zu reden beginnt.

Schweden denkt zurück auf alles, zurück auf die Großmachtzeit des 17. Jahrhunderts: Ostfinnland ist russisch, das südliche Vorpommern preußisch, Bremen-Verden hannoverisch geworden; zurück auch auf die Periode der „Freiheitszeit" des Adels.

Dänemark leidet alles, weil es sich etwas wehrlos zwischen Schwedens, Englands, Preußens und Rußlands Land- und Meerinteressen befindet.

Polen verliert alles, denn es hat 1772 erst Galizien, Weißrußland und Westpreußen-Ermland verloren; und in zehn Jahren wird es endgültig aufgeteilt sein.

Preussen stift an alles, insbesondere seit sein unruhiger König Friedrich II. 1740 den österreichischen Erbfolgekrieg und 1772 die polnische Teilung „angestiftet" hat und sich nun im Besitze des österreichischen Schlesien und des polnischen Westpreußen befindet.

Der Türk verwundert sich über alles, weil die Randpositionen seines Imperiums ins Wanken geraten waren (Ungarn, Siebenbürgen, die Krim sind verloren; die Moldau und Walachei, Tunis und Tripolis beginnen sich autonom zu fühlen) und weil man sich außerhalb dieser aufgeregten aufstrebenden Aufklärungswelt der Europäer befindet.

Das heilige Reich glaubt alles, was bedeuten will, daß man die Deutschen, die alles „nachäffen", auch alles glauben machen kann. Das Reich, das sind ja eigentlich nur noch die zwischen Frankreich, Preußen und Österreich – etwa die heutige Bundesrepublik umfassenden – eingekeilten vielen Klein- und Kleinststaaten.

Der Kaiser zeigt Lust zu alles, denn seit 1780 regiert Joseph II., der Lust hat, seine große bunte Staatenwelt zu vereinheitlichen, seine Macht gegen die Türkei und Polen hin zu erweitern.

Der Papst lässt zu alles, was den aufgeklärten katholischen Monarchen gefällt.

Damit endet die Aufzählung der verschiedenen Staaten. Im Flugblatt sind aber einige vergessen worden; zum Beispiel die *Republik der Niederlande,* auf die man auch das „*denkt zurück auf alles*" oder „*leidet alles*" beziehen könnte; denn die gewaltige wirtschaftliche und politische Entwicklung des 17. Jahrhunderts liegt weit zurück, und man wird bald Opfer preußischer und später französischer Einmischung werden. Gegenrevolution wird durch Revolution abgelöst.

Es fehlt auch das *Grossherzogtum Toscana,* auf welches man eine Formel wie „*versucht alles*" anwenden könnte, wenn man an die eindrückliche aufklärerische Reform unter Großherzog Peter Leopold und seinen Minister Rosenberg-Orsini denkt.

Es fehlen schließlich zwei weitere kleinere italienische Staaten. Einmal das *Herzogtum Modena,* auf das man wie auf Parma das „*schickt sich in alles*" beziehen könnte, weil es – immer noch von der einheimischen Dynastie der Este patriarchalisch regiert – wie Parma zwischen den Mächten Österreich und Frankreich lavieren muß. Dann die *Republik Lucca.* Hier wäre das venezianische „*schweigt zu alles*" abzuwandeln, da es diese kleine Republik in aller Stille klug und abgewogen versteht – was sonst keine Republik über sich bringt –, die Regierungsbasis der Aristokratie durch die Schaffung neuer Nobili zu erweitern.

Daß der eben neu entstandene Bundesstaat der *Vereinigten Staaten von Amerika* nicht auf dem Flugblatt erwähnt wird, braucht nicht weiter zu verwundern, da die Welt immer noch Europa ist. Nur die Türkei wird als außereuropäische Macht erwähnt, aber diese sitzt ja immer noch im südöstlichen Europa und beherrscht den Balkan und das unerlöste Griechenland, wo sich erste Freiheitsregungen zeigen. Den Europäern ist zwar die übrige Welt recht wohlbekannt, nicht nur das spanische und portugiesische Amerika, die englischen, französischen, portugiesischen und holländischen Küsten von Afrika, das nun weitgehend englische Indien und das niederländische Indonesien. Man interessiert sich sogar brennend für alle exotischen Länder, man bewundert das so weise regierte China und liebt es, die Häuser mit echter und imitierter exotischer Kunst zu schmücken und chinesische Gärten anzulegen.

Aber die Entscheide fallen doch noch zwischen London, Paris, Wien, allenfalls zusammen mit St. Petersburg, Berlin und Madrid. Aber „durcheinander geht alles" ist das Urteil unseres Flugblattes.

2. Die Ereignisgeschichte des 18. Jahrhunderts

Die Abfolge dieses „Durcheinander" hat in einer kleinen unscheinbaren Kalendergeschichte, die von Johann Peter Hebel zu Beginn des 19. Jahrhunderts abgefaßt wurde, ihre eindrückliche epische Darstellung gefunden. In der Erzählung vom „unverhofften Wiedersehen" werden die „grossen" Ereignisse vom 1. November 1755 bis zum 2. September 1807 in knappestmöglicher Art zusammengefaßt:

„Unterdessen wurde die Stadt Lissabon in Portugal durch ein Erdbeben zerstört, und der siebenjährige Krieg ging vorüber, und Kaiser Franz der Erste starb, und der Jesuiten-Orden wurde aufgehoben, und Polen geteilt, und die Kaiserin Maria Theresia starb, und der Struensee wurde hingerichtet, Amerika wurde frei, und die vereinigte französische und spanische Macht konnte Gibraltar nicht erobern. Die Türken schlossen den General Stein in der Veteraner Höhle in Ungarn ein, und der Kaiser Joseph starb auch.

Der König Gustav von Schweden eroberte russisch Finnland, und die französische Revolution und der lange Krieg fingen an, und der Kaiser Leopold der Zweite ging auch in's Grab.

Napoleon eroberte Preussen, und die Engländer bombardierten Kopenhagen, und die Ackerleute säten und schnitten. Der Müller mahlte, und die Schmiede hämmerten, und die Bergleute gruben nach den Metalladern in ihrer unterirdischen Werkstatt."

Es ist wie wenn hier Hebel einen „Totentanz" des „Ancien Régime" hätte schreiben wollen. Dieser „Totentanz" umfaßt genau ein halbes Jahrhundert: Vom Erdbeben von Lissabon – ein Ereignis, das das zukunftsgläubig-optimistische Jahrhundert im Lebensnerv traf – bis zum unerwarteten und schrecklichen Bombardement der so friedlich dahinlebenden Weltstadt Kopenhagen.

Wir möchten diesen Gang durch die Ereignisse hier für die erste Häfte unserer Epoche ergänzen. Man könnte 1683 mit der wunderbaren Errettung Wiens aus der türkischen Umklammerung beginnen. Wir ziehen es vor, mit dem Ereignis anzufangen, das 1685 den Beginn der „Krise des europäischen Bewußtseins" markiert, mit der Revokation des Edikts von Nantes durch Ludwig XIV.:

Unterdessen wurden die Hugenotten aus Frankreich verwiesen, und der Krieg um die spanische Erbfolge ging vorüber, und der große König Ludwig der Vierzehnte starb, und der König Karl von Schweden wurde von einer Kanonenkugel vor der Festung Frederikshald tödlich getroffen, und der Krieg um die polnische Erbfolge ging vorüber, und der Kaiser Karl der Vierte starb. Der Krieg um die österreichische Erbfolge ging vorüber, und König Friedrich der Zweite eroberte Schlesien, und die Stadt Lissabon in Portugal wurde durch ein Erdbeben zerstört.

Das wäre die geraffte Ereignisgeschichte des 18. Jahrhunderts. Ein „Durcheinander" von Erbfolgestreitigkeiten, die in internationalen Kriegen ausgefochten werden, – Kriegen, geführt zu Land mit den wohlgedrillten Reihen der Berufsarmeen mit Trommel- und Trompetensignalen, rechtzeitigen Rückzugkommandi und neuen übersichtlichen Formationen oder zur See mit den kanonenbestückten Fregatten und ihrer disziplinierten Segel- und Steuertaktik. Es gab zwar Siege und Niederlagen, aber zum Abschluß einen Friedensschluß mit feierlichen Gesandtschaften und alteingeübtem Zeremoniell. Weil man an das Gleichgewicht der Mächte glaubte, so verschob man leichthin gewisse Länder auf der politischen Karte: Zum Beispiel wurde nach dem in Italien und am Rhein ausgefochtenen Polnischen Erbfolgekrieg der Jahre 1733 bis 1735 der König von Polen nach dem Herzogtum Lothringen und der bisherige Herzog von Lothringen nach dem Großherzogtum Toscana ,,verschoben", weil dort gerade rechtzeitig die alte Dynastie der Medici ausgestorben war. Man spielte virtuos mit den bewährten monarchisch feudalen Regeln, und nach dem Siebenjährigen Krieg gönnte man Europa eine Friedenszeit von fast dreißig Jahren. Dann allerdings begann bekanntlich der Teufel – zuerst als Jakobiner verkleidet – alles, was er wollte, zu holen. Später sollte er die Gestalt des Nationalismus und des revolutionären Demokratismus annehmen.

Die Geschichte der Ereignisse ist verwirrend und vielfältig. Sie ist die Affäre der Ministerien, die ihre Armeen oder ihr Geld sinngemäß einsetzen im Interesse ihrer Königshäuser oder auch ihrer kaufmännischen oder militärischen Macht.

Hebel aber endet diesen Gang durch die Ereignisgeschichte mit den Worten: ,,. . . und die Ackerleute säten und schnitten. Der Müller mahlte, und die Schmiede hämmerten, und die Bergleute gruben nach den Metalladern in ihrer unterirdischen Werkstatt". Das ist das, was heute die französischen Historiker als ,,Histoire de longue durée" bezeichnen, als Geschichte der langen Dauer, jene Geschichte, in der die Politik, die Kriege, die Länderverschiebungen nur momentane Ereignisse sind – wenn auch grauenhaft wie ein Erdbeben, währenddem die wirtschaftlichen und sozialen Entwicklungen ohne großes Aufheben ihren stillen Weg gehen.

III. Utopie und Reform

1. „Verbesserung" und „Träume"

Die Begriffe „Reform" und „Utopie", die Franco Venturi als Titel für sein Werk ‚Utopia e Riforma nell' Illuminismo' verwendet hat, würden verdeutscht im 18. Jahrhundert „Verbesserung" und „Träume" heißen. Während der Aufklärungsphilosoph Christian Wolff zwischen 1713 und 1720 seine Ideen noch unter dem rationalistischen Titel ‚Vernünftige Gedanken von den Kräften des menschlichen Verstandes', ‚Vernünftige Gedanken von Gott, der Welt und der Seele des Menschen' oder auch ‚Vernünftige Gedanken von des Menschen Tun und Lassen' erscheinen ließ, so publizierte eine Generation später Isaak Iselin 1755 seine Auffassungen unter dem Titel ‚Philosophische und patriotische Träume eines Menschenfreundes'. Dem politischen Traktat des Luzerner Politikers Urs Balthasar, der ursprünglich den umständlichen Titel ‚Utopianisches unfehlbares Mittel, die veraltete Eidgenossenschaft jung zu machen' trug, gab Iselin 1758 den zeitgemäßeren ‚Patriotische Träume eines Eidgenossen von einem Mittel, die veraltete Eidgenossenschaft wieder zu verjüngern'. Hier treffen wir auf den Übergang vom alten Begriff der „Utopie" zum aktuelleren der „Träume".

Das 18. Jahrhundert träumte tatsächlich den Traum von einer besseren Welt. Aber es träumte ihn nicht nur, sondern es wollte ihn realisieren. Darum finden wir unendlich viele Schriften, die sich mit der „Reform" von irgendeinem unhaltbar gewordenen Zustand befassen.

Wir greifen mehr oder weniger zufällig Schriften heraus, die, in den Hauptsprachen der Zeit verfaßt, von Reform reden:

Di una riforma d'Italia', 1767, vom Trientiner Schriftsteller Carlantonio Pilati — eine Kritik an der italienischen Rückständigkeit und ein Appell an die Fürsten zur Staatsreform antiklerikaler Tendenz.

Apuntes para una reforma de España', 1797, von Victorian de Villava, Finanzbeamter im Vizekönigreich Peru — eine ähnliche Schrift in bezug auf Spanien und seine Kolonien.

De l'administration provinciale et de la réforme de l'impôt', 1779, von Guillaume François Le Trosne, juristischer Beamter in Orléans — Kritik der französischen Privilegienwirtschaft mit dem Postulat einer Neuorganisation der Provinzialadministration und der Steuervereinheitlichung.

,*Adress to the People of England on the Intended Reformation of Parliament*', 1783, anonym erschienen, als Beitrag zum Problem der Modernisierung der Parlamentsvertretung.

,*Ueber die bürgerliche Verbesserung der Juden*', 1781, vom preußischen Beamten Christian Wilhelm Dohm – eine Analyse der ungerechten Position des Judentums mit der Forderung nach deren bürgerlicher Emanzipation.

,*Beiträge zur Kenntnis und Verbesserung des Kirchen- und Schulwesens in den königlich Braunschweigisch-Lüneburgischen Kurlanden*', 1801, vom hannoverschen Hofprediger und Konsistorialrat Johann Christoph Salfeld – eine Abrechnung mit der dogmatisch erstarrten Kirche und dem entsprechend unterentwickelten Schulwesen mit dem Postulat der Praxisnähe in Seelsorge und Predigt und der Anwendung von neuen psychologischen und pädagogischen Methoden im Unterricht.

,*Von der Notwendigkeit der Verbesserung des Landbaues und den besten Mitteln dazu*', 1760, vom bernischen Pfarrer Albrecht Stapfer – eine Analyse der kantonalen Landwirtschaft mitsamt den entsprechenden Reformvorschlägen.

Diese sieben Schriften befassen sich mit der Reform, der Verbesserung von unbefriedigenden Zuständen und zeigen die Weite der Reformbewegung, von allgemeiner politischer Reform, über die religiöse bis zur technischen ,,Verbesserung''.

Reform hatte bis jetzt einen begrenzten Sinn gehabt. Es konnte im militärischen Bereich die Verminderung der Truppenzahl nach einem Krieg, im Textilverkauf die Verkürzung eines Stückes Stoff, konnte schließlich die Veränderung einer kirchlichen Disziplinarordnung bedeuten. Geläufig war der Begriff als ,,Reformation'', freilich umstritten, weil ihn die römisch-katholische Kirche in bezug auf die kirchlichen Vorgänge des 16. Jahrhunderts ablehnte.

Bis in die siebziger Jahre des 18. Jahrhunderts hatte man Begriffe wie ,,emulation'', ,,amélioration'', oder ,,éducation'', im Deutschen ,,Aufmunterung'', ,,Beförderung'' oder ,,Erziehung'' verwendet. ,,Reform'' oder ,,Verbesserung'' wurde immer als gewaltlose Umänderung verstanden. Sogar der Begriff ,,Revolution'' hatte diesen Sinn. In ihm war noch die Metapher der ,,re-volutio'', der Rückdrehung auf einen ursprünglich bessern Zustand lebendig. Man sprach von ,,glücklicher Revolution'', wie etwa die Engländer mit ihrer ,,glorreichen Revolution'' von 1688, die nach Möglichkeit im Rahmen des Gesetzmäßigen vollzogen worden war.

Eine ähnliche Vorstellung liegt schließlich im Begriff der ,,Aufklärung'' oder im italienischen des ,,illuminismo'', beziehungsweise im fran-

zösischen des „siècle des lumières": das Anzünden eines neuen klareren
Lichtes, das die Schäden näher beleuchten und die nötige Helligkeit für
die gewünschten Reformen geben sollte.

Diese Bewegung der Aufklärung hat sich in verschiedenen Etappen
vollzogen, die allerdings je nach Land nicht gleichzeitig verlaufen. England ist weit voraus und bringt schon im 17. Jahrhundert vieles hinter
sich, ebenso verhält es sich mit Holland, das sich als erstes Land sehr
freiheitlich gibt. Frankreich folgt zu Beginn des 18. Jahrhunderts mit
großer Intensität. Die Schweiz zieht bald nach, zuerst im Französisch
sprechenden Landesteil; dann folgen Deutschland, die lateinischen Staaten und der Norden und zuletzt der Osten Europas.

Den Beginn der neuen Bewegung setzt man im allgemeinen an mit dem
letzten großaufgezogenen Verfolgungsakt der alten Welt, der Hugenot-
tenausweisung aus Frankreich, gleich, weil die Emigration der Hugenotten überall zu einem Impuls neuen antibarocken Denkens wurde. Man
kann sie auch mit der „Glorreichen Revolution" beginnen lassen, die
nicht nur zum parlamentarischen System in Großbritannien, sondern
auch zur „Bill of rights", einer offiziellen Verankerung von bürgerlichen
Rechten führte. Paul Hazard hat für diese erste Epoche die Bezeichnung
„Crise de la conscience européenne" gewählt, was Krise des Bewußtseins, aber auch des Gewissens bedeuten kann.

Eine erste Phase ist durch das rationalistische Überdenken aller Posi-
tionen gekennzeichnet, durch eine umfassende „Kritik". Der ‚Dictionnaire historique et critique' (1696/97) des Hugenottenemigranten Pierre
Bayle ist der französische, Christian Wolffs ‚Vernünftige Gedanken' der
deutsche Ausdruck davon. Von der Mitte des Jahrhunderts an werden die
praktischen Konsequenzen daraus gezogen, wie sie sich in Verwaltungs-
reformen in verschiedenen Staaten abzeichnen und durch das gewaltige
Anschwellen der Sozietätsbewegung, der Gründung von Reformgesellschaften auf sehr verschiedenen Gebieten.

Zur gleichen Zeit aber eskaliert die Bewegung, indem ein Teil der
„Aufklärer" radikalere Forderungen aufstellt. Das Zeichen dafür gibt
Rousseau 1754 mit seinem ‚Diskurs über die Ungleichheit der Menschen'. Rousseau war für die einen der große Prophet einer natürlicheren,
freieren, gerechteren Welt, für die andern ein utopischer Wirrkopf, wenn
nicht ein gefährlicher Extremist. Schon wird Rousseau – zuerst in einer
italienischen Gegenschrift – als „Sozialist" bezeichnet. Dieser Begriff ist
dann im 19. Jahrhundert gängig geworden. Von Rousseau und seinen
politischen Anhängern geht eine Linie der Aufklärung zu den Jakobinern
der Revolution.

Diese radikalere Aufklärung rief sofort zu Gegenaktionen. Man kann

den Beginn der „Gegenrevolution" zeitlich mit den Jahren 1762 und
1768, wo in der Republik Genf gegen Rousseau und seine Partei erste
Maßnahmen getroffen wurden, oder mit 1770 ansetzen, wo sich die amerikanischen Loyalisten gegen die antibritischen Revolutionäre wendeten.
Parallel dazu verläuft die Reaktion in verschiedenen katholischen Staaten,
wo die antikurialen Minister gestürzt werden.

In die gleichen Jahre fällt – auch in Rousseaus Nachfolge – die Bewegung, die zurück zur Natur will, die den Fortschrittsgedanken der Aufklärung negiert. Eine frühe romantische Richtung zeichnet sich vor allem
in England ab. Sie nimmt in Deutschland den Charakter des „Sturm und
Drang" an. Dort entdeckt Herder die Seele des Volkes. Die Bewegung ist
primär philosophisch und literarisch. Sie wendet sich gegen das Überbor-
den der „seichten" Rationalität der Aufklärung. Sie entdeckt wieder die
historische Dimension, die der Rationalismus vernachlässigt hatte. Das
19. Jahrhundert sollte dann die geschichtliche Forschung und das historische Denken in der Nachfolge dieser „vorromantischen" Bewegung außerordentlich fördern. Diese Bewegung braucht aber keineswegs reform-
feindlich zu sein. Man konnte sowohl aufgeklärt wie romantisch empfin-
den. Das Jahrhundert war so offen, daß es in pluralistischer Manier Anregungen aufnahm, von woher sie sich auch anboten.

Das zeigt sich sozusagen symbolisch in der Gartengestaltung der Epoche. In England erschienen z. B. Bücher mit dem Titel ‚Pläne für Tempel
und andere Ornamentalbauten für Pärke und Gärten im griechischen,
römischen und gotischen Stil' oder ‚Ornamentale Architektur im gotischen, chinesischen und modernen Geschmack'; letzterer schwankte
zwischen Rokoko und Klassizismus.

Unmittelbar vor dem Beginn der Französischen Revolution schien
noch alles trotz Gegenkräften seinen gemächlichen Gang vorsichtiger
Reform weitergehen zu können. Mit der Eskalation der Revolution in
Frankreich aber brachen überall bisher noch verdeckte Gräben auf, und
die Konfrontation wurde schärfer. Was im 18. Jahrhundert meist noch
scheinbar harmlos und relativ gemütlich gewesen war, sollte dann im 19.
zum erbitterten Parteikampf werden.

2. Theologie und Kirche

Mehr als je in früheren Zeiten war das 17. Jahrhundert von der Theologie
geprägt gewesen. Sie blieb auch im 18. Jahrhundert die erste Fakultät,
und die Geistlichkeit blieb, wie wir gesehen haben, Träger des geistigen
Lebens. Darum ist es nur billig, wenn vorerst einmal die Reformbewegung im kirchlich-theologischen Sektor betrachtet wird.

Die protestantische Theologie gründete immer noch auf den Interpretationen der durch die Orthodoxie verhärteten Reformation. Wenn man im 17. Jahrhundert eine theologische Fakultät erweiterte, so schuf man eine Professur der „Kontroverstheologie", das heißt für die dogmatischen Abgrenzungen. Diese Abgrenzungen waren vierfach: Einmal gegen Rom; dann gegen die anderen protestantischen Systeme; dann gegen die Ketzer in den eigenen Reihen, denn seit der Reformation gab es Gruppen, die die christliche Lehre liberaler interpretierten, ja wie die Sozinianer selbst die Gottheit Christi in Frage stellten. Schließlich grenzte man ab gegen die Sektierer, das heißt die Nachfahren der Wiedertäufer und gegen die neuen Pietisten, jene Gruppe, die eine persönliche, innige Frömmigkeit erstrebte und die kalte staatskirchliche Haltung ablehnte.

Einen letzten Triumph protestantischer Orthodoxie sollte die 1675 von den schweizerischen reformierten Kirchen erlassene „Formula Consensus" bedeuten, in welcher noch einmal ein überspitzter Calvinismus unter anderm darin gipfelte, daß jedes Bibelwort bis zu den hebräischen Akzenten als vom Heiligen Geist direkt inspiriert zu betrachten sei und daß Christus nur für die Auserwählten, das heißt eigentlich nur für die Calvinisten den Kreuzestod erlitten habe. Die „Formula" erweckte allerdings außerhalb (und teils auch innerhalb) der Schweiz erstaunte und unwillige Reaktionen. In einer Zeit, wo der Protestant Leibniz und der Katholik Bossuet miteinander über ökumenische Möglichkeiten korrespondierten, erschien derlei als sonderbar überholt und archaisch.

Vierzehn Jahre nachher sollte ein beweglicheres England seine „Toleration Act" für alle protestantischen Bekenntnisse erlassen. Fortan vollzog sich überall recht rasch eine Wendung. Man war der theologischen Haarspaltereien überdrüssig; wenn man schon rational argumentieren wollte, dann nicht in einem irrationalen System wie demjenigen der Orthodoxie. Verdeckte humanistische Traditionen brachen wieder auf. Schließlich hatte man genug vom Konfessionalismus, der ja nur Unglück gebracht hatte; für Deutschland den Dreißigjährigen Krieg, für England den „Bürgerkrieg", für Frankreich die Austreibung der Hugenotten.

Die Wendung vollzog sich zuerst im englischen Anglikanismus. Dort postulierte Richard Cumberland, der 1690 Bischof von Peterborough wurde, die Reduktion der Lehre Christi auf „summa benevolentia aut amor universalis", das heißt auf die Liebe Gottes und des Nächsten, auf die zehn Gebote und das Evangelium. John Locke ging weiter, als er 1695 sein Buch über die ‚Vernünftigkeit des Christentums' publizierte. Das Christentum entspreche den Anforderungen der menschlichen Vernunft. Schließlich schrieb Jonathan Swift, der Dekan von St. Patrick in Dublin, seine ‚Tale of a Tub', in welcher er drei Söhne – Peter (den Katholiken),

Martin (den Lutheraner, beziehungsweise Anglikaner) und John (den Calvinisten) – um das Testament ihres Vaters (d. h. Gottvater selbst) streiten läßt, obwohl dieses Testament (die Bibel) sehr strikte Vorschriften betreffend Harmonie, Freundschaft und Liebe unter den drei Brüdern enthalte.

Nach den bitteren Erfahrungen der konfessionellen Kämpfe in Großbritannien waren die Anglikaner endlich bereit, die Hand zur Versöhnung mit den verschiedenen andern protestantischen Gruppen zu bieten, ja sie begannen den Brückenschlag zu den Lutheranern und Calvinisten außerhalb ihres Landes. Die Katholiken, wenn sie nicht gerade Irländer waren, ließ man in Ruhe. Dies geschah auf der Basis des ,,Latitudinarismus", einer weitherzigen theologischen Haltung. Man sagte damals, die anglikanische Kirche taufe alles, verheirate alles, beerdige alles – ein wenig teuer zwar, aber ohne lange Untersuchungen und Fragen, die den Frieden stören könnten, denn sie glaube, daß das Gewissen ausschließlich Sache Gottes sei. Bei den calvinistischen Puritanern wurde andererseits der alte Eifer durch ,,The cauld clatter of morality", durch ein ,,kaltes Klappern der Moralität" ersetzt.

Die Rückwirkung auf das Festland ließ nicht auf sich warten, wo außerdem die hugenottischen Emigranten den Boden vorbereiteten. Sie hatten zu viel gelitten unter Verfolgung, um nun in einseitig calvinistischer Art weiterzumachen. Ihre Theologie war schon vor der Revokation des Edikts von Nantes als allzu frei verdächtig gewesen.

Bereits 1709 formuliert ein Basler Theologe ,,Nullum pondus habent argumenta nostra, si vita non doctrinae respondent": ,,Unsere Argumente haben kein Gewicht, wenn unser Leben nicht dem Dogma entspricht." Das bedeutete, daß wichtiger als dogmatische Überzeugung eine christliche Lebensführung sei.

Man begann zögernd und vorsichtig, die Bibel selbst wissenschaftlicher Kritik zu unterwerfen. Man nahm die französischen Anregungen des Oratorianermönchs Richard Simon auf, der 1678 eine ,,Kritische Geschichte" des Alten Testaments verfaßt hatte, die in zweiter Ausgabe allerdings nur noch in Rotterdam herauskommen konnte. Der aus Genf stammende, aber in den Niederlanden wirkende Publizist Johannes Clericus forderte, daß man das ,Alte Testament' als Literatur wie die griechische betrachten müsse. Zwar hielt jedermann noch am Offenbarungsbegriff fest, aber die Offenbarung war nun nichts anderes als die Vollendung der ,,natürlichen Religion". Jeder Mensch hat eben von Natur ein religiöses Bedürfnis. Es galt nun einfach diese Anlage durch die christliche Lehre zu veredeln. Damit wurde allerdings ein Weg frei gelegt zur Relativierung der Offenbarung, ja zu deren Ausschaltung, das heißt zum

Deismus, der nur noch göttliche Naturgesetze kennt, nicht aber einen persönlichen Gott, oder gar zum Freidenkertum, zum Atheismus. Es gab viele Deisten im Jahrhundert und einzelne Atheisten; aber im großen und ganzen blieb man religiös verankert, und vor allem blieb man der angestammten Kirche treu; nicht nur weil es etwas riskant war, offen Deist oder gar Atheist zu sein: Man wurde zwar nicht mehr als Ketzer verbrannt, aber die Gefahr bestand allenfalls, des Landes verwiesen zu werden. Nur in England, in Holland und im Berlin Friedrichs II. konnte man sich mit derlei Lehren frei bewegen.

Für einen protestantischen Geistlichen bedeutete allerdings die neue Richtung oft einen Gewissenskonflikt, da man immer noch die alten Bekenntnisse zu beschwören hatte. Zu freie Auffassungen konnten, wie zu pietistische, zu Reibereien mit konservativeren Amtsbrüdern, ja bis zur Amtsenthebung führen. Doch setzte sich schließlich sozusagen überall die zeitgemäße aufgeklärte Haltung durch, Pietisten und Orthodoxe gerieten in Minderheit.

Da die neue Haltung intensiven Praxisbezug forderte, so begann man an Weihnachten über die Konservierung des Heus zu predigen, da doch das Christkind in der Krippe auf Heu gebettet war, am Ostersonntag über „vernünftige Regeln für Christen, wie sie ihre Leichen begraben sollen", am Pfingstsonntag über „wie wir uns bei Gewittern fromm und vorsichtig verhalten sollen". In England erschien schon 1715 ein Büchlein mit dem Titel ‚Des Geistlichen Erholung, beziehungsweise das Vergnügen und den Nutzen, den man aus der Gartenkunst gewinnen kann'. Man mag heute über derlei lachen oder aus theologischen Erwägungen den Kopf schütteln. Für den Geistlichen und seine Hörer mochte das aber effektiv nützlicher sein als orthodoxe Dogmatik. Man fand die Pfarrer oft als eigentlichen Rückhalt in gemeinnützigen und andern Gesellschaften.

Etwas verkrampft versuchte man auch die Offenbarung so zu retten, indem man die Wunder Christi rational zu erklären suchte. Religiöse Toleranz wurde groß geschrieben. Sie sollte nicht einfach Duldung sein, sondern aktives Verständnis für die anderen. Relativ leicht war dies innerhalb der verschiedenen protestantischen Bekenntnisse, schwieriger, aber auch wichtiger dem Katholizismus gegenüber. Ein erster Kontakt ökumenischer Art bahnte sich tatsächlich an, oft einfach in menschlicher Begegnung zwischen Geistlichen in gemischt konfessionellen Regionen.

Die protestantischen Kirchen waren an sich nicht schlecht disponiert für die Übernahme aufklärerischer Ideen. Die Bibellektüre hatte eine rationale Schulung gefördert, man war gewohnt, mit philologischen Mitteln zu interpretieren, und der Laie profitierte nun davon. Die Pluralität der Bekenntnisse konnte in positiver Wertung als Vielfalt der Wege zum

Heil verstanden werden. Die Kollegialität in der Kirchenregierung – besonders bei den Reformierten – konnte Diskussion unter Gleichgestellten sein.

Die katholische Kirche tat sich da schwerer. Die orthodoxe Straffung durch das Konzil von Trient (1563) hatte zu sehr intensivem religiösen Leben geführt. Die so gut organisierten Jesuiten hielten das Heft fest in der Hand. Aber im 17. Jahrhundert erhob sich im französischen Jansenismus eine ernsthafte Kritik am allzu kurialzentrierten und allzuweit von biblischer Einfachheit entfernten allmächtigen Jesuitismus. Sosehr der Jansenismus streng und kirchlich fromm war und weit vom Rationalismus der beginnenden Aufklärung, er hatte – weil er schließlich von Rom und dem König verfolgt wurde – eine ähnliche Wirkung wie der verfolgte Hugenottismus. Er versuchte innerhalb der Kirche letztlich ebenso undogmatisch „evangelisch" zu sein wie manche protestantische Bewegung. In den zwanziger Jahren sonderte sich sogar in Utrecht eine eigene jansenistisch-katholische Kirche ab, die den Schutz der Republik erhielt. Jansenismus bedeutete – ähnlich wie bei den evangelischen Pietisten – wirkliches Engagement in christlichem Leben und christlicher Liebestätigkeit. Die französische Elite der hohen Richter und die österreichische der hohen Geistlichen hing dem Jansenismus an. Das war zwar nicht Aufklärung im rationalen Sinn, aber anders als der gängige jesuitisch geschulte Katholizismus, offener und christlicher Praxis zugewandt. Es war also vornehmlich die vereinte Opposition im Katholizismus selbst, die in der neuen Richtung wirkte; Opposition der staatlichen Verwaltung gegen die Kirche als Staat im Staate, verbunden mit einer humanistisch-humanitären Orientierung.

Das große Beispiel für diesen Katholizismus des 18. Jahrhunderts war Fénelon (1651–1715), der als Erzbischof von Cambrai in Opposition zu Kirche und König geriet, weil er in seinem ‚Telemach', einem der populärsten Bücher des 18. Jahrhunderts, eine anti-absolutistische Konzeption des guten Monarchen entworfen hatte (1699). Friedrich Heer sagt von ihm:

„Was hilft es, daß Ludwig XIV. sich sein Heilsreich in Versailles baut, wenn dieser hintergründige Bischof still und leichthin die besten Herzen und Köpfe Frankreichs ‚aufklärt': beunruhigt euch nicht, Freunde, das alles ist Fassade, die verfällt; erregen wir uns, liebe Freunde, auch nicht darüber, daß wir hier verfolgt und vertrieben werden; niemand kann uns das innere Reich, das Leben in Gott, hier und heute, rauben."

„Fénelon geht zudem auf seine Weise zum Angriff über: in offener Kritik zeigt er, wie in den devoten Stiftungen der Maintenon und ihres Königs, bei den ‚Damen des Heiligen Ludwig' und den Nonnen von

Saint-Cyr in falscher Askese sich Hochmut, Eitelkeit, Dürre des Herzens als Frömmigkeit tarnen. – Fénelon führt hier den Kampf des Erasmus und der Erasmianer gegen die Perversion des monastischen Lebens weiter, auf einen neuen Höhepunkt zu. Zunächst zeigt er den Laien, daß es nicht angestrengter willentlicher Prozeduren bedarf, um mitten in der Welt ein gottseliges Leben zu führen, sondern daß es auf ein offenes Herz, brüderliche Gesinnung und staatsbürgerliche Tugenden ankommt. Nicht die zweifelhafte ‚Brüderlichkeit' im Kloster und Stift, in der geschlossenen Welt einer Kongregation, gilt, sondern die Brüderlichkeit mit allen Menschen, die in aller Welt leben: alle Menschen sind Brüder."

Es gab sogar einen Papst in diesem Jahrhundert, der vorsichtig in die neue Richtung ging. Es ist dies der hochgebildete Prosper Lambertini, als Benedikt XIV. Papst von 1740 bis 1758. Er gestattet kirchlich bewilligte Bibellektüre, er verringert die Unzahl der kirchlichen Feiertage, er mildert die kirchliche Zensur und revidiert den Index der verbotenen Bücher. Ja, er anerkennt die Freiheit der Forschung, indem er die Aufhebung des Verbotes der Schriften des Kopernikus und des Galilei in die Wege leitet. Er stand in Verbindung mit führenden Aufklärern. Voltaire schrieb ihm: ,,Ich bin gezwungen, die Unfehlbarkeit Ihrer Heiligkeit in literarischen Belangen wie in respektableren Sachen anzuerkennen." Allerdings war dieser kluge alte Mann in der Kurie des Deismus verdächtig.

Der größte äußere Erfolg des aufgeklärten Katholizismus war die Aufhebung des Jesuitenordens. Die Jesuiten hatten das mittlere und höhere Schulwesen in Griff bekommen. In jeder katholischen Stadt stand ihr Kollegium, mit der Funktion eines wohlorganisierten Gymnasiums. Die Professorenschaft hatte internationalen Charakter. Der Einfluß ging weit über die Schulen hinaus und bis zu den Höfen, wo sie die Beichtväter der Könige und Königinnen stellten. Ihre strikte Unterordnung unter Rom und ihre geistige wie wirtschaftliche Macht paßten aber allmählich nicht mehr zu den sich emanzipierenden Höfen und deren Ministerien. Unglücklich war, daß sie gar keine Neigung zeigten, sich irgendwie den neueren wissenschaftlichen Strömungen anzupassen. Die Klage eines schweizerischen Politikers ist typisch: ,,Ew. Hochedelgeborn fragen mich, ob die Literatur und schöne Wissenschaften auch ihre Freunde in Luzern haben? Wollte Gott! Luzern ist wie die übrigen katholischen Orte noch in der Finsterniß, und kennt noch nicht das Vergnügen und die Vorteile derselben. Allein die Wissenschaften werde bei uns so lange nicht ihre Liebhaber finden, so lange die Beschaffenheit unserer Schulen, und die Auferziehung in ihrem alten Stande verbleiben werden. Die Schulen sind in den Händen der Jesuiten; ihre Lehrensart ist bekannt und von wenig Grund und Nutzen, die Gottesgelehrtheit ausgenommen, welche sie bei uns am besten und weitläufigsten lehren. Von den übrigen auch notwendigsten Wissenschaften findet man in Luzern keine Lehrmeister."

Dabei besaß die Stadt Luzern das bestausgebaute Jesuitenkollegium der Schweiz, auf das einst das Innerschweizer Patriziat sehr stolz gewesen war.

Als das 1758 geschrieben war, war eben in Portugal das Schreckliche geschehen. 1757 hatte der allmächtige Minister Pombal die Aufhebung des Jesuitenorden im Königreich und seinen Kolonien dekretiert, und man ging daran, die Jesuiten zu vertreiben. 1764 folgte der gleiche Eklat in Frankreich, 1767 in Spanien und seinem großen kolonialen Bereich und 1768 auch noch in Parma. 1773 gab der Papst Clemens XIV. dem Drängen der Höfe – es waren die vereinten Bourbonen – nach und hob den Orden überhaupt auf. Es hatte eine regelrechte Jesuitenverfolgung eingesetzt – ein Schiff voll ausgewiesener Jesuiten fuhr im Mittelmeer alle Häfen an, ohne landen zu können. 1773 mußte man sie auch in den übrigen katholischen Staaten, d. h. vor allem in Deutschland, entlassen, je nach Land mit unterschiedlicher Härte. Zuflucht fanden sie ausgerechnet beim aufgeklärtesten aller Könige, bei Friedrich II., der sie gerne zur Entwicklung seines neugewonnenen mehrteils katholischen Schlesien einsetzte, bis sie sein Nachfolger doch noch verbot. Schließlich blieb nur noch die Zuflucht nach dem orthodoxen Rußland. Ein gewaltiges System, ein großes Werk brach zusammen; endgültig vor allem in Lateinamerika, wo die Jesuiten in Paraguay und den Andenländern bei den Indios eine wohl funktionierende Dorfstruktur aufgebaut hatten.

Es blieb nun allerdings nicht nur bei der an sich negativen Aktion der Jesuitenaufhebung. Katholische Reform bedeutete eine eigentliche Umstrukturierung innerhalb des bisherigen Systems. Auf der einen Seite – wir haben schon darauf hingewiesen – übernahm der Staat die Kontrollfunktionen, die der protestantische Staat nun schon seit gut zweihundert Jahren ausübte: Staatliche Aufsicht über die Priesterseminare, Förderung der Schulen, sei es in Klöstern oder außerhalb, Förderung der Universitäten durch den Ausbau moderner Wissenschaften.

Der Geist der Aufklärung verlangte aber nicht nur den Griff des Staates auf geistliche Belange, sondern er wollte eine innere Umwandlung erzielen, eine Rückkehr zu den Quellen des Christentums. An die Stelle der „Andächtelei", des Zuviel an Liturgie, an religiösem Zeremoniell, an Feiertagen und Wallfahrten sollte eine Verinnerlichung treten. Wichtig war auch die Förderung der verständlichen Muttersprache anstelle des geheimnisvollen Lateins. Da traf man sich mit den protestantischen Postulaten der Praxisnähe. Die Hoffnung war, in dieser Weise die Protestanten wieder zurück in eine gereinigte katholische Kirche gewinnen zu können. Toleranz wurde Selbstverständlichkeit, der Kontakt zu den Protestanten gesucht. Dies konnte bei Bischöfen geschehen wie bei Dorfgeistlichen.

Aber die katholische Aufklärung blieb Sache einer Elite. Die tiefer gehenden Reformen – auch wenn sie ein Kaiser Joseph II. wünschte – blieben in der Luft. Das Kirchenvolk wollte nicht verstehen, wenn man die Festtage verkürzte, beliebte Klöster aufhob, es zu Nüchternheit und Arbeit erziehen wollte. Es war zu schwer, in ein bis zwei Generationen das nachzuholen, wofür der Protestantismus zweihundertfünfzig Jahre aufgewendet hatte.

Als das katholische Frankreich auf dem Höhepunkt der Jakobinerrevolution die Priester zu verfolgen begann und schließlich Kirche und Religion überhaupt aufhob, da konnte man diese Exzesse der Aufklärung ganz allgemein zur Last legen. Zwar hielt sich noch für einige Jahrzehnte die aufgeklärte Richtung. Aber die Jesuiten waren wieder da. Ihre Aufhebung war nur vorübergehend gewesen. Sie hatten sich nach dem Verbot von 1773 aufs neue gesammelt, vor allem in Genossenschaften der Herz-Jesu-Andacht, und mancherorts mußten sie – weil ja niemand anders da war – die Schulen als gewöhnliche Geistliche weiterführen. Es handelte sich – fast wie bei den französischen Hugenotten – um ein Weiterexistieren im Geheimen. Schon nach weniger als 30 Jahren wurde der Orden 1801 in Rußland, 1804 in Neapel und schließlich 1814 durch Papst Pius VII. für die ganze Welt in unveränderter, alter Verfassung wieder errichtet. Und nun konnte das Werk der Restauration überall beginnen, mit einem unversöhnlichen Rachegefühl gegenüber der Aufklärung in all ihren Spielarten, besonders aber der katholischen!

Im 19. Jahrhundert sollte zwar ein liberaler Katholizismus als Minorität das Werk der Aufklärung weiterführen, aber weit härter, kompromißloser und unversöhnlicher, als dies der eben mehrheitliche liberale Protestantismus tat und als es die humanen Geistlichen des 18. Jahrhunderts getan hatten.

Das schönste Zeugnis dieses humanen Katholizismus des 18. Jahrhunderts ist Voltaires ‚Prière à Dieu‘. Dieses ‚Gebet zu Gott‘ schließt seinen ‚Traité sur la Tolérance‘, die Abhandlung über die Toleranz ab, die ihr Entstehen dem letzten Ketzerprozeß, den Frankreich erlebte, der Affäre Calas von 1762, verdankt. Das die konfessionelle Frage betreffende Kernstück aus der ‚Prière à Dieu‘ lautet:

„Du hast uns kein Herz gegeben, um uns zu hassen, und Hände, um uns zu erwürgen. Mache, daß wir uns gegenseitig helfen, um die Last eines mühseligen und vorübergehenden Lebens zu ertragen ... daß die kleinen Nuancen, welche die Atome, die Menschen genannt werden, unterscheiden, nicht Zeichen des Hasses und der Verfolgung seien; daß jene, die Kerzen am hellen Tag anzünden, um Dich zu feiern, jene ertragen, die sich mit dem Licht Deiner Sonne begnügen; daß, die ihr Kleid mit einem weißen Linnen bedecken, um zu sagen, daß man Dich lieben soll, jene nicht hassen, die das gleiche unter einem Mantel von schwarzer Wolle sagen; daß es gleich sei, Dich in einer Sprache zu verehren, die von hohem Alter ist oder neueren Datums ..."

Voltaire endet mit den Worten: ,,Mögen alle Menschen sich daran erinnern, daß sie Brüder sind, daß sie tyrannischer Beherrschung der Seele mit gleicher Abscheu begegnen wie dem Straßenräubertum, das mit Gewalt die Früchte der friedlichen Arbeit und des Fleißes an sich reißt. Laßt uns doch, wenn schon die Geißel des Krieges unvermeidlich ist, nicht gegenseitig mit Haß begegnen; zerreißen wir uns nicht untereinander inmitten des Friedens! Laßt uns den kurzen Moment unserer Existenz dazu da sein, um in tausend verschiedenen Sprachen – von Siam bis nach Kalifornien – in das Lob Deiner Güte, die uns diesen Moment geschenkt hat, gemeinsam einzustimmen!"

3. Naturrecht und Moralphilosophie

Dem Wandel in den theologischen Auffassungen entsprechen Wandlungen in der Auffassung vom Recht, die ihrerseits die Ethik, die Moralphilosophie beeinflussen. Diese Vorgänge erfolgen parallel und beeinflussen sich gegenseitig. Die Theologen interessieren sich für Rechtstheorien, und die Juristen leben in der Welt der Theologie.

Es gab ein Recht, das man aus der Bibel ziehen konnte, wie etwa die zehn Gebote. Es gab außerdem das Recht, das in der Antike formuliert worden war. Im römischen Recht hieß es: ,,Juris praecepta sunt haec: honeste vivere, alterum non laedere, suum cuique tribuere" – ,,Die Grundlagen des Rechts sind folgende: Ehrlich leben, niemandem schaden und jedem das Seine zugestehen." Jeder Gebildete war geschult an Ciceros ,De officiis', wo die ,,Pflichten" des Menschen und des Bürgers gültig fixiert waren. Das Mittelalter hatte es verstanden, antike und christliche Rechtsvorstellungen zu verbinden und ein System zu entwickeln, das für die ganze christliche Welt gültig war. Das nannte man ,,Jus naturae", Naturrecht.

Mit der Reformation aber spaltete sich das bis jetzt übergeordnete Rechtsdenken. Protestantische Vorstellungen standen gegen katholische. Man vermißte schmerzlich Regeln, die in Krieg und Frieden für jede

Partei gültig sein konnten. 1625 unternahm es der Niederländer Hugo Grotius in den drei Büchern ‚De jure pacis ac belli' – ‚Vom Recht des Friedens und des Kriegs' – eine neue Basis für Natur- und Völkerrecht zu schaffen. Vorerst analysiert er den gegenwärtigen Zustand der Rechtsautoritäten: Es gibt erstens das Recht des Stärkeren oder des Interesses, das was man „Staatsräson" nannte. Es gibt zweitens das Gewohnheitsrecht, das nur territoriale Gültigkeit hat. Es gibt drittens die philosophischen Lehrmeinungen aus allen Zeiten, die aber nicht einheitlich sind. Es gibt viertens das römische Recht, kodifiziert im Übergang von der Antike zum Frühmittelalter, das veraltet und unsystematisch ist, und schließlich das aus der Bibel abgeleitete göttliche Recht.

Grotius sucht eine allgemeingültige Basis und findet sie im Recht der Natur. Er geht vom Menschen, beziehungsweise vom Zusammenleben der Menschen aus. Aufgrund von historischen und logischen – heute würde man sagen psychologischen und soziologischen – Analysen kommt Grotius zum Schluß, daß der Mensch ein vernünftiges Wesen ist und eine moralische Freiheit besitzt. Vernunft und Freiheit sind ihm von Gott verliehen worden, aber das Naturrecht würde auch gelten, wenn kein Gott wäre, was an sich ein Ding der Unmöglichkeit ist. Aus dem „appetitus societatis", der „Soziabilität" der Menschen unter sich, entwickelt Grotius fünf Grundgesetze des natürlichen Rechts: Erstens die Enthaltung vom Besitz anderer, zweitens die Verpflichtung zur Rückerstattung angeeigneten Gutes, drittens die Verpflichtung, gegebene Versprechen einzuhalten, viertens die Verpflichtung zur Wiedergutmachung von Schäden und schließlich die Bestrafung entsprechend den Vergehen gegen diese natürlichen Rechte.

Diese einfache Grundlage – die Grotius im Vorwort zum ‚Jus pacis ac belli' entwickelt – wurde vor allem vom deutschen Juristen Pufendorf zu einem eigentlichen System ausgebaut, dem „großen" und dem „kleinen" Pufendorf": ‚De Jure Naturali et Gentium' (1672), ‚Vom Natur- und Völkerrecht', und den ‚De Officio Hominis et Civis juxta legem naturalem', ‚Von der Pflicht des Menschen und Bürgers nach dem Naturgesetz'. Der „Pufendorf" wurde zum grundlegenden Werk für jede juristische Bildung im 18. Jahrhundert. Um ihn herum reihten sich viele andere Werke von Rechtsdenken ähnlichen Inhalts und ähnlicher Tendenz, in Deutschland vor allem von Christian Thomasius und später Christian Wolff, in England von John Locke und Anthony Shaftesbury. Einem weiteren Publikum wurde Pufendorf durch die Übersetzung des emigrierten Hugenotten Jean Barbeyrac (1706/07) bekannt.

In der Naturrechtsschule ging es einmal um die Schaffung eines tragfähigen internationalen Rechts, eines Rechts, das über den Staaten stehen sollte. Da die „universitas christiana" gespalten war – der Papst war einst Schiedsrichter gewesen –, trat nun das Naturrecht als Völkerrecht in die Lücke. Wenn die Diplomaten des 18. Jahrhunderts als „europäisches Konzert" zusammensaßen an den Friedenskongressen von Rastatt, Utrecht, Baden, Wien, Aachen und Paris, so ließen sie sich von solchen naturrechtlichen Erwägungen leiten, die ermöglichten, daß Sieger und Besiegte zusammen Lösungen finden konnten.

Aus naturrechtlichem Denken heraus empfand das 18. Jahrhundert übernational, kosmopolitisch: Abbé de St. Pierre entwarf in seinem Traktat vom allgemeinen Frieden 1713 schon die Utopie eines Völkerbunds. Im ‚Telemach' formuliert Fénelon an die Monarchen gewandt: „Die beste Sicherung für einen Staat ist die Gerechtigkeit, die seinen Nachbarn das Maß, das Vertrauen und die Sicherheit gibt, daß ihr Territorium nicht besetzt werde. Die stärksten Mauern können infolge unvorhergesehener Umstände fallen: Das Glück im Kriege ist launenhaft und unsicher. Aber die Liebe und das Vertrauen Eurer Nachbarn – wenn Sie Eure Mäßigung erfahren haben – bewirken, daß Ihr Staat nicht besiegt werden kann und daß er fast nie angegriffen wird." Das war eine weitere Utopie des Jahrhunderts – in welchem ein Friedrich II. Schlesien annektierte und drei Monarchen an die Teilung Polens gingen. Doch das Jahrhundert glaubte sich auf dem Wege zu dieser skizzierten besseren Zukunft zu befinden; daß dann im 19. Jahrhundert anstelle universaler Harmonie die Nationalstaaten mit ihrer nationalistischen Politik traten, war noch nicht vorauszusehen.

Die Naturrechtler bekämpften die Lehre von der Staatsräson, die Lehre vom brutalen Einzelinteresse des Machtstaates, wie sie Machiavelli im ‚Principe' (1532), Hobbes im ‚Leviathan' (1651) entwickelt hatten. Beide sind im 18. Jahrhundert in Mißkredit geraten.

Im 18. Jahrhundert wurde die Naturrechtslehre weiter entwickelt. Der Mensch rückt immer mehr ins Zentrum als vernünftiges Wesen. Diese naturrechtliche Vernunft bezeichnete man als „common sense", als „gesunden Menschenverstand". Man verzichtete auf allzu komplizierte theologisch-philosophische Systeme und suchte alles einleuchtend zu machen; mit dem „gesunden Menschenverstand" schien es möglich, Lösungen aller Probleme zu finden. Mit „gesundem Menschenverstand" konnte eigentlich jedermann an das große Werk der allgemeinen Reform gehen.

Aus den „Pflichten" der Menschen und des Bürgers entwickelte sich im Laufe des 18. Jahrhunderts die Lehre von den Rechten des Menschen und des Bürgers: Recht auf Unverletzlichkeit der Person, Recht auf gerechtes Gericht, Recht auf ungestörten Besitz und – neu und wichtig:

Recht auf Gewissensfreiheit. Dem Menschen wurde eine bestimmte Freiheit eingeräumt, von der er allerdings einen Teil an die Gesellschaft abzugeben habe, um ein Zusammenleben überhaupt zu ermöglichen. Aber die Gesellschaft, bzw. der Staat, ist verpflichtet, diese Individualrechte zu respektieren und in ihr System einzubauen. Dies geschah tatsächlich in der ,,Bill of Rights" der Glorreichen Revolution und in der Menschenrechtserklärung der Verfassung von Virginia. So sollte fürstlicher Willkür eine Grenze gesetzt werden. Auch ohne Verfassungen war es zumindest der Wille aufgeklärter Monarchen und aufgeklärter Minister, diesen ungeschriebenen Rechten Nachachtung zu schaffen, durch einzelne Erlasse oder gezielte Maßnahmen. Der alte Respekt vor dem Mitmenschen, mit dem man seit altersher in Christo eins war, fand hier eine neue, genauere und bindendere Formulierung.

Auf einem besondern Gebiet, wo Ungerechtigkeit und Unmenschlichkeit als ganz besonders kraß empfunden wurden, hat sich das Jahrhundert um eine eigentliche Reform bemüht, auf dem Gebiet des Strafrechts, der Kriminaljustiz.

Man basierte auf altbewährter harter Straftradition, wie sie etwa die ,,Carolina", Karls V. ,,Peinliche Gerichtsordnung" von 1532 fixiert hatte. Todesstrafe mit verschiedenen Varianten, Prügelstrafe, Galeerenstrafe sollten abschrecken. Der Straßenräuber und der Mörder hatten beide Todesstrafe zu gewärtigen. Geständnisse wurden durch die Tortur erreicht. Katholische Staaten kannten den Inquisitionsprozeß. Die Kritik am bisherigen System wurde immer deutlicher, bis 1764 Cesare Beccaria seine erregende Abhandlung ,Dei delitti e delle pene', ,Von den Verbrechen und den Strafen', publizierte. Beccaria greift nicht nur die Tortur an, welche zur Verdammung des physisch schwachen Unschuldigen führen muß, und die Inquisition, die den Angeklagten nicht rechtliche Sicherungen gibt, da er anonym angeklagt werden kann und nicht mit den Zeugen konfrontiert wird. Er geht so weit, die Todesstrafe in Frage zu stellen: ,,Was ist das für ein Recht, das sich die Menschen anmaßen, um ihresgleichen zu töten?" Vor allem beschäftigt ihn der Strafvollzug, die Gefängnisse, die er durch Besuche der Mailänder Gefängnisse kennt, wo die Sträflinge wie Sklaven gehalten werden. Beccaria fordert nicht nur ein differenziertes Maß von Strafen, sondern auch Präventivmaßnahmen, um das Verbrechen überhaupt zu verhindern.

Beccaria war insofern revolutionär, als er das Strafrecht als Folge einer schlecht eingerichteten Gesellschaft erkannte: ,,Was sind denn diese Gesetze, die ich respektieren soll ... Wer hat diese Gesetze gemacht, die Reichen und die Mächtigen. Laßt uns diese fatalen Fesseln sprengen, greifen wir die Ungerechtigkeit an ihren Wurzeln an!"

Schon vor Beccaria hatte Friedrich II. 1740 für seine Staaten die Tortur
aufgehoben. Richter, die sich vom ,,gesunden Menschenverstand" leiten
ließen, wandten sie nicht mehr an. Gegen Ende des Jahrhunderts folgten
Frankreich und Österreich mit humaneren Strafgesetzen.

Zumindest hörte die Hinrichtung von Hexen, die noch im 17. Jahrhundert Orgien gefeiert hatte, allmählich auf. Letzte Hinrichtungen fanden
1712 in England, 1718 in Frankreich, 1749 im Bistum Würzburg und die
allerletzte 1782 in Evangelisch-Glarus in der Schweiz statt.

4. Politik und Ökonomie

Wenn die Politiker und Schriftsteller des 18. Jahrhunderts über die politische Realität ihres Zeitalters nachdachten, Utopien entwarfen und an
Reformen gehen wollten, so befanden sie sich in einem politisch-staatli-
chen Dasein, das ihnen furchtbar veraltet vorkam. Sie befanden sich in
einem festgefahrenen Spätmittelalter. Alles war verfestigt, unlogisch und
kaum mehr zu überblicken. In den scheinbar so einfach strukturierten
Monarchien der Könige mit ihrer so sicheren Herrschaft war doch alles
blockiert. Der königliche Wille stieß sich an tausend ererbten Selbstän-
digkeiten. Städte und Landschaften, ganze Provinzen, die Kirche, die
Korporationen, Universitäten, Zünfte, geistliche Stiftungen, der kleine
Adel, alle führten ihr Eigenleben in autonomer Position, gestützt auf
Privilegien, die man sich irgend einmal in Vorzeiten erworben hatte.
,,Everything, that is is right, if it can show a charter", hieß es in England.
Jede Institution war im Recht, wenn sie ein Privileg, einen gesiegelten
Brief vorweisen konnte.

Da war es schlicht unmöglich, zu regieren und zu verwalten, geschwei-
ge denn zu erneuern. Darum versuchten die Könige, ihre Höfe und Minister, Ordnung in diese Vielfalt zu bringen und die eine, klare Herrschaft
der Zentrale an die Stelle der immobilen Unordnung zu bringen. Das
nannte man Absolutismus. Der Absolutismus aber – mit der theoretischen Allmacht des Monarchen bzw. der von ihm ernannten Verwaltung
– widersprach andererseits den Postulaten des Naturrechts. Der absolute
König, wie ihn Ludwig XIV. vorgelebt hatte, war nicht mehr das gute
Ordnungsprinzip in ungerechter, veralteter Privilegienwelt, er war zum
Despoten, zum Tyrannen geworden, der nicht mehr des Volkes wegen da
war, sondern nur noch für sich selbst. Fénelon sagt im ,Telemach': ,,Der
König ist des Königtums nur würdig, wenn er sich selbst vergißt, um sich
dem öffentlichen Wohl zu opfern." Sich selbst zu vergessen war nun aber
kaum die Sache der Könige des 17. Jahrhunderts und auch des 18. Jahr-

hunderts. Fénelon fügt darum noch den Satz bei: „Die absolute Macht des Königs führt dazu, daß er ebensoviel Sklaven besitzt, wie er Untertanen hat."

Die Kritik konnte weiter gehen. Sie konnte das alte „Widerstandsrecht" anrufen, jenes Recht – so alt wie der Staat – Widerstand leisten zu dürfen, ja zu müssen, wenn der Herrscher seine Pflichten vergißt. Der Naturrechtler Barbeyrac sagt darum, es gebe ein Recht der Untergebenen, ein Recht, das sie gegenüber dem Herrscher besitzen, wenn er durch enorme und unerträgliche Ungerechtigkeiten und durch Verletzung der Verpflichtungen, die er gegen sie hat, die Untertanen von den Pflichten löst, die sie ihm gegenüber gehabt hatten.

Das ganze Jahrhundert fragt sich, in welcher Form man dieses Widerstandsrecht ausüben dürfe, so, daß es nicht zu Revolution und Anarchie führe.

Einzig Großbritannien hatte in der „Glorreichen Revolution" einen mehr oder weniger legitimen Weg gefunden. Der Weg hieß eigentlich zurück zum spätmittelalterlichen Dualismus in der Staatsregierung. Das heißt zum System einer sich gegenseitig kontrollierenden Regierung durch König und Parlament zusammen. In manchen Ländern – gerade in einzelnen deutschen Fürstentümern – existierten diese Parlamente noch als Landtage. War es möglich, sie in Einklang zum monarchischen Einheitsprinzip zu bringen, oder waren sie wie die französische Ständeversammlung oder der spanische Cortes so überaltert in ihrer Struktur, daß man sie lieber einschlafen ließ, um ungestört, im Sinne des Staatswohls regieren zu können, ohne auf regionale und ständische Egoismen Rücksicht nehmen zu müssen?

Nun aber wirkte auf Europa das englische Beispiel. Weniger dieses sehr altmodisch und unpraktisch zusammengesetzte Parlament, dessen Wahlen zu einer Groteske geworden waren, als die Theorien, die aus diesem System von 1688 an gezogen wurden. Dies geschah besonders durch John Lockes ,Two treatises of Government', die ,Zwei Abhandlungen über die Regierung', die gleich nach stattgehabter politischer Änderung 1690 erschienen.

Locke ist Naturrechtler. Er geht davon aus, daß der Staat auf einem Vertrag zwischen Regierung und Regierten besteht, das heißt zwischen König und Volk. Ließe man die Menschheit total frei, würde dies zur Anarchie führen, zum Krieg aller gegen alle. Die vernünftige Lösung ist hier der Vertrag und nicht die Unterwerfung unter den Mächtigen, der durch Gewalt Ordnung in die Anarchie bringt – heute würde man von totalitärer oder faschistischer Lösung sprechen. Im 18. Jahrhundert erinnert man sich nun gerne an die historischen Verträge zwischen König und

Volk. England etwa besitzt die „Magna Charta" von 1215. Es gilt diese mittelalterlichen Dokumente neu zu interpretieren!

So schreibt denn Locke im Artikel 95 des zweiten Traktats: „Da die Menschen, wie gesagt, von Natur aus alle frei, gleich und unabhängig sind, kann niemand ohne seine eigene Zustimmung (consent) diesem Zustand entrissen und der politischen Gewalt eines anderen unterworfen werden. Der einzige Weg, durch den irgend jemand sich seiner natürlichen Freiheit beraubt und die Bindungen der bürgerlichen Gesellschaft auf sich nimmt, ist der, durch Übereinkommen (agreeing) mit anderen Menschen sich zu einer Gemeinschaft zusammenzuschließen und zu vereinigen mit dem Ziel ihres bequemen, sicheren und friedlichen Lebens untereinander in einem sicheren Genuß ihres Eigentums und in einer größeren Sicherheit gegen alle, die nicht zu dieser Gemeinschaft gehören."

Auf die politische Realität bezogen heißt dies – im Artikel 87 –: „ . . . dort einzig und allein ist eine politische oder bürgerliche Gesellschaft vorhanden. Und das geschieht, wo immer irgendeine Zahl von Menschen, die sich im Naturzustand befinden, zu einer Gesellschaft zusammentreten, um ein Volk, eine politische Körperschaft unter einer obersten Regierungsgewalt zu bilden, oder sonst, wenn irgend jemand sich irgendeiner bereits bestehenden Regierungsgewalt anschließt und sich ihr unterwirft. Denn dadurch ermächtigt er die Gesellschaft oder, was ganz dasselbe ist, die gesetzgebende Gewalt derselben, für ihn Gesetze zu erlassen, so wie es das Gemeinwohl der Gesellschaft erfordern wird."

„Die Gesellschaft" bzw. das „Volk" wird repräsentiert durch die „Legislative", die als Vertretung der Bevölkerung die Gesetze macht, die dann die „Regierungsgewalt", d. h. der König und sein Ministerium zu vollziehen haben.

Derlei Gedanken und deren entsprechende Realität in England – auch wenn sie sehr unvollkommen war – wurden zum Vorbild für zumindest einen Teil der Regierungsverantwortlichen in Europa, für Minister, für Juristen und für politische Schriftsteller. Als es dann in französischer Sprache und naturrechtlich wie historisch umfassend begründet durch Montesquieu im ‚Esprit des Lois' 1748 noch einmal gesagt wurde, hatte es noch weit größere Wirkung und fand auch schon ein dazu sehr vorbereitetes Publikum vor. Montesquieu sah im englischen System die Gewaltenteilung verwirklicht: den König als Exekutive, das Unterhaus als Legislative und – fälschlicherweise – das Oberhaus als richterliche Behörde. Die Idee, die dahinter stand, war die Ermöglichung einer Kontrolle und Bremse für den absolutistischen Regierungsapparat. Montesquieu wollte damit die Monarchie in gesetzliche Bahnen zurückführen. Für ihn war das absolutistische System – er nannte es das „despotische" – auf dem Prinzip der „Furcht" aufgebaut. Die richtige Monarchie sollte vom Prinzip der „Ehre" geleitet sein, denn der Adel war ja deren Rückhalt. Für die Republik aber erkannte er die „vertu politique", das „politische Ethos", als Grundprinzip. Das tönte schon recht bürgerlich.

Dann trat Rousseau auf, vor allem mit seinem ‚Contrât social' im Jahr 1762. Das Werk wirkte revolutionär, weil es die Republik zur Idealform erhob und die Gleichheit der Bürger postulierte. Die „volonté générale" sollte entscheidend sein, nicht ein ständisches Prinzip. Beccaria, Mably und andere nahmen diesen Gedanken auf, die nun in Richtung einer „sozialistischen" Utopie gingen.

Man hat nur in Frankreich und im Großherzogtum Toscana tatsächlich versucht, den Absolutismus durch Schaffung eines Mitspracherechts der besitzenden Klasse zu überwinden. Diese Versuche des Ministers Turgot unter Ludwig XVI. und des Francesco Maria Gianni unter Großherzog Peter Leopold scheiterten jedoch am Beharrungsvermögen der konservativen Kräfte. Ähnliche Versuche in den republikanischen Staaten von Genf und der Niederlande scheiterten an der Intervention gegenrevolutionärer Mächte.

Einzig in den neu entstandenen „Vereinigten Staaten von Amerika" konnte man im Einzelstaat wie in der Gesamtkonföderation eine „moderne" republikanische Verfassung realisieren. Sie beruhte auf Besitz und Bildung. Sie ist später – mitsamt der kurzlebigen ersten französischen Revolutionsverfassung – zum Modell für den liberalen Staat des 19. Jahrhunderts geworden.

Eine „Verfassung" auf Grund naturrechtlicher Sicherungen für den Bürger blieb im Europa des 18. Jahrhunderts Utopie – aber der Boden war ideell schon sehr stark aufgelockert.

Die Diskussion um die Verwirklichung naturrechtlicher Postulate stand in der publizistischen Absage an den Absolutismus lange im Vordergrund. Von der zweiten Jahrhunderthälfte an zeichnete sich ein Angriff von der ökonomischen Theorie her ab.

Das merkantilistische Wirtschaftssystem – nach dem Finanzminister Ludwigs XIV. „Colbertismus" genannt – war im 18. Jahrhundert zur Praxis der Monarchien geworden. Der Staat begünstigte eine Industrie, die vor allem dem Luxuskonsum der Höfe, des hohen Adels und des Klerus und des reichen Bürgertum diente – z. B. mit den Gobelins und königlicher Spiegelmanufaktur – oder die Armee und Marine mit Kanonengießereien, Arsenalen und Werften. Durch Förderung des Exports und hohe Zölle für den Import wollte man das Geld anderer Länder ins eigene Land locken. Eine Seenation wie England versuchte dies durch

Importsperren gegen die sich wirtschaftlich im Freiraum der Meere bewegenden Niederlande durchzusetzen.

Die Kritik des bisherigen Wirtschaftssystems kam zuerst von einer
Gruppe von französischen Theoretikern um den königlichen Leibarzt de
Quesnay. Die Schule nannte sich „die Physiokratie", weil sie zurück zur
„Herrschaft" der „Physis", der „Natur" gehen wollte, d. h. zur vom
Colbertismus sträflich vernachlässigten Landwirtschaft, die doch mit ihrer Produktion und ihren Steuern das ganze herrschaftlich-höfische System erst möglich machte. Die Physiokraten wollen in Fortsetzung der
Agronomen Englands und Frankreichs den Adel wieder zur Kultur seines Grundbesitzes zurückrufen, auf daß er sein Kapital der Landwirtschaft zuführe und für den Staat ein neues ökonomisches System schaffe,
das auf der Abschaffung der wirtschaftlichen Privilegien, auf der
Abschaffung der Zölle, das heißt auf der vollständigen Freigabe der Produktion und des Handels beruhte. Die Theorie war erschreckend neu
und als System nicht leicht zu verstehen. Bald verwickelten sich die Physiokraten in wilde publizistische Streitereien mit ihren Gegnern, bis sie
als „die Sekte" verschrien waren und schließlich ihre Publikationen in
Frankreich verboten wurden, da man sehr gut realisierte, daß sie mit
ihrem Postulat der Aufhebung der Steuerfreiheit für Adel und Klerus das
bisherige politische und wirtschaftliche System der alten Monarchie von
Grund auf gefährdeten.

Glücklicher als die Physiokraten war der Engländer Adam Smith mit
seinem bis heute berühmt gebliebenen Buch vom ‚Wealth of Nations',
(‚Wohlstand der Nationen') von 1776. Wie die Physiokraten unterzog er
das bisherige System der Monopole und Privilegien einer umfassenden
Kritik und postulierte den freien Handel als Lösung für die Zukunft:
„Unter einem solchen Freihandel würde der Wettbewerb unter allen
Nationen bewirken, daß die Gewinnspanne weder auf dem neuen Markt,
noch in dem neuen Erwerbszweig ihre übliche Höhe überschreitet. Der
neue Markt würde ein neues Erzeugnis für seinen eigenen Bedarf oder
sein eigenes Angebot schaffen, ohne dem bestehenden Markt irgend etwas zu entziehen, und dieses neue Produkt würde neues Kapital für den
Betrieb des neuen Gewerbes bilden . . ."

Es war nur natürlich, daß der Freiheitsgedanke der Naturrechtler sich
auch auf die Wirtschaft beziehen mußte. Die neuen ökonomischen Theoretiker dachten weltweit wie die Naturrechtler und sahen die Welt als
Ganzes in einem immensen freien Markt, der sich selbst regulieren würde. Das bisherige System war immobil, führte zum Abschluß von einem
merkantilistischem Staat zum andern; es führte zu Krieg und gegenseitiger Verheerung. Man mußte etwas Zukunftsträchtigeres an dessen Stelle

setzen. Auch dies war eine der großen Utopien, die das 18. Jahrhundert träumte.

Wie die Bücher der Naturrechtler, der Staatsphilosophen so wurden auch die Bücher der Ökonomen von der lesenden Elite verschlungen. Und manche Staatsmänner versuchten innerhalb des bisherigen Systems die Lehren der Staatstheoretiker und Ökonomen für die Praxis nutzbar zu machen. Anstelle der absoluten Despoten sollte der ,,gute König" als Landesvater moderner Gesinnung treten, beraten von seinem aufgeklärten Minister.

Frankreich hatte einen Moment lang diese Chance, als Ludwig XVI. 1774 den physiokratisch beeinflußten Turgot zum Finanzminister machte. Turgot dekretierte Handels- und Gewerbefreiheit und schaffte die Zunftprivilegien des Gewerbes ab – aber er erlag schon nach nicht einmal ganz zwei Jahren dem vereinten Ansturm aller Privilegierten aller Klassen. Die französische Monarchie und die alte Gesellschaft hatte sich damit selbst aufgegeben und eine Möglichkeit ihrer Rettung verschmäht.

Doch Turgot ist nicht der einzige Minister, der die Utopie in Reform umwandeln wollte. Wir haben schon gesehen, daß die Zahl der modern gesinnten königlichen Minister im Jahrhundert nicht klein ist, und manche waren glücklicher als Turgot. Man könnte viele aufzählen, etwa für Portugal den Marquis von Pombal, für Spanien den Marquis Ensenãda und die Grafen Aranda und Campomanes – letzterer wollte mit den ,,Sociedades de los amigos del país" ökonomisch und sozial seinem Lande aufhelfen. In kleineren Staaten wären etwa Graf Rosenberg-Orsini für das Großherzogtum Toscana oder Graf Firmian für das österreichische Mailand zu nennen. Im Kurfürstentum Hannover wäre dies Freiherr von Münchhausen, der Gründer der modernen Universität Göttingen, und in Kurmainz Freiherr von Bentzel, der den bildungsmäßigen Rückstand seines Landes mit Hilfe von Lesegesellschaften aufholen wollte.

Ein weiteres Beispiel von zur Reform gewordener Utopie wäre Baden-Durlach, wo Markgraf Karl Friedrich mit dem Beraterkreis der Barone Edelsheim und Butré sowie mit dem Nationalökonomen Schlettwein in dem kleinen Fürstentum mit seinem stillen Hof das spätere ,,Musterländle" aufzubauen begann.

Noch mehr Unglück als Turgot hatte Johann Friedrich Struensee, der als Freund der Königin Karoline Mathilde – der König selbst war bekanntlich schwachsinnig – 1770 erster Minister des Königreichs Dänemark wurde und sofort große aufklärerische Reformen inszenierte: Abschaffung der Tortur, Freiheit des Drucks, Finanzreform, Senkung der Zölle, Aufhebung der Handelsprivilegien, Förderung des Bauernstandes. Das war aufgeklärt, antimerkantilistisch, ja physiokratisch. Aber es ging zu rasch und griff zu tief in die alte Welt ein. Der Hof – die Königinwitwe und der Adel – führten nach anderthalb Jahren Regierung schon den Sturz herbei, der die ungewohnte Form einer Hinrichtung des allzu mächtigen Ministers annahm.

Das Beispiel Dänemark steht, wenn wir von seiner Brutalität absehen, nicht allein: Viele der Mächtigen des Jahrhunderts wollten weder Utopie noch Reform. Die Jahre vor der französischen Revolution sind gekennzeichnet von einer ,,Gegenrevolution" der Reaktion, die ihrerseits letztlich zur Umwälzung der alten Ordnung rief, weil die herrschende Gesellschaft unfähig war, auf dem Wege der Reform unhaltbare Zustände zu verändern.

5. Naturwissenschaft und Technik

Die im 18. Jahrhundert entwickelten Gedanken auf religiösem, politischem und ökonomischem Gebiet tragen alle utopischen Charakter, ob es sich um ein vernunftgemäßes Reich Gottes auf Erden handle, um eine auf den Bürgerrechten fußende Monarchie oder um eine Wirtschaftsordnung mit freier Produktion und freiem Handel. Naturwissenschaft und Technik wirken weniger utopisch, denn ihre ,,Entdeckungen", die sich mit dem 17. Jahrhundert zu überstürzen beginnen, sind Wirklichkeit, auch wenn sie oft von den Zeitgenossen nicht begriffen worden sind. Allerdings – auch der Naturwissenschaft und der Technik war die Utopie, die Spekulation, nicht fremd; ohne sie wäre man oft nicht zu den entsprechenden Entdeckungen gelangt, und – wie wir sehen werden – es blieben noch etliche Utopien bestehen, Probleme, die mit den Mitteln des Jahrhunderts nicht gelöst werden konnten.

Naturwissenschaften, Mathematik und Technik hatten schon immer ihren Platz in der Öffentlichkeit eingenommen. Mathematik und Physik gehörten zu den alten sieben Freien Künsten, die man aus der Antike ins Mittelalter übernommen hatte und die auf Lehrstühlen an Universitäten gelehrt wurden; allerdings eher am Rande und lange nur im Dienste der Theologie. Verschiedene Faktoren führten im 15. und 16. Jahrhundert zur Erweiterung, nicht zuletzt die Erfordernisse der so wichtig gewordenen Seefahrt. Während im 17. Jahrhundert das System der theologischen Orthodoxien in vieler Hinsicht konservierend und bremsend wirkte, so entwickelten sich diese Wissenschaften in aller Stille weiter, wobei vieles Spielerei und Nebenbeschäftigung war.

Im 18. Jahrhundert konnte man fortfahren. Diesen Vorgang hält der Zürcher Arzt und Naturforscher Johann Jakob Scheuchzer 1721 in bezeichnender Weise fest. Scheuchzer (1672–1733) ist in mehr als einer Hinsicht typisch für den Naturforscher dieser Epoche. Er stammt einmal aus „guter Familie", einem Zürcher Ratsherrengeschlecht zünftlerischer Prägung, aus der Mittelschicht. Schon der Vater war Arzt. Die medizinische Ausbildung erfolgt in Utrecht, d. h. in den Niederlanden, die nicht nur für naturwissenschaftliche, sondern auch geistige Offenheit bekannt sind. 1794 wird er dort zum Doktor der Medizin promoviert. In der heimatlichen Republik bekleidet er das Amt des Stadtarztes und später dazu die mathematische Professur an der Hohen Schule. Er wirkt zeit seines Lebens in der kleinen Heimatstadt, in Zürich. Dort ruft er die naturwissenschaftlich-polyhistorische Gesellschaft der „Wohlgesinnten" ins Leben, die 1697 bis 1709 existiert, eine kleine republikanische Gelehrtenakademie. Aber er gehört auch zur internationalen Gelehrtenrepublik, ist Mitglied der deutschen „Academia naturae curiosorum", der Londoner „Royal Society" und der Akademie von St. Petersburg. Mit Scheuchzer tritt die Hochgebirgsforschung, die Alpengeologie, in den wissenschaftlichen Bereich ein.

1721 gibt er ein dickes Buch heraus mit dem Doppeltitel ‚Jobi Physica Sacra oder Hiobs Naturwissenschaft verglichen mit der heutigen'. Ein typisches Werk. Noch festgegründet in der theologischen Welt, versucht es, die biblische Wahrheit mit den naturwissenschaftlichen Entdeckungen in Einklang zu bringen.

Der dritte Vers des 28. Kapitels gibt Scheuchzer den willkommenen Anlaß, über den Fortschritt der Naturwissenschaften zu sprechen. Der Vers heißt: „Tenebris posuit (Deus) terminum et ad omnem perfectionem ipse scrutatur lapidem in caligine et denissima umbra abditum."

„Er setzet der Finsternis ein Ende. Er kann alle Dinge vollkommenlich ergründen: die Steine, die Finsternis und den Schatten des Todes."

Scheuchzer setzt hier „Gott" ein – vermeintlich sinngemäß. Nach heutigem Verständnis ist hier jedoch der Mensch gemeint, der der Finsternis ein Ende setzt – was aufklärerischer Meinung mehr entsprechen würde. Scheuchzer geht es, wie er an anderer Stelle sagt, um die „Erkenntnis Gottes aus der Natur". Damit liefert er der damaligen aufgeklärt-orthodoxen Theologie wichtiges Beweismaterial.

Dieses 28. Kapitel des Buches Hiob handelt insgesamt von der wahren Weisheit Gottes und des Menschen in bezug auf die Erforschung und Nutzbarmachung der in der Tiefe der Erde verborgenen Schätze. Scheuchzer diskutiert zuerst ältere Interpretationen. Dabei lehnt er unter anderem die Meinung ab, daß Finsternis hier das „Nichts" bedeute und fährt fort: „besser gefällt mir die Meinung", „Job deute auf allerhand neue Erfindungen, welche von Zeit zu Zeit nach Gottes allweiser Provi-

denz in diesen oder jenen Saeculis aus der Finsternis an das Licht gebracht werden, zu sonderem Nutzen der menschlichen Gesellschaft".

Mit den ,,Nutzen der menschlichen Gesellschaft" kündet sich die neue
Auffassung an, in der allmählich das Nutzbringende allein Geltung haben
sollte, oft auf Kosten seelischer, geistiger und künstlerischer Belange.
Scheuchzer vertritt anschließend die typisch aufklärerische Meinung, daß
man nun am Ende der Finsternis angelangt sei, daß eine neue bessere Zeit
anbreche: ,,Wann je diese Erklärung wahr und das Ende der Finsternis
auf ein gewisses Saeculum gesetzet, so mögen wir wohl sagen, keins sei so
fruchtbar gewesen an neuen Erfindungen als das unlängst verstrichene
XVII., in welchem allem mehr erfunden worden als in siebzehn vorhergehenden zusammen genommen."

Dann folgt die Verneigung vor dem großen Philosophen des 17. Jahrhunderts: ,,Was hat nicht vor[dem] eine Figur gemachet Cartesius mit
seiner neuen Philosophie, und ob er gleich nicht auf dem Thron geblieben, auf welchen er erhoben worden, wenigstens das Tor eröffnet zu der
noch jetzt regierenden Philosophia Mathematica, welche sich nicht nur
die Naturwissenschaft, sondern auch die Arzneikunst und zum Teil auch
die Sittenlehre, insoweit sie von gründlicher Erkenntnis der Gemütsbe-
wegung abhanget?"

Scheuchzer anerkennt die entscheidende Rolle von Descartes für das
moderne Denken. Ausgehend vom grundsätzlichen Zweifel hatte Descartes im mathematischen Denken die einzige richtige Methode postuliert. Dieses mathematisch logische Denken ermöglichte es seither, naturwissenschaftliche Entdeckungen zu machen, die vorher nicht denkbar
gewesen waren. Das Wesen des Menschen als vernünftiges Wesen ist
erkannt worden. Später sollten sich Gegenstimmen melden, doch zur
Zeit Scheuchzers regierte immer noch die ,,Philosophia Mathematica"
mit ihrem mechanischen Verständnis der Welt, einer Welt, die, einer Uhr
gleich, von Gott aufgezogen nach festen Gesetzen ihren Ablauf nimmt.

Als Arzt geht Scheuchzer zuerst auf die medizinischen Entdeckungen
des 17. Jahrhunderts ein: ,,In der Medizin haben wir neue Erfindungen
... an der Zirkulation des Geblüts, welche an das Licht gebracht Guil[el-
mus] Harveus [Harvey] ... In der Anatomie sind unzählig viel neue
Sachen entdeckt worden: ..., neue ductus salivales oder Speichelgänge;
die Gestaltsame des Gehirns von Willisius [Willis] ..., des Ohrs, ... des
Herzens, ... der subtilsten Drüslein und Aederlein. In Summa es hat die
ganze Anatomie des menschlichen Leibes ein ganz neues Ansehen bekommen."

Das 18. Jahrhundert brachte die Medizin noch weiter und eröffnete
deren hervorragende Position unter den Wissenschaften, die sie dann im

20. einnehmen sollte. Die neuen Entdeckungen veränderten sehr bald die medizinische Praxis. Bis jetzt war der akademische Theoretiker, der auf überlieferter Tradition beruhte, vom Praktiker getrennt gewesen. Der Doktor der Medizin untersuchte und analysierte die Krankheit, die praktische Behandlung war Sache des Chirurgen, eines Laien. Jetzt versuchte man beides zu verbinden. Es entstanden nach und nach neuartige Schulen für praktische Medizin neben den Fakultäten: Zum Beispiel 1724 das „Collegium Medico-Chirurgicum" in Berlin, 1795 die „Pépinière" für Militärärzte, ebenfalls in Berlin.

Während sich die Humanmedizin in die Praxis begab, fand damals die Tierarznei ihren Weg in die Wissenschaft. 1762 wurde in Paris die „Ecole vétérinaire" eröffnet, 1790 die „Tierarzneischule" in Berlin. Dies war auch ein Teil der „Reform", der für die Landwirtschaft wesentlich werden sollte.

Anschließend begibt sich Scheuchzer auf das große Gebiet der Mathematik und der Mechanik. Was Newton und Leibniz geleistet hatten, sollte von den Bernoulli weiter entwickelt werden; von jener einzigartigen Mathematikerdynastie, welche in drei Generationen acht führende Mathematiker und Physiker hervorbrachte, die in den Niederlanden begannen, um dann in Petersburg, Berlin und im heimischen Basel zu lehren. In der vierten Generation erfolgte ihr Übergang zur Technologie, nun schon im 19. Jahrhundert: „Von mathematischen und mechanischen neuen Erfindungen ist die ganze Welt voll. Ich könnte auf das theatrum stellen einen Cartesium mit seiner nachgehends auf den höchsten Punkt (point) getriebenen Algebra, einen Leibnitium und Neutonum mit ihrem calculo infinitesimali, die Bernoullios mit neuen curvis und dero Eigenschaften. Galileum de Galileis, einen glücklichen Restauratorem der Copernicanischen Lehr, mit neuen Telescopiis, eben diesen vortrefflichen von der römischen Klerisei verfolgten Mann."

Und nun ist Scheuchzer bei Galileo Galilei angelangt und damit beim kritischsten Punkt der neuen Wissenschaften. Mit der Bemerkung über dessen Verfolgung durch die „römische Klerisei" berührt Scheuchzer den damals immer noch aktuellen Streit um die kopernikanische Lehre.

Im biblischen Buch Josua befand sich jener 13. Vers des 10. Kapitels: „Also stund die Sonne mitten am Himmel und verzog unterzugehen, beinahe einen ganzen Tag", dies, um auf Geheiß des Herrn den Sieg des auserwählten Volkes der Israeliten über die Amoriter zu ermöglichen.

Wenn man der Auffassung war, die Erde drehe sich um die Sonne, so war nicht mehr die Erde im Zentrum des Universums, diese Erde mit ihren alleinseligmachenden Kirchen und den von Gott eingesetzten Obrigkeiten. Einer Relativität der Dinge war damit Tür und Tor geöffnet.

Kopernikus aber hatte noch in der freieren Zeit des 16. Jahrhunderts durch Beobachtung und Berechnung – Kombination von Belehrung durch die Natur und durch die Mathematik – die neue Lehre von der Heliozentrie entwickelt. Galilei hatte sie besser untermauert und war deswegen von der Kirche zum Schweigen verurteilt worden. Aber nicht nur die römische, sondern alle anderen Kirchen hielten an der alten Lehre fest.

Hinsichtlich seines ‚Hiob‘ ist denn auch Scheuchzer von der Zürcher Zensur befohlen worden, alle die kopernikanische Lehre betreffenden Stellen zu streichen. Scheuchzer unterzog sich der Aufgabe mit etwelcher Ironie, strich alle Partien, die Laien verstehen konnten – aber die hier zitierte ist stehen geblieben: Die Zürcher Zensoren scheinen sie nicht bemerkt zu haben. Diese Zensur war eines der letzten Zeichen des Widerstandes der alten Orthodoxie. Die protestantischen Kirchen zeigten sich schon damals dort offen, wo die alte Theologie von der ,,Vernünftigen Orthodoxie‘‘ bzw. dem ,,Latitudiranismus‘‘ abgelöst worden war. Die römische Kirche folgte bekanntlich kurz nach Jahrhundertmitte.

Scheuchzer hatte hier Galilei besonders erwähnt seiner Teleskope wegen. Er stellt an seine Seite: ,,Cassinum [Cassini] und Hugenium [Huygens] mit ihren neuen Planeten um den Jupiter und Saturnum … Leuwenhoek mit seinen Microscopialibus oder Vergrößerungsgläsern … Tschirnhausen mit seinen Brenngläsern, einen Guerike … und andere mit ihren Thermometris, Toricellium, Pascal mit Barometris, … Drebbelium … mit navigiis subaquaeis oder Schiffen, die unter dem Wasser fortgehen …‘‘

Damit ist Scheuchzer in die Welt der Technik übergegangen. Die Anwendung jedoch sollte teilweise noch lange auf sich warten lassen. Das 17. und 18. Jahrhundert spielte noch mit den Entdeckungen – etwa mit der Elektrizität, mit chemischen Experimenten. Ein gutes Beispiel wäre Drebbelius mit seinen ,,navigiis subaquaeis‘‘, die als Unterseeboote ja erst zu Beginn des 20. Jahrhunderts technisch möglich geworden sind. Ähnliches wäre von den Flugmaschinen zu sagen. Die ersten Heißluftballone sind allerdings schon zu Ende des 18. Jahrhunderts gen Himmel gestiegen. Flugmaschinen mußten noch weitere hundert Jahre warten.

Scheuchzer sieht richtig die neuen Möglichkeiten technischer Art und fährt mit den großen Kanalbauten weiter: ,,Es verdienen auf dem theatro zu erscheinen große Fürsten und Könige mit zuvor unerhörten Unterfangen, ein Ludovicus XIV, König in Frankreich, mit seiner … Vereinigung des Oceani mit der Mittelländischen See; ein Fridricus Wilhelmus, Kurfürst in Brandenburg, mit Vereinigung der Oder und Spree, eines Herzog in Holstein Gedanken von Vereinigung des Deutschen Meeres mit dem

Baltischen, eines Petri Alexiewitsch moskowitischen Zaren Unternehmungen von Vereinigung der Kaspischen See und des Pontus Euxinus [Schwarzes Meer], so auch des Weißen und Baltischen Meers."

Damals ist ja Europa, insbesondere Frankreich von einem Kanalnetz durchzogen worden, das für das Transportwesen große Erleichterung bot. Die besseren Straßen folgten. Dies war wiederum nur möglich, weil sich die Ingenieurskunst immer stärker entwickelt hatte. Zimmerleute, Baumeister, Brückenbauer, Architekten hatte es schon seit jeher gegeben. Nun aber begann deren systematische Schulung mit mathematisch-geometrischen Mitteln. Vor allem hat Frankreich Ingenieurschulen entwickelt: 1718 „Ecole des Ingenieurs", 1747 „Ecole des Ponts et Chaussées", 1765 „Ecole du Génie marin", 1778 „Ecole des Mines"; alle in Paris und stark auch für die militärischen Belange gedacht. Mathematik spielte für die Artillerie eine bestimmende Rolle. – In Deutschland kamen zuerst Bergakademien: 1770 Berlin, 1775 Clausthal-Zellerfeld, 1776 Freiberg in Sachsen. Der Beruf des Ingenieurs war im Entstehen begriffen; er sollte sich im 19. Jahrhundert, dem Jahrhundert der großen polytechnischen Hochschulen, endgültig durchsetzen. Für eine breitere gewerblich-technische Ausbildung sorgen schon von der zweiten Hälfte des 18. Jahrhunderts an die „Kunstschulen", Vorläufer der Gewerbeschulen, der Industrieschulen – auch der kaufmännischen Schulen – wie der mathematisch-naturwissenschaftlichen Gymnasien und der technischen Lehranstalten. – Die Universitäten bemühten sich im Laufe des 18. Jahrhunderts überall um den Ausbau von Mathematik und Physik und bereiteten so die spätere Verselbständigung der Philosophisch-naturwissenschaftlichen Fakultät vor.

Zuguterletzt kehrt Scheuchzer noch einmal zu den Erfindern zurück, zu den „Privatpersonen": „Von hohen Potentaten komme ich wiederum zu Privatpersonen und gedenke eines Becherianischen und Drebbelianischen perpetui mobilis, der Guerikanischen und Boyleischen antliae pneumaticae oder Luftpumpe, der Hugenianischen pendulorum in Uhren, des Papinianischen Hafens, in welchem man die Beine zu einem Mus oder Brei kochen kann [Drucktopf] . . ."

Hier erwähnt Scheuchzer gleich zwei für das Jahrhundert entscheidende Erfindungen. Die Uhr könnte man ja zum eigentlichen Symbol des Jahrhunderts erheben, mit ihrer schon damals hochpräzisen Mechanik, mit ihrer Möglichkeit, nun die Zeit genau einzuteilen und damit immer besser nutzen zu können; allerdings hatte man fortan von der zeitlosen Gemütlichkeit der alten Welt Abschied zu nehmen. Der Drucktopf führt schließlich zur Dampfmaschine, welche die Technik zu Ende des 18. Jahrhunderts revolutionieren sollte. Die Dampfmaschine ist durch das Technikerteam der „Lunar Society" in Birmingham in den sechziger Jahren entwickelt worden.

Scheuchzer endet seine Aufreihung technischer Erfindungen mit den Worten: „In Summa die Zeit würde mir selbst zu lang werden, wenn ich wollte erzählen alle neuen Erfindungen, welche anzutreffen in den Transactionibus Anglicanis, Mémoires de l'Académie Royale, Deutschen Ephemeridibus, Berlinischen Miscellaneis etc . . ."

Damit weist Scheuchzer auf die Rolle der großen wissenschaftlichen Akademien hin. Es handelt sich in seiner Aufzählung um die Publikationsreihen der Royal Society, der „Académie des sciences", der deutschen „Academia Naturae Curiosorum" und der Berliner Akademie. Später sollten die gemeinnützig-gewerblichen und die landwirtschaftlich-ökonomischen Gesellschaften für Propaganda, Weiterentwicklung und Anwendung der wissenschaftlichen und technischen Erfindungen sorgen, Sozietäten, in denen die von Scheuchzer angezogenen „Privatpersonen" – häufig Pfarrer mit ihrem Naturalienkabinett und mit metereologischen Beobachtungen oder auch erfinderische Handwerker – Hilfe und Anregung finden konnten.

Mit erstaunlichem Optimismus schreibt der sonst skeptische Voltaire über den „Fortschritt des menschlichen Geistes im Jahrhundert von Ludwig XV.", d. h. in den Jahrzehnten von 1720 bis 1770: „Die Akademien haben viel geleistet, indem sie die jungen Leute an die Lektüre gewöhnten und ihre Begabung durch Austeilung von Preisen aufgemuntert haben. Eine „gesunde" Physik hat die notwendigen industriellen Techniken entwickelt, die schon die Wunden zu heilen beginnen, die zwei fatale Kriege dem Staat zugefügt haben. Die Textilien können dank neuer Methoden billiger hergestellt werden. Die Landwirtschaft ist durch wissenschaftliche Forschungen vervollkommnet worden und ein aufgeklärter Minister hat die Freiheit des Kornexportes ermöglicht, der allzulange verboten war . . ."

Zweiter Teil

Die Gesellschaften des 18. Jahrhunderts

I. Von der Gesellschaft zu den Gesellschaften

Wir wissen, daß ein Teil der „Gesellschaft" des 18. Jahrhunderts sich in „Gesellschaften" organisierte, um so ihre Utopie in Reform umsetzen zu können. Dies geschah mit dem spektakulären Erfolg, daß zu Ende dieses Zeitalters ganz Europa und das europäische Amerika – insbesondere aber Frankreich, die Schweiz, Deutschland und Oberitalien – von einem dichten Netz von „Gesellschaften" überzogen waren. Adlige und Geistliche aller Rangstufen, Bürger verschiedener Berufe, ob Professoren, Kaufleute, Fabrikanten oder Magistraten, fanden sich da zusammen zu gemeinsamem neuartigen Tun.

Zu Beginn des 18. Jahrhunderts waren es erst ein paar wenige, aber respektable Akademien – etwa ein gutes Dutzend. Von 1720 an beginnen die Freimaurerlogen ihr Netz über Europa auszulegen. Von 1730 an lassen sich erste ökonomische und gemeinnützige sowie neuartige literarische Gesellschaften feststellen, deren Zahl nach der Jahrhundertmitte immer größer wird.

Genauere Zahlen besitzen wir nur für Frankreich und die Schweiz. In der französischen Provinz zählen wir zu Ende des Jahrhunderts – die Freimaurer abgerechnet – etwa 130 bis 160 Gesellschaften. In der Schweiz kommt man (wieder ohne die Freimaurerlogen) auf etwas über hundert Gesellschaften. Vor einem Dutzend von Jahren wurde für Europa und beide Amerika eine Liste von etwa hundert ökonomisch-gemeinnützigen Gesellschaften zusammengestellt. Heute kann diese Zahl schon fast verdoppelt werden. Diese Zahlen gelten aber nur für die „organisierten" Gesellschaften. Neben ihnen existiert eine nicht berechenbare Zahl von informellen Zusammenschlüssen, von denen die literarischen Salons in Frankreich und die Clubs in England noch die greifbarsten sind.

Am Ende des Jahrhunderts kann man sagen, daß jede größere Stadt in Mitteleuropa – „größer" meint eine Einwohnerzahl von etwa 10 000 Einwohnern – eine Akademie oder gelehrte Gesellschaft, ein Lesekabinett, eine gemeinnützige oder ökonomische Gesellschaft, ein bis zwei Freimaurerlogen aufweist. Die Hauptstädte besaßen entsprechend mehr. In Osteuropa und in beiden Amerika waren zumindest größere Zentren von der Bewegung erfaßt.

Die Mitglieder dieser Sozietäten waren gewiß eine Minderheit unter den von der Aufklärung beeinflußten Menschen, die ihrerseits eine Minderheit in der Gesamtbevölkerung waren – aber sie empfanden sich als Elite, die sich die ,,Verbesserung" der Menschheit als Aufgabe gestellt hatte. Sie waren alle inspiriert von der Idee der Machbarkeit der Welt. Schon Leibniz hatte erklärt, daß alles zum besten bestellt sei in der bestmöglichen Welt, und Haller formulierte ,,Der Welten würdigste gewann die Wirklichkeit". Je weiter das Jahrhundert fortschritt, desto optimistischer wurde man, denn – um es mit Huizinga zu sagen –: ,,... nun zum erstenmal erklang der Ruf nicht mehr ,zurück', sondern ,vorwärts'! Diese Zeit suchte ihr Heil nicht in vermeintlicher Wiederherstellung einer idealen Vergangenheit, sondern im Vertrauen auf die eigenen Kräfte der Vernunft und des Geistes. Zum erstenmal stand der Menschheit statt einer geträumten Vergangenheit eine geträumte irdische Zukunft vor Augen! ... Die Güte der menschlichen Natur, die man nun ja kannte und liebte mit einer reineren Liebe als je zuvor auf ihren Pfaden folgte, dann würde alles gut werden."

Das Ziel kann mit jener bekannten Formulierung Jeremy Benthams erfaßt werden von ,,greatest happiness of the greatest number" (1788). Die Formel findet sich schon im Kreise der ,,Società dei pugni" um 1764 durch Cesare Beccaria: ,,la maggiore felicità possibile divisa sul maggior numero possibile" und sechs Jahre früher bei Isaak Iselin ,,... daß sich in [dem Staate] die größte mögliche Summe von Glückseligkeit in den richtigsten und gerechtesten Verhältnissen ausgeteilet finde". Wortwörtlich taucht der Satz Benthams jedoch schon 1726 bei Hutcheson auf!

Der gleiche Leibniz, der die Formulierung von der ,,besten aller möglichen Welten" prägen sollte, hat für Deutschland als erster das Anliegen der ,,Sozietätsbewegung" formuliert, denn der Philosoph kannte die Notwendigkeit des Praxisbezugs. Im Jahr 1671 skizzierte er einen ,Grundriß eines Bedenkens von Aufrichtung einer Sozietät in Deutschland zum Aufnehmen der Künste und Wissenschaften'. Dies geschah in den Jahren, da das vom Dreißigjährigen Krieg erschöpfte Deutschland daran ging, sich wieder aufzubauen, andererseits das Frankreich Ludwigs XIV. sich immer mehr aufblähte und in Krieg und Frieden seine europäische Hegemonie zu errichten trachtete. In § 24 sagt Leibniz konzentriert, was er unter einer ,,Sozietät" versteht: ,,Unter solchen Mitteln wird die Aufrichtung einer wiewohl anfangs kleinen, doch wohl gegründeten Sozietät oder Akademie eines der leicht- und importantesten sein".

Zum ,,Aufnehmen", d. h. zur Förderung der Künste und Wissenschaften (Künste sind damals primär Handwerk, Gewerbe) scheint Leibniz die Errichtung der ,,Gesellschaft" das beste Mittel zu sein. In England war schon die ,,Royal Society" in dieser Richtung wirksam, und in Paris hatte die Tätigkeit der Akademien begonnen.

Leibniz fährt fort: „Dadurch die ingenia der Deutschen nach dem Exempel aller ihrer Nachbarn, denen sie es verhoffentlich bevortun sollen, aufgemuntert, eine mehrere Konspiration und engere Korrespondenz erfahrner Leute erwecket, viele schöne nützliche Gedanken, Inventionen und Experimente, so oft verlorengehen, weil denen habenden Vertraulichkeit zu kommunizieren und wieder dagegen zu erfahren, Gelegenheit und Anstalt auszumachen, Mittel und Verlag ins Große zu tun und anders mangelt, erhalten und zunutz gemacht".

Eine Gesellschaft würde die in Deutschland zerstreuten Energien zusammenfassen. Zumindest würden die Interessierten untereinander korrespondieren und sich gegenseitig über ihre Aktivität ins Bild setzen. Mittel könnten so mobilisiert werden, und was wissenschaftlich erforscht würde, könnte „zunutz gemacht" werden, d. h. in die Praxis umgesetzt werden, oder wie Leibniz erklärt: „Theorici Empiricis felici connubio conjugieret von einem des andern Mangel supplieret". Der Theoretiker würde sich mit den Empirikern verbinden!

Es folgen praktische Beispiele dieser Verbindung von Theorie und Praxis: „... seminarium artificium und gleichsam officina experimentorum stabiliert, darin jeder seine Proben und Konzepte leicht ausmachen könne, Art und Vorteil, experimenta se ipsis alendi, imo augendi (wenn nur anfangs ein geringer Fundus da ist), gefunden".

Es müßte also ein „seminarium artificium", eine Schule für Handwerker, eine Gewerbeschule errichtet werden, eine Fabrik von Experimenten, ein Laboratorium, wo jeder jeden gegenseitig anregen und fördern würde. Dazu sollte anfangs ein gewisser Kredit vorhanden sein, der nicht einmal groß sein müßte.

Und dann geht Leibniz über zum politisch-wirtschaftlichen Nutzen von derlei gesellschaftlicher Aktivität: „... ja Mittel an die Hand gegeben werden, die Nahrung im Lande zu behalten, Manufakturen darin zu stiften und per consequens Kommerzien dahin zu ziehen, mit der Zeit Werk- und Zuchthäuser, die Müßiggänger und Übeltäter in Arbeit zu stellen, anzulegen, Magazine aufzurichten und mit aller Notdurft vor den Notfall zu versehen, ja gar dermaleinst denen Rentenierern, so ihre Gelder anlegen wollen, ein sicher Banko zu formieren, in Kompagnien zu treten, bei den formierten Aktien zu erhandeln, die Deutschen zur Handlung zur See aufzumuntern, bei den Hansestädten sich zu insinuieren".

Eigene, nationale Ernährungsbasis, Errichtung von industriellen Unternehmen, Kampf gegen Arbeitslosigkeit (Müßiggang und Kriminalität) durch Zwangsarbeit in Fabriken, Magazine, Vorratsmagazine für Notzeiten, Errichtung von Banken, Errichtung von Handelsgesellschaften, Aufnahme des Seehandels unter Benutzung der Möglichkeiten der Hansestädte – hier wird, was die Niederlande schon verwirklicht haben, England in Angriff nimmt und Frankreich durch seinen Colbertismus wünscht, auf Deutschland transponiert.

Von dieser Skizze wirtschaftlicher Entwicklungsmöglichkeit wendet sich Leibniz zur Rolle der Erziehung: „,. . . die Schulen zu verbessern, der Jugend Exerzitien, Sprachen und Realität der Wissenschaften daheim, ehe sie mit Schaden reisen, beizubringen, auch wohl zu Ritterschulen Anstalt zu machen".

Die anvisierte, zu gründende Sozietät sollte sich der Schulreform annehmen. Die Schüler sollten, bevor sie die Heimat verließen, Sprachen lernen und wissenschaftlich vorbereitet sein. Dies wäre in „Ritterschulen", d. h. Eliteschulen für die Söhne der Oberschicht, zu erreichen. – Leibniz aber bleibt nicht beim Problem der akademisch gebildeten Jugend stehen: „,. . . die Handwerke mit Vorteilen und Instrumenten zu erleichtern, mit stetswährenden unköstlichen Feuer und Bewegung alles in chymicis und Mechanik probieren und ausmachen zu können, mit Glasmachen, Perspektiven, Maschinen, Wasserkünste, Uhren, Drechselwerk, Malerei, Buchdruckerei, Färberei, Weberei, Stahl und Eisenwerk".

Das Gewerbe und die Industrie sollen technisch entwickelt werden, d. h. die theoretischen, akademischen Entdeckungen in der handwerklich-industriellen Praxis angewendet werden.

Wieder kommt der Gedanke von der Isolation vereinzelter Unternehmungen: „,. . . auch wohl einigen richtigen aber ins kleine ohne Anstalt unfruchtbaren Partikularien Nutzen zu schaffen, Privilegien im Land vor alles, außerhalb vor neue inventa zu erhalten, Beitrag von hohen Orten, Stiftungen und fundationes von curiosen zu erhalten, ein theatrum naturae et artis oder Kunst-, Raritäten- und Anatomie-Kammern vor leichte Erlernung aller Dinge".

Es geht um Erfindungsschutz für den kleinen Erfinder, um dessen finanzielle Förderung. Insbesondere soll durch die Schaffung von Anschauungsmaterial in Form einer Sammlung der Beispiele das Erlernen von Techniken erleichtert werden. Dazu ist die Schaffung von Sammlungen unabdingbar: „,. . .anders als jetzt bestellte Apotheken und Gärten und Bibliotheken zu formieren, den Kern aus den Büchern zu ziehen, manuscripta, opera posthuma, sich verlierende relationes, Experimente, Korrespondenzbriefe zu sammeln, alles in Ordnung und mit indicibus versehen zu haben".

Bibliotheken und Sammlungen, die jedoch für das Publikum erschlossen sein sollen. Von den mehr technischen Details wendet sich Leibniz nun zur großen sozialen Aufgabe: „,. . .armen studiosis Unterhalt und zugleich Anstalt zu schaffen, wie ihre Arbeit ihnen und der Sozietät nutz

sein könne, verarmten curiosis, die ihrer Extravaganz wegen sich ruinie-
ret, auch durch Unglück verderbten Kaufleuten unter die Arme mit ihren
und der Sozietät Nutzen zu greifen, arme Leute, deren Kunst nach Brote
gehet (die nur Anstalt und Materie sich zu ernähren wünschen, meisten-
teils wenn sie ein wenig in die Welt gerochen, das Land räumen und in
fremde Herrschaften mit höchsten Schaden und Schande des verderben-
den Vaterlandes gehen, teils in ein liederliches Leben geraten, in Krieg
laufen, sich ja mit und in sich so viel Familien, dadurch das Land peuplie-
ret und genutzet werden könnte, zugrunderichten oder in erster Blüte
ersticken oder entziehen) im Lande zu erhalten, in Arbeit zu stellen, vom
Bettelstab zu praeservieren, mit Weib und Kind zu ernähren, vor Sünden,
Schanden und Seelenverderb ihr und der Ihrigen zu behüten".

Der Paragraph schließt mit der Warnung, man solle all diese vielen
Postulate nicht überstürzt verwirklichen wollen: „Auf welches aber weder zu einer Zeit noch an einem Ort Rechnung zu machen, sondern alles
fein gemächlich angegriffen und mit einem wenigen fundo und etlichen
wenig Vorteilen diese Maschine in Schwung gebracht werden muß".

Das alles hat Leibniz in einem Satz zusammengefaßt, ein monströses
Programm: barock, unwirklich, illusionär, utopisch; aber: Aufgabe für
mehr als ein Jahrhundert.

Tatsächlich ist ja nicht nur eine einzige deutsche Sozietät entstanden,
vielmehr entstanden hunderte. Die Isolation der Wissenschaftler hörte im
18. Jahrhundert auf. Die Korrespondenz erfahrener Leute wurde Realität, Theorie verband sich mit der Praxis. Und konkrete Forderungen wie
die nach Gewerbeschulen wurden von Sozietäten verwirklicht (z. B.
durch die „Patriotische Gesellschaft" von Hamburg). Sozietäten kümmerten sich bis in die Details um verbesserte Werkzeuge und Maschinen
(„Lunar Society" in Birmingham), Geld wurde freigemacht für Sammlungen. Die Sozietäten legten Bibliotheken an („Lesegesellschaften").
Nicht nur das Arbeitshaus wurde durch Sozietäten verwirklicht (Spanische Sozietäten), sondern die ganze Sozialfrage, das Problem der Armen,
der Bettler, der Müßiggänger, der Unglücklichen von „Gemeinnützigen
Gesellschaften" (Hamburg, Basel etc.) in Angriff genommen.

Auch hinter Eliteschulen konnten Gesellschaften stehen (im Bündner
Philanthropin die „Helvetische Gesellschaft"), wenn sie auch meist von
Monarchen gegründet wurden (zum Beispiel Karl Eugen von Württembergs Karlsschule). Für die „Nahrung", die „im Land" behalten werden
sollte, sorgten die zahlreichen „ökonomischen Gesellschaften" (Rennes,
Bern, Celle). Die Kaufleute und Bankiers hatten allerdings Sozietäten nur
sekundär nötig, um ihre Aktivität auszuweiten. Aber wie viel erleichterte
doch auch den geschäftlichen Verkehr die Mitgliedschaft in einer städti-

schen Gesellschaft oder gar die Zugehörigkeit zur weltumspannenden Freimaurerei!

Etwa hundert Jahre nach diesem Projekt des kurmainzischen Hofrates konnte der schriftstellernde Ratsschreiber der Republik Basel, Isaak Iselin, im 32. Kapitel seiner ‚Geschichte der Menschheit' von 1768 unter dem Titel „Gesellschaftlichkeit" schreiben: „Großmütige Fürsten und wohlgesinnte Bürger errichteten in allen Ländern, und fast in allen ansehnlichen Städten von Europa, Akademien und gelehrte Gesellschaften. Vortreffliche Stiftungen, welche zwischen den bessern Geistern aller Nationen und aller Stände eine kostbare Brüderschaft erzeugten, den Stand der Gelehrten gleichsam als durch einen bessern Adel erhuben, und den Ehrgeiz Edler und Unedler, Großer und Kleiner anfeuerten, desselben würdig zu werden, oder zu scheinen. So munterte die Eitelkeit sowohl als die wahre Liebe des Guten und des Schönen, an unzähligen Orten die Talente und die Tugenden auf; und so entflammte die eine sowohl als die andere oft auch die trägsten Geister mit einem edeln und gemeinnützigen Feuer. Wenn wir die gelehrten Gesellschaften in diesem ihrem wahren Gesichtspunkt betrachten, so müssen wir billig allen, von der parisischen Akademie der Wissenschaften an, bis auf die letzte deutsche Gesellschaft, einen hohen Wert beilegen."

Iselin, der selbst schon zwölf Jahre vorher den Plan einer „Gesellschaft der Wissenschaft und Künste" entworfen hatte und zwanzig Jahre danach in seiner Stadt eine umfassende gemeinnützige Gesellschaft ins Leben rufen sollte, hat hier durchaus richtig festgestellt, was nun nicht mehr Utopie war, sondern eine allgemeine Tatsache darstellte: die Gründung von Akademien und gelehrten Gesellschaften in allen Ländern und fast allen Städten Europas. Als Gründer nennt er – und wie richtig – nicht nur Fürsten, sondern auch Bürger. Er datiert die Bewegung von der französischen „Académie des Sciences" an, die man als erste modern gerichtete Akademie bezeichnen kann, und endet mit der „letzten deutschen Gesellschaft", womit im Erscheinungsjahr der ‚Geschichte der Menschheit' etwa die „Ökonomische Sozietät" von Gotha gemeint sein konnte.

Damit wäre allerdings der Begriff der „Gesellschaft" erweitert, von der „wissenschaftlichen" zur „ökonomischen", einem Sozietätstypus, der in den Jahren, als dies Iselin schrieb, eben im Entstehen war. Wenn Iselin von der „kostbaren Brüderschaft" aller Nationen und Stände spricht, so könnte man darunter auch die Freimaurer verstehen, die damals schon mehr als eine Generation alt sind.

Der Begriff der „Gesellschaft" oder „Sozietät" begann sich gerade in den sechziger Jahren aufzufächern: Neben die Akademien und gelehrten Gesellschaften waren zur besonderen Pflege des „Guten und Schönen" literarische und Lesegesellschaften getreten. Das ,,edle und gemeinnützige Feuer" begann ,,moralische", ,,patriotische" oder eben ,,gemeinnützige Gesellschaften" wie ,,ökonomische" hervorzurufen.

So und so viele Anliegen der Gesellschaft – in einem gewissen Grade selbst die politischen und die religiösen – sind in der zweiten Jahrhunderthälfte von ,,Gesellschaften" wahrgenommen worden. Sie schienen berufen zu sein, neue Lösungen dort zu bringen, wo die bisherigen Institutionen festgefahren waren.

II. Die Gesellschaften als Beförderer von Reform und Aufklärung

1. Die wissenschaftlichen Akademien und die gelehrten Gesellschaften

Für das 18. Jahrhundert galten die französische „Académie des sciences" und die englische „Royal Society" als der Beginn der wissenschaftlichen Sozietätsbewegung. Beide sind jedoch keineswegs die einzigen und frühesten derartigen Gesellschaftsbildungen. Der Zusammenschluß von Gelehrten, von „beaux esprits", von Liebhabern der Wissenschaften zu wissenschaftlichen Gesprächen und zur wissenschaftlichen Organisation lassen sich weit ins Mittelalter zurückverfolgen. Hier ist es insbesondere das Italien der Renaissance, das sich durch sehr zahlreiche Gründungen hervortut. Anfangs freie Gesprächskreise – oft von kurzer Dauer – werden sie sukzessive straffer organisiert und im 16. Jahrhundert zu festen Institutionen der jeweiligen Höfe und städtischen Zentren. Am bekanntesten ist etwa die „Academia Platonica" des Cosimo de Medici, die, 1442 gegründet, sich um die Pflege der griechischen Philosophie kümmerte. Bald erfolgte hier eine gewisse Spezialisierung nach Fachgebieten. Abgesehen von den literarisch-sprachlichen Akademien – auf die wir noch zurückkommen werden – entstehen erste naturwissenschaftlich-experimentell gerichtete Akademien; zum Beispiel die zwar sofort verbotene „Accademia dei Segreti" von 1560 in Neapel zur Erforschung der Geheimnisse der Natur, dann die „Accademia de Lincei" in Rom (1603–1630), in welcher Galilei aktiv war, und die „Accademia del Cimento" in Florenz (1657–1667).

Viele dieser italienischen Akademien waren noch im 18. Jahrhundert lebendig. So hat Goethe auf seiner italienischen Reise im September 1786 in Vicenza eine öffentliche Sitzung der Akademie erlebt: „Heute Abend war ich in einer Versammlung welche die Akademie der Olympier hielt. Ein Spielwerk, aber ein recht gutes, es erhält noch ein bißchen Salz und Leben unter den Leuten. Ein großer Saal neben dem Theater des Palladio, anständig erleuchtet, der Capitan, ein Teil des Adels zugegen, übrigens durchaus ein Publikum von gebildeten Personen, viele Geistliche, zusammen ungefähr fünfhundert."

„Die von dem Präsidenten für die heutige Sitzung aufgegebene Frage war: ob Erfindung oder Nachahmung den schönen Künsten mehr Vorteil gebracht habe? Der Einfall war glücklich genug: denn wenn man die in der Frage liegende Alternative trennt, so läßt sich hundert Jahre hinüber und herübersprechen. Auch haben sich die Herren Akademiker dieser Gelegenheit weidlich bedient und in Prosa und Versen mancherlei hervorgebracht, worunter viel Gutes."

„Sodann ist es das lebendigste Publikum. Die Zuhörer riefen Bravo, klatschten und lachten. Wenn man auch vor seiner Nation so stehen und sie persönlich belustigen dürfte ..."

Mit der Verlagerung der Gewichte in den atlantischen Raum Europas kopiert vorerst das Frankreich der großen Kardinäle und der großen Könige die italienische Tradition. 1635 übernimmt Kardinal Richelieu das Patronat der „Académie française". Unter Ludwig XIV. ist es der erste Minister Colbert, der 1666 der Gruppe, die um 1700 zur „Académie des sciences" wird, seine hohe Unterstützung verleiht.

1660, im Jahr der Restauration des englischen Königtums und der Stabilisierung der englischen Innenpolitik, nimmt die „Royal Society of London for Improving Natural Knowledge" feste Gestalt an; als ausgesprochen naturwissenschaftlich gerichtete Vereinigung. Die Idee dazu hatte schon zu Beginn des Jahrhunderts der englische Philosoph Francis Bacon formuliert. Die „Royal Society" behielt stets – auch nach königlicher Patentierung – den Charakter einer auf Privatinitiative wirkenden Sozietät.

Die Bezeichnung „Akademie" – die – mit Ausnahme der „Royal Society" – die meisten unter fürstlichem Patronat stehenden Gesellschaften annehmen, ist damals doppeldeutig. „Akademie" kann ebensogut Schule sein, wie die unter Ludwig XIV. gegründeten Akademien der Malerei und Bildhauerei, der Architektur und des Tanzes, oder die „Académie de Calvin", eine gängige Bezeichnung für Genfs Hohe Schule, oder die Handelsakademien des spätern 18. Jahrhunderts, wie diejenige von Hamburg. In unserem Zusammenhang aber bedeutete Akademie ein Gelehrtenkollegium ohne Lehrverpflichtung. In der Regel herausgewachsen aus einer freien Vereinigung von „schönen Geistern" und „Talenten", sucht diese Gemeinschaft sehr bald das Patronat des Staates; d. h. das königliche Patent in Frankreich und in England und damit auch die staatlichen Mittel zur Finanzierung von Publikationen und Gehältern. Die Akademien treten damit an die Seite der alten Universitäten. Die Universitäten sind im 17. Jhdt. immer stärker zu reinen Schulen geworden, deren primäre Aufgabe die Ausbildung von Geistlichen, Juristen und Medizinern war. Sie bleiben relativ unbeweglich in den Strukturen ihrer Rektorate und Fakultäten und sind oft Bollwerke der Orthodoxie und überkommener Lehrmeinungen, so daß sie während der Französischen Revolution als Institutionen der ,,Barbarei" aufgehoben werden.

Die Akademien können sich freier bewegen, nicht belastet von Lehrverpflichtungen. Sie sollen – so die französische Enzyklopädie: ein ,,gereinigtes, solides und fruchtbringendes Wissen" pflegen und fördern; wie die Kirche über den Schätzen der Religion, die Gerichte über die Erhaltung der Gesetze, so haben sie über das Wissen zu wachen.

Das Königreich Frankreich liefert die Vorbilder. Die 1635 gegründete ,,Académie française" ist für die sprachlich-literarischen Probleme, die 1666 entstandene ,,Académie des sciences" für die mathematisch-naturwissenschaftlichen zuständig. Die ab 1663 aktive spätere ,,Académie des inscriptions et belles lettres" wird zur Stätte der Geschichtsforschung. Alle drei baut man zwischen 1670 und 1716 sukzessive zu festen staatlichen Institutionen aus, die eine Art von ,,Regierung der Intelligenz" darstellen.

Diese drei wurden zum Modell der später gegründeten Akademien auf dem europäischen Kontinent. Dieses Modell – wie es das Reglement der ,,Académie royale des sciences" festhielt – stellte zuerst die Institution unter staatliche Aufsicht: ,,Die königliche Akademie der Wissenschaften wird immer unter der Protektion des Königs bleiben und sie wird ihre Befehle durch die Staatssekretäre empfangen und es wird Seiner Majestät gefallen dafür Sorge zu tragen". Sie sollte aus den vier Stufen der ,,Ehrenmitglieder" (,,Honoraires") – d. h. Fachgelehrten der Mathematik oder Physik, aus 20 vom König besoldeten ,,Pensionären" und je drei Geometern, Astronomen, Mechanikern, Anatomen, Chemikern und Botanikern – bestehen, samt einem Sekretär und einem Schatzmeister; dann aus ebensovielen ,,Assoziierten Mitgliedern" gleicher Fächer, von denen acht Ausländer sein konnten, und schließlich aus ,,Schülern", einer Art von Assistenten, die den ,,Pensionären" zugeordnet waren. Der Präsident der Akademie wurde aus den Ehrenmitgliedern genommen. Die Aufgabe der Akademie war die Forschung in den vorgesehenen Gebieten und deren Publikationen, sowie die Verbindung mit Forschern in der Provinz und im Ausland. Feierliche Sitzungen und öffentliche Preisausschreiben sorgten für den Kontakt mit der internationalen wissenschaftlichen Öffentlichkeit. Die königliche Regierung war verpflichtet, die nötigen finanziellen Mittel für den Lebensunterhalt der Akademiker und für deren Arbeiten zur Verfügung zu stellen.

Alle drei Akademien hatten ihren Sitz selbstverständlich in der Hauptstadt Paris und machten einen Teil des zentralistischen Systems aus, das die große Monarchie im Laufe des 17. Jahrhunderts endgültig entwickelt hatte.

Fortan wurde es zum Ehrgeiz jedes Monarchen, nicht nur sein Versailles zu haben, sondern auch seine Akademie. Es folgen: 1700 Berlin für das Königreich Preußen, 1713 Madrid für das Königreich Spanien, 1724 St. Petersburg für das russische Kaiserreich, 1728/41 Stockholm für das Königreich Schweden, 1742 Kopenhagen für das Königreich Dänemark, 1751 Göttingen für das Kurfürstentum Hannover, 1759 München für das Kurfürstentum Bayern, 1760 Trontheim für das Königreich Norwegen, 1761 Turin für das Königreich Sardinien, 1763 Mannheim für das pfälzische Kurfürstentum, 1772 Brüssel für die österreichischen Niederlande, 1779 Lissabon für das Königreich Portugal sowie Neapel für das Königreich beider Sizilien. Die Kaiserresidenz Wien verzichtete auf die Errichtung einer Akademie, man war dort anderweitig engagiert.

Diese Akademien waren dem französischen Modell nachgebildet, kleine Gremien von Wissenschaftlern – in Berlin zählte man sechzehn, in Göttingen zwölf, in Mannheim zehn ordentliche Mitglieder.

Von der freischwebenden „Gelehrtenrepublik" war man so zur wohlorganisierten Welt der staatlich garantierten fürstlichen Akademien gelangt.

In Deutschland hatte die Akademiebewegung schon längst vor der Gründung der preußischen Akademie Fuß gefaßt. Eine erste wissenschaftliche Akademie wurde als freie, unabhängige gelehrte Gesellschaft 1622 in der mecklenburgischen Hanse- und Universitätsstadt Rostock begründet. Dahinter stand der Freundeskreis des universal gerichteten Mathematikers und Arztes Joachim Jungius. Diese „Societas ereunetica" oder „Societas zetetica" – die „forschende", beziehungsweise „suchende" Gesellschaft – postulierte: „Der Zweck unseres Vereins soll einzig der sein: Die Wahrheit aus der Vernunft und der Erfahrung sowohl zu erforschen als sie, nachdem sie gefunden ist, zu erweisen oder alle Künste und Wissenschaften, welche sich auf die Vernunft und die Erfahrung stützen, von der Sophistik zu befreien, zu einer demonstrativen Gewißheit zurückführen, durch eine richtige Unterweisung fortzupflanzen, endlich durch glückliche Erfindungen zu vermehren". Hier lag – schön zwischen Humanismus und Aufklärung – das ganze Programm der Sozietätsbewegung, wie es später etwa Leibniz aufnahm, schon formuliert vor. Die Rostocker „Societas" wollte sich insbesondere der Widerlegung der jesuitischen Philosophie, der Pflege der Mathematik und der Naturforschung widmen. Tatsächlich wurde ein botanischer Garten angelegt. Dann aber brachte schon nach drei Jahren das Übergreifen der Kriegshandlungen auf Niedersachsen diesen Aktivitäten ein frühes Ende.

Dauernden Erfolg aber hatte die 1652 in der Reichsstadt Schweinfurt gegründete „Academia Naturae Curiosorum". Sie wollte als freie Vereinigung Ärzte und Naturforscher in Deutschland erfassen. Es ging hier im besondern um naturwissenschaftliche Heilkunde. Erst 18 Jahre nach ihrer Gründung begann sie eine Zeitschrift herauszugeben, die ,,Miscellanea Curiosa sive Ephemerides Medico-physicae Germaniae Academiae Naturae Curiosorum". Mit diesem Schritt in die Öffentlichkeit wurde auch der Wunsch nach kaiserlicher Unterstützung deutlicher. 1687 erhielt man Privilegien fast wie eine Universität und wurde nun zur ,,Sacri Imperii Academia Caesareo-Leopoldina Naturae Curiosorum". Später, unter Kaiser Karl VI., zur ,,Kaiserlich Leopoldinisch-Carolinischen Deutschen Akademie der Naturforscher" (1712). Die Akademie hatte – entsprechend der ursprünglichen losen Organisation und entsprechend dem losen Charakter des Heiligen Römischen Reiches – keinen festen Sitz. Er wechselte mit dem Wohnort des Präsidenten. Anfangs waren es die Reichsstädte Schweinfurt, Nürnberg und Augsburg. Dieser Gesellschaft ging es primär um die ,,Curiosa", d. h. um Beiträge beschreibender Art von merkwürdigen Erscheinungen der Naturgeschichte und nur nebenbei um die modernere Methode des Experiments. Die Akademie hatte so noch einen ausgesprochen barocken Charakter.

Es scheint auf den ersten Blick, daß in Akademien und gelehrten Gesellschaften eigentlich nur die Naturwissenschaften interessieren – abgesehen von den Gesellschaften, die sich den Fragen der Nationalsprache widmeten. Tatsächlich war ja die Naturwissenschaft das große unbekannte neue Experimentierfeld des 17. und 18. Jahrhunderts. Zu den sich emanzipierenden Fachbereichen gehörte jedoch auch die Geschichtsforschung, die sich von rein erzählender Chronistik und von Legende und Mythos zu lösen begann. Nicht nur in Frankreich, sondern auch in andern Ländern – wie etwa in Portugal (,,Academia Portuguésa de Historiá" 1720) und Spanien (,,Real Academia de la Historia", 1738) – weiß man von besondern Akademien für die wissenschaftliche Erforschung der Vergangenheit. Theologie und Jurisprudenz blieben Sache der Universitäten. Politikwissenschaft, Kameralistik und Ökonomie – ausgesprochen moderne Wissenschaften – befanden sich, weil allzu ,,politisch", außerhalb der Akademien. Man konnte sich aber nicht überall – wie besonders in Frankreich – spezialisierte Institutionen leisten. Darum waren viele Akademien so konzipiert, daß verschiedene Fachbereiche in ihnen untergebracht wurden.

Beispiel einer allgemeinen fürstlichen Akademie: Die ,,Königliche Akademie" von Berlin
Der Wunsch und Wille des brandenburgischen Kurfürsten Friedrich, aus seinem deutschen Randfürstentum etwas Größeres zu machen, mußte

sich auch darin ausdrücken, wissenschaftlich und nicht nur militärisch-politisch etwas sein zu wollen. Doch steht hinter der 1701 erfolgten Gründung einer „Brandenburgischen Sozietät", d. h. der Berliner Akademie, nicht nur die Dekorationsidee eines neu konzipierten monarchischen Staatswesens, des Königreichs Preußen, sondern echtes wissenschaftliches Interesse. Es ist kein geringerer als Gottfried Wilhelm Leibniz, der mit der Gründung beauftragt wurde; dies dank den lebhaften allgemein intellektuellen Interessen der neuen Königin Sophie Charlotte und deren Mutter, der Kurfürstin Sophie von Hannover, in deren Dienst ja Leibniz stand.

Endlich erhielt der Philosoph die Gelegenheit, seine so oft formulierten Akademiegedanken in Wirklichkeit umzusetzen, jenes dreifache Ziel der Ausbreitung einer offenen christlichen Weltanschauung durch die Wissenschaften, der Pflege und Beförderung der Wissenschaften und von „Ruhm, Wohlfahrt und Aufnahm der teutschen Nation, Gelehrsamkeit und Sprache". Insbesondere ging es ihm um die „utilitas", den Praxisbezug der Wissenschaften. Die Akademie nahm einen erfreulichen Beginn. Von 1710 an publizierte sie die „Miscellanea Berolinensia" und erreichte so ein weites Publikum. Aber schon bald wurde dies anders. Es begann das Regime des patriarchalischen Friedrich Wilhelm I., der andere Interessen hatte und die Akademie bewußt vernachlässigte, da Landesverwaltung und Förderung der Armee wichtiger erschienen. Die Akademie mußte sich auf die Publikation von militärwissenschaftlichen Abhandlungen reduzieren. Erst sein Nachfolger, der philosophisch interessierte Friedrich II., hatte wiederum volles Verständnis für die Rolle einer königlichen Akademie. Von 1741 an blühte sie wieder auf und versuchte mit Erfolg, einen ersten Platz in der wissenschaftlichen Welt zu erreichen. Man berief den Mathematiker Leonhard Euler. Der Physiker Maupertuis übernahm das Direktorium bis zu seinem Tod, von wo an es der König persönlich wahrnahm.

Die Akademie ist nun in vier Klassen eingeteilt:

Die Klasse der experimentellen Philosophie umfaßt die Chemie, die Anatomie, die Botanik und alle Experimentalwissenschaften. Die mathematische Klasse umfaßt die Geometrie, Algebra, die Mechanik, die Astronomie und alle abstrakten Wissenschaften. Die Klasse der spekulativen Philosophie umfaßt Logik, Metaphysik und die Moral, die Ethik. Die Klasse der schönen Künste umfaßt die Altertumswissenschaften, die Geschichte und die Sprachen.

Es handelte sich also um eine Akademie für so gut wie alle wissenschaftlichen Gebiete. Die Leitung lag beim Präsidenten und beim Sekretär – letzterer war über Jahrzehnte ein Berliner Hugenottensprößling,

Johann Heinrich Samuel Formey. Jede Klasse besaß einen Direktor und einen Kurator, dem die finanzielle Verwaltung anvertraut war. Die Finanzen beschaffte man sich unter anderem durch den Verkauf von Kalendern. Die Mitglieder waren eingeteilt in die 16 ordentlichen Mitglieder, die in Berlin Wohnsitz hatten und ein Gehalt bezogen. Eine zweite Gruppe bildeten die auswärtigen oder korrespondierenden Mitglieder, Gelehrte, die in ganz Europa verteilt durch diese Mitgliedschaft in freier Verbindung zur Akademie standen. Schließlich konnten Ehrenmitglieder ernannt werden. Die Aufnahme in die Akademie war Sache des Präsidenten, bzw. des Königs. Die Mitglieder waren vornehmlich Franzosen, oft protestantischer Konfession, und Schweizer. Der König zog diese der Weltsprache mächtigen Wissenschaftler gerne deutschen vor. Bekanntlich hat er sich gegen Lessings Ernennung gewandt.

Die ordentlichen Mitglieder haben die Verpflichtung, pro Jahr zwei Abhandlungen vorzulegen. Diese werden in den Versammlungen der Akademie verlesen und nachher in den ,,Mémoires'' publiziert. Auch weitere Veröffentlichungen sind möglich. Wichtig ist das Korrespondenznetz in ganz Europa, sei es mit den korrespondierenden Mitgliedern oder mit andern Akademien.

Die Akademie wendet sich jährlich mit Preisausschreiben an eine weitere Öffentlichkeit. Deren Themen sind etwa: ,,Unendlichkeit in der Mathematik'', ,,Veränderung der Nahrungsmittel im menschlichen Körper'', Untersuchung des Prinzips ,,Alles ist gut'' oder die ,,Siedlungsbewegung in Ostdeutschland''.

Die friderizianische Akademie sollte zwischen 1740 und 1770 die typische Akademie der Aufklärung sein. Da die Publikationen in französischer Sprache erschienen, war ihre Wirkung von vornherein groß. Es war deutsche Aufklärung in französischer Sprache. Die Akademie wirkte bahnbrechend für freiere Auffassungen, jene Auffassungen, mit denen der König so gerne kokettierte. 1745 sagt der Sekretär der Akademie, Formey, ,,Es war nur natürlich, daß man daran arbeitete, die Schlüssel zu polieren und zu verbessern, die alles öffnen können, was für die menschliche Intelligenz geöffnet werden kann''. Dilthey lobt die ,,über die ältere Philosophie'' hinausschreitende Arbeitsmethode, d. h. die psychologisch-historische Betrachtung der Erscheinungen. Weltanschaulich setzte sich die Akademie zur Aufgabe: ,,Die Verteidigung der göttlichen Personalität und der moralischen Verantwortung des Menschen durch Gründe der Vernunft''.

Die Akademie alterte mit dem König. Von 1770 an übernahmen andere Kräfte die geistige Führung in Deutschland. Doch blieb sie weiterhin bestehen. Von der Gründung der Universität in Berlin an trat sie in enge

Verbindung mit dieser neuhumanistischen Modellhochschule des 19. Jahrhunderts.

Beispiel einer reinen Forschungsakademie: Die „Königliche Sozietät der Wissenschaften zu Göttingen"

Auch wenn die Bezeichnung Sozietät nicht primär auf eine Akademie schließen läßt – auch Berlin nannte sich ja anfänglich „Brandenburgische Sozietät" –, so entspricht Göttingen einer königlichen Akademie. Allerdings handelt es sich hier um eine Akademie, die aus einer Universität entstanden ist. Aber die Universität Göttingen war eine bewußte Neugründung, eine Gründung der Aufklärung in einem deutschen Kurfürstentum, das aber seit 1715 den König von England stellt. Nach dem Willen des für Hannover verantwortlichen Ministers Gerlach Adolf Freiherr von Münchhausen sollte hier „ohn Unterschied" von Religion, Nation und Stand in religiöser Toleranz und politischer Neutralität das Prinzip der „unbeschränkten Freiheit zu lehren, was beliebe" verwirklicht werden. Doch war Göttingen gleichwohl nur eine modernere Variante der altüberlieferten Universität, d. h. primär Lehranstalt. Aber schon bei der Gründung erwog man die Angliederung einer „Sozietät der Wissenschaften", einer Akademie. Sie sollte bewußt Akademie sein, Muster waren London, Paris, Berlin, Uppsala und St. Petersburg und immer noch lebendiger „aus Italien kommender Gesellschaftsgeist". Die Gründung fand 1750/51 statt, und als Präsidenten konnte man den Göttinger Medizinprofessor, den großen Gelehrten Albrecht von Haller gewinnen.

Man schied bewußt die traditionellen Universitätsfachbereiche aus: Theologie, Recht und Philosophie „und andere sonst nützliche Künste". Die Akademie sollte reine Forschungsstätte sein. Es wurde nur eine physische, eine mathematische und eine historische Klasse eingerichtet, an welchen sich die besten Fachvertreter der Göttinger Universität beteiligten. Die Form war die übliche: Sitzungen (jeden Monat) mit geschäftlichen Traktanden und einer Vorlesung. Die Akademiemitglieder erhielten zusätzlich zu ihrem Professorengehalt eine Sonderbesoldung für diese verpflichtende wissenschaftliche Mehrarbeit. Man grenzte scharf ab vom traditionellen, in der Regel routinemäßigen Lehrbetrieb. Die Akademie sollte „neuen Erfindungen", „neuen Entdeckungen", d. h. der Forschung allein, dienen und zwar der Spezialforschung. Die Innovationsidee des Jahrhunderts fand hier klaren Niederschlag. Weil Haller für die Ausrichtung der Akademie entscheidend war, wurde das Gewicht einseitig auf die Naturforschung gelegt. Da er aber schon zwei Jahre nach der Gründung Göttingen verließ, so ist Göttinger Sozietät doch nicht zu einer rein naturwissenschaftlichen geworden. Durch die zwei Philologen Michaelis und Heyne wurde das Hallersche Wissenschaftsverständnis auf die Historische Klasse übertragen, auf Philologie, Altertumskunde und Geschichte. Weit häufiger als Berlin wandte sich Göttingen mit Preisfragen an die wissenschaftliche Öffentlichkeit. 120 Fragen wurden durch die beiden naturwissenschaftlichen Klassen gestellt, Fragen, die auch die Ökonomie betrafen. 17 Fragen stammten aus der historischen Klasse. Göttingen hat so mehr als andere Akademien einen Wissenschaftsbegriff institutionalisiert, der besonders für das 19. Jahrhundert typisch werden sollte.

Beispiel einer aufgeklärt-utilitaristischen Akademie: „Die französische Provinzialakademie von Châlons sur Marne"
In Frankreich entwickelte sich im Laufe des 17. und besonders im 18. Jahrhundert eine stattliche Anzahl von Provinzakademien. Eine darunter ist diejenige von Châlons sur Marne. Wir sind durch eine Studie von Daniel Roche besonders gut über sie unterrichtet. Châlons ist das alte Verwaltungszentrum der Champagne, außerdem Sitz eines Bischofs und einer königlichen Intendance, verschiedener Gerichte und Verwaltungsinstitutionen sowie einer Garnison. Dort wurde 1775 eine Literarische Gesellschaft, die seit 1750 existierte, durch königliches Patent zur Akademie erhoben. Die Gesellschaft dauerte bis in die Revolutionszeit. Die Organisation ist auch hier die übliche: 20 Titular-Akademiker, dazu vier Vertreter von Berufen, dann korrespondierende Mitglieder – z. B. Formey, der Sekretär der Akademie von Berlin – und schließlich Ehrenmitglieder. Das Präsidium bekleiden gemeinsam der Intendant, als Repräsentant der königlichen Verwaltung, und der rangälteste Geistliche des Bistums. Die Tätigkeit besteht vor allem aus den Sitzungen, von denen eine im Jahr öffentlich ist, unter Beisein von Intendant und Bischof, und zwar am Tag des heiligen Ludwig. An den Sitzungen werden Vorträge gehalten, ein Viertel betrifft wissenschaftlich-empirische Themen, je ein Fünftel entfällt auf literarisch-rhetorische bzw. historische Themen, die übrigen werden der Moralphilosophie und Ökonomie entnommen. Die Akademie besitzt eine Bibliothek, und sie veranstaltet Preisausschreiben, insbesondere über Sozialprobleme.

Die soziale Zusammensetzung dieser Akademie ist – wie für alle Provinzialakademien dank Daniel Roche's Untersuchungen bekannt –: Bei den Ehrenmitgliedern Geistliche 24%, Adlige 76% und kein Vertreter des dritten Standes; bei den Ordentlichen Mitgliedern Geistliche 21%, Adlige 33%, Bürgerliche 45%; bei den Assoziierten Mitgliedern Geistliche 30%, Adlige 20% und Bürgerliche 50%.

Die Akademie wählte 1775 zur Devise „L'Utilité", den „Nutzen".

Dies deutet auf ausgesprochen späte Aufklärung. In den Wissenschaften will sie die Mittel zur Entwicklung der Wirtschaft ihrer Provinz finden, was auch durch historische Untersuchungen geschieht. In Châlons ist die Akademie eine Möglichkeit, das Leben einer Provinz zu aktivieren; das bedeutet die Popularisierung der Ideen der Aufklärung im regionalen Rahmen. Das, was in Paris geschehen ist, soll nun auch in der Provinz geschehen.

Beispiel von wissenschaftlichen Sozietätstypen in einer bestimmten Region: Die gelehrten Gesellschaften in Danzig und Thorn
Ein gutes Beispiel wissenschaftlicher Aktivität durch das Mittel von Sozietäten stellen die von Jerzy Wojtowicz untersuchten Gesellschaften in den Pomerellen dar, mit ihren Zentren Danzig und Thorn. In der recht lose organisierten Polnischen Republik sind sie ein Zeichen für die erwachende Aktivität zweier deutschbevölkerten Handelsstädte in polnischer Landschaft. In Danzig wird 1720 eine literarische Gesellschaft gegründet, der 1743 eine ,,Societas physicae experimentalis" folgt, die zu einer eigentlichen naturforschenden Gesellschaft wird. 1752 entsteht in Thorn eine wissenschaftliche Gesellschaft, die sich hauptsächlich mit Rezensionen wissenschaftlicher Publikationen beschäftigt und eine regionale Zeitschrift mit wissenschaftlichem Informationsteil herausgibt (1760–1772). Diese wissenschaftliche Information dient häufig ganz praktischen Ratschlägen für die Verbesserung der Landwirtschaft der Region; die Gesellschaft nimmt damit auch die Funktion einer ökonomischen Gesellschaft wahr. Die Preisschrift fehlt nicht, etwa 1765 ,Wie unter Benützung der wirksamsten und zugleich billigsten Mittel es möglich wäre, den ständig wachsenden Dünen und dem Versanden des Landes entgegen zu wirken'. Da das städtische Bürgertum Hauptträger dieser Gesellschaften ist, so werden auch den Handel betreffende Abhandlungen publiziert. Andererseits sind einige historische Publikationen festzustellen. In den Gesellschaften konzentriert sich eine Aktivität, die in den Rahmen der polnischen Reformbestrebungen der letzten Zeit der Republik gehört. Gralath, der Gründer der ,,Societas physicae experimentalis" in Danzig, sagte einmal sehr bezeichnend: ,,Wie der Soldat ohne Waffe, der Handwerker ohne Werkzeug, so könne ein Gelehrter nicht ohne Bücher arbeiten. Der Kaufmann könnte dann weder ausländische Werke einführen noch andererseits Danziger Publikationen kaufen und sich um deren Verbreitung auf ausländischen Märkten bemühen."

Beispiel wissenschaftlicher Sozietäten in einem Land ohne fürstliche Akademie: Die gelehrten Gesellschaften in der Schweiz

Die Schweiz, föderalistisch strukturiert aus etwa 20 Republiken, kennt keine Akademie und keine gesamtschweizerische wissenschaftliche Sozietät. Sie ist ein Beispiel dafür, wie in einem Land, wo der fürstliche Hof und seine Mittel fehlen, in den einzelnen Städten (wie dies in Danzig und Thorn eben geschildert wurde), private Initiative gelehrte Gesellschaften gründet oder zu gründen versuchte.

Es beginnt in Zürich mit dem „Collegium Insulanum" (1679–1696) und dessen Fortführung durch die Gesellschaft der Wohlgesinnten (1693–1709). Geistliche, Beamte, Offiziere und Kaufleute tun sich zusammen und diskutieren polyhistorische Themen mit naturwissenschaftlicher Gewichtung. Was sich in Zürich immerhin etwa 30 Jahre halten kann, bleibt um 1702 in Basel bloßer Plan von Professoren und Geistlichen; diese Gesellschaft hätte jedoch die ganze Schweiz umfassen sollen. Erst eine gute Generation später gelingt 1746 – nun wiederum in Zürich – eine Gründung von Dauer, die „Physikalische Gesellschaft", die sich später „Naturforschende" nennt. Hier trifft sich um den Mediziner Heinrich Rahn und den Physikprofessor Johannes Gessner das ganze gelehrte Zürich zu den Vorträgen der Gesellschaft. Meteorologische Beobachtungen werden unternommen, eine Bibliothek wird aufgebaut und ein botanischer Garten angelegt.

Für zehn Jahre (1749–1760) kann der Mülhauser Mathematiker Johann Heinrich Lambert, der später an die Berliner Akademie gelangt, in Chur, wo er als Hauslehrer eines einflußreichen Magistraten wirkt, eine gelehrte Gesellschaft unterhalten. Gesamtschweizerisch gibt sich die „Societas Physica-Mathematico-Anatomico-Botanico-Medica Helvetica". Hinter dem pompösen Namen steht ein Unternehmen des Buchhändlers Johann Rudolf Im Hof mitsamt der medizinischen Fakultät der Universität Basel – vor allem mit Daniel Bernoulli. Zwischen 1751 und 1787 werden neun Bände wertvoller „Acta" herausgegeben.

In der zweiten Jahrhunderthälfte regt es sich in andern Städten: In Bern (1786–92), in Lausanne (1783–1790) und in Genf (1790) – dort mit Horace Bénédict du Saussure – gründen sich naturwissenschaftliche Forschungsgesellschaften. Genfer und Berner finden sich 1797 im Herbst zur Gründung der ersten gesamtschweizerischen Naturforschenden Gesellschaft, der „Allgemeinen Helvetischen Gesellschaft der Freunde der vaterländischen Physik und Naturgeschichte", zusammen. Die französische Besetzung macht diesen Versuch ein halbes Jahr später zunichte. Doch nach Beruhigung der politischen Verhältnisse kann 1815 die

„Schweizerische Naturforschende Gesellschaft" erneut gegründet werden, die bis heute besteht.

Naturwissenschaftliche Forschung wurde auch in den medizinischen Gesellschaften getrieben, die allerdings mehr auf Praxisbezug ausgingen. Hier war Genf bahnbrechend, wo nach einem ersten Versuch von 1713 bis 1716 im Jahr 1775 endgültig eine „Société des médecins" entstand, zu der sich 1792 bis 1795 noch eine besondere für die Chirurgie gesellte. Zürich folgte um 1780 bzw. 1788 mit gleich zwei medizinischen Gesellschaften.

Parallele Versuche, Gesellschaften zur Pflege historischer Wissenschaften zu gründen, sind nur in Zürich dank dem Einsatz von Johann Jakob Bodmer, dem unermüdlichen Literaten und Historiker, zu Erfolg gekommen, erst von 1727 bis 1746 als „Helvetische Gesellschaft" vor allem um Quelleneditionen bemüht, und dann von 1762 bis 1798 als „Historisch-politische" bzw. „Helvetisch-vaterländische Gesellschaft" mit bewußt popularisierenden Absichten.

Ebenfalls in Zürich wird schließlich ein theologischer Fachverein gegründet, die „Asketische Gesellschaft", die von 1768 an existiert und sich vornehmlich den Problemen der praktischen Theologie widmet.

Das schweizerische Beispiel ist typisch für die freiwilligen wissenschaftlichen Gesellschaften. Die Idee der Sozietätsgründung zündet schon früh. Man versucht es dem Ausland gleichzutun, erst polyhistorisch-allgemein, dann spezialisierter. Aber die Gesellschaftsgründungen sind kurzlebig. Oft ist es eine Person, an der alles hängt, wie etwa Scheuchzer in Zürich, Lambert in Graubünden oder Wyttenbach in Bern. Nur in einer einzigen Stadt kann sich die Gesellschaft halten und bleibt stark, in Zürich. Erst im letzten Viertel des Jahrhunderts häufen sich die Gründungsversuche, und schließlich verfestigen sie sich zu Beginn des 19. Jahrhunderts.

2. Literarische Gesellschaften und Lesegesellschaften

Das Gebiet der reinen Forschung und innerhalb der Forschung vornehmlich die Pflege der Naturwissenschaften war die Domäne der Akademien und der gelehrten Gesellschaften. Das Gebiet der Literatur und der Sprache sollte dasjenige literarischer Gesellschaften und später in einem besondern Sinn dasjenige der Lesegesellschaften sein. Auch hier lag eine recht alte Tradition vor. Und auch hier war Italien der erste Raum, in welchem die Pflege der Sprache in Form von gesellschaftlichen Vereinigungen beobachtet wurde, als es im 15. Jahrhundert darum ging, die italienische Volkssprache zu fördern und zu entwickeln und für Wissenschaft und Literatur dienstbar zu machen. Im Laufe des 16. Jahrhunderts wurde der Interessenkreis vieler Akademien immer mehr auf das Literarisch-Sprachliche beschränkt. Um 1550 zählte man etwa fünfhundert von dieser Gattung. Die bedeutendste Sprachakademie ist die ,,Accademia della Crusca''. Sie wollte die Sprache vom Minderwertigen, von der Kleie, der ,,Crusca'', reinigen! 1583 wird sie in Florenz gegründet. Ihr erstes Ziel ist literarische Unterhaltung. Vorlesen und Besprechung von eigenen Werken, Ausarbeiten einer Grammatik und eines Wörterbuches im Dienst der toskanischen Sprache als Vorbild für ganz Italien.

Als zu Ende des 16. Jahrhunderts und im 17. Jahrhundert die Niederländer daran gingen, aus ihrer Volkssprache eine Literatursprache zu machen, war dies nach italienischem Vorbild die Sache von Sprachgesellschaften, von ,,Rederijkerskamers'', die die Rhetorik pflegten und ähnlich wie Zünfte organisiert waren. Hier sind etwa 300 mit Namen bekannt, verteilt zwischen Brügge und Amsterdam.

Schließlich ist 1635 die ,,Académie Française'' gegründet worden, um der Sprache Nordfrankreichs als Sprache des königlichen Hofes Allgemeingültigkeit im Bereich der Monarchie zu verschaffen. Das bourbonisch gewordene Spanien schuf 1713 die ,,Real Academia Española'' in Madrid.

Die erste Sprachgesellschaft in Deutschland ist die 1617 in Weimar gegründete ,,Fruchtbringende Gesellschaft'' des Fürsten Ludwig von Anhalt-Köthen und dreier Herzöge von Sachsen. Nachdem so und so viele Gesellschaften oder Akademien zu ,,nützlicher Ausübung jedes Volkes Landessprachen errichtet worden'' waren, sollte dies nun auch für die deutsche Sprache geschehen. Nach dem Vorbild der ,,Accademia della Crusca'' – mit der man in Verbindung trat – war die Aufgabe Sprachreinigung, Kampf gegen die Fremdwörter, Rechtsschreibungsvereinheitlichung und Pflege deutscher Dichtung, abgesehen von einem allgemein national-patriotischen deutschen Engagement und einem ethischen Ideal der Belebung alter Tugenden.

Schon 1633 wurde in Straßburg eine zweite errichtet, die ,,Aufrichtige Tannengesellschaft'', dann folgten 1642 die ,,Deutschgesinnte Gesellschaft'' und 1643 die ,,Neunständige Hänseschaft'', beide in Hamburg, 1644 der ,,Pegnesische Blumenorden'' in Nürnberg, 1656/60 der ,,Elbschwanorden'' in Lübeck, um 1671 das ,,Poetische Kleeblatt'' in Straßburg, 1693 der ,,Beloorbeerte Taubenorden'' in Frankfurt, 1695 der ,,Leopolden-Orden'' in Dresden. Schon die blumigen Namen verraten die starke Verhaftung in barocken Vorstellungen. Der Betrieb war dann auch entsprechend feierlich und zeremoniell. Mitglieder waren Adlige und Bürger. Die Sprachgesellschaften hatten ihre Rolle erfüllt, als im Laufe des 17. Jahrhunderts die deutsche Sprache immer mehr konform wurde und die Mundarten allüberall auf die Stufe der niedern Volkssprache verwiesen waren. Das Literarische konnte mehr in den Vordergrund treten, wie etwa in der ,,Deutschen Gesellschaft" zu Leipzig (1717) beziehungsweise in der aus ihr entwickelten ,,Deutschen Sozietät" (1728) des Literaturgewaltigen Gottsched. Der liebenswürdige Senatordichter Brockes betätigte sich indessen in seiner hamburgischen ,,Teutschliebenden Gesellschaft" (1715).

Das Leipziger Vorbild fand vielerorts Nachahmung: in Jena, Göttingen, Berlin, Greifswald, Königsberg, Helmstedt, Bremen und Wien. Die Pflege der deutschen Sprache, ihre Handhabung in Schrift und Rede, die Fabrikation eigener Poesie und Prosa nach den neuen Regeln stand im Vordergrund der Betätigung, im einfachen Rahmen eines gesellschaftlich geschlossenen Kreises vornehmlich bürgerlichen Charakters, mit Vorträgen, Referaten und gegenseitiger Korrespondenz.

In der Schweiz, wo man allerdings im mündlichen Verkehr am Dialekt festhielt, sorgten die ,,Deutschen Gesellschaften" in Bern (1739–1747) und Basel (1742–1760) für die endgültige Übernahme der hochdeutschen Sprache als geschriebene Sprache. Johann Jakob Bodmer, der Zürcher Antipode Gottscheds, löste sich 1720 mit der ,,Gesellschaft der Mahlern" (1720–1923) von der Beschränkung auf die Sprachpflege. Die Gesellschaft, die vornehmlich eine Zeitschrift herausgab, die ,Discourse der Mahlern', nahm sich die englischen Zeitschriften ,Tatler' und ,Spectator' zum Vorbild. ,,Tugend" und ,,Geschmack" im allgemeinsten Sinn sollten gefördert werden. Drei Studentengesellschaften in Zürich, Bern und Basel nahmen die Bodmerschen Anregungen in den vierziger Jahren noch einmal auf.

Inzwischen aber hatte die Popularisierung des Wissens und der Literatur allüberall großen Aufschwung genommen. Die Aufklärung sollte unter das Volk getragen werden. Das Bürgertum im weitesten Sinn, aber auch der Bauer, die unteren Stände sollten teilhaben an den wundersamen Entdeckungen der Zeit und am neuen freien Geist. Bis jetzt war die Pflege der Literatur Sache der kleinen Zirkel gewesen, insbesondere Sache literarisch aufgeschlossener Höfe. Jetzt war ein breiteres Publikum da, das nach der nötigen Produktion verlangte, und die Buchproduktion – ein immer wichtigerer wirtschaftlicher Faktor – schuf sich ihrerseits ein weiteres Publikum. Allmählich erfolgte der Übergang von der ,,intensiven" Lektüre zur ,,extensiven" von zahlreicheren Büchern, die man selten noch ein zweites Mal sich vornahm. Schließlich konnte sich der Schriftsteller vom Mäzenat hochgestellter Persönlichkeiten befreien.

Schriftstellerei konnte zum Beruf werden, da die Verlage eine Existenz ermöglichten. Dabei sorgten die Zeitschriften mit ihrer Literaturkritik für ein lebendiges Hin und Her, für einen breiten Literaturbetrieb. Editionsgesellschaften begannen sich um qualitativ gute Buchproduktion zu kümmern.

England und Frankreich kannten schon im 17. Jahrhundert in Salon und Club ein reges gesellschaftlich-literarisches Leben. Salons und Clubs entbehren jedoch des organisierten Charakters von eigentlichen literarischen Gesellschaften. Sie sind lose Gesprächszirkel, um bestimmte Persönlichkeiten gruppiert, oder dienen, wie der Club, vornehmlich gesellig-gesellschaftlichen Zwecken. Literarische Gesellschaften aber sind organisiert wie kleine, jedoch private Akademien und halten auf Tätigkeit der Mitglieder durch literarische Beiträge und seriöse Diskussion. Da es sich um private Gesellschaften handelt, sind sie oft schwer zu erfassen. Wir kennen eine Gründung in Stockholm von 1719 und eine aus Danzig von 1730. Auch Gottscheds und Bodmers Gesellschaften entsprechen diesem Typus. In Frankreich organisieren sich in der zweiten Jahrhunderthälfte ,,Musées" und ,,Athénées", literarische Vereinigungen, die einer Form nahe kommen, die sich als ,,Lesegesellschaft" ganz besonders im deutschen Bereich entwickeln sollte.

Die deutschen Lesegesellschaften – über die wir durch Marlies Prüsener vorzüglich und in moderner Weise orientiert sind – waren Selbsthilfeorganisationen, die das Lesen guter und unterhaltsamer Bücher propagieren und erleichtern sollten. Die Hansestadt Bremen betreffend berichtet über diesen Vorgang der Bürgermeister Christian Abraham Heinecken rückblickend: ,,Nie war wohl ein Zeitpunkt der deutschen Literatur im Fache der schönen Wissenschaften günstiger wie die Mitte des 18. Jahrhunderts. Die deutschen Klassiker, die damals erschienen, die Schüler, die sie bildeten, fanden bald auch in Bremen ihre Verehrer. Sie erweckten oder befriedigten zuerst den Sinn für Werke des Geschmacks, der vorher auf deutschem Boden nur wenig Nahrung fand. Mit den nach und nach erscheinenden Produkten in diesem Fach fortwährend bekannt zu bleiben, wünschten viele. Auf eigene Kosten dies zu befriedigen, erlaubte nicht die Lage eines jeden. Mit wenigem Aufwand und ohne Mühe, sich jene zu verschaffen, entstanden daher in den sechziger Jahren einige sogenannte Lesegesellschaften in Bremen, deren Mitglieder dergleichen Bücher unter sich wöchentlich zirkulieren ließen und dann durch Aufgebot unter sich verkauften."

Die hier geschilderten Selbsthilfeorganisationen hatten meist als Lesezirkel begonnen, die sich gemeinsam auf eine Zeitschrift abonniert hatten, die dann reihum bei den Mitgliedern zirkulierte. Eine weitere Möglichkeit war die Errichtung einer Leihbibliothek durch Ankauf von Büchern, die sich die Mitglieder entleihen konnten. Dann konnte man sich zur eigentlichen Gesellschaft vereinigen, zum gemeinsamen Lesen und zu gemeinsamer Diskussion, oder man richtete ein „Lesekabinett" ein, das die Form eines literarischen Kaffeehauses annehmen konnte. England, Paris und die Niederlande kannten derlei Einrichtungen schon, die Gemütlichkeit und Gastlichkeit mit dem aufklärerischen Nutzen zu verbinden wußten. Es brauchte nicht immer Sache einer gesellschaftlichen Vereinigung zu sein, gelegentlich gründeten kluge Buchhändler eigene Lesegesellschaften.

Im deutschen Bereich stellen wir in der Mitte des Jahrhunderts im protestantischen Norden erste „Lesegesellschaften" fest, in Stralsund, Bremen, Hamburg, in Pommern, Brandenburg und Sachsen. Um 1782 schreibt das ‚Hannoversche Magazin': „Unsere Lesegemeinschaften mehren sich von Tage zu Tage. Da ist keine Stadt, kein Städtchen, wenigstens in unserm Niedersachsen, ohne Lesegesellschaft." Von 1770 an greift die Bewegung in den mittleren und südlichen deutschen Bereich über. Die protestantischen Fürstentümer Württemberg und Pfalz sowie das Erzbistum Mainz werden führend. In Österreich breitete sich die Bewegung eher in Form der von Buchhändlern geführten Lesekabinette aus. Gegen Ende des Jahrhunderts geht die Bewegung von der Stadt auch in die ländlichen Regionen. In der Schweiz – entsprechend ihrem teils rustikal-politischen Charakter – finden sich Lesegesellschaften schon früh in ländlichen Regionen, die erste schweizerische überhaupt, ein „Collegium Bibliothecae" bereits 1703 in St. Gallen. Von den 60 zwischen 1703 und 1796 feststellbaren literarischen und Lesegesellschaften ist ein gutes Dutzend ländlichen Charakters.

Marlies Prüsener stellte vor zehn Jahren für Deutschland 430 Lesegesellschaften fest. Viele darunter waren von kurzer Dauer. An Neugründungen zählen wir vor 1760 erst fünf, zwischen 1760 bis 1779 acht, 1770 bis 1780 etwa fünfzig, 1780 bis 1790 etwa hundertundsiebzig, und von 1790 bis 1800 steigt die Zahl auf zweihundert. Schon 1782 heißt es: „Gelehrte und Ungelehrte, Handelsleute, Handwerker, Ökonomen, Militärpersonen, Alte und Junge, männliches und weibliches Geschlecht sucht einen Teil der Zeit mit Lesen auszufüllen ... Alles will jetzt lesen, selbst Garderobenmädchen, Kutscher und Vorreuter nicht ausgenommen."

Ein treffendes Beispiel ist die Hansestadt Bremen, wo 1791 „36 verschiedene große und kleine Lesegesellschaften in allen Fächern und mancherlei Sprachen" bestanden.

Beispiel einer Lesegesellschaft in einem geistlichen Kurfürstentum: Die „Gelehrte Lesegesellschaft von Mainz"

Mainz ist der alte Sitz eines der drei Kurerzbistümer des Heiligen Römischen Reiches, Verwaltungs- und Regierungszentrum geistlichen Charakters. Es war hier still, tridentinisch-katholisch und barock gewesen, bis man von 1770 an unter Erzbischof Emmerich Josef und unter seinem Minister Freiherrn Anselm Franz von Bentzel-Sternau mit umfassenden Reformen, besonders im Schulwesen, begann. Der Tod Emmerich Josefs im Jahre 1774 führte allerdings zu jähem Abbruch aller Neuerungen. Der neue Erzbischof Friedrich Karl von Erthal entwand sich aber bald seinen reaktionären Beratern, und nachdem Bentzel 1780 zurückberufen worden war, konnte man an das Werk Emmerich Josefs wieder anknüpfen. Mainz wurde so zu einem typischen Fall der späten, aber um so energischeren katholischen Reformbewegung.

Ein Ausdruck davon ist die 1782 mit kurfürstlicher Genehmigung erfolgte Gründung einer „Lesegesellschaft" in Mainz.

Die Gesellschaft schließt 1782 einen Vertrag mit dem Frankfurter Buchhändler Hermann über die Lieferung von Büchern und Zeitschriften. Die Mitglieder sind nicht allein zum Lesen da. Die Gesellschaft nennt sich denn auch „gelehrte Lesegesellschaft"; man weiß von historischen Arbeiten aus dem Mitgliederkreis. Die Gesellschaft verfügt über ein Lokal. Hier stellen sich jedoch sogleich die Probleme der gesellschaftlichen Disziplin, denn aus der Gesellschaft soll kein Kaffeehaus werden. Zwar läßt man harmlose Erfrischungen zu, wie Tee, Schokolade, Kaffee, Mandelmilch, Limonade und Punsch, die im Hause zu haben sind. Spielen und Rauchen, diese so beliebten Laster des Jahrhunderts, sind aber strikte verboten. Man geht noch weiter – auch anstößige Gespräche gegen die Religion, den Staat und die guten Sitten sind nicht gestattet.

Die Mitglieder waren nach der Liste von 1782 zur Hälfte von Adel, zu einem Viertel Geistliche. Fast alle standen in kurfürstlichen Diensten. Die wenigen Nichtbeamteten waren fremde Diplomaten, Mediziner, Juristen und – nur zwei! – Kaufleute. Aber der um die schönen Künste wohlverdiente Gesanglehrer Heideloff – ein Bürgerlicher – war von großem Einfluß. Frauen und Studenten waren ausgeschlossen, letzteres stieß auf Kritik. – Die Mainzer Gesellschaft war durch eine bestimmte Haltung charakterisiert: Sie gab sich antijesuitisch, d. h. aufklärerisch-reformerisch. 15 Mitglieder waren gleichzeitig im Illuminatenorden. Die Mainzer Gesellschaft wurde sofort zum direkten Vorbild der Lesegesellschaften im kurmainzischen Aschaffenburg (1783), in Trier (1783) und im kurtrierischen Koblenz (1783) sowie im kurkölnischen Bonn (1787).

Die Mainzer „Gelehrte Lesegesellschaft" hatte allerdings wie viele andere Gesellschaften keine allzulange Dauer. Sie löste sich 1790 auf. Doch wurde im gleichen Jahr wieder eine Lesegesellschaft beim Buchbinder Sartorius und neun Jahre später ein „Korrespondierender Lesezirkel" gegründet.

Beispiel von Lesegesellschaften in einer herzoglichen Residenz: die „Gelehrte Gesellschaft" und die „Lesegesellschaft" in Ludwigsburg
Ludwigsburg war die glänzende Residenz des württembergischen Herzogs Karl Eugen. Hier versuchten 1769 der Gymnasialprofessor Balthasar Haug, der „Gottsched" bzw. „Bodmer" Württembergs, und sein Kollege Johann Friedrich Jahn mit Oberst Ferdinand von Nicolai eine Lesegesellschaft zu gründen. Alle drei waren besorgt über den Bildungsstand insbesondere der württembergischen Offiziere, die so zahlreich die Residenz bevölkerten. Tatsächlich fanden sich bald Subskribenten. Man errichtete eine Zirkularbibliothek mit Zeitschriften und Werken der Literatur, Philosophie, Theologie und der Kriegskunst. Ein Raum wurde bereitgestellt, wo einmal in der Woche Zusammenkünfte stattfanden, an denen nun nicht mehr nur die Bibliothek benutzt wurde, sondern auch: „1. eine Rede abgelesen wird, 2. allemal eine gedruckte Schrift von einem Original-Genie bekannt gemacht, 3. jede kleine Skriptur zensirt wird, die aus Schwaben einläuft, 4. gelehrte und politische Zeitungen vorgelegt und das Wichtigste daraus vorgelesen, 5. mit einem Gedicht beschlossen, 6. ausgemacht wird, von was man bei der nächsten Versammlung reden soll ..." Das war mehr als ein Lesekabinett, das war Literarische Gesellschaft!

Das Unternehmen schien hoffnungsvoll zu beginnen. Man hatte einen passenden Raum gefunden, wo man sich jeden Mittwoch zur Lektüre und Unterhaltung traf. Gegen siebzig Mitglieder waren eingetragen. Weil es sich um eine Residenz und Garnisonsstadt handelte, waren über zwei Drittel davon Offiziere aller Grade, die übrigen fast ausnahmslos Beamte – darunter der bekannte Komponist und Dichter Daniel Schubart. Aber schon innerst Jahresfrist wurde der „Gelehrtengesellschaft" durch den Herzog die staatliche Anerkennung verweigert, denn seine absolutistischen Neigungen ließen eine derlei freie Aktivität seiner Untertanen nicht zu. Das kam einem Verbot der Sozietät gleich. Der Herzog sah viel lieber die Gründung einer straffen Kadettenschule zur Ausbildung seiner Offiziere und Beamten, und kurz darauf – übrigens mit der Hilfe des an der Gründung der Lesegesellschaft beteiligten Jahn – rief er seine Hohe Karlsschule auf der Solitude ins Leben. Wir kennen sie aus Friedrich Schillers Jugendjahren.

Erst nach dem Tode des Herzogs und unter wesentlich veränderten

Zeitumständen konnten 1795/96 gleich zwei Lesegesellschaften in Gang gesetzt werden – von denen die eine allerdings nur vom November 1795 bis in den Januar 1797 aktiv war. Seit 1784 existierte schon eine Lesegesellschaft im benachbarten Stuttgart, deren Initiant ein Buchhändler gewesen war. Die Statuten dieser Stuttgarter Gesellschaft wurden für Ludwigsburg maßgebend. Da heißt es: ,,Lesegesellschaften rechnet jeder nicht unbedeutende Ort, dessen Einwohner auf Geisteskultur Ansprüche machen, wo nicht unter seine Bedürfnisse, doch unter die gemeinnützigsten Anstalten, welche zur Befriedigung einer edlen Wißbegierde, zur Verbreitung mannigfaltiger Kenntnisse, zur Verfeinerung des Geschmacks und der Sitten, selbst zu den Freuden des gesellschaftlichen Lebens die zweckmäßigsten Mittel und die unverkennbarsten Vorteile gewähren. "

In Ludwigsburg wollte man allerdings nicht an eine Buchhandlung gebunden sein: ,,Der Endzweck und die Absicht dieser Gesellschaft schränkt sich einzig und allein auf nützliche und zugleich angenehme Unterhaltung ein ... In dieser Hinsicht sorgt die Gesellschaft für die besten in allen Fächer der Wissenschaften einschlagenden periodische Blätter, politische und gelehrte Zeitungen. "

So schaffte man – d. h. das Komitee – insbesonders politische und wissenschaftliche Zeitschriften, Fach- und Unterhaltungsliteratur, vor allem Reisebeschreibungen an. Der Kreis war in dieser Beziehung enger gezogen als in Haugs erster Gesellschaft.

Die Mitgliedschaft war wie schon 1769 durch Offiziere und Beamte gekennzeichnet, dazu kamen nun einige Kaufleute. Professor Jahn von der ersten Gesellschaft war wieder da, außerdem Verleger Cotta, der Herausgeber der deutschen Klassiker, und auch Dr. Mörike, der Vater des Dichters.

Die Gesellschaft hatte diesmal Bestand, denn Lesegesellschaften waren nunmehr zur Selbstverständlichkeit geworden. Sie existierte noch bis 1823, wo sie sich mit einer andern Gesellschaft zum ,,Museum" vereinigte, das wohl in allgemeinerer Art sich in Ludwigsburg fortan der Kulturpflege widmete.

Beispiel einer literarischen Jugendsozietät: Die drei Studentengesellschaften in der Schweiz

Diese drei kurzlebigen Sozietäten der vierziger Jahre stehen im Zusammenhang mit der literarischen Auseinandersetzung zwischen der Gottschedschen und der Bodmerschen Auffassung der Dichtung; eine engere, formalere stand einer weitern, liberaleren entgegen. Um den Protagonisten der zweiten Richtung, Johann Jakob Bodmer, den Professor der vaterländischen Geschichte an der Hohen Schule Zürichs, gruppierte sich 1741 eine Zahl von literarisch interessierten und beflissenen Studenten, die sich als „Wachsende Gesellschaft" organisierten. Zwei Jahre darauf kam es an der Bernischen Hohen Schule zu einer ähnlich gesinnten Vereinigung, die sich als „Vergnügte Gesellschaft" von der dortigen Gottschedisch gerichteten „Deutschen Gesellschaft" getrennt hatte. Schließlich entstand unter Studierenden der Universität Basel im Jahr 1746 eine weitere literarische Gesellschaft, die „Freie Gesellschaft".

Jede dieser Gesellschaften trug den Charakter einer literarischen Vereinigung, wie denn die Basler Gesellschaft sich gelegentlich auch „Société des Belles-Lettres" oder „Gesellschaft der schönen Wissenschaften" zu nennen pflegte. Man kam wöchentlich zusammen, hielt reihum Referate, diskutierte sie, größere Arbeiten mußten periodisch abgeliefert werden, und jährlich wurden Preisfragen gestellt. Man führte Protokoll und sammelte die genehmigten Beiträge in einem Buch. Obmann und Schreiber sorgten für die Organisation und führten die auswärtige Korrespondenz. Man hielt zu Bodmers Sache und verachtete den „elenden Geschmack" der Gottschedianer. Doch ging es nicht um Sprache und Form allein. Den allgemeineren Geist dieser Gesellschaft drückt etwa die Eröffnungsrede der Basler Gesellschaft aus: „Lassen wir uns allezeit, werteste Freunde, bei dieser Arbeit so wie bei allen Unternehmungen unsern größten Zweck sein, uns als rechtschaffene Menschen, als nützliche Mitglieder der bürgerlichen Gesellschaft, als würdige Bürger der Stadt Gottes erweisen."

Die Jugend von 1747 war aber Jugend wie irgend eine, und so gesellte sich zu den hochgesteckten Zielen die Unmittelbarkeit menschlicher Freundschaft: „Wie oft ... entdeckten wir einander unsern Zustand, keine Winkel unseres Herzens, kein Gedanke, der daselbst wohnte, war dem andern verborgen."

Die Mitglieder waren Studenten im Alter zwischen etwa 17 und 22 Jahren, teils Theologen, teils Juristen, teils angehende Mediziner. Es waren den schweizerischen Hochschulverhältnissen entsprechend kleine Gruppen. Basel zählte acht Mitglieder: fünf Juristen, zwei Theologen und einen Leutnant in französischen Diensten. Sechs davon stammten aus Basler Bürgerfamilien, zwei waren Bündner Patrizier. Stadtbürgerliche Herkunft war auch in Zürich und Bern selbstverständlich. Nachweisbar ist auch ein Berner Patrizierssohn und ein reichsdeutsches Mitglied in Zürich. Etliche Mitglieder – Kaspar und Salomon Hirzel, Ulysses von Salis, Vinzenz Bernhard Tscharner und Isaak Iselin sollten später in der Helvetischen Gesellschaft aktiv werden und haben eine bestimmende Rolle in der schweizerischen Aufklärungsbewegung gespielt.

Alle drei Gesellschaften, die schon längst untereinander in Verbindung standen, nahmen sich 1747 gegenseitig zu Mitgliedern auf, die gehalten waren, bei Ortswechsel die Sitzungen der betreffenden Gesellschaft zu besuchen. ,,Man wurde bekannt, man leitete nicht nur einen Briefwechsel von gesellschaftswegen ein, sondern die verschiedenen Mitglieder unterhielten sich auch noch besonders durch freundschaftliche Zuschriften; man teilte sich vertraulich die Arbeiten mit, die man zu beurteilen unter sich verteilte. Einige nahmen sich aus, andre zeigen Blüten, noch keine Früchte. – Man machte Reisen zu einander, und empfing einander mit dem Zeremoniell einer Gesandtschaft und einer fast lächerlichen Feierlichkeit."

Schon im Laufe des Jahres 1748 verwischen sich die Spuren der drei Gesellschaften. ,,Indessen war das alles nur Spiel. Die Mitglieder gingen bald in die Fremde oder entfernten sich sonst; wurden müde und alles zerfiel", sagt später ein ehemaliges Mitglied. Doch ähnlich war ja das Schicksal so und so vieler Sozietätsgründungen in diesem Jahrhundert.

Bei den drei schweizerischen Studentengesellschaften handelt es sich um ausgesprochen literarische Gesellschaften, die teils noch den Charakter der alten Sprachgesellschaften tragen. Sie haben sich gelegentlich auch als ,,deutsche Gesellschaften" bezeichnet. Außerdem war dies eine der möglichen Formen studentischen Zusammenschlusses auf literarischer Basis. Weitere Jugendliche haben sich natürlich auch andernorts in dieser Art an Universitäten und Hohen Schulen zusammengeschlossen, außerhalb der traditionellen Landsmannschaften und adligen ,,Orden".

Beispiel einer ländlich-oberschichtlichen Lesegesellschaft: Die ,,Reformierte toggenburgische Moralische Gesellschaft"
Die Landschaft Toggenburg war im 18. Jahrhundert ein industriell aufblühendes voralpines Bauernland der Ostschweiz, das zwar unter der Herrschaft des Fürstabts von St. Gallen stand, sich jedoch großer von Zürich und Bern geschützter Autonomie erfreute. Hier rief im Sommer 1767 der Landschreiber Andreas Giezendanner zur Gründung einer Gesellschaft auf, die Mittel für die Anschaffung von auserlesenen historischen und moralischen Schriften zusammenbringen und daneben ,,einen gemeinnützigen, freundschaftlichen und vertrauten Umgang pflegen" solle. Dem Aufruf folgten fünfzehn Persönlichkeiten, davon neun geistlichen Standes, die sich am 24. August 1767 als ,,Reformierte toggenburgische Moralische Gesellschaft" konstituierten. Die Gesellschaft, die nie mehr als etwa 40 Mitglieder zählte, umfaßte die intellektuelle Elite der protestantisch-reformierten Majorität dieser konfessionell gemischten Landschaft, d. h. Pfarrer, höhere Landesbeamte, Kaufleute, Fabrikanten

und Ärzte. Dazu trat von Anfang an der schriftstellernde Kleinbauer und Zwischenhändler Ulrich Bräker, „der arme Mann im Toggenburg". Aufgenommen wurde er zwar gegen einen gewissen Widerstand, da es sich hier nicht um einen Vertreter der ländlichen Oberschicht handelte. Doch wurde Bräker ein sehr eifriges Mitglied, und sein wachsender schriftstellerischer Ruhm, von den Zürcher literarischen Kreisen gefördert, verschaffte ihm bald das nötige Prestige.

Die Gesellschaft, deren Devise „Ordine et Concordia" – „Ordnung und Einigkeit" – war, verpflichtete die Mitglieder zur Stiftung von Büchern, die man reihum auslieh. Jedes Jahr fand eine Versammlung in Lichtensteig, dem Hauptort der Landschaft, statt. Zwei Vorsitzende und ein Schreiber führten die Geschäfte. An der Jahresversammlung wurde jeweils eine Eröffnungsrede über ein moralphilosophisches oder gemeinnütziges Thema gehalten. 1790 sprach zum Beispiel Bräker über das Armenwesen. Die Hauptaufgabe war jedoch Ausbau und Auswahl der Bibliothek, die vornehmlich theologische, historische, naturwissenschaftliche und die Schweiz betreffende Werke enthielt. Schöne Literatur war weniger vertreten, aber immerhin besaß man die Werke Shakespeares.

Die Gesellschaft blieb elitär und genügte sich selbst, bis 1787 Landratschreiber Josef Meyer den bisherigen Betrieb einer scharfen Kritik unterzog: „Wir machen einander unsere tiefgebeugten Komplimente, und bei einem ins wunderliche fallenden Gewirr unter einem eben so wunderlichen Gesumse tauschen wir die höflichsten und freundschaftlichsten Freudenbezeugungen ein, die jeder über des andern muntere und gesunde Gegenwart aus der Fülle seines Herzens ausgießt. Unter allerlei gleich beobachteten Zeremonien, die wir so wenig als andere Nebendingerchen mehr vergessen dürfen, rangieren und setzen wir uns. Darnach entlastet sich der bestellte Redner seiner Bürde, eben so ängstlich, wie er sich dieselbe das Jahr hindurch aufgeladen hat, und wir gratulieren ihm zu seiner glücklichen Entbindung. Wir nehmen die Rechnungen unsers teuersten Herrn Vorstehers mit allemal wohlverdientem Beifall und Dank auf und bestätigen ihn, sowie auch seine Herren Mitvorsteher in ihren Würden, oder bitten sie vielmehr, unser ferner im besten eingedenk zu sein. Dann kommt's zur Beratschlagung, an was für Werke des Verstandes, des Witzes und der Einbildungskraft wir unsere alljährlich eingehenden Honoranzen und Gebühren verwenden und mit welchen neuen deutschen und französischen Titeln wir unsern Bücherschatz verschönern und vermehren wollen. Wir legen endlich unsere taxierten Lesegelder zum Opfer hin und empfehlen zum völligen Beschluß uns eben so höflich und freundschaftlich, als wir anfangs einander empfangen hatten." – Dies alles möge seinen unverkennbaren Nutzen haben, aber, wenn man es aufrichtig gestehen wolle, ausschließlich für die Mitglieder der Gesellschaft. – ,,Denn nur wir werden des Vergnügens teilhaftig, alle Jahre eine wohl ausgearbeitete, öfters ganz in lucianischem Geist abgefaßte Rede anzuhören. Nur uns zur Belustigung und zum Wohl wird unsere Büchersammlung nach unserm, wie die Kleidermoden sich ändernden Geschmack vermehrt. Und nur das endlich, was unserer kleinen Gesellschaft allein nützlich und zugleich der Denkungsart der Ehrenglieder derselben allbefriedigend scheint, wird zur Beratung gebracht und, nachdem es eine Weile lang ventiliert worden, vergessen. Kurz, nur für *uns* wird bei den gesellschaftlichen Versammlungen gesorgt, eben als wenn wir für uns allein weiser, klüger und dabei zugleich glücklicher zu werden, gelobet hätten.''

Diese Bemerkungen führten zu einer in einem gewissen Grade politischen Krise der Gesellschaft. Insbesondere die geistlichen Mitglieder wollten nichts von einer derartigen Öffnung wissen. Nachdem noch 1791 fünfzehn Mitglieder an der Jahresversammlung ,,im vergnüglichsten hohen Wohlstande . . . ein gemeinsam freundschaftliches Mittagessen allhier beim Hecht'' genossen hatten, ruhte die Aktivität bis 1797, wo man in politisch bewegter Zeit zu erneuter Tätigkeit schreiten wollte. Die allgemeine Umwälzung von 1798 verunmöglichte dies jedoch, und erst 1820 bis 1824 versuchte man die alte Gesellschaft wieder zu beleben, deren Bestrebungen schließlich 1828 durch eine neue, weniger elitäre ,,Literarische Gesellschaft'' übernommen wurden.

Die ,,Toggenburger Moralische Gesellschaft'' ist an sich eine Lesegesellschaft; durch ihre Vortragstätigkeit jedoch hat sie auch den Charakter einer literarischen Gesellschaft. Der in ihrer Bezeichnung enthaltene Begriff des ,,Moralischen'' deutet auf die gemeinnützige Tendenz, die sich jedoch nicht auf die Praxis erstreckt, wie dies bei den andern ,,moralischen'', d. h. den ,,gemeinnützigen Gesellschaften'' der Fall ist.

3. Gemeinnützige Gesellschaften

Während sich Akademien, gelehrte, naturforschende und literarische Gesellschaften, nur sekundär und nebenbei mit der Umsetzung theoretisch-wissenschaftlicher Erkenntnisse in die Praxis beschäftigen – auch wenn Leibniz stets die ,,utilitas'' forderte –, so entsteht im Laufe des 18. Jahrhunderts ein neuer Gesellschaftstypus, der sich primär mit der Praxis befaßt, mit der praktischen Anwendung der Wissenschaften für die ,,Gesellschaft'' durch die ,,Gesellschaften''. Es ist dies der Typus, der – wenn wir von den Lesegesellschaften absehen, die auf ihre Art ebenfalls in die

Praxis gehen – der häufigste und erfolgreichste ist. Diese Gesellschaften wollen nicht beim theoretischen Studium, bei Diskussion und Publizistik stehen bleiben, sondern durch praktische Tätigkeit Direktwirkung erzielen, sei es auf den Gebieten der Volkswirtschaft, des Fürsorgewesens oder der Erziehung. Diese Absicht wird in einem Urteil über die ,,Patriotische Gesellschaft in Hamburg" 1798 allgemein umrissen: ,,Die frei zusammengetretene Gesellschaft der achtungswürdigsten Männer – beschäftigt sich nicht, wie man's in so vielen königlichen Akademien findet, mit abstrakten metaphysischen Spekulationen, die allerdings ihren Wert haben, sie gibt dem *nötigern* vor dem *nötigen*, dem *mehr nützlichen* vor dem den Vorzug, dessen Nutzen entfernter ist. Sie begnügt sich nicht mit Preisaufgaben und Preisausteilungen, um in unmittelbar dem gemeinen Wesen nützenden Dingen, die besten und zweckmäßigsten Vorschläge zu erhalten, sie tut mehr, und befördert die Ausführung, alles dessen, was für die allgemeine Wohlfahrt ersprießlich ist. Sie sorgt für Unterricht in besondern Gewerbszweigen – woran nicht bloß die Jugend, selbst erwachsene Handwerker und Handwerksgesellen, Anteil nehmen können, und wirklich Anteil nehmen, um sich in ihren Metiers geschickter und vollkommener zu machen. Sie gibt von Zeit zu Zeit öffentlich Rechenschaft von ihren Bemühungen und deren Erfolg, welches man von besoldeten Staatsbedienten nicht leicht erlebt, da diese mehr, wie der freie Staatsbürger, ihre beschworne Pflicht nur kümmerlich nach der alten Mönchsregel ausüben: fac officium tuum taliter qualiter et sta bene cum Domino priore (versiehe dein Amt notdürftig, und sei höflich gegen deine Vorgesetzte, damit sie aus Barmherzigkeit es so genau nicht nehmen, und Red und Antwort nicht fordern)."

Die gemeinnützigen Gesellschaften sind zwar ähnlich strukturiert wie die wissenschaftlichen. Ihre Mittel, die aus privaten Beiträgen der Mitgliederkollekten, hohen Eintrittsgeldern, manchmal auch Lotterien stammen, sollen aber praktischen Verwirklichungen dienen. Nach Möglichkeit suchen sie den Staat an ihren Unternehmungen zu interessieren.

An sich geht es um die Aufforderung an den Adel und an den Bürger, sich um mehr zu kümmern als um private Existenz und privates Wohlsein. Hinter der Bewegung steckt eine Transformation der christlichen Nächstenliebe in den Patriotismus, d. h. in den selbstlosen Einsatz für die ,,patria", aber nicht nur im politischen oder militärischen Sinn, sondern im sozialen Sinn. ,,Patria" ist nicht nur als engeres Vaterland zu verstehen, sondern bezieht sich auf die diesseitige Heimat überhaupt, also letztlich auf die ganze Menschheit.

Es ist nicht leicht, unter den vielen gemeinnützigen Gesellschaften zu differenzieren, weil die meisten allgemein wirksam sein wollten. Sie wurden gegründet, um in einer bestimmten Stadt, in einer bestimmten Region wirksam zu sein. Sie nennen sich einmal ,,Patriotisch-ökonomische Gesellschaft" (Prag 1764) ,,des Ackerbaus und der Künste" (Kassel 1765), ,,for the promotion of agriculture, arts and manufactures" (New York 1765), ,,der Hausväter" (Hamburg 1766). Oft führt man auch den Namen ,,Patriotische Gesellschaft". In den spanischen ,,Sociedades económicas (oder auch patrióticas) de Amigos del País" wird der beliebte Begriff des ,,Menschenfreundes" in denjenigen der ,,Freunde des Landes" umgewandelt. Der Begriff ,,gemeinnützige Gesellschaft" taucht in Basel 1777, in Lübeck 1789, in Dorpat 1792 auf.

Die Aktivität solcher Gesellschaften sollte sich auf alle Belange der Öffentlichkeit – die eigentliche Politik und Verwaltung ausgenommen – beziehen. Die Gesellschaften hatten in alle Lücken zu springen, die offen waren oder sich öffneten. Alle Belange des wirtschaftlichen und sozialen Lebens waren von Wichtigkeit: Es ging um die Förderung der Produktivität der Stadt oder der Landschaft. Für letztere wurden bald besondere ,,ökonomische" Gesellschaften gegründet, auf die wir im nächsten Abschnitt zurückkommen werden.

Förderung der Produktivität bedeutet – insbesondere in städtischen Verhältnissen – Entwicklung von Gewerbe und Industrie durch Einführung neuer Techniken, neuer Organisationsformen und neuartiger Schulung. Dies wurde vielfach in Verbindung mit den einheimischen Unternehmern ins Werk gesetzt.

Außerdem versuchten die Gemeinnützigen Gesellschaften die Infrastruktur einer städtischen Siedelung zu modernisieren – oft ging es um Fragen besserer Hygiene – und mit ihren Untersuchungen und Vorschlägen den politischen Behörden die nötigen Hilfen anzubieten.

Die meisten Gesellschaften blieben dabei nicht stehen, sondern kümmerten sich ebensosehr um die sozialen Bereiche, das heißt um die schlechter gestellten Schichten, was vor allem Armenfürsorge bedeutete. Bekanntlich wurde gerade dieses Gebiet im 18. Jahrhundert zum Problem, wo man mit den alten Methoden der mehr oder weniger organisierten Almosenpraxis christlicher Tradition nicht mehr recht durchkam. Die Bevölkerungszahl stieg an und damit die der Armen. Die modernen Methoden, diesem frühen Pauperismus zu begegnen, waren die Schaffung von neuartigen Armenhäusern (bzw. ,,work houses", Arbeitshäusern) und Armenküchen in Fortführung klösterlicher Traditionen, die Schaffung von neuen Spitälern für Kranke und Arme, die Schaffung von besonderen Waisenhäusern. Das hieß Verzicht auf das Almosen, das ja nur die überall grassierende Bettelei weiterförderte. Man wollte – wie dies in der ersten Preisfrage der Provinzialakademie von Châlons hieß – ,,die

Bettler für die Gesellschaft nützlich machen, ohne daß sie dabei unglücklich würden".

Soziales Eingreifen erstreckte sich jedoch nicht nur auf die Bettler und Armen. Mit der Einrichtung von Ersparniskassen begann man bei der arbeitstätigen Unterschicht einen Sinn für zeitgemäße Vorsorge zu wekken. Für Arbeiterkinder wurden eigene Schulen errichtet, denn das Jahrhundert glaubte an die Möglichkeiten der Erziehung auf allen Stufen.

Manche Gesellschaften – so etwa die ,,Patriotische Gesellschaft" in Hamburg – suchten auf allen Gebieten tätig zu sein, andere verlegten sich – wie etwa die ,,Moralische Gesellschaft" in Zürich – nur auf den sozialen Sektor, wieder andere – wie etwa die ,,Lunar Society" in Birmingham – beschäftigten sich vor allem mit den technischen Belangen der Industrieförderung.

Zutreffend ist die Zielsetzung in ihrer ganzen Weite festgehalten in den Grundsätzen der ,,Gesellschaft zur Aufmunterung und Beförderung des Guten und Gemeinnützigen" in Basel: ,,Die Beförderung, die Aufmunterung und die Ausbreitung alles dessen, was gut, was löblich, was *gemeinnützig* ist, was die *Ehre* und den *Wohlstand des gemeinen Wesens,* was die *Glückseligkeit des Bürgers* und des Menschen überhaupt erhöhen und vermehren kann, hat ein Recht auf die Aufmerksamkeit der Gesellschaft.``

Das erste Beispiel einer allgemein gemeinnützigen Gesellschaft: Die ,,Dublin Society for the Improvement of Husbandry, Agriculture and other useful Arts"
Die ,,Dublin Society", die sich der Entwicklung der ,,Kunst des Haushaltens, der Landwirtschaft und anderer nützlicher Gewerbe" widmen wollte, ist die Folge einer Hungersnot in Irland von 1724. Es ist die englisch-irische Oberschicht, welche die katastrophalen Folgen der englischen Politik in Irland, die Zerstörung der einheimisch katholischen wirtschaftlichen Strukturen durch Enteignungspolitik erkennt und aus Irland etwas machen will.

1731 gründeten der ökonomisch interessierte Philanthrop Thomas Prior und der außerordentlich aktive anglikanische Geistliche Samuel Madden mit zwölf weiteren Gesinnungsgenossen – sozial aufgeschlossenen Adligen und Geistlichen – diese Gesellschaft, die sich von vornherein als praxisgerichtet verstand: ,,Die Mitglieder der Gesellschaft wollen das Publikum nicht mit hübschen und elaborierten Spekulationen amüsieren oder die gelehrte Welt mit neuen und sonderbaren Beobachtungen bereichern, sondern sie wollen in der einfachsten Art den Fleiß der einfachen Handwerker befördern, sie wollen das praktische und nützliche Wissen aus den Bibliotheken und Kabinetten in die Öffentlichkeit tragen, kurz, ihre einzige Absicht ist, wohltätig zu sein, ganz egal, ob sie dieses Ziel durch neue Entdeckungen oder durch die Publikation schon bekannter Erfindungen oder durch Erweiterung der bisherigen Kenntnisse oder durch Verbreitung in einem weiten Publikum erreichen." Man erkennt hier die Spitze gegen die Akademien – wohl die ,,Royal Society", die eben ,,nur" wissenschaftlich tätig ist. Es geht ihnen kurz gesagt nicht um die Theorie, sondern um die Praxis. Jedes Mitglied sollte sich für eine bestimmte Richtung entscheiden. Man hatte sich, sei es in Naturgeschichte, Haushaltung, Landwirtschaft, Gartenbau, Gewerbe oder Manufaktur zu spezialisieren und dann die Ergebnisse dieser Studien der Gesellschaft mitzuteilen. Die Mitteilung geschah im Publikationsorgan der Gesellschaft, den ,Dublin Society's Weekly Observations': ,,Die Dublin Society sieht ihre wichtigste Aufgabe darin, den Geist der Industrie (d. h. des Gewerbefleißes) unter uns zu fördern, und wird fortfahren, dies durch die Publikation von Anleitungen zur Kunst des Haushaltens (husbandry) und anderer nützlicher Gewerbe zu fördern." In den ,Weekly Observations' wurden auch die Verhandlungen der Gesellschaft publiziert, Statistiken und neue Erfindungen mitgeteilt. Man wollte die Iren auf britische und auswärtige Untersuchungen aufmerksam machen, um so die Isolation der irischen Insel zu durchbrechen.

Eine wichtige Rolle spielen Preise und Auszeichnungen. Preisausschreiben über bestimmte Themen sind ein Mittel, überall das Interesse anzuspornen. Auszeichnungen werden gegeben für die beste Nachahmung von ausländischen Spitzen, die besten Textilerzeugnisse überhaupt, für besondere Aussaat, für Trockenlegung von sumpfigem Gebiet, für die Fabrikation von Most, Bier und Stachelbeerwein, für bestes Brot oder neue Fischfangmethoden.

Man entwickelte eine Modellfarm und errichtete Modellindustriebetriebe. Schließlich kümmerte man sich um die Unterstützung irischer Kunst und gründete sogar eine Kunstakademie in Dublin. Von Anfang an war man um den Ausbau einer Bibliothek bemüht, die zur wichtigsten in Irland wurde.

Ihre Mittel erhielt die Gesellschaft vorerst durch freiwillige Subskriptionen der irischen Gentry. Gegen die fünfziger Jahre sprach das irische Parlament der Gesellschaft größere Subventionen zu, und bald erhielt sie eine ,,Royal Charter", ein königliches Patent. Damit war ihre Existenz gesichert. Sie hat 1981 ihr 250. Jubiläum gefeiert.

Der Erfolg war so groß, daß 1754 eine entsprechende Gesellschaft in London für das englische Gebiet errichtet wurde: die ,,Society for the Encouragement of Arts, Manufactures, and Commerce". Der ,,Dublin

Society" war es gelungen, die maßgebenden Schichten zu aktivieren. Ihr allgemeiner Charakter, ihr Einsatz für Gemeinnützigkeit im weitesten Sinn – von der Industrie bis zur Landwirtschaft, sowohl technisch wie sozial – wirkte vorbildlich für die ganze „patriotische" bzw. „gemeinnützige" Sozietätsbewegung des Jahrhunderts.

Beispiel einer städtischen gemeinnützigen Gesellschaft: Die „Hamburgische Patriotische Gesellschaft" („Hamburgische Gesellschaft zur Beförderung der Künste und nützlichen Gewerbe")
Hamburg war Stadt und Republik. Das landschaftliche Territorium spielte keine Rolle, alles konzentrierte sich auf Wohl und Wehe der alten, wichtigen Handelsstadt, so günstig gelegen am Ende des langen Mündungsarms der Elbe. Politisch war sie frei, freier als irgendeine andere Reichsstadt, die irgendwo zwischen Fürstentümern eingekeilt war, ohne den freien Ausgang, den eben das Meer offerierte. Dergestalt war man auch primär nach außen orientiert, insbesondere nach London. Nur noch Bremen und Lübeck erfreuten sich ähnlich privilegierter Stellung im Deutschen Reiche.

Hamburg hatte zu Beginn des 18. Jahrhunderts wie manche andere Stadt mit inneren politischen Schwierigkeiten fertig zu werden, eigentlichen Klassenkämpfen zwischen den verschiedenen Schichten, wozu noch wirtschaftliche Unsicherheiten kamen. Später waren die aufklärerischen Auseinandersetzungen um die lutherische Orthodoxie zu bestehen. Die Bürgerkämpfe fanden mit dem Hauptrezeß von 1712 ihren Abschluß, aber die Stadt war aufgewühlt. Schon 1723 bildete sich eine erste „Patriotische Gesellschaft", die allerdings nicht allgemein tätig war, sondern sich auf die Herausgabe einer Zeitschrift, des berühmt gewordenen ‚Patriot' beschränkte, von dem wir noch zu sprechen haben. – Die erste „Patriotische Gesellschaft" traf sich noch bis 1748 als patriotisch-politischer Gesprächszirkel.

Die gemeinnützige Idee wurde jedoch ein Dutzend von Jahren später von einem intellektuellen Kreis, den Professor Hermann Samuel Reimarus, der bekannte Theoretiker theologischer Aufklärung, um sich gesammelt hatte, aufgegriffen. Inzwischen waren die Dubliner und die Londoner Sozietäten bekannt geworden, und 1764 war eine „société patriotique" in Paris gegründet worden. Man kam auf den Gedanken, nun auch in Hamburg so eine Gesellschaft zu gründen: „... zur Aufnahme der Handlung, der Künste, der Manufakturen und des Ackerbaus". Anlaß waren nicht zuletzt die Nachkriegskrise nach dem Siebenjährigen Krieg und die entstehende Konkurrenz der deutschen Fürstenstaaten mit ihrer monopolistischen Industriepolitik. Es ging um die Erhaltung der Wettbewerbsfähigkeit Hamburgs, zum Beispiel in der Kattundruckerei, die neben der Zuckersiederei den wichtigsten Industriezweig der Stadt darstellte: ,,Die Haupt-Absicht dieser Vereinigung, das ist der Flor unserer Gewerbe." Außerdem sollten Gemeinnützigkeit und Mildtätigkeit, das heißt Sozialfürsorge, ein wesentliches Anliegen der Gesellschaft sein. Man erwartete, daß ,,die menschlich gesinnten Reichen" ihr von Gott verliehenes Vermögen auch in dieser Art dem gemeinen Nutzen zur Verfügung stellen würden.

Die Gründung hatte sofort Erfolg: 96 Mitglieder schon im ersten Jahr 1765. Die Gesellschaft wurde durch ein Direktorium und eine vierteljährlich zusammentretende Mitgliederversammlung geleitet. 1789 wurde die Organisation verändert. Man wollte ,,mehr Publizität, mehr Solemnität und mehr Präzision in Betreibung der Geschäfte". Die Mitglieder sollten stärker aktiviert werden: Jede Woche eine Versammlung zur Unterhaltung über gemeinnützige Themata, monatliche Beratungsversammlungen für die laufenden Arbeiten, jedes halbe Jahr öffentliche Versammlungen mit offizieller Berichterstattung und Rechenschaftsbericht. Für die Leitung wurden feste Ämter geschaffen: Sekretär, Kassenverwalter, Bibliothekar und Inspektor für die von der Gesellschaft betriebenen Schulen. 1790 erweiterte man sich auch durch den Beizug von Assoziierten, d. h. Sachverständigen und Korrespondenten in Hamburg und auswärts.

Anfangs bestand die Gesellschaft primär aus Kaufleuten, Maklern und Unternehmern. Die übrigen – nur etwa ein Achtel – waren vornehmlich Akademiker, Juristen, Ärzte, Geistliche und Professoren. Ein Mitglied war Architekt. Von 1790 an erweiterte sich die Mitgliedschaft: mehr Mitglieder der Stadtregierung als vorher, mehr Geistliche und, erstmals, mehrere Handwerker. Den Großteil stellte nach wie vor die Kaufmannschaft. Bedeutsam ist, daß die Gesellschaft in dieser lutherisch geprägten Stadt Reformierte, Mennoniten und später Katholiken und Juden aufnahm.

Die Gesellschaft führte vorderhand kein eigenes Organ, sondern publizierte in der allgemein verbreiteten städtischen Zeitung. Ab 1792 veröffentlichte man die ,Wöchentlichen Gemeinnützigen Nachrichten von und für Hamburg' sowie die eigenen ,Verhandlungen und Schriften', deren erster Band auch die Gründungszeit berücksichtigte.

Durch Preisausschreiben suchte man die wichtigen Probleme zu erfassen und ins Publikum zu tragen. Und dann ging man an die Realisation. Für die ,,Industriosität" der Stadt arbeitete man vor allem durch den Gedankenaustausch unter den Mitgliedern. Unter anderem leistete die Gesellschaft die Vorbereitung für die Bankreform der Stadt von 1770.

Man machte neue Erfindungen bekannt. Seit 1790 führte man Handwerksausstellungen durch. Energisch setzte man sich für die Befreiung vom Zunftzwang ein und richtete sich gegen das Monopoldenken und die merkantilistische Abschließung. Dieser Kampf für die Wirtschaftsfreiheit stieß allerdings in der Stadt selbst und vor allem in den umliegenden fürstlichen Territorien auf Widerstand.

Insbesondere forderte man die gewerblich-technische Schulung: 1767 wurde eine Zeichenklasse eingerichtet, was den Beginn einer Gewerbeschule bedeutete. Allerdings scheiterte der Versuch einer Navigationsschule. Erfolg hatte die Einrichtung einer Schule für Chirurgie. Besonderes Augenmerk widmete man der technischen Entwicklung der Stadt: Blitzableiter, Feuerlöschwesen, Stadtreinigung, Straßenverbesserung. Dazu trat die Errichtung einer Rettungsanstalt für Ertrunkene. Eine Flußbadeanstalt und die ersten Seebäder in Cuxhaven sollten der physischen Ertüchtigung dienen.

Viel, sehr viel wurde auf dem sozialen Sektor getan. Man postulierte in Preisaufgaben Waisen-, Zucht- und Werkhäuser, Schulunterricht für die unteren Schichten, Arbeitsbeschaffung für arme Kinder. Die Stadt hat tatsächlich ihre Armenordnung auf Anregung der Gesellschaft modernisiert: Errichtung einer Armenanstalt, einer Armenarzneikasse und einer Ersparniskasse. Die Armenanstalt hat Arbeitslosen Arbeit und Arbeitsunfähigen Unterstützung verschafft, deren Kindern gab sie Schulung. Die Zahl der Unterstützungsbedürftigen reduzierte sich von 5166 im Jahr 1788/1789 auf 2689 zehn Jahre danach. Auch Fürsorge für werdende Mütter und für Säuglinge fehlte nicht. Natürlich hingen die Erfolge auch von der guten Konjunktur ab, die aber ihrerseits wieder Folge all der gesellschaftlichen Anstrengungen war.

Die Bemühungen um die Verbesserung des allgemeinen Schulwesens – in Hamburg galt das Schulehalten als freies Gewerbe – hatten allerdings Mühe – wie an so vielen Orten. So mißlang die Errichtung eines Lehrerseminars.

Die Gesellschaft, die heute noch existiert, wurde zum Vorbild der entsprechenden Sozietäten in Lübeck (1793), Nürnberg (1792) und später in Altona (1812). Sie ist überhaupt für den deutschen Raum von großer Wirkung gewesen. Ein Glück war, daß schon im zweiten Jahr ihrer Tätigkeit der Senat der Stadt der Gesellschaft den „stadtväterlichen Beifall und Schutz" verlieh, die Erlaubnis, sich als „Hamburgische" Gesellschaft zu deklarieren und ein Siegel zu führen. Das Wahrzeichen war der Bienenkorb mit dem Motto „Emolumento Publico", das heißt: „dem öffentlichen Fortgang und Nutzen".

Ähnlich wie die hamburgische, aber mit Schwergewicht auf dem sozialen Sektor, wirkte übrigens die Basler Gesellschaft zur „Beförderung des Guten und Gemeinnützigen", die 1777 auf Initiative des Ratsschreibers der Stadt, Isaak Iselin, des bekannten sozialpolitischen Schriftstellers und Editors der physiokratisch orientierten ‚Ephemeriden der Menschheit' durch eine Gruppe von Kaufleuten und Magistratspersonen gegründet wurde und, bis heute existierend, Basel ebenso prägte, wie dies die „Patriotische Gesellschaft" für Hamburg tat.

Beispiel einer ausgesprochenen „Hülfsgesellschaft": Die „Moralische Gesellschaft" in Zürich

Wenn Hamburg und Basel bewußt auf Öffentlichkeitswirkung in- und außerhalb ihrer Stadt tendierten, so ist die Zürcher „Moralische Gesellschaft" ebenso bewußt in aller Stille wirksam gewesen, was eine Ausnahme in diesem beredten und „tintenkleksenden" Saeculum darstellt. Zürich besaß seit 1747 die erfolgreiche naturwissenschaftliche Physikalische bzw. Naturforschende Gesellschaft, die 1759 sich auch auf den landwirtschaftlichen Sektor geworfen hatte. 1764 gründeten ein Dutzend Zürcher Bürger – präsidiert vom Stadtschreiber Salomon Hirzel – die „Moralische Gesellschaft", die im Zusammenhang stand mit einer in Bern und Lausanne vorangetriebenen allgemein schweizerischen Gründungsaktivität sozialfürsorgerischer Sozietäten, die aber nur zu vorübergehenden Erfolgen kam. Die Zürcherische Gründung hat lange überdauert. Es handelte sich um einen kleinen Kreis von einem Dutzend von Magistraten, Geistlichen und Professoren, einigen wenigen Kaufleuten und Handwerkern. 1798 zählte die Gesellschaft 35 Mitglieder. Ohne große Organisation, ohne Publikationsorgan – ja in einem gewissen Sinn wie eine Geheimgesellschaft – mobilisierte diese Gruppe genügend Finanzen, um eine gezielte Sozialfürsorge treiben zu können. Für die Armen: Waisenfürsorge, Gefangenenfürsorge, Alkoholfürsorge; Gründung einer Ersparniskasse; für die Jugendbildung: Errichtung einer Abendschule, Beschaffung von Schulbüchern, Unterstützung von Schulreisen, Verteilung von Neujahrsblättern historisch-patriotisch-sittlichen Inhalts, Mithilfe bei der Errichtung einer ersten Zürcher Mädchenschule und einer ersten Gewerbeschule. Der aufgeklärt frommen Haltung der Mitglieder entsprach die besondere Einrichtung von Sonntagsschulen, die Schaffung eines allgemeinen Gebetbuches und einer Sammlung biblischer Erzählungen. Unmittelbarer Anlaß zum ganzen Unternehmen war die Übersetzung von Ostervalds ‚Neuem Testament', einer dank erläuterndem Kommentar und praktischen Hinweisen für christliche Lebensführung in der reformierten Französisch sprechenden Welt schon sehr populären Bibeledition. Diese Übersetzung durch einen jungen Zürcher Geistlichen konnte infolge der

Beschaffung der nötigen finanziellen Mittel in viele Zürcher Haushaltungen verteilt werden.

Die Zürcher „Moralische Gesellschaft" wirkte im ganzen neunzig Jahre. Sie unterschied sich – wie schon gesagt – von vielen Sozietäten des Jahrhunderts durch den Mangel an Öffentlichkeit und an Publizität. Aber Zürich besaß eben in andern Sozietäten genügend spektakuläre Institutionen.

Beispiel der sozialpolitischen Initiative einer gesamtstaatlichen Sozietät: Armenfürsorge in den spanischen „Sociedades Patrióticas de Amigos del País"

An sich waren die schon genannten spanischen Gesellschaften – auf deren Struktur und allgemeine Bedeutung wir noch zurückkommen werden – gemeinnützige Gesellschaften im weitesten Sinn des Begriffs: „económicas" oder auch „patrióticas". Eine ihrer wichtigen Aktivitäten bezog sich aber auf das Armenproblem. Zuerst geschah dies theoretisch durch die Analyse des Problems in Untersuchungen, nachdem der Rat von Castilien an die „Sociedades" gelangt war. 1777 stellte die Gesellschaft von Valencia fest, daß die „obere Sozialklasse anderen Bevölkerungsklassen helfen könnte durch das Mittel der Gesellschaft, gute christliche und bürgerliche Sitten zu schaffen, welche Untätigkeit und Bettelei beenden könnten". In Valencia seien Schwärme von Bettlern festzustellen, die aus durchaus gesunden Leuten aller Altersklassen bestünden, vor allem auch Kinder beiderlei Geschlechts, „viele von ihnen mit dem Titel Student, die kaum lesen können". Sie seien eben in ungenügenden, schlechten Verhältnissen aufgewachsen und sie würden ihr Leben lang arbeitslos sein und zu Kriminellen werden. Dies sei die Folge der Wirtschaftskrise von 1771, wo in Valencia viele Seidenfabriken geschlossen wurden und etwa 1600 Familien in Armut gestürzt worden seien.

Im übrigen stellte man fest, daß das Zuviel an Festtagen – ein Problem der ganzen katholischen Welt, das die protestantische seit der Reformation nicht mehr kannte – zur allgemeinen Untätigkeit ansporne.

Man griff das bisherige, unkontrollierte, blinde und willkürliche System des Almosengebens an. Die Spanier hätten die falsche Vorstellung, daß Almosengeben eine Tugend sei, ein frommes Verdienst. Minister Campomanes schätzte die Bettler in Spanien auf 140000.

Dann folgen die Lösungsvorschläge: Man unterscheidet (wie einst die Reformation) zwischen verschuldeter und schuldloser Armut. Man sieht, daß die Bevölkerungsvermehrung ohne Arbeitsbeschaffung zur Verelendung führt. Darum postuliert man einmal die Schaffung von Armenhäusern, von „Montepios" oder „Casas de Misericordia". Aber die bisherigen Armenhäuser geben keine Erziehung und haben nicht die nötigen technischen Einrichtungen, um Arbeit zu verschaffen. Die Leute sind in den Häusern eingesperrt und können nicht heiraten. Also muß Arbeitsbeschaffung her, und für die Faulenzer braucht man eigentliche Zuchthäuser mit Arbeitszwang. Volksküchen sollen für die Ernährung bedürftiger Familien sorgen. 1779 errichtet man im königlichen Armenhaus von Madrid eine Textilspinnerei mit staatlicher Subvention, die der Leitung der Madrider „Sociedad" unterstellt wird. Nach drei Monaten Arbeit in Madrid sollten die Insassen in die Provinz versetzt werden, wo wiederum Arbeitshäuser errichtet werden sollten.

Aber die Schwierigkeiten zeigten sich bald. Man verfügte nicht über genügend Geldmittel. Die Armen zeigten zu wenig Fähigkeiten für die verlangte Arbeit. In Madrid mußten zu hohe Löhne ausbezahlt werden, und da die Rohmaterialpreise Schwankungen unterworfen waren, war der Verkauf unsicher. (Im übrigen hatte Pestalozzi zwischen 1774 und 1780 die gleichen negativen Erfahrungen mit seiner gescheiterten Armenschule im Neuhof bei Brugg machen müssen.)

Darum postulierte man mehr, und dies hätte teils Systemveränderung bedeutet: Änderung der Zunftordnungen, d. h. eine erweiterte Lehrlingsausbildung, Aufhebung der Zunftmonopole, Schaffung von Fonds für Krisenzeiten, Ersparniskassen für die Armen. Vor allem verlangte man stärkere Industrialisierung, wobei den Unternehmern Steuererleichterungen zu geben wären. Die „Sociedades" sollten vermehrt werden und derlei Unternehmungen unter ihre Führung nehmen. Das Endziel war die „ocupación honesta y útil", ehrliche und nützliche Beschäftigung.

In allen Industrieländern zeigten sich nun die Probleme, die im 19. Jahrhundert und bis weit ins 20. Jahrhundert zu meistern waren und die heute Probleme der Entwicklungsländer sind.

Beispiel einer ausgesprochen gewerblich-industriell ausgerichteten Sozietät: Die „Lunar Society" in Birmingham
Die „Lunar Society" ist eine der originellsten Sozietäten überhaupt. Sie entstand in einem gewissen Zusammenhang mit der 1754 gegründeten Londoner „Society of Arts" für die Beförderung der Gewerbe, Industrien und des Handels. Birmingham, in Warwickshire im mittleren England gelegen, war 1700 noch eine kleine Landstadt. Dann begann eine steile industrielle Entwicklung, getragen von Kreisen des „Dissent", jenen Nichtanglikanern, die hier ihre puritanische Tüchtigkeit unter Beweis stellen konnten. Um 1760 war Birmingham mit 30000 Einwohnern schon eine recht große städtische Siedlung. In den Boulton-Soho-Werken besaß sie eine Maschinenfabrik von internationalem Rang, ein Unterneh-

men, das von überallher als wahre Sehenswürdigkeit besucht wurde. Im Haus des Matthew Boulton, des großen Unternehmers, traf sich von etwa 1765 an ein Freundeskreis von Fabrikanten, Erfindern und Projektemachern. Das freundschaftliche Treffen fand jeweils jeden Monat statt, wenn Vollmond war.

Erst 1775 konstituierte sich die Gruppe zur „Lunar Society", zur „Vollmondgesellschaft". Etwas später gab sie sich schließlich auch Statuten, doch blieb die Organisation lose, nur in der Auswahl der Mitglieder blieb man selektiv, man wollte weiterhin Freundeskreis sein. Auch stand man untereinander in vielfacher verwandtschaftlicher Beziehung. Das wissenschaftliche Niveau war anspruchsvoll.

Die Mitglieder der „Lunar Society" stammten aus der frühindustriellen Unternehmerschicht, das heißt aus der englischen Mittelklasse. Außer Boulton stechen hervor der schottische Naturwissenschaftler William Small, der vorher Professor am College „William and Mary" in Virginia gewesen war, und vor allem James Watt, auch er schottischen Ursprungs. Als Instrumentenmacher war Watt nach Birmingham gekommen, wo er sich mit Boulton geschäftlich zusammentat, ein unermüdlicher Forscher und Experimentierer, der hier seine epochemachende Erfindung der Anwendung der Dampfkraft für technische Zwecke verwirklichen konnte. In William Withing besaß die „Lunar Society" – wie wäre es in diesem Jahrhundert anders möglich – auch den fortschrittlichen Mediziner.

Die Gesellschaft versammelte sich weiterhin jeden Monat einmal. Außerdem hielt sie pro Jahr ein größeres Meeting ab. Schließlich unterhielten die Mitglieder ein ausgedehntes Korrespondenznetz.

Die Tätigkeit der „Lunar Society" bestand aus gegenseitiger Information über wissenschaftliche Erkenntnisse, vornehmlich in Technik, Optik, Astronomie, Chemie, Mineralogie und Botanik. Versuche machte man in den eigenen Betrieben. Die ersten Mitglieder bildeten ein eigentliches Forschungsteam. Erleichtert wurden die Realisationen durch die geschäftlichen Verbindungen unter ihnen. Tatsächlich konnte man große wirtschaftliche Erfolge aufweisen, wenn auch die Konjunkturverläufe gelegentlich dämpfend wirkten.

Gleichzeitig kümmerte man sich um die Entwicklung der stets wachsenden Stadt Birmingham. Man ergriff die Initiative zur Errichtung von Spitälern, Straßenbau, Straßenbeleuchtung und Kanalbauten. Man diskutierte die Versorgungsprobleme bis zur Frage der Ernährung der Arbeiterschaft.

Gegen Ende des Jahrhunderts zeigte sich ein Erlahmen der Aktivität. In den Wirren von 1791 – Fernwirkungen der Französischen Revolution – wurden die Häuser und Laboratorien einzelner Mitglieder zerstört. Das war das Ende der Gesellschaft, deren Ruhm jedoch weit über die relativ kurze Wirkungszeit hinaus lebendig blieb.

Die „Lunar Society" steht in engem Zusammenhang mit der Entwicklung einer Stadt, die sich industrialisiert. Hier gehen naturwissenschaftliches Interesse, soziale Verpflichtung und industrieller Aufstieg Hand in Hand.

4. Ökonomisch-landwirtschaftliche Gesellschaften

Ein besonderer Typus der gemeinnützigen Sozietäten ist derjenige der ökonomischen, die sich vornehmlich oder ausschließlich mit den Problemen der agrarischen Ökonomie beschäftigen. Der nichtstädtische Teil der Bevölkerung war ja meist in der Landwirtschaft tätig und stellte den Großteil der Bevölkerung überhaupt dar.

Die Lage der Landwirtschaft – das heißt primär des Ackerbaus in Mitteleuropa – geriet im Laufe des 18. Jahrhunderts in eine Krise, die deutlicher empfunden wurde als frühere Krisen. Man war ja gewohnt, daß meist klimatisch, gelegentlich politisch-militärisch bedingte Mißernten die Folgen von Not, Hunger und Elend hatten. Das 18. Jahrhundert versuchte diesem Zyklus beizukommen und das Problem schlecht rentierender Landwirtschaft durch wissenschaftlich untermauerte Reformen zu lösen. Es erwies sich dabei, daß die Agrarstruktur, die sich seit dem 14. Jahrhundert herausgebildet hatte, nicht mehr zeitgemäß war. Die Dreifelderwirtschaft ließ stets ein Drittel des bebaubaren Bodens brach liegen. Der Zyklus Wintergetreide, Sommergetreide, Brache konnte durch bessere Bodenbearbeitung aufgehoben werden. Dies aber bedeutete einen politischen Eingriff in die herkömmliche Dorfstruktur, aber auch einen Eingriff in das bisherige Abgabensystem. Sollte der Zehnte auch für Neuland erhoben werden oder für neue Produktion wie den Kartoffelanbau?

Es ging darum, ob die Obrigkeit „Einschläge" gestattete, das heißt, es ging um die Umwandlung von nicht rentierendem Ackerland in Weideland, um die Reduzierung oder Aufhebung der Allmende, die nicht viel abtrug, da niemand dort an Bodenverbesserung interessiert war. Der Schutz der Wälder wurde wichtig. In der Regel nahm man allerdings damit der armen Bevölkerung die Möglichkeit, ihre einzige Kuh oder ihre Ziegen frei weiden zu lassen oder im Wald Holz zu sammeln, womit neue soziale Probleme entstehen konnten, die dann das 19. Jahrhundert zu verkraften hatte.

Ein weiteres Problem stellte die mögliche Mehrproduktion für den

Absatzmarkt dar. Die Bevölkerung war im Steigen begriffen und mußte Nahrung finden. Die Ansprüche an Essen und Trinken wurden differenzierter. Hier konnte die Verbesserung des Bodens helfen: Kunstwiesen durch Anbau von Futterkräutern, Hebung der Produktion durch Düngung und Bewässerung. Man wollte neben dem Getreide die Kartoffel fördern, das Gemüse, Obst und den Wein verbessern, aber auch das Vieh und die Milchprodukte. Den Schädlingen war mit neuen Mitteln auf den Leib zu rücken. Neuland konnte durch Trockenlegung von Sumpfgebiet gewonnen werden. Die Kanalisierung der vielarmigen Flußläufe drängte sich auf. Es stellten sich Probleme der Lagerung, etwa durch Dörrung, um dem raschen Verderb zu begegnen; dann die Frage der verbesserten technischen Mittel, moderner Pflüge und anderer bäuerlicher Werkzeuge, schließlich das Problem besserer Erschließung durch neuartigen Straßenbau.

Einleuchten mochte vor allem die direkte Krisenbekämpfung. Ein Mißjahr brachte häufig die Energien in Gang, die zur Gründung einer ökonomischen Gesellschaft führten. Man konnte Direktmaßnahmen ergreifen, aber man dachte immer mehr an langfristige Maßnahmen, und da schien die Freigabe des Handels anstelle der monopolistischen Abschließungen von Herrschaft zu Herrschaft das Heil zu versprechen. Man suchte aber auch die klimatischen Probleme in Griff zu bekommen und begann mit metereologischen Beobachtungen. Schließlich stellten sich die Probleme der bäuerlichen Haushalte, der Hygiene und der Erziehung.

Ein sehr umstrittenes, aber oft behandeltes Thema stellte das Problem der ländlichen Industriearbeit dar, das Eindringen von Manufaktur und Fabrik in den rein agrarischen Raum. Die einen sahen darin den Untergang einer erhaltenswerten und entwicklungsfähigen ländlichen Welt mit all ihren hergebrachten Werten, die andern glaubten, daß nur mit dieser Industrialisierung ländlichem Elend gesteuert werden könne.

Die allgemeine Situation – insbesondere der Reformbewegung im Bereich des grundbesitzenden Adels – hält ein französisches ökonomisches Lexikon fest, das 1767 in einer Neuedition in Paris herauskam: „Der achtenswerte Wunsch, die Böden zu verbessern und die Sorgfalt unserer ländlichen Besitztümer durch neue Pflanzungen zu verschönern, haben raschen Fortschritt gemacht. Früher gab es in Frankreich weit weniger Leute, die über die Wichtigkeit der ländlichen Ökonomie nachdachten. Heute wird diese Wissenschaft vom Adel geschätzt, man sieht viele Edelleute, die sich mit ihr vollberuflich beschäftigten, die den Unterschied erkannt haben zwischen dem Zustand, selbst Verwalter der eigenen Besitzungen zu sein, oder dem ruinösen Talent, deren Produkte zu verschleudern. Die Anregung, persönlich zu kultivieren, ist heute, wenn man will, zwar eine Modeerscheinung. Aber es handelt sich hier um eine sehr glückliche Mode: Sie bringt wirkliche Vorteile hervor, deren Fortsetzung wir nur wünschen können ... Wir haben das Beispiel des alten Griechenland, des alten Rom, von Holland und England befolgt. Das übrige Europa, das ja schon stark vom französischen Stil beeinflußt ist, hat sich beeilt, uns nachzuahmen. Man hat die Wichtigkeit und Ernsthaftigkeit unseres modernen Geschmacks erkannt. Wir sind der Grund, daß sich die Landwirtschaft erneuert und sich sehr verbessert in diesem schönen Teil des Universums.‟

Der Autor hat teils recht. Wirklich griff die agrarische Bewegung auf die antiken Autoren, Cato, Columella etc. zurück. Das Holland des 17. Jahrhunderts mit der entsprechenden Intensivwirtschaft war Vorbild gerade auch durch seine so eindrückliche Landschaftsmalerei. England bzw. Großbritannien hatte einen Vorsprung von etlichen Jahrzehnten auf Frankreich. Der Gentleman-farmer war in der politisch maßgebenden Schicht der ländlichen Gentry schon längst vorgebildet. Es war die irische Gentry, die in der „Dublin Society‟ das erste Beispiel dafür gab, daß all die agrarischen Postulate sich mit dem Mittel der Zusammenarbeit in einer ökonomischen Gesellschaft leichter lösen ließen. Dublin und London sind die Modelle auch in landwirtschaftlicher Beziehung geworden. Kurz vor der Gründung der Londoner Gesellschaft griff die Bewegung auf den Kontinent über: 1753 entstand in Florenz die „Accademia dell’ agricoltura ossia degli Georgofili‟, das heißt der „Freunde des Bauern‟, 1754 im kurmainzischen Erfurt die „Akademie nützlicher Wissenschaften‟, 1757 im französisch-bretonischen Rennes die „Société d’agriculture‟, 1759 im schweizerischen Bern die „Ökonomische Gesellschaft‟. Damit war der Bann gebrochen. 1764 wird Spanien durch das Baskenland mit der „Real Sociedad Bascongada de los Amigos del País‟, 1765 Österreich mit der „Ackerbaugesellschaft‟ in Kärnten erfaßt. Von der Gründung in Dublin an zählen wir weit über hundert Gründungen in Europa und in beiden Amerika.

Die Rolle dieser ökonomischen Gesellschaften ist im allgemeinen die Erkenntnis landwirtschaftlicher Not, die Erkenntnis überholter Verwaltungsnormen und überholter Produktionsmethoden. Aufgrund solcher Kenntnis geht man über zur „Aufmunterung‟, zur „Emulation‟, das heißt zum Versuch, aus dem bisherigen unbeweglichen Zustand herauszukommen. Das bedeutet Aufklärung, Aufklärung der adligen und patrizischen Grundbesitzer und der Bauernschaft. Man gibt sich nicht mehr zufrieden mit „bloß geringfügigen Nebendingen, mit Haus- und Wirtschaftsrezepten‟, sondern will der Landwirtschaft „durch reif überdachte Maßregeln und Verbesserungsvorschläge aufhelfen‟.

Für viele geht es dabei um ein unmittelbares Interesse an der höheren Produktivität des eigenen Landgutes und um größeren Absatz oder Absatz überhaupt! Man hat so oder so die Gutsbesitzer nötig, ,,nicht nur Gelehrte, . . . sondern auch in allen ökonomischen Geschäften praktisch erfahrene Männer". Nicht zu vergessen ist jedoch der ,,goût pour l'agriculture", die ,,Lust zum Landleben". Das bedeutet eine neuartige Liebe zur Natur, ganz unmittelbar und ohne wirtschaftliche Gewinnabsicht. Die ,,ökonomischen Patrioten" – so werden diese ,,Georgofili" oft genannt – kennen Geßners Idyllen und Doktor Hirzels ,,ländlichen Sokrates", jenen Zürcher Musterbauern Jakob Guyer, den ,,Kleinjogg" oder auch des Marquis von Mirabeau ,,Ami de l'homme", den ,,Menschenfreund". Das ist ein Stück Schäferidyll – aber mit Mist, Meßlatte und Rechnungsbuch.

Beispiel einer der ersten agrarischen Gesellschaften auf dem Kontinent: Die ,,Société d'agriculture, de commerce et des arts, établie par les Etats de Bretagne"
Die Bretagne, einst eigenes Herzogtum und immer noch im Besitz einer eigenen Ständeversammlung, befand sich am Rande des sich zentralisierenden Frankreich. Die landwirtschaftliche Produktion lag darnieder. Versuche zu deren Hebung, die in der ersten Jahrhunderthälfte einige Kleinadlige unternahmen, blieben isoliert, weil die Unterstützung ihrer Standesgenossen fehlte und weil sie nicht über die nötigen theoretischen und technischen Kenntnisse verfügten.

Doch nach längerer Vorbereitung konnte 1757 in Rennes die bretonische ,,Gesellschaft der Landwirtschaft, des Handels und des Gewerbes" gegründet werden. Sie ist die Frucht einer erstaunlichen gemeinsamen Anstrengung der ganzen bretonischen Oberschicht, des Adels alter und neuer Herkunft, der adligen Kreise um den obersten Gerichtshof, des ,,Parlement", und der Kaufleute adliger und bürgerlicher Abstammung. Es fehlten nicht etliche Geistliche, darunter der Bischof von Rennes. Da diese Gruppen im Ständeparlament der Provinz dominierten, war es ihnen ein leichtes, für die ,,société d'agriculture" die offizielle Anerkennung und die entsprechenden Kredite zu erhalten. Bei der Gründung spielte auch der bretonische Eigenstolz eine bestimmte Rolle. Eine bretonische Sozietät war an sich aus nationalprovinziellen Gründen zu begrüßen – auch wenn viele altbretonische Adlige gar nicht so sehr an landwirtschaftlicher Innovation interessiert waren.

Das Programm der Gesellschaft sah die Schaffung von ,,Kunstwiesen" durch Anbau von Nutzpflanzen, durch Wässerung und Düngung vor, außerdem Verbreitung neuer Methoden zur Erhöhung der Bodenproduktion und zur Belebung des Handels sowie Förderung der Urbarmachung von unfruchtbarem Boden. Schließlich dachte man auch an die Freigabe des Kornhandels.

Das Programm entsprach den in Frankreich heftig diskutierten Ideen der „Physiokraten", die in der Bretagne mit Montaudoin und dem Sekretär der Gesellschaft, Abeille, überzeugte Anhänger besaßen.

Die Gesellschaft publizierte Memoiren und Preisausschreiben. Man wollte insbesondere an die Bauern gelangen. Es wurden „Bureaux secondaires" – eine Art von Zweiggesellschaften – in verschiedenen regionalen Zentren, in Dol, St-Malo, St-Brieux, Tréguier, St-Pol de Léon, Quimper und Vannes errichtet. In einem ‚Corps d'observation' sammelte man das zur bessern Kenntnis des Landes notwendige Material. 1757/58 kam schon ein erster Band heraus. Um ihn bemühten sich besonders der Sekretär Abeille und Védier, ein Repräsentant der königlichen Zentralverwaltung. Letzterer verstarb aber schon 1762, was für die Gesellschaft einen großen Verlust bedeutete. Drei Jahre darauf traf sie ein neues Unglück. Ihr Sekretär wurde verdächtigt, an einer Schrift über die königlichen Steuerrechte in der Bretagne Teil gehabt zu haben, die den Zorn des altbretonischen Adels heraufbeschwor. Die Folge war, daß Abeille die Bretagne zu verlassen hatte. Die Gesellschaft war damit sowohl in den Augen der Zentralverwaltung wie in denjenigen der Provinzstände diskreditiert.

Zwar versuchte sie sich wieder aufzuraffen. Man wollte sich mehr auf Förderung des Handels verlegen, der auf größeres Interesse der städtischen Mitglieder stieß, und man zog 1769 vermehrt Vertreter aus den Städten herbei. 1772 konnte man noch den zweiten Teil des ‚Corps d'observation' publizieren. Aber die Aktivität war gelähmt. Und dies nicht allein aus politischen Gründen.

Wie so oft in französischen Provinzen gab es zu wenig Bodenbesitzer – und das war der Adel –, die ihren Besitz selbst kultivierten. Sie waren, auch wenn sie sich für die Landwirtschaft interessierten, viel zu wenig vertraut mit deren Gegebenheiten. Wenn schon, dann kümmerte sich der Adel primär um die Pferdezucht. Vor allem aber scheiterte man bei den Bauern. Man wollte ja mit Schriften an sie gelangen. Dies aber genügte nicht: Man mußte sich eingestehen, daß sie nur „darüber lachen und nichts weiteres unternehmen würden". Der Mangel an Bildung und die Armut der Bretonen erwiesen sich bald als unüberwindliches Hindernis.

Der einzige konkrete Erfolg der „Société d'agriculture" war in der Urbarmachung zu verzeichnen. Die Kunstwiesen betreffend verzeichnete man nur vereinzelte gelungene Versuche. In der Propaganda für die Kartoffel kam man nur langsam vorwärts, auch wenn man – vielleicht die letzte Aktion der Gesellschaft – in Verbindung mit der königlichen Intendantur im Jahr 1774 von der amerikanischen Belle-Ile Kartoffeln kommen ließ und sie in der ganzen Bretagne verteilte.

Schon 1770 verweigerte ein Teil des Adels in der Ständeversammlung die notwendigen Kredite. Der königliche Intendant notierte damals, daß dies die Zerstörung der Gesellschaft bedeute. Tatsächlich schlief die Aktivität allmählich ein, und fünfzehn Jahre später stellte man fest, die Gesellschaft existiere „schon lange" nicht mehr. Versuche zur Wiederbelebung scheiterten.

Was blieb, war immerhin die Tatsache einer Anstrengung, die auf lange Sicht sich doch als Belebung der Landwirtschaft auswirkte.

Beispiel einer agrarischen Sozietät in einer Republik: Die „Ökonomische Gesellschaft" von Bern

Bern war der größte Stadtstaat nördlich der Alpen und war auch weitaus das größte Kantonsterritorium in der Eidgenossenschaft. Es unterstand der tüchtigen, aber etwas altväterischen Regierung durch ein hauptstädtisches Patriziat, das sich um Straßen- und Waldpolitik kümmerte, sonst aber das meiste beim Alten ließ und auf eine gescheiterte Industriepolitik zurückblickte. Dieses Patriziat, das grundsätzlich nicht Handel treiben wollte, war eminent landverbunden. Die Patrizier besaßen in der Regel ein kleineres oder größeres Landgut, das sie meist noch selbst verwalteten. Außerdem waren die meisten als Landvögte – Amtmänner in den ländlichen Regierungsbezirken – mit ihrem Verwaltungsgebiet gut vertraut. Ein altreformiertes Arbeitsethos war eben daran, sich am Pflichtbegriff der Aufklärung neu zu orientieren.

Aufgemuntert durch die Nachrichten von den Gesellschaften in Dublin und London und besonders durch diejenige aus der Bretagne sowie durch eine landwirtschaftliche Tendenz in der Zürcher Naturforschenden Gesellschaft, schritten im Jahre 1759 einige Patrizier unter der Führung des ehemaligen Landvogts Samuel Engel und des Gutsbesitzers Johann Rudolf Tschiffeli zur Gründung einer ökonomischen Gesellschaft, die anfangs nicht nur für den Kanton Bern, sondern für die gesamte Schweiz geplant war.

Bern kam eben aus einer gewissen landwirtschaftlichen Krise. Der Winter 1757 war lang gewesen, und im Juli 1757 herrschte Kälte und Regen. Das Korn mußte man naß einbringen, und es war ausgewachsen. Die Zehnterträge – aus denen der Staat lebte – erreichten im November einen Tiefstand.

Das Ziel war das gleiche wie andernorts: „Es soll die Absicht der Gesellschaft sein, den Landbau, den Nahrungsstand und die Handlung in

Aufnahme zu bringen. Das ist: Den Abtrag des Landes zu vermehren, die Verarbeitung der Landeswaren zu verbessern und den Vertrieb derselben zu erleichtern." Wenn man diese „Absichten" auf die Agrarwirtschaft allein bezog, so hieß das: „Die beste Ökonomie ist: mit wenig Samen, wenig Land und wenig Arbeitskräften ein verhältnismäßig starkes Produkt an Gewächs hervorzubringen."

Die Organisation der Gesellschaft war dreiteilig: Eine „große Gesellschaft" sollte die Preisausschreiben in feierlicher Sitzung einmal jährlich verabschieden. Eine „mittlere Gesellschaft", mit monatlicher Sitzung, war für die Rechnung zuständig und hatte die Preisausschreiben abzufassen und zu beurteilen. Die „Kleine Gesellschaft" hatte die eigentliche Leitung und kam jede Woche zusammen (im Sommer jeden Monat). Sie führte die Korrespondenz. Bis 1798 zählte man insgesamt 184 Mitglieder, von denen etwa die Hälfte aktiv in der Gesellschaft tätig war. Es handelte sich vornehmlich um landbesitzende Patrizier, dazu Pfarrer, Ärzte, Professoren und Kaufleute. Im ganzen wurden nur zwei Bauern, und dies nur in den ersten Jahren, aufgenommen.

Das Publikationsorgan, die „Abhandlungen und Beobachtungen', wurde doppelt, deutsch und französisch geführt; der Kanton war zweisprachig, und die Absicht internationaler Wirkung gebot, auch eine französische Ausgabe zu veranstalten. Diese Publikation wurde sofort in Europa bekannt und benützt und hatte ebensoviel, wenn nicht mehr Wirkung als die englischen Zeitschriften. Dazu trat eine umfassende Korrespondenz, die man mit der übrigen Schweiz, mit England, Frankreich, Spanien, Schweden, Dänemark, Deutschland, den Niederlanden, Polen und Italien führte. Die Zeitschrift der Gesellschaft enthielt vor allem die Antworten auf die Preisausschreiben.

1761 wurde zur Gründung von Zweiggesellschaften geschritten, die im ganzen Kanton die einzelnen Regionen besser erfassen sollten. Es sind über zehn gegründet worden, im Emmental, im Simmental, in den Kleinstädten Aarau und Nidau, sowie zahlreich im französischen Landesteil, in Avenches, Lausanne, Nyon, Vevey, Aigle, Payerne und Yverdon. Damit wurde die regionale Oberschicht – Pfarrerschaft und Magistratur – aktiviert. In den benachbarten eidgenössischen Städten Freiburg, Solothurn und Biel entstanden gleichzeitig selbständige ökonomische Gesellschaften, die mit Bern eng verbunden waren.

In den ‚Abhandlungen' dominierte der landwirtschaftlich-naturwissenschaftlich-geographische Teil mit etwa 70%: Getreidebau, Wiesenwässerung, Weinbau, Düngerzubereitung, Bodenkunde, Viehzucht, Allmendaufteilung, Alpwirtschaft, Urbarisierung. Nur 8% behandelte das bernfremde Thema von Industrie und Handel. Wichtig waren topographische und statistische Beschreibungen von einzelnen Teilen des Kantons und der übrigen Schweiz.

Dazu trat eine allgemeine Aktivität der Mitglieder: Ausbau des eigenen Betriebs zum Mustergut, praktische Versuche im Land rundum, metereologische Beobachtungen und Propaganda neuer Agrotechniken. All dies geschah stets in engem Kontakt mit den Landleuten selber. Allerdings ging man nicht so weit wie die auch 1759 gegründete ökonomische Kommission der Zürcher Naturforschenden Gesellschaft, die ,,Bauerngespräche" veranstaltete, bei denen sich die städtischen Gesellschaftsmitglieder mit den Bauern selbst über die Reformen unterhielten.

Wie hoch das Ansehen der Berner Gesellschaft war, zeigt der 1764 verfaßte Bericht des Grafen Karl von Zinzendorf, der im Auftrag des österreichischen Staatsministers Kaunitz dieses so entwickelte Nachbarland bereiste: ,,Die ökonomische Gesellschaft zu Bern ist eine Mutter aller nach der Zeit in Frankreich, Engelland, Deutschland und selbst in der Schweiz entstandenen ähnlichen Veranstaltungen." Auch wenn diese Feststellung – besonders was England betrifft – unrichtig ist, so zeigt sie, wie sehr man Bern als führende Gesellschaft betrachtete. Zinzendorf spricht anschließend von der Tätigkeit einzelner Mitglieder: ,,Die Gesellschaft bestehet aus sehr geschickten und wackern Mitgliedern, dahin der Präsident, Herr Sinner, und beide Gebrüder Tscharner gehören. Sie stellen selbst Versuche an und teilen Preise aus. Ein lebhafter und nützlicher Mann unter ihnen ist ihr Vize-Präsident, der Chorschreiber Tschiffeli. Dieser redliche und verehrungswerte Patriot hat es auf seinem kleinen Landgute zu Kirchberg in Wässerung der Wiesen ungemein weit gebracht. Er siehet hauptsächlich darauf, dem Erdreich einen gleichen Abfluß zu geben, und unter seinen Rigolen haben einige einen doppelten Endzweck, teils das Wasser abfließen zu lassen, teils es nach dem Abfluß über ein Beet wieder zu fassen, damit es neue Säfte in sich nehmen und so dann mit desto mehrerem Nutzen über die folgenden Wiesen-Beeter abträufeln möge. Er hält es von der größten Notwendigkeit, das Wasser nicht allzuroh auf die Wiesen zu lassen."

In dieses Lob der ,,Ökonomischen Gesellschaft" flicht Zinzendorf allerdings eine einschränkende Bemerkung ein: ,,Es macht aber der Regierung wenig Ehre, daß diese Gesellschaft so wenig Unterstützung von derselben sich bisher zu erfreuen gehabt." Tatsächlich verdarb es zwei Jahre darauf die Gesellschaft mit dem Staate. Die Konservativen im Patriziat hatten all diesen ökonomischen Umtrieb nie gerne gesehen. Eine in der Zeitschrift der Gesellschaft erschienene Abhandlung über die Bevölkerung der Waadt gab den Vorwand. Bevölkerungsstatistik bedeutete Einmischung in politisch-militärische Belange. Die Mehrheit der Staatsregierung, insbesondere das Standeshaupt, versuchte nun die Aktivität der Gesellschaft entscheidend zu lähmen. Es ging um ein Kräftemessen zwischen fortschrittlichen und immobilen Kräften im Patriziat. Man konnte zwar die hauptstädtische Gesellschaft retten, deren Präsidium der an sich politisch unangreifbare Albrecht von Haller übernahm. Aber die Zweiggesellschaften gingen ein, da ihre Aktivität nun dem jeweiligen Landvogt unterstellt wurde. – Auf kleinem Feuer ging die Arbeit in Bern weiter. Einige staatliche Aufträge für Gutachten wurden in der Folge doch erteilt, betreffend Wildbachverbauung, Käfervertilgung, Maulbeerpflanzungen. Mit dem Staat führte man 1771 eine Erntestatistik und 1787 eine Viehzählung durch. Die Gesellschaft aber wandte sich unter Haller mehr den ungefährlicheren naturwissenschaftlichen Aufgaben zu. In den siebziger Jahren nahm sie unter Niklaus Emanuel Tscharner einen erneuten ökonomischen Anlauf. Vor der Revolution glich sie jedoch eher einer „gelehrten, patriotischen" Gesellschaft im allgemeinen. Sie existiert, schon lange wieder landwirtschaftlich orientiert, heute noch.

Beispiel einer agrarischen Sozietät in einem protestantischen deutschen Fürstentum: Die „Celler Sozietät und Landwirtschaftsgesellschaft"
Wie die Berner Gesellschaft so wollte diejenige von Celle eine ökonomische Sozietät für ein Territorium, in diesem Fall für das Kurfürstentum Hannover bzw. „Braunschweig-Lüneburg", sein. Die Gründung erfolgte 1764 auf eine Anregung von London her, wo Georg III., König und Kurfürst, „nach dem Beispiel anderer Reiche und Staaten ... in deren deutschen Provinzen eine Gesellschaft ökonomischer Patrioten" für wünschbar hielt. Hannover hatte einen zahlreichen ritterschaftlichen Adel, der den Boden selbst noch bewirtschaftete, sowie eine starke Bauernschaft. Man stritt sich um die beste Konzeption für eine Landesökonomie, und da konnte eine Gesellschaft aufklärend und helfend beste Wirkung tun. Gegründet wurde die Gesellschaft durch eine Gruppe von acht Männern, die großteils selbst Grundbesitzer waren und teils in ländlichen Ämtern saßen. Es fehlte auch nicht der Geistliche, Superindendant Friedrich Jacobi, Präsident der Gesellschaft. Die Seele des Ganzen war jedoch der Legationsrat Jobst Anton von Hinüber, kurhannoverscher Postmeister und Klosteramtspächter auf Marienwerder. Dahinter stand der hannoversche Minister in London, Buchard Christoph von Behr, geboren auf dem Gut Stellichte im Lüneburgischen.

Die Arbeit wurde primär vom engeren Ausschuß geleistet, wozu eine Reihe von korrespondierenden Mitgliedern trat. Bis 1786 zählte die Gesellschaft 262 Mitglieder. Ein gutes Drittel war im Kameral-, Forst-, Militär- und Fortifikationswesen tätig, etwa ein Fünftel – Stadt und Flekkenbürger – war gewerblich engagiert, ein gutes Achtel stellten die Pastoren. Den Rest – ein Drittel der Mitglieder – bildeten Professoren und Advokaten, Domänenpächter und Domänenverwalter, Landräte und Gutsbesitzer, Handwerker und Gartenmeister, Ärzte und Apotheker und schließlich ein paar Haus- und Gastwirte.

Die Gesellschaft publizierte ‚Nachrichten über Verbesserung der Landwirtschaft und des Gewerbes‘.

Die Gesellschaft hat wie die Berner Gesellschaft Zweiggesellschaften gegründet, sogenannte „Cantonsgesellschaften“ – solche bestanden 1766 in Celle, Uelzen, Hannover, Nienburg, Dannenberg und Stade.

Man kümmerte sich um alles, was in der Landwirtschaft Not tat: Hebung der Produktionsbedingungen, Verbesserung der Viehzucht, Landwirtschaftsmaschinen; weniger um Wiesenbau und Bewässerung oder um die Propaganda des Kartoffelanbaus.

Viel wurde auch von Privaten geleistet, die auf ihren Gütern Versuche vornahmen. Wichtig war die Bauernaufklärung, die allerdings sehr schwierig war. An die Pastoren des Landes wurden die ‚Abhandlungen‘ unentgeltlich verteilt.

Die Celler Sozietät ist der Typus einer Gesellschaft, die eng mit dem Staat bzw. dessen reformabsolutistischer Landesökonomie und den aufgeschlossenen Mitgliedern der bürgerlich-adligen Gesellschaft zusammenarbeitete. Allerdings war es schwierig, die zentralistisch-reformistischen Ideen Georgs III. durchzusetzen, da das Land an den alten Zuständen hing und vor allem verwaltungsmäßige Änderungen nicht erwünscht waren. Außerdem befand sich die Regierung in London, und die britischen Probleme hatten letztlich den Vorrang. Aber es konnte doch sehr viel geleistet werden für die Hebung der Eigeninitiative der Bauern und Gewerbetreibenden. Die Gesellschaft kann als der verlängerte Arm des englischen Wirtschaftsreformismus betrachtet werden.

Die Gesellschaft existierte weiter und konnte zu Beginn des 19. Jahrhunderts viel von den Programmen des 18. Jahrhunderts verwirklichen, unter anderem die Einrichtung einer landwirtschaftlichen Lehranstalt.

Beispiel einer agrarischen Sozietät in einem katholischen deutschen Fürstentum: Die „Churbaierische Landesökonomiegesellschaft in Burghausen“
Das Kurfürstentum Bayern schwenkte in der Mitte des 18. Jahrhunderts unter Kurfürst Maximilian III. Joseph in eine patriarchalisch-aufklärerische Linie ein, die, kirchlich schon vorbereitet, sich in der Beamtenschaft – vor allem durch den Freiherren Johann Adam von Ickstatt – manifestierte und in der 1746 begonnenen Reform der Universität Ingolstadt

und der 1759 erfolgten Gründung der Akademie in München, sowie schließlich auch in der Gründung einer ökonomischen Gesellschaft ihren Ausdruck fand.

Es begann mit einem kleinen Kreis von Beamten und Offizieren um den Kanonikus Joseph Franz Xaver von Hoppenbichl im ostoberbayrischen Altötting, der sich 1765 zu einer „Gesellschaft der schönen Wissenschaften zu Oettingen am Inn" konstituierte. Diese schwache Kopie der Münchner Akademie wurde durch den Münchner Hofkammerrat Joseph Franz Seraphim von Kohlbrenner von 1769 an in eine ökonomische Gesellschaft umgewandelt. Deren zweite Klasse sollte sich mit „Versuchen und Verbesserungen des Feld-, Acker und Wiesenbau, mit Bekanntmachung der edlen Forstwirtschaft", mit „Landwirtschaft überhaupt" befassen. Die erste Klasse hätte der Reform des Schulwesens, die dritte der „Weltweisheit", insbesondere der Physik, Naturlehre und Botanik dienen sollen. Diese Dreiklasseneinteilung kam jedoch nicht zum Tragen, denn die landwirtschaftliche Thematik dominierte über die andern Klassen.

Unter dem Einfluß des Burghausener Regierungsrates Leopold Freiherr von Hartmann nahm die Gesellschaft Beziehungen mit andern Wissenschaftlern in Bayern, Sachsen, Österreich und Schwaben auf und trat in Verbindung mit der kaiserlich-königlichen Oberösterreichischen Gesellschaft des Ackerbaus in Linz, sowie mit der kursächsischen physikalisch-ökonomischen Bienenanstalt zu Kleinbautzen in der Oberlausitz und zur kurpfälzisch physikalisch-ökonomischen Gesellschaft zu Lautern.

Die Mitgliederzahl stieg zwischen 1768 und 1774 von unter fünfzehn auf etwa hundertdreißig. Es gab wie überall ordentliche, korrespondierende und Ehrenmitglieder. Die Mitglieder rekrutierten sich zur Hälfte aus der Beamtenschaft der Region. Ein Viertel bildeten Geistliche. Das restliche Viertel stellten Ärzte, Apotheker, Lehrer, Gelehrte und Handwerker. Nur 5% entfielen auf Grundherren! Es handelte sich also um die gesellschaftliche Führungsschicht, vor allem um die lokale Regierungs- und Verwaltungselite.

Die Tätigkeit war primär aufklärerisch im publizistischen Sinn. Von 1779 an edierte man den „Baierisch-Ökonomischen Hausvater', mit vielen ackerbaulichen und naturwissenschaftlichen Beiträgen, mit ein wenig Ökonomie – zum Beispiel ,Von der Bereicherung eines Landes durch den Flor und die Aufnahme des Handlungsgeschäftes mittels nützlicher Fabriken und Manufakturen' – und allgemeinen Themen kameralwissenschaftlicher, polizeiwissenschaftlicher und bildungspolitischer Art. Das Abonnement des ,Hausvaters' wurde durch Regierungserlaß für die Beamtenschaft und die Geistlichkeit obligatorisch erklärt, was allerdings auf großen Widerstand stieß. Die Zeitschrift hielt sich denn auch nur für vier Jahre.

In der Praxis führte man das von Hartmann angelegte Naturalienkabinett weiter. Für Schädlingsbekämpfung und Ertragsverbesserung wurden Versuche angestellt, aber sonst überließ man die Verbesserung der Privatinitiative einzelner Mitglieder. Der Versuch der Errichtung einer Kameralschule in Burghausen war zum Scheitern verurteilt.

An den unregelmäßigen Versammlungen wurden Reformen diskutiert. Öffentliche Festreden anläßlich des Geburtstages des Fürsten sorgten für eine gewisse Publizität.

Mit den achtziger Jahren ging die Aktivität zurück. Die Gesellschaft wurde zu einer Privatinstitution Hartmanns, die sich immer mehr nur noch auf die jährliche Festrede beschränkte und keine landwirtschaftlichen Probleme mehr behandelte. Die kurfürstliche Unterstützung wurde reduziert. Nachdem Burghausen nicht mehr lokales Regierungszentrum war, ging die Gesellschaft 1802 in aller Stille ein.

Ähnlich wie bei vielen Gesellschaftsgründungen liegt hier ein vielversprechender Beginn vor. Die starke Bindung an die kurfürstliche Regierung, die allgemein höfische Orientierung der Mitglieder, wenig Anteil des an sich schon schwachen Bürgertums und der Grundbesitzer erklären die beschränkte Wirksamkeit der Burghausener Gesellschaft, die immerhin als gesellschaftliche Vereinigung einer aufgeklärten Oberschicht ihre innere Bedeutung hat.

5. Patriotisch-politische Gesellschaften

Sozietät und moralpolitische Zeitschrift

Es gibt eine kleine Anzahl von Sozietäten, die sich weder ins akademische, noch ins literarische, noch ins gemeinnützige Schema einreihen lassen. Es sind Gesellschaften, die primär politische Absichten hegen, allerdings nicht „politisch" im Sinn von Politik einer Partei, wie sie sich zu Ende des Jahrhunderts abzeichnet und im nachfolgenden verfestigt, sondern im Sinn eines „parti des lumières", einer „Aufklärungspartei", die sich grundsätzlich gegen die Kräfte des Immobilismus, der Reaktion oder der Orthodoxie stellt.

Derlei Tendenzen lassen sich nun allerdings in vielen Sozietäten, insbesondere literarischer Art, nachweisen. Wir greifen drei Beispiele heraus, wo sich diese patriotisch-politische Absicht konzentriert äußert in Form einer Sozietät, die mit einer Publikation an die Öffentlichkeit tritt. Das Jahrhundert kennt Zeitschriften ohne Zahl, von denen viele irgendwie

„politischen" Charakter haben. In unserem Zusammenhang sind jedoch drei Fälle von Zeitschriften zu erwähnen, die durch eine zur Sozietät zusammengeschlossene Gruppe herausgegeben worden sind.

Im deutschen Sprachraum am wirksamsten ist sicher die erste „Patriotische Gesellschaft" in Hamburg gewesen mit ihrer Zeitschrift ‚Der Patriot', die 1724 bis 1726 herauskam. Es handelte sich um eine Gruppe von fünf Magistraten, zwei Professoren, zwei Geistlichen sowie je einem Journalisten und einem akademisch gebildeten Kaufmann, die sich von 1723 an zu einer wöchentlichen Gesprächsrunde zusammenfanden. ‚Der Patriot' – ihre Publikation – stand in der Tradition des englischen ‚Spectator' und wollte eine Art von Orientierungshilfe sein in den Wirrungen dieser Epoche. Er enthielt Satiren, Dialoge, Fabeln, Träume, Porträts, Erzählungen, fingierte und echte Leserbriefe. Hier wurde die „Überlegenheit praktischer Vernunft über Ignoranz, Anpasserei und Vorurteil" demonstriert. Ein Patriot im Sinne dieser Zeitschrift ist ein weltbürgerlich denkender Mensch ohne Vorurteil, der sich zum Wohl seines Gemeinwesens praktisch betätigt. Der Patriot wirkt durch Glaubwürdigkeit und Beispiel. Die Kritik des ‚Patrioten' richtet sich nicht gegen die bestehende gesellschaftlich-politische Ordnung, sondern gegen Mißstände innerhalb dieser Ordnung: „Ein jeder Hausvater befördert des Vater-Landes Bestes durch gute Kinderzucht: eine jede Hausmutter durch ordentliche Haushaltung, und Vermeidung der Üppigkeit: die Jugend durch Ehrerbietigkeit und Gehorsam: die Alten durch Erfahrung und gute Exempel: der Herr durch sorgfältige Aufsicht: das Gesinde durch Treue: der Arbeiter und Handwerks-Mann durch Fleiß: der Soldat durch die Waffen: der Kaufmann durch Billigkeit und guten Glauben: der Gelehrte durch nützliche Wissenschaften, Schriften und Erfindungen: der Geistliche durch reine Lehre und frommes Leben: die Obrigkeit durch Handhabung der Gerechtigkeit, und Regierung der Welt nach den Gesetzen."

Das war jenes einfache Programm des Zeitalters der Vernunft, in klarer Sprache, unbelastet von tiefgründiger Philosophie und Theologie, eine schlichte Ethik, wie sie seit Jahrhunderten immer wieder gefordert worden war und – faßbar seit den entlegenen Tagen des Sokrates und des Epiktet – im Kampf mit der Bosheit der Welt lag.

Die Gesellschaft hatte als Gesprächszirkel Bestand weit über die Zeit der Publikation des ‚Patrioten' hinaus, ohne jedoch öffentlich weiter wirksam zu sein. Sie existierte weiter bis 1748 als Diskussionszirkel, bei konservativen Bürgern verschrien als „das heillose Patriotenkollegium", mit seinen Senatoren und Syndici, „die der Thomasische Geist besessen und die indifferentistische Pest infiziert hat". Von den Mitgliedern sind Brockes und Hagedorn als Dichter bekannt geblieben. ‚Der Patriot'

selbst ist einer der größten publizistischen Erfolge der ersten Hälfte des
18. Jahrhunderts geworden. Während der ersten neun Monate stieg die
Auflage von 400 auf 5000. Später erlebte er noch vier Buchausgaben bis
1765.

Fast gleichzeitig hatte in einer andern Handelsstadt, in Zürich, eine
Gruppe von jungen Leuten, ein halbes Dutzend Theologen sowie zwei
Ärzte, sich zu einer „Sozietät" zusammengetan, die sich „Die Maler"
nannte und vom Juli bis Oktober 1722 zusammenkam. Sie haben von
1721 bis 1723 die ,Diskurse der Maler' herausgegeben. Diese Zeitschrift
stand ebenfalls in der Tradition des ,Spectators'. Sie verfolgte die gleichen
„patriotisch-politischen" Tendenzen, mit stärkerer Betonung ästhetisch-
literarischer Fragestellungen. Daß die Zensur hemmend eingriff, zeigt die
politische Relevanz der Zeitschrift. Initianten und Hauptträger der Sozietät und der Zeitschrift waren Johann Jakob Bodmer und Johann Jakob
Breitinger, beide später Professoren an der Zürcher Hohen Schule.

Diesen deutschen bzw. schweizerischen Beispielen sei ein drittes an die
Seite gestellt, das aus dem italienischen Bereich stammt: die „Accademia
dei Pugni" von 1764–1766. Sie steht nun schon mitten in der voll entwik-
kelten Aufklärung. Aber auch sie hat den gleichen Charakter eines
Freundeszirkels, der sich als Sozietät versteht und mit einer Zeitschrift an
die Öffentlichkeit treten will.

Die kurzlebige „Akademie der Fäuste" wurde von 1764–1766 in Mailand aktiv. Sie publizierte in dieser Zeit ihre Zeitschrift ,Il Caffè'. Schon
die zwei Bezeichnungen deuten auf die Selbstironie einer lebhaften, aber
„unseriösen" Gründung. In diesen Jahren lagen die Ideen von Rousseau,
von Helvétius und andern aufregenden Neuerern in der Luft. Die „Accademia dei Pugni" war ein Diskussionskreis kluger Leute, der besten Köpfe der oberitalienischen Aufklärung, Pietro Verri, Luigi Lambertinenghi,
Alfonso Longo, Cesare Beccaria. Einmal in der Woche trafen sie sich mit
andern Freunden um den weißen Kachelofen bei Pietro Verri. Sie diskutierten die Zeiterfordernisse, verurteilten die Politik der reinen Staatsräson, postulierten Reform und Praxisbezug: „belle virtù, doveri" – „virtù
senza noia" – „edle Tugenden, Pflichten" – „Tugend ohne Langeweile".
Es war italienischer „Sturm und Drang", aber gemildert durch lombardi-
schen Humor und lateinische Humanität. Sie wollen aber nicht beim
Diskutieren allein stehen bleiben, sondern mit der Zeitschrift ,Il Caffè'
die Öffentlichkeit aufrufen und wenn möglich selbst in die defekte Verwaltung der oberitalienischen Herrschaften eingreifen. Auf diesem Hintergrund entstand das aufsehenerregende Buch von Marchese Beccaria
,Dei delitti e delle pene' mit seiner Generalkritik der Zustände, nicht nur
im Strafrechtswesen.

Im Kreis der „Pugni", der nach den zwei Bänden ‚Caffè' nicht weiter aktiv blieb, präparierte sich schon die spätere Cisalpinische Republik. Die drei genannten patriotischen Sozietäten könnten wir wohl auch unter den literarischen Gesellschaften unterbringen. Allerdings neigen sie mit ihrer sehr losen Organisation – es sind eigentliche Freundeszirkel – eher zum Typus des „Klubs" oder des „literarischen Salons". Durch ihren „politischen" Willen, der sich in der Herausgabe einer Zeitschrift deutlich macht, geht jedoch ihre Absicht weit über Klub- oder Salongeplauder hinaus. So dürfen wir sie als eigenständigen Sozietätstypus betrachten, sobald wir die Sozietäten nach ihrem Ziel, ihren Absichten und ihrer Wirkung beurteilen.

Eine weitere Gesellschaft des 18. Jahrhunderts kann man ebensowenig in die genannten Schemata einreihen – weil sie letztlich in ihren Absichten „patriotisch-politisch" ist. Auch wenn sie nur in einigen Merkmalen den drei eben genannten patriotisch-politischen Sozietäten gleicht, darf sie doch ihnen beigestellt werden. Es ist dies die „Helvetische Gesellschaft" in Schinznach.

Die „Helvetische Gesellschaft"

Die Helvetische Gesellschaft ist die nationale Sozietät der Schweiz, die 1761 mit noch unklaren Zielabsichten gegründet wurde und fünf Jahre später endgültige Form annahm. Eine der Motivationen zum schweizerischen Zusammenschluß war die Absicht, eine internationale Akademie für Fragen der gesellschaftlichen Ethik zu begründen. Unter dem Namen „Patriotische Gesellschaft" oder „Société des Citoyens" schloß sich um 1762 eine Gruppe von jungen Berner Patriziern zusammen, geführt vom Juristen Daniel Fellenberg und in Verbindung mit dem Basler Publizisten Isaak Iselin. Diese Gruppe wollte – mit dem Mittel von Preisausschreiben – Arbeiten über die „Absichten", „Gründe", „Nachteile" und „Vorteile" der „Gesetzgebung" aller Völker provozieren. Es ging ihr um die allgemeinen Sozialzusammenhänge, um das Gebiet der Gesellschaftwissenschaften, das bis jetzt noch keine Akademie oder Sozietät ins Zentrum ihrer Aktivität gesetzt hatte. Die „Patriotische Gesellschaft" gab sich als Geheimgesellschaft.

Wie die „Accademia dei Pugni" – mit der diese Gruppe durch Lausanner Freunde in einer losen Beziehung stand – stand man auf dem Boden der neuen Ethik. Viele Mitglieder waren stark von Rousseau beeinflußt. Das politische Programm zeigte sich denn auch darin, daß man Abbé Mably und Beccaria, die zwei „präsozialistischen" Theoretiker, mit Preisen auszeichnete.

Obschon eine Anzahl von internationalen Publizisten – unter andern der Philosoph Mendelssohn – ihre Mitarbeit zugesichert hatten, versandete die Aktivität, da es nicht gelang, die ,,Patriotische Gesellschaft'' in die ,,Helvetische'' zu integrieren. Zwar gehörten die Leute der ,,patriotischen'' auch zur ,,helvetischen'' Gesellschaft. Letztere aber zählte noch viele andere Mitglieder, denen die weitausgreifenden Ziele der ,,Patriotischen Gesellschaft'' sowohl organisatorisch wie ideell ferne lagen. Diese – und sie waren die Mehrheit – wollten nur eine überkantonale Vereinigung ohne bestimmte Absichten außer ,,eidgenössischer Freundschaft'' verwirklichen. Es genügte ihnen – wie sie dies seit 1761 taten –, sich für ein paar Tage in Schinznach zu treffen und dort zu diskutieren und geselligen Umgang zu pflegen. Nach lebhaften Auseinandersetzungen siegte 1765/1766 das einfachere nationale Ziel über das von der ,,Patriotischen Gesellschaft'' intendierte kosmopolitische. Denn der Schweiz tat primär ein engerer Zusammenschluß des rein föderalistischen Staatswesens not; eines Staatswesens, das infolge der Eifersucht der kantonalen Eigenständigkeiten und vor allem durch die konfessionelle Spaltung innerlich keine starke Einheit mehr darstellte. Die ,,Helvetische Gesellschaft'' entstand in der allgemeinen Krisenlage des Siebenjährigen Krieges, der auch die Schweiz, weil sie vom Einheitsblock der Kaunitzkoalition umschlossen war, aus ihrer neutralen Ruhe aufschreckte. Gleichzeitig drängten die zahlreichen Gründungen ökonomischer und moralischer Gesellschaften, wenn nicht zu einem Zusammenschluß, so doch zum Gedankenaustausch. In Schinznach konnten sich die besten Köpfe der Reformbewegung ungebunden durch schwerfällige Organisation und frei vom Verwirklichungstrauma treffen.

Die ,,Helvetische Gesellschaft'' schuf sich in der Tat eine denkbar einfache Vereinsstruktur. Ein jährlich wechselnder Präsident und ein ständiger Sekretär hatten gemeinsam die jährliche Versammlung zu organisieren. Eine immer wieder neu zusammengesetzte Kommission stand ihnen während der Versammlung zur Seite. Abgesehen von der Präsidialrede, allfälligen Diskussionsvorschlägen und einigen wenigen Referaten von Mitgliedern geschah nichts mehr, das offiziellen Charakter hatte. So stand viel freie Zeit für Privatgespräch und Geselligkeit zur Verfügung.

Es gelang sofort, Leute aus der ganzen Schweiz und von beiden Konfessionen zu gewinnen. Ein gutes Viertel stammt aus Magistratur und Patriziat. Ein Fünftel stellen die Geistlichen beider Konfessionen. Fast ebenso stark sind Kaufleute vertreten. Es folgen, mit kleineren Anteilen, Gelehrte und Schulmänner, Verwaltungsbeamte, Ärzte, wenige Künstler und Handwerksmeister und – das ist neu – drei Ingenieure.

Mit der Zeit wurde die Gesellschaft wirklich repräsentativ für die Ober- und Mittelschicht des Landes. Man erfaßte nicht nur die regierenden Kantone, sondern auch Vertreter der untertänigen Munizipalstädte. Die Vielsprachigkeit der Schweiz kam allmählich zum Ausdruck in einer wachsenden Französisch sprechenden Mitgliedschaft. – Da man die Versammlungen für Gäste – auch Ausländer – offen hielt, war die Rekrutierung von neuen Mitgliedern erleichtert.

Die Mitglieder der Helvetischen Gesellschaft waren oft identisch mit der regionalen kantonalen Reformgruppe, etwa der ,,ökonomischen Gesellschaft" in Bern und Solothurn, der ,,Moralischen Gesellschaft" in Zürich, der ,,Gesellschaft des Guten und Gemeinnützigen" in Basel, den zwei Lesegesellschaften in Schaffhausen oder der ,,Patriotischen Gesellschaft" in Mühlhausen. Man konnte ja nur im Kanton zu greifbaren Ergebnissen gelangen und auch dort nur sehr teilweise.

Die Gesellschaft wirkte durch die Persönlichkeiten der Mitglieder. So gut wie alles, was in der Schweiz Namen hatte, gehörte dazu. Über die Grenzen bekannt waren: Salomon Geßner, Johann Georg Zimmermann, Isaak Iselin, Kaspar Hirzel, Johann Kaspar Lavater, Heinrich Pestalozzi, Johannes von Müller, Gaudenz von Salis-Seewis. Nicht zu vergessen wären die ausländischen Mitglieder Johann Georg Schlosser und Konrad Pfeffel. Mit der nunmehr vierzig Jahre zurückliegenden ,,Gesellschaft der Maler" war man durch die ,,Väter" der ,,Helvetischen Gesellschaft", Johann Jakob Bodmer und Laurenz Zellweger, verbunden.

Für den Öffentlichkeitsbezug sorgte die jährliche Publikation der ,Verhandlungen', welche jeweils das Protokoll, die Präsidialrede und allfällige weitere Beiträge, das heißt an der betreffenden Versammlung gehaltene Referate, enthielten. Inhaltlich ging es meist um die Probleme der helvetisch-republikanischen Ethik, sei es in historisch-nationaler Verherrlichung oder mit gesellschaftskritischer Absicht. Das neue Nationalverständnis nahm später die Form eines eigentlichen Rituals um Wilhelm Tell und die Schweizerfreiheit an.

An der Jahresversammlung von 1779 beschloß eine Gruppe unter den Mitgliedern, eine eigene ,,Helvetisch-militärische Gesellschaft" zu gründen, eine Offiziersgesellschaft, die sich mit den Problemen der schweizerischen Wehrkraft beschäftigen wollte. Sie hatte recht großen Erfolg und stellt einen – wohl nur in der Schweiz möglichen – Sondertypus der Sozietätsbewegung dar, denn nur in der Schweiz war jene merkwürdige Kombination von Berufsarmee im Dienste fremder Mächte und einheimischer, noch lebendiger, wenn auch reformbedürftiger Milizarmee vorhanden.

Als die militärische Sondergesellschaft gegründet wurde, war die ,,Helvetische Gesellschaft" auf dem Wege, zu einer allgemein anerkannten und geschätzten Institution der Schweiz zu werden. Das war nicht immer so gewesen. Obrigkeitliche und katholisch-klerikale Repressionsversuche hatten in den späten sechziger Jahren den Elan der Gründungszeit merklich geschwächt und aktive Verwirklichung von Reformen verhindert. Im katholischen Luzern gelang es der klerikalen Patrizierpartei sogar, die helvetische Tätigkeit für etwa 15 Jahre stillzulegen. Doch in den siebziger und besonders in den achtziger Jahren – wo die Gesellschaft ihre Versammlungen in das katholische Olten verlegte – konnte man sich ungefährdet entwickeln. Die ,,Helvetische Gesellschaft" ist schließlich zu einer Art von inoffizieller Nationalversammlung geworden. Eine ihrer großen Leistungen ist, daß sie in den Revolutionsjahren die gegenseitige Verketzerung nicht mitmachte, sondern bis zum Schluß die Freiheit offener Aussprache erhalten konnte.

Ab 1798 – dem Jahr der politischen Umwälzung – versammelte sie sich vorderhand nicht mehr. Ein Teil ihrer Mitglieder ist aktiv in der ,,Helvetischen Republik" geworden; ein anderer Teil schlug sich zu den Konservativen. Die Gesellschaft wurde 1807 wieder errichtet und ist dann zu einer der national und zentralistisch gesinnten Organisationen der neuen Bundesbewegung geworden, die 1848 ihren Sieg errang.

Die ,,Helvetische Gesellschaft" ist ein Unikum unter den Sozietäten des 18. Jahrhunderts, da sie sich weder wissenschaftlich-forschend wie eine Akademie, kosmopolitisch-geheim wie die Freimaurerei, noch sozialökonomisch-aktiv wie die gemeinnützigen Gesellschaften gab. Dennoch kann man sie als eine Art von ,,Akademie" ansprechen, wie dies das Ausland häufig tat. Die Schweiz als Bund von Republiken entbehrte des monarchisch-höfischen Zentrums, das anderswo sich die zentrale Akademie schuf. Das zu Beginn von der ,,Patriotischen Gesellschaft" beabsichtigte akademische Ziel war insofern doch ein wenig erreicht, als die ,,Verhandlungen" der ,,Helvetischen Gesellschaft" in der von ihr intendierten Linie standen. In einem gewissen Grade darf man die ,,Helvetische Gesellschaft" auch als einen Dachverband der verschiedenen kantonalen Sozietäten betrachten.

6. Die Freimaurerei

Freimaurerlogen als Sozietäten
Es ist fraglich, ob man die Freimaurerlogen auch zu den ,,Sozietäten" im engern Sinne zählen kann, da sie als Geheimgesellschaften einen geschlossenen Ordenscharakter aufweisen. Dennoch besitzen sie so viele typische Merkmale der Sozietätsbewegung, daß man sie füglich auch den akademischen, literarischen, gemeinnützigen, patriotisch-politischen Gesellschaf-

ten beigesellen darf, ganz abgesehen davon, daß die „Utopie und Reform" dieses Jahrhunderts ohne die Freimaurer undenkbar wäre.

Die Freimaurerei geht bekanntlich zurück auf die Tradition von „freien Maurern", „Free-Masons", des Kathedralbaus, auf zunftartige Gemeinschaften, die sich im anglikanischen England über die Reformation und Gegenreformation hinweg erhalten können. Die alten Werkleute hatten im 17. Jahrhundert begonnen, adlige Gönner und andere Interessierte, vor allem Geometer und Naturwissenschaftler, in ihre Reihen aufzunehmen. Diese Neuaufgenommenen begannen allmählich zu dominieren, das handwerkliche Element trat in den Hintergrund. Was blieb und entwickelt wurde, war Sitte, Brauch, Zeremoniell der Gemeinschaft, beeinflußt durch italienisches Gedankengut der „Accademia" – italienische Häretiker spielten als Emigranten ihre Rolle. Die Erfolge der „Royal Society" und der starke Aufschwung der englischen Aufklärung überhaupt taten ihr übriges. Am 24. Juni 1717, am Johannistag – der Evangelist Johannes ist Patron der Freimaurer – erfolgte der Zusammenschluß der Londoner Logen zur Großloge von England, die sich 1723 in den Anderson'schen Konstitutionen eine feste Organisation gab.

Der Großmeister der englischen Großloge war Oberhaupt aller Logen. Die einzelnen Logen waren alle gleich organisiert. Die Mitglieder sind in Lehrlinge, Gesellen und Meister eingeteilt; Grade, die der Reihe nach zu durchlaufen sind. An sich herrscht aber Gleichheit unter den Mitgliedern. In einer deutschen Abhandlung über die Freimaurerei von 1741/42 heißt es: „Man beobachtet in diesen Zusammenkünften die Ordnung nach der Aufnahme, daher zuweilen ein Kaufmann, ein Künstler usw. über einem Herzog und Pair (Lord), ja wohl über einem Prinzen sitzet."

Die Versammlungen bestehen aus dem gemeinsamen Mahl, aus Vortrag und Diskussion. Besonders feierlich ist das Johannisfest. In der genannten Abhandlung steht folgende Schilderung: „Wir halten vierteljahr-, oder jährlich, aufs wenigst ein Liebesmahl auf Johannis des Täufers oder des Evangelisten Tag, nach dem es sich unserem Groß-Meister schicket; da finden sich ein, alle Meister, Gesellen, Lehrling von allen Logen". Man beobachtete „eine Gleichheit unter den Brüdern, Verbannung aller Präzedenz und Rangs-Streits. Da sitzet ein jeder an die bereitete Tafel, wie er dran kommt, kommt ein geringer Handwerker neben einem Herzog zu sitzen, so wird dieser mit demselben so vertraut, leutselig und freundlich Gespräch führen, als ob er sein leiblicher Bruder wäre. Es ist sich zu verwundern, daß ungeachtet einer so großen Anzahl (oft bei 500 Gästen) doch alles so still, mäßig, einträchtig und freundlich zugeht, und zu guter Zeit die Mahlzeit beschlossen wird ..." „Das Tischgebet verrichtet entweder der Groß-Meister selbst, oder er darf auch einen

Bruder, der ein Geistlicher ist, oder den Sekretarium dazu brauchen, daß er vor und nach der Mahlzeit bete."

Ein besonderes Gewicht wird auf die Kollekte gelegt: „Wir sammeln Geld, so zum Befehl der in Armut und Verfall geratenen ehrlichen Brüder aus liebreichem Herzen gegeben und angewendet wird. Neben dem was eine jede Loge überhaupt und ein jegliches Glied dem Eintritt nach unserem Innungsgesetze geben soll, gibt es auch noch freiwillige Gaben und Steuern."

Die Loge unterhält oft eine Bibliothek – fast wie eine Lesegesellschaft. Wichtig ist die Korrespondenz mit anderen Logen.

Unter den Freimaurern herrscht sehr weitgehende Solidarität: „Wenn ein Mitbruder wegen Schulden in Verhaft geraten ist, so bezahlet man solche, so bald man ein Zeugnis von seiner Redlichkeit beibringen kann. Ihre Gutherzigkeit ist allemal mit kluger Überlegung gewürzt. Sie üben solche der Tugend zum besten aus, daher sie von dem Mitleiden, welches lasterhafte und liederliche Menschen bei schwachen Seelen erwecken, gar nicht gerühret werden."

„Ein kranker Mitbruder, welcher sich außer Stand sieht, das nötige zu seiner Wartung darzureichen, empfängt von der Loge, deren Mitglied er ist, wöchentlich zwei Guineen, wann anders seine Krankheit nicht von Schwelgerei und unordentlichem Leben herrührt. Der Medicus, Wund-Arzt und Apotheker der Loge erweisen sich bereit, ihnen mit ihrer Vorsorge, Handreichung und Arzneien umsonst an die Hand zu gehen. Diese drei Gesundheits-Bedienten werden von jeder Loge besoldet."

Die Finanzen betreffend erfahren wir schließlich: „Die Gelder der Brüderschaft befinden sich in einer Kasse mit vier verschiedenen Schlüsseln, wovon den einen der Präsident, die übrigen drei aber eben so viel andere Mitbrüder in Verwahrung haben. Man erlegt drei Guineen bei dem Eintritt und monatlich eine Krone, das ist ein Taler."

Die Freimaurer stehen bewußt an der Zeitwende des im Barock auslaufenden Mittelalters und der anbrechenden Epoche eines neuen Lichts. Sie wollen die alten Symbole des Tempelbaus mit neuem Inhalt erfüllen. Das bedeutet Neuinterpretationen der christlichen Traditionen in humanitäraufgeklärtem Sinn. Spürbar ist der Hintergrund der Glorreichen Revolution mit ihrer Relativierung der ständischen und konfessionellen Unterschiede und ihrer Betonung der Rechte des Bürgers und des Menschen. Die Freimaurerei drückt das Bedürfnis aus, durch eine neue Brüderschaft den so oft erstarrten religiösen Bindungen einen lebendigen Sinn zu geben. In den „Konstitutionen" heißt es, daß der Freimaurer ein Mensch sein solle, der, von Wohlwollen und Menschenliebe erfüllt, ein „guter Mensch" sein müsse, treu, von Ehre und Ehrlichkeit bestimmt, unabhängig von seiner konfessionellen Herkunft und Überzeugung. Er ist „Freund der Reichen und der Armen", sofern sie tugendhaft sind. Später wird dies in einer Verteidigungsschrift von 1746 so formuliert: „Die Freimaurergesellschaft hat kein anderes Ziel als den Frieden und die Einigkeit unter den Menschen zu fördern. Alle entwickelten Staaten sollten ihr Schutz angedeihen lassen, wenn sie an der Entwicklung ihrer Wohlfahrt und ihres Glücks interessiert sind". In freimaurerischer Sprache heißt das, daß der „Bau am salomonischen Tempel" fortgesetzt werden solle. Es geht um das „Reich Gottes auf Erden".

Damit steht diese Bewegung einerseits in sehr alten christlichen Vorstellungen, andererseits vertritt sie ein aufgeklärtes Christentum oder einfach die natürliche Religion. Der Konfessionsunterschied wird relativiert: Anglikaner, Dissidenten, Katholiken – 1772 wird mit Lord Robert Edward Petre ein Katholik Großmeister der englischen Großloge – werden Mitglieder, und schon ganz früh können Juden aufgenommen werden. „Die Freimaurer nehmen in ihre Gesellschaft alle und jede ohne Unterscheidung auf, von was für Volk oder Religion sie immer sein mögen. Wenn sie niemanden von der natürlichen, bürgerlichen und sittlichen Glückseligkeit ausschließen wollen; so richten sie ein Kommerzium des Verstandes mit allerhand Leuten auf, gleich wie sonst allerhand Leute ein Glücksgewerbe miteinander treiben. Die Ungleichheit der Religionen steht hierbei nicht im Wege. Sie halten dafür daß, wann man davon keine Rechenschaft geben darf, es besser sei, selbige mit Stillschweigen zu glauben und gut zu leben, als übel zu leben und trefflich davon zu reden."

Dergestalt werden die Freimaurerlogen zu Schulen der Toleranz. Die Bewegung entsprach jenem Bedürfnis der Zeit, in welchem die engen konfessionellen Schranken gesprengt wurden und man doch gleichzeitig in der angeborenen konfessionellen Tradition bleiben wollte.

Die alten maurerischen Riten und ihre Symbole sollten vor der Profanierung in der Öffentlichkeit durch strikte Verpflichtung auf Geheimhaltung geschützt werden. In der genannten Abhandlung heißt es: „Die Soldaten haben ihre Feldzeichen dabei sie unterschieden werden. Die Offiziers haben ihre Losungsworte, dabei sie sich selbst untereinander in Krieg- und Friedenszeiten kennen ... Und wir haben auch die Wörter, wobei man uns erkennet. Zum Beispiel: Jachin, Boas, Quadrat, Kompaß, Bleiwag, Kütt, Hiram, Salomon etc." Gerade diese Geheimnisse wirkten attraktiv in einer vordergründig immer nüchterneren Welt.

Die Freimaurerei hatte sehr rasch einen beispiellosen Erfolg. 1725 – acht Jahre nach der Gründung – zählte man in Großbritannien schon 52 Logen. Schon vor 1730 verbreitete sich die Idee – meist durch reisende britische Lords und Offiziere, oft auch durch emigrierte Stuartanhänger –

vorerst in Frankreich und Spanien und damit in den französischen, spanischen und natürlich auch den britischen Kolonien. Gleichzeitig setzte sie sich auch in ganz Italien durch – besonders in Rom, Florenz, Mailand und Turin –, dann in den Niederlanden, in der Westschweiz (Genf 1736) und von Hamburg (1737) aus im nördlichen und mittleren Deutschland, über Berlin, Breslau nach Wien, Prag und Dresden. Von Dresden aus kam sie nach Warschau. St. Petersburg war schon früh erreicht. In den vierziger Jahren folgten Schweden und Dänemark, schließlich auch das südliche Deutschland, Österreich, Siebenbürgen und Ungarn.

Um die Jahrhundertmitte waren die Zentren des europäischen Raumes und seiner überseeischen Dependenzen erreicht. Es konnte der Prozeß einer Ausbreitung in den betreffenden Provinzen erfolgen. Erfaßt wurden Ober- und Mittelschichten. Franz Stephan von Lothringen (1731), der spätere Kaiser, und der Preußenprinz Friedrich (1738), der spätere König, wurden Freimaurer; hoher und niederer Adel, viele Gelehrte und Geistliche – besonders im anglikanischen Klerus – schlossen sich an. Die „Weltbruderschaft der wahrhaft Aufgeklärten" war verwirklicht. „In den Logen trafen sich Magnaten, hohe Hofbeamte, Berater und Freunde des Königs, reisende Ausländer, Diplomaten, Bankiers, Kaufleute und Offiziere. Man schloß Bekanntschaften, zuweilen Freundschaften, man erhielt wertvolle Empfehlungsbriefe, die die Türen zu den Häusern bedeutender Persönlichkeiten zu öffnen vermochten, gelegentlich auch zu ihren Herzen und Geldbörsen. In den Logen konnten wichtige Gespräche geführt werden, die von einer Intimität waren, wie sie sonst kaum zu finden war."

Allerdings zeigten sich zwei Hindernisse, ein äußeres und ein inneres. Die katholische Kirche erließ 1738 durch die Bulle ‚In eminenti' ein allgemeines Verbot für den Eintritt in die Logen, das 1751 erneuert wurde. Damit nahm sie deutlich Stellung gegen diese aufklärerische Bewegung. Der Effekt war allerdings nicht sehr groß. Auch wenn 1739 im Großherzogtum Toscana eine richtige Verfolgung einsetzte und 1743 die Kaiserin Maria Theresia die Wiener Loge auflöste und es auch anderswo zu Eingriffen kam, so kümmerten sich andere katholische Staaten nicht darum, und weil die Gesellschaft ja eine Geheimgesellschaft war, so existierten die aufgelösten Logen oft einfach unter anderm Namen weiter. Gerade katholische Länder sind zu starken Freimaurerzentren geworden, etwa die Republik Genua, und an bestimmten Höfen waren Freimaurer von größtem Einfluß. Auch in protestantischen Ländern ließ man die Bewegung nicht immer in Ruhe. Die Republiken Hamburg, Genf und Bern, die Niederlande und Schweden haben nicht aus theologisch-religiösen, wohl aber aus staatspolitischen Erwägungen die Logen für kürzere oder längere Zeit verboten. Anstoß erregend war die eidliche Verpflichtung auf eine außerstaatliche, internationale Instanz. Auf lange Sicht hatten diese Interventionen aber keinen Erfolg.

Für die Freimaurerei selbst stiftete Verwirrung, daß sie sich von den vierziger Jahren an in verschiedene Observanzen spaltete, vor allem infolge der Weiterentwicklung des Zeremoniells, der Riten. Dies hing auch mit der dem Jahrhundert eigenen Rückwendung zu archaischeren Vorstellungen zusammen. Nach dem philosophischen Kahlschlag der „seicht-aufgeklärten" rationalistischen Epoche zeichnet sich ja in den sechziger und siebziger Jahren eine vorromantische Bewegung ab, gekennzeichnet auch durch eine Hinwendung zu wissenschaftlicher und parawissenschaftlicher Beschäftigung mit Okkultismus, Alchimie und Magie. Man könnte den Ausspruch „chassez le naturel, il revient au galop" – „vertreibt das Natürliche, es kommt im Galopp zurück" – in „chassez le mystique" – „vertreibt das Mystische, es kommt im Galopp zurück" – abwandeln.

Trotz diesen Spaltungen verlor die Bewegung nichts von ihrer Attraktivität. Zu Ende des Jahrhunderts war ein großer Teil der Anhänger moderner Auffassungen bei der Freimaurerei. So findet man Freimaurer stets in vielen Sozietäten. Zum Beispiel sind in der Helvetischen Gesellschaft mindestens 22 Freimaurer nachweisbar, darunter drei Präsidenten der Gesellschaft. Das bedeutet einen relativ großen Anteil, da unter den in Betracht kommenden Kantonen nur Basel und Zürich Logen aufweisen.

Was die Freimaurer mit den Sozietäten verbindet, ist abgesehen von ihrer gesellschaftlichen Organisationsform einmal das lebhafte Interesse für die Wissenschaften. In der genannten Abhandlung heißt es: „Hier findet man die Schule der Wissenschaften, Künste und guten Sitten, eine gelehrte Akademie, deren Mitglieder unterschiedliche Gaben besitzen, und welche in ihrer Vereinigung ohne Widerspruch die gelehrteste Gesellschaft von der Welt ausmachen. Was für zweifelhafte Fragen oder schwere Punkte man derselbigen auch vorlegt, so ist sie im Stande, selbige zu entscheiden: und dieser Ausspruch wird als ein Orakel angesehen." Tatsächlich gehörten viele Wissenschaftler der Freimaurerei an.

Des weitern wäre die Verpflichtung zur Wohltätigkeit zu nennen, die sich besonders in England, aber auch anderswo in vielen Initiativen zu ökonomisch-sozialer Reform direkt oder indirekt (durch Mitwirkung in anderen Sozietäten) äußerte: sei es durch die Errichtung von Armenschulen, von Armenhäusern oder die Organisation von ärztlichen Hilfeleistungen wie Pockenimpfungen und viel anderes mehr.

Auch ist zu sagen, daß dort, wo keine oder schwache gemeinnützige

Sozietäten existierten, oft die Freimaurerlogen deren Funktionen übernahmen.

Ähnlich wie in vielen Sozietäten wurde der internationale Zusammenhang gepflegt.

Schließlich war die Freimaurerei den Sozietäten gleich in der Betonung der Gleichheit innerhalb der Gesellschaft. Adelige und Bürgerliche fanden sich hier auf gleichem Fuß als „Brüder" einem höheren Ideal, dem Tempelbau, unterstellt.

Wie sehr freimaurerisches Gedankengut weit über die Logen hinaus populär werden konnte, zeigt das Lied ‚Brüder reicht die Hand zum Bunde', dessen Melodie Mozart zugeschrieben wird: Als eines seiner letzten Werke komponierte Mozart im November 1791 in Wien einen „Maurergesang" mit dem wohl von Schikaneder stammenden Anfang „Laßt uns mit geschlungenen Händen". Bald darauf wurde ein anderer Text dieser Melodie unterlegt. Dieser Text ist als ‚Maurergesang oder auch Gesellschaftslied' weit verbreitet worden und faßt zusammen, was als Grundidee die ganze Reformbewegung charakterisiert:

Brüder, reicht die Hand zum Bunde!
diese große Feierstunde
führ' uns hin zu lichtern Höhn!
Laßt, was irdisch ist, entfliehen
unsers Bundes Harmonien
dauern ewig fest und schön.

Preis und Dank dem Weltenmeister
der die Herzen, der die Geister
für ein ewig Wirken schuf!
Licht und Recht und Tugend schaffen
durch die Wahrheit heil'ge Waffen,
sei uns göttlicher Beruf.

Ihr, auf diesem Stern die Besten
Menschen all' in Ost und Westen,
wie im Süden und im Nord!
Wahrheit suchen, Tugend üben
Gott und Menschen herzlich lieben,
das sei unser Losungswort!

Der Sonderfall des Illuminatenordens

Als die Freimaurerei sich in einzelne Observanzen spaltete und sich damit in einer gewissen Krise befand, bildete sich im Kurfürstentum Bayern eine Geheimgesellschaft eigenen Charakters. Der Ingolstädter Professor Adam Weishaupt und neben ihm bald der Freiherr Adolf von Knigge riefen diesen Geheimbund der „Erleuchteten" von 1776 an ins Leben. Der Orden sollte, klarer als die Freimaurerei, für Aufklärung und Moral wirksam sein. Er fand bald Verbreitung, erst in den katholischen, dann auch in den protestantischen Territorien des Deutschen Reiches. Die Mitglieder – zuletzt gegen siebenhundert – rekrutierten sich aus der Beamten- und Professorenschaft, der Geistlichkeit sowie dem Adel.

Die Organisation war der Freimaurerei ähnlich. Die Hierarchie umfaßte Novizen, Minervale und als obersten Grad den „Illuminatus dirigens". Ein Aeropag – der selbst den Ordensgliedern geheim blieb – leitete die weitverzweigte Organisation. Die Geheimhaltung ging bis zur Verleihung von Decknamen: Weishaupt hieß „Spartakus", Knigge „Philo", der Herzog Karl August von Weimar „Aeschylos", die in der Napoleonszeit eminenten Politiker Montgelas „Musaeus" und Dalberg „Baco von Verulam". Pestalozzi – eines der wenigen Schweizer-Mitglieder – hatte den Namen „Alfred".

Geplant war – von Knigge – ein ganzes „Illuminaten-Ordens-Direktions-System". Man teilte Deutschland in Ordensprovinzen ein, wieder mit Decknamen: Der bayrische Kreis hieß Griechenland und zerfiel in die Präfekturen Achaia (Herzogtum Bayern), Kalabrien (Erzbistum Salzburg), Chaldäa (Regensburg, Passau, Ortenburg etc.) und Delta (Oberpfalz). Die entsprechenden Direktorien in den Provinzen befanden sich in den Hauptstädten Athen (München), Nicosia (Salzburg), Korinth (Regensburg) und Theben (Freising). Die weitern Provinzen sind Illyrien (Franken), Pannonien (Schwaben). Ganz Deutschland zerfällt in vier Inspektionen Achaia (Süddeutschland), Äthiopien (Rheingebiet), Abessinien (Sachsen) und Ägypten (Österreich), und so geht es phantasievoll durch die ganze alte Welt von Damiata (Stuttgart) über Delphis (Karlsruhe) bis nach Capua (Braunschweig). Das war zwar mehr nur Plan, weist aber auf die geographische Verbreitung des Illuminatenordens hin.

1778 hieß das Ziel in den Ordensstatuten: „dem Menschen die Bemühung um die Verbesserung und Vervollkommnung seines moralischen Charakters interessant zu machen, menschliche und gesellschaftliche Gesinnungen zu verbreiten, boshafte Absichten in der Welt zu hindern, der bedrängten Tugend gegen das Unrecht beizustehen, auf die Beförderung würdiger Personen zu gedenken, und endlich vorzüglich verdienstvolle Männer, die entweder durch ihre Talente, oder durch ihren Reichtum, oder durch ihr Ansehen dem Orden einigen Nutzen verschaffen, mit besonderer Achtung, Ruhm und Ehre sowohl in- als außer der Gesellschaft zu belohnen."

Die Ordensoberen verfolgten allerdings ein weiter gestecktes Ziel als die Wirkung des selbständigen Menschen in seinem Wirkungskreis. Sie planten so etwas wie eine Unterwanderung des bisherigen Staates im Sinn einer radikalen „materialistischen" Aufklärung. Der Geheimbund der Illuminaten entstand kurz nach der offiziellen Aufhebung des Jesuitenordens und war gegen die weiter dauernden Einflüsse der katholischen Reaktion gerichtet. So stellt der Illuminatenbund eine Mischung aus bürgerlichem Moralinstitut, gelehrter Gesellschaft und politischem Geheimorden dar: „Der ganze Plan des Ordens beruht darauf, die Menschen zu bilden, aber nicht durch Deklamationen, sondern durch Begünstigung und Belohnung der Tugend. Man muß denen Beförderern des Unwesens unmerklich die Hände binden, sie regieren, ohne sie zu beherrschen. Mit einem Wort, man muß ein allgemeines Sittenregiment einführen, eine Regierungsform, die allgemein über die ganze Welt sich erstreckt, ohne die bürgerliche Bande aufzulösen, in welcher alle übrigen Regierungen ihren Gang fortgehen, und alles tun können, nur nicht den großen Zweck vereiteln, das Gute wieder über das Böse siegend zu machen. Dies war schon Christus Absicht, bei Einführung der reinen Religion: Die Menschen sollten weise und gut werden, sollten sich von den Weisern und Bessern leiten lassen, zu ihrem eigenen Vorteil."

Mit der Absicht politischer Aktivität durch Durchdringung der maßgebenden staatlichen Funktionen geht der Orden weiter als die üblichen Freimaurerlogen, die doch mehr allgemein philanthropisch, gemeinnützig tätig sind, den Staat als Gesellschaft nicht verändern und sich in der Regel der eigenen Loge und der individuellen Vervollkommnung widmen wollen. Die Illuminatenaktivität fällt in die Zeit der sich polarisierenden Gegensätze kurz vor dem Ausbruch der Revolution in Frankreich, im sich deutlicher abzeichnenden Konflikt zwischen „Revolution" und „Gegenrevolution".

Die Illuminaten wissen, wo der Gegner steht: „Bei diesem Vorhaben aber stehen uns Pfaffen und Fürsten und die heutigen politischen Verfassungen sehr im Wege. Was sollen wir also tun? Revolutionen begünstigen, Alles umwerfen, Gewalt mit Gewalt vertreiben, Tyrannen mit Tyrannen vertauschen? Das sei fern! Jede gewaltsame Reform ist verwerflich, weil sie die Sache nicht besser macht, so lange die Menschen mit ihren Leidenschaften bleiben, wie sie sind, und weil die Weisheit solches Zwanges nicht bedarf." Nach noch nicht 10 Jahren Existenz erreichten die klerikalen Gegner der Illuminaten das Verbot des Ordens. Daraufhin setzte eine allgemeine und relativ harte Verfolgung in ganz Deutschland ein, die auch die Freimaurerlogen traf – mit denen die Illuminaten wohl in persönlicher, aber nicht organisatorischer Verbindung standen –, ohne daß damit allerdings die Freimaurerei zum Verschwinden gebracht worden wäre. Sie sollte ja im 19. Jahrhundert weit mächtiger werden, als sie es im 18. gewesen war. Der Illuminatenorden selbst blieb allerdings Episode.

7. Religiös-gemeinnützige Gesellschaften

Ist schon bei den Freimaurern die Einordnung in die „Sozietäten" des 18. Jahrhunderts Fragen unterworfen, so um so mehr bei den religiös-christlich ausgerichteten Gesellschaften. Dem Sozietätstypus im Sinn von Reformgesellschaften des 18. Jahrhunderts entsprechen einige religiöse Gesellschaften, die mit der allgemeinen Auflockerung des kirchlichen Lebens durch Pietismus und christliche, beziehungsweise „fromme" Aufklärung zusammenhängen.

Diese Gesellschaften ließen sich auch als protestantische Organisationen mit den seit dem 17. Jahrhundert im katholischen Raum sehr aktiven religiös-sozial tätigen Tertiarienorden, Bruderschaften und Missionen vergleichen. Sie stehen jedoch ausgesprochen in der neuen „Sozietätsbewegung". Auch gehören sie nicht zu Gemeinschaftsbildungen wie der „Society of Friends" der Quäker und oder der von der englischen Mystikerin Jane Leade Ende des 17. Jahrhunderts veranstalteten Sammlung aller Pietisten in der „philadelphischen Sozietät"; dies weil hier das Bekenntnis zu einer enger konzipierten religiösen Weltanschauung scheidend wirkt.

Immerhin wäre zu sagen, daß die pietistischen Gründungen des 18. Jahrhunderts, insbesondere die „Brüderunität" des Grafen von Zinzendorff, eben doch die den andern Sozietäten eigene Tendenz zu neuer Gemeinschaftsbildung neben den bisherigen Institutionen beinhalten. Wäre dies als Kontribut der christlichen Religionsgemeinschaften an die „Sozietätsbewegung" des 18. Jahrhunderts zu verstehen? In dieser Beziehung ist interessant, daß in den Herrnhutischen „Monatlichen Gesprächen von einer Fruchtbringenden Gesellschaft' – der alte Titel der ersten deutschen Sprachengesellschaft wird aufgenommen! – 1741/42 eine Folge von Gesprächen figuriert „worinn zum Vorschein kommt was von den Begebenheiten und Heimlichkeiten der weltberufenen Herrnhutischen Gemeind und der Freimaurer Gesellschaft von Zeit zu Zeit gemeldet wird". Das beiden „Sozietäten" gemeinsame Geheimnis reizte zum Vergleich. Es handelt sich um ein vielleicht fingiertes Gespräch zwischen Graf Zinzendorff und einem Freimaurer. In diesem langen Gespräch wird vor allem das Gemeinsame hervorgerufen: Die Internationalität der Ausdehnung beider Gesellschaften; die beiden gemeinsame Verfolgung;

die Aussendung von Herrnhutern bzw. Freimaurern in andere Länder zur Gründung neuer Gemeinschaften bzw. Logen: die Unterstellung unter die eine gemeinsame Leitung, d. h. unter Herrnhut bzw. London; die betonte Gleichheit der Mitglieder; die Finanzierung der Aktivitäten aus Abgaben der Mitglieder; die Unterstützung der Brüder, wenn sie in Not geraten oder Hilfe nötig haben; die Berufung auf hohes Alter der metaphysischen Vorstellung bzw. auf die biblischen Elemente der freimaurerischen Konzeption; die Verpflichtung auf ein Gelübde; die Ähnlichkeit der Organisation mit ihren verschiedenen Graden bzw. Ämtern; schließlich die Symbolik und das gemeinsame Lied. – Hier geht es also um das Hervorheben der Elemente, die vor allem formal in den beiden „Sozietäten" liegen und zumindest teilweise auch auf andere zutreffen.

Zum eigentlichen Sozietätstypus gehört jedoch die anglikanische „Society for the Propagation of Christian Knowledge". Diese „Gesellschaft für die Propaganda des christlichen Wissens" wurde 1698 von dem anglikanischen Pfarrer Dr. Thomas Bray in London gegründet. Es war eine Sozietät von Anglikanern mit starker Unterstützung des Episkopats. Die Gesellschaft kümmerte sich primär um die Verbreitung von christlicher Literatur, um die Förderung des religiösen Lebens der Einzelnen und um die Besserung der öffentlichen Moral im allgemeinen. Es ging um eine allgemein konzipierte Pastorisation, die, dem staatlichen Charakter der Anglikanischen Kirche entsprechend, sich vor allem auf Kinder- und Schulerziehung konzentrierte, insbesondere um die Alphabetisierung der von ihrer Gentry vernachlässigten schottischen Stämme; dann vor allem um die entsprechende Tätigkeit in den Kolonien. Dafür wurde 1701 als Tochtergesellschaft die „Society for the Propagation of the Gospel in Foreign Parts" gegründet. Diese Gesellschaft erhielt für ihre Tätigkeit ein königliches Patent, was die Muttergesellschaft nicht nötig hatte. Es ging bei den Gesellschaften um Verbreitung der Bibel im weitesten Sinn, um die Aktivierung des Klerus in Übersee, um die Förderung und Betreuung der Emigration. Zum Beispiel wurde durch sie ein Teil der Glaubensemigranten aus Salzburg in der Kolonie Georgia angesiedelt. In Nordamerika unterhielt die Gesellschaft „Charity Schools", „Armenschulen" wie in Schottland.

Die Gesellschaft koordinierte und förderte anglikanische „Religious Societies" gemeinnützig-religiösen Charakters und „Reformation Societies" interkonfessioneller, allgemein „moralischer" Art. Nach den Worten von Bischof Gilbert Burnet ging es um die „Reform der Reformation". Während des spanischen Erbfolgekrieges trat sie in Verbindung mit ähnlichen Bestrebungen auf dem Kontinent in Deutschland, den Niederlanden und der Schweiz zur Stärkung des Protestantismus überhaupt.

In Deutschland kam man auch mit dem halleschen Pietismus in Kontakt. Doch als man feststellte, daß der Pietismus sich zu stark dem „enthusiasm", der evangelischen Sektiererei, näherte, die im englischen Dissent schon genügend vertreten war, distanzierte man sich und kehrte zurück zu anglikanischer Reserve, jedoch ohne sich in dogmatische Kontroversen einzulassen, die man nur gegen die Römisch-Katholischen und gegen die Quäker praktizierte.

Der anglikanischen Gesellschaft ähnlich war die „Societas Suecana pro Fide et Christianismo", die schwedische Gesellschaft für Glaube und Christentum. Sie wurde 1771 nach dem Modell der Engländer von Kreisen der lutherischen Staatskirche Schwedens gegründet. Ihre Aktivität erstreckte sich ebenfalls auf die Jugenderziehung und auf die bessere Pastorisation Erwachsener durch Vermittlung von Büchern und Traktaten. Die Gesellschaft unterhielt eine Zeitschrift für die christliche „Propaganda", vor allem auch eine lebhafte Korrespondenz, insbesondere nach Deutschland und in die nordamerikanische Emigration. Dogmatisch verhielt sie sich ähnlich offen wie die anglikanische Gesellschaft. Es ging vor allem um den Praxisbezug, um den Kampf gegen den „Sittenzerfall", um die Hebung der „Frömmigkeit".

An beide Gesellschaften – deren Mitglied er war – knüpfte der Augsburger Pfarrer Johann August Urlsperger an. 1780 gelang es ihm, in Basel mit Pfarrern und Laien die „Deutsche Christentumsgesellschaft" zu begründen. Daß diese Gesellschaft eine allgemein gerichtete Sozietät sein will und nicht bloß eine religiöse Gemeinschaft, wird deutlich gesagt in der „Vorrede" zur ersten Nummer ihrer Publikation: „Schon längst erkannte man den Nutzen, den eine Verbindung mehrerer Personen zu einem gemeinschaftlichen Zweck verschafft. Daher entstand eine Menge gelehrter Gesellschaften, die den Flor der Wissenschaften durch gemeinschaftliche Arbeit zu befördern suchen. Auch Religionsgemeinschaften sah man seit geraumer Zeit in Schweden und besonders in Engelland mit großem Segen blühen." In der Broschüre Urlspergers ‚Etwas zum Nachdenken und zur Ermunterung für Freunde des Reiches Gottes‘ heißt es: „Hat man zur Aufnahme der Wissenschaften mit großen Kosten eigene Akademien derselben errichtet, sollte nicht, daß ich mich je dieses Ausdruckes, doch bloß gleichnisweise und keineswegs zum Beibehalten, bediene, eine ähnliche Akademie, das ist: ein solch wahrhaft gelehrtes und zur Erhaltung jeder guten Absichten taugliches Zentrum ... errichtet werden, das sich mit der je nur zu denkenden allerhöchsten Weisheit recht, ja ganz alleine beschäftigte, die wir in der göttlichen Offenbarung finden, um aus derselben und durch dieselbe (doch immer vermittelst des genauesten Bandes auch hierinnen mit der ganzen übrigen Gesellschaft)

Licht und Glückseligkeit auf die Menschen auf das Möglichste zu verbreiten? . . ."

Hier wird das Anknüpfen an die allgemeine Akademietradition deutlich: Aufklärung – aber nun auf die göttliche Offenbarung bezogen –
durch Gründung und Aktivität einer ,,Sozietät".

Die ,,Deutsche Christentumsgesellschaft" wollte Angehörige aller
Stände vereinigen und aller protestantischen Konfessionen, allerdings auf
pietistisch – orthodoxer Basis. Sie blieb insofern offen, als sie auf den von
Urlsperger intendierten Kampf gegen die theologische Neologie verzichtete. Es gelang ihr, ,,Partikulargesellschaften" in Nürnberg, Stuttgart,
Frankfurt, Prenzlau, Minden, Wernigerode, später in vielen weiteren
deutschen Städten und Landschaften sowie in Amsterdam und Rotterdam zu gründen, insgesamt waren es schließlich gegen vierzig. Das württembergische Element dominierte, auch im Sekretariat, das zwar in Basel
blieb, aber bald an den sehr tatkräftigen schwäbischen Pfarrer Christian
Friedrich Spittler überging. Die Gesellschaft unterhielt eine weitmaschige
Korrespondenz und publizierte eine Zeitschrift. Sie ist in der ersten Hälfte des 19. Jahrhunderts sehr betriebsam geworden und hat aus Basel ein
Zentrum christlich-caritativer Aktivität gemacht: Basler Mission, Bibel-
gesellschaft, Diakonissenanstalt und verschiedene Schulen.

Die ,,Deutsche Christentumsgesellschaft" ist religiös enger begrenzt
als die in die breiten Staatskirchen eingebetteten anglikanischen und
schwedischen Gesellschaften. Doch ist zu sagen, daß die ,,frommen Werke" auch zu ,,Utopie und Reform" dieser Zeit gehören wie die andern
Wohlfahrtsbestrebungen.

Man darf wohl alle drei Gesellschaften zusammen als einen Sondertypus der ,,gemeinnützigen Gesellschaften" betrachten, Gesellschaften, die
sich einfach mit besonderen Aufgaben im religiösen Sektor befassen. Dieser Sektor war damals so allgemein, daß ihn auch andere Sozietäten, wie
etwa die erwähnte ,,Moralische Gesellschaft" in Zürich und die ,,Gesell-
schaft des Guten und Gemeinnützigen" in Basel, wahrnehmen. Es ging ja
primär um die Bedürfnisse und Anliegen der unteren Schichten, die in
einer kirchlich-christlich bestimmten Gesellschaft am besten auf diese
Art zu erreichen waren.

Dritter Teil

Sozietätsbewegung und Sozietätsgedanke

I. Der Begriff der Sozietät

1. Lage der Forschung

Die Geschichtsschreibung weiß natürlich schon längst um die Existenz von Gesellschaften verschiedenster Art im 18. Jahrhundert, und dort, wo sie heute noch existent sind, ist man sich deren Gründung in der Aufklärungszeit wohl bewußt. Diese Gesellschaften waren jedoch als Gesamterscheinung bisher kein Gegenstand der Forschung, ja sie bildeten eine gewisse Verlegenheit als eigentümliche Erscheinung zwischen den politischen, geistesgeschichtlichen, sozialen und ökonomischen Phänomenen. In Handbüchern und Enzyklopädien schlägt man in der Regel vergebens unter dem Stichwort ,,Gesellschaften" nach. Unter ,,Gesellschaft", ,,Société", ,,Society", ,,Società" findet man zwar allerhand soziologische Erläuterungen des Gesellschaftsbegriffs und in dessen Nähe den Artikel über die ,,Society of Friends" oder die ,,Gesellschaft Jesu", das heißt über die Quäker oder die Jesuiten, die man ja eigentlich nicht aufsuchen wollte. Das Gesamtphänomen interessierte nicht. Einzig in der amerikanischen ,Collier's Encyclopedia' trifft man auf den 1968 publizierten Artikel ,,Societies, Associations, and Organizations".

Die Sozietäten des 18. Jahrhunderts wurden langezeit nur in Einzelstudien und punktuell betrachtet. Wenn sich ein Jubiläum einer noch bestehenden Gesellschaft näherte, so gingen Mitglieder der Gesellschaft selbst an eine meist etwas hagiographische Darstellung ihrer Gesellschaftsgeschichte. Es war beim besten Willen nicht möglich, sie in einen Gesamtzusammenhang zu stellen, außer einen ganz allgemeinen kultur- oder geistesgeschichtlichen. Darum auch fanden die wissenschaftlichen Akademien schon längst die ihnen gebührende Beachtung.

Die ersten Ansätze zu einer neuartigen und umfassenderen Betrachtung des Sozietätswesens im 18. Jahrhundert kamen aus der historischen Soziologie. 1933 hat Ernst Manheim in ,Aufklärung und öffentliche Meinung' auf die Bedeutung der aufgeklärten Gesellschaften für das Entstehen einer modernen Öffentlichkeit hingewiesen. Damit wurde auch der Akzent vom materiellen Ziel der Sozietäten – z. B. Agrarreform – auf deren soziologische Bedeutung verschoben. 1942 hat dann Roger Picard in ,Les salons littéraires et la société française' sich nicht so sehr für den Gegenstand der Aktivität der ,,salons" interessiert als vielmehr für deren

Gesetze des Zusammenlebens und hat damit viel von der spätern Diskussion vorausgenommen. Manheim und Picard jedoch lebten in nordamerikanischer Emigration, und ihre Publikationen wurden diesseits des Atlantiks nicht zur Kenntnis genommen.

Als man sich jedoch in der Nachkriegszeit immer mehr um die Vorgeschichte der gegenwärtigen bürgerlichen Gesellschaft zu kümmern begann, da mußte man ins 18., wenn nicht ins 17. Jahrhundert zurückgreifen. Koselleck, Habermas, Macpherson und weitere untersuchten die „Pathogenese der bürgerlichen Welt", den „Strukturwandel der Öffentlichkeit", den „possessiven Individualismus". Dazu gehörten neben der Presse, dem literarischen Publikum eben auch die verschiedenartigen „Gesellschaften".

Damit stellte sich auch die Frage nach den Eliten, nicht mehr nach den einzelnen „großen" Persönlichkeiten oder den „großen" Autoren allein, sondern nach der breiten Gesellschaftsschicht, die die neuen Bewegungen des 18. Jahrhunderts trug. Hier bieten sich die Mitgliederlisten der so zahlreichen Sozietäten als beste Quelle an. Als erster hat Daniel Roche diesen Versuch gewagt. 1964 erschien in den ‚Annales' seine beispielhafte Untersuchung über die „Académie de Châlons sur Marne" und 1978 kamen seine beiden umfassenden Bände ‚Académie et académiciens provinciaux', wo anhand aller französischen Provinzialakademien und weiterer Gesellschaften eine umfassende Analyse der französischen Elite außerhalb der Hauptstadt gegeben wird.

Durch die „Prosopographie" der Mitglieder, d. h. deren Kurzbiographien, im sozialen Kontext gesehen, kann – wie sonst kaum – diejenige Schicht in all ihren Aspekten erfaßt werden, die „Reform und Utopie" des Jahrhunderts getragen hat. Für die Schweiz ist dies eben durch François de Capitani mit der Analyse aller Mitglieder und Gäste der repräsentativen „Helvetischen Gesellschaft" geschehen.

Bevor in Deutschland die Sozietätsforschung als allgemeines Problem in Angriff genommen wurde, beschäftigten sich einige Arbeiten mit bestimmten Typen: Für die ökonomischen begann es 1934 durch Rudolf Rübbert; dann wurde es 1967 mit Focko Eulens ‚Vom Gewerbefleiß zur Industrie' breiter fortgesetzt. Einen ersten Versuch, die gemeinnützig-patriotischen Gesellschaften als Gesamterscheinung zu erfassen, unternahm schon 1957 Hans Hubrig. Mit den Lesegesellschaften befaßten sich 1971 Herbert G. Göpfert, dann 1972 Barney M. Milstein und – unter Berücksichtigung aller Aspekte, nicht nur des literarischen – in vorbildlicher Weise Marlies Prüsener. Die Freimaurerei betreffend ist es Ludwig Hammermayer, der 1979 in konziser Art die seit noch nicht zehn Jahren wieder sehr rege betriebene Forschung zusammenfaßt.

1976 setzten in Deutschland mit Otto Dann ‚Die Anfänge politischer Vereinsbildung' und Thomas Nipperdey ‚Verein als soziale Struktur' die allgemeine sozialgeschichtliche Betrachtung der ganzen Sozietätsbewegung ein. Ein Jahr darauf konnte Richard von Dülmen auf Grund seiner gründlichen Untersuchung über den Illuminatenorden deutlicher die spezifische Eigenart der Sozietäten des 18. Jahrhunderts herausarbeiten. In ‚Die Aufklärungsgesellschaften in Deutschland als Forschungsprogramm' sagt er über die bisherigen „Modellskizzen": „Bei aller paradigmatischen Bedeutung möchte ich im folgenden nicht unmittelbar an die genannten Modellskizzen anknüpfen, denn muß die Allgemeingültigkeit der Aussagen von Koselleck und Habermas für Deutschland erheblich eingeschränkt werden, so versperrt die Perspektive des ausgebildeten Vereinswesens, unter der Nipperdey und Dann die Aufklärungsgesellschaft betrachten, den Blick für das Eigengewicht der Aufklärungsgesellschaft als eigene Zwischenstufe zwischen feudaler Kooperation und bürgerlicher Assoziation."

Und so ist die Sozietätsforschung nicht mehr „a neglected topic" – ein vernachlässigter Forschungsbereich –, wie dies noch 1969 vom Sonderfall der Freimaurerei gesagt werden konnte.

Etliche Male hat sich ein Wolfenbütteler Symposium mit den „Gesellschaften" befaßt, so zum Beispiel 1977 mit dem „Akademiegedanken im 17. und 18. Jahrhundert" und 1978 mit „Deutschen patriotischen und gemeinnützigen Gesellschaften".

In der Schweiz bemüht sich seit Jahren die schweizergeschichtliche Abteilung des Historischen Instituts der Universität Bern – ausgehend von Forschungen über die „Helvetische Gesellschaft" – um eine allgemeinere Erfassung der „Gesellschaften" im Raum der eidgenössischen Republiken.

Wir stehen also mitten im Beginn einer eigentlichen „Sozietätsforschung", die vornehmlich die Entstehungszeit, d. h. das 18. Jahrhundert betrifft. Sie scheint vornehmlich in Frankreich und in Deutschland vorangetrieben zu werden.

Italien verfügt aber schon lange – seit der 1926–1930 erschienenen ‚Storia delle Accademie d'Italia' von Michele Maylender – über eine breite Zusammenstellung der betreffenden Erscheinungen. Gianfranco Torcellan hat dann 1964 in ‚Un tema di ricerca: Le accademie agrarie nel settecento' die landwirtschaftlichen Gesellschaften des 18. Jahrhunderts als Forschungsthema aufgegriffen, und dies in vorbildlicher Art.

Nicht zu vergessen sind für den Bereich Spanien und seine Kolonien das schon 1958 erschienene Werk von Robert Jones Shafer ‚The Economic Societies in the Spanish World' und für das östliche Europa das 1979 in Berlin erschienene Sammelwerk ‚Beförderer der Aufklärung in Mittel- und Osteuropa' mit dem Untertitel „Freimaurer, Gesellschaften, Clubs".

Die Schwierigkeiten der Sozietätsforschung liegen einmal in der schier unbeschränkten Zahl von Sozietäten und dann in einer allgemein recht schlechten Quellenlage. Die noch existierenden Sozietäten verfügen zwar in der Regel über Jubiläumsliteratur und mehr oder weniger geordnete Archive. Aber die meisten sind entweder im 19. oder im 20. Jahrhundert wieder eingegangen oder überhaupt nur kurzlebige Erscheinungen des 18. Jahrhunderts. Wenn die Sozietäten einigermaßen institutionalisiert sind und vom Staat überwacht werden, so sind die Quellen in der Regel greifbar, aber für nichtstaatliche Sozietäten ist man auf den Zufall der Publikationen der betreffenden Sozietät oder auf private, meist nicht publizierte Korrespondenz angewiesen.

Dazu tritt die Schwierigkeit, daß bis in die letzte Zeit die Sozietäten in der Regel nur in bezug auf ihre Aktivität, auf ihre effektiven Leistungen in ihrem Interessenbereich wichtig erschienen. In älteren Darstellungen fehlt – wie schon gesagt – oft die Untersuchung der sozialen Zusammensetzung der Mitgliedschaft und ihre allgemeine Rolle in der Öffentlichkeit, da geistesgeschichtliche Fragestellungen den Vorrang hatten.

Gianfranco Torcellan stellte seiner Untersuchung über die landwirtschaftlichen Gesellschaften des 18. Jahrhunderts einen Fragenkatalog voran, der mit gewissen Änderungen für alle Sozietätstypen Gültigkeit hat. Wir möchten ihn hier in gekürzter Form wiedergeben:

A. Die Gründung: Gründungsjahr und Dauer – Zweckbestimmung – Umfang der Aktivität – Private oder staatliche Gründung – Finanzierung.

B. Zusammensetzung und Charakterisierung: Auswahl der ersten Mitglieder – Modus der Neuaufnahmen – soziale und berufliche Herkunft der Mitglieder – Leitung der Sozietät – Verbindung zur Freimaurerei – innere Wandlungen der Sozietät.

C. Erforschung des Mitgliederbestandes (Prosopographie): Biographien – Publikationen – Handschriftlicher Nachlaß – Briefwechsel – wirtschaftliche Position.

D. Publikationen und Aktivitäten der Sozietät: Art der Veröffentlichungen – unter dem Patronat der Sozietät erschienene Schriften – Unterstützung weiterer Publikationen – Art der Herausgabe – Existenz von Modellgütern.

E. Preisausschreiben: Chronologische Reihenfolge – Autoren – Verhältnis zu den übrigen Aktivitäten – Themenstellung – Preisträger.

F. Bibliothek: Inventar – Ankauf – Schenkungen – Rekonstruktion.

G. Beziehungen zu andern Sozietäten: Koordination mit andern privaten oder staatlichen Sozietäten – Gedankenaustausch – Korrespondenz – gemeinsame Aktivitäten.
H. Archive: Interne Archive der Sozietät – Protokolle – Abhandlungen – weiteres Material – amtliche Mitteilungen über die Sozietät und deren Mitglieder.

Torcellans Fragenkatalog kann heute noch für die Erforschung der Geschichte einer Sozietät von Nutzen sein, als Wegweiser in der Aufgabenstellung überhaupt, aber auch zur Orientierung in der disparaten und ungleichen Lage von Literatur und Quellen. Diese besondere Lage mag die Historiker abschrecken, ganz abgesehen von den immensen Schwierigkeiten, die Prosopographien der Mitgliedschaft zu bieten pflegen.

Wenn man aber Fragen, wie sie Rudolf Vierhaus an das Wolfenbütteler Symposium über die deutschen patriotischen und gemeinnützigen Gesellschaften stellte: „Wer ist in solchen Gesellschaften zusammengekommen? Wer hat zu ihrer Gründung Anstoß gegeben? Welche Tätigkeit hat man sich im einzelnen zugewandt und was hat man erreicht? Auf welchen Wegen und mit welchen Mitteln hat man Wirksamkeit gesucht? Hat man die Praxis wirklich erreicht? Hat man sich sozial abgekapselt und ist man zur Honoratiorenvereinigung geworden? Läßt sich eine tendenzielle politische Einordnung der Gesellschaft vornehmen? In welchem Maße waren sie charakteristisch für die entstehende bürgerliche Gesellschaft?" beantworten will, so muß man sich dieser Arbeit, die noch Jahrzehnte beanspruchen dürfte, unterziehen.

2. Sozietätsbegriff und Sozietätsbewegung

Die „Gesellschaften" des 18. Jahrhunderts pflegen unter recht verschiedenen Namen aufzutreten. Von Italien her übernimmt man die Bezeichnung „Akademie", die in Frankreich beliebt ist und in Italien üblich bleibt, auch für ökonomische Gesellschaften – so nennt man noch 1771 eine Gesellschaft in Verona „Pubblica accademia di agricoltura, comercio e arti". „Akademie" braucht also nicht allein Bezeichnung für eine wissenschaftliche Institution zu sein.

„Sozietät", „Society" ist im englischen Raum die Bezeichnung für das, was anderswo „Akademie" ist. Im deutschen Raum übernimmt man von den Sprachgesellschaften her gerne die deutsche Bezeichnung „Gesellschaft". Für die Lesegesellschaften ist er allgemein; doch wird auch der Name „Sozietät" gewählt – früh schon für die Göttingische Gelehrtenakademie. Die letzten, die den Namen „Sozietät" führen, sind die deutschbaltischen gemeinnützigen und ökonomischen Sozietäten von Dorpat (1792) und Riga (1796).

„Société" wird in Frankreich von den Gesellschaften geführt, die nicht zur Gattung der „académies" gehören und nicht nach dem Pariser Modell der drei großen Akademien organisiert sind. „Sociedad" wählt Spanien für seine „Sociedades económicas" oder „patrióticas". „Società" finden wir in Italien für die Gesellschaften ökonomischer Observanz, etwa „Società agraria di Torino".

Die Bezeichnungen gehen also mehr oder weniger wirr durcheinander. Wenn wir als Oberbegriff „Sozietät" gewählt haben, so wählen wir einen Begriff, den das Jahrhundert selber verwendet.

Man kann auch von „Aufklärungsgesellschaften" (van Dülmen) oder von „Reformgesellschaften" sprechen. Der Begriff „Sozietät" ist insofern günstig, weil er im deutschen Sprachbereich eigentlich nur im 18. Jahrhundert verwendet wird und nachher zugunsten von „Verein" aufgegeben wird. Damit gewinnt man einen Begriff, der genau mit der Reformbewegung der Aufklärung übereinstimmt und dem sich in weiter Interpretation auch die Akademien unterstellen lassen, den man in noch weiterer Auslegung auch auf die Freimaurer ausdehnen kann. Schließlich verrät er den internationalen Charakter eines noch internationalen Jahrhunderts und ist lateinischen Ursprungs, was dieser letzten lateinischen Epoche auch wohl ansteht.

Wir haben im vorigen Kapitelabschnitt von ‚Collier's Encyclopedia' gesprochen, in welcher sich eine brauchbare Definition der „Societies, Associations, and Organizations" findet. Sie lautet: „Die Gruppen, in welchen sich die Menschen freiwillig zu verschiedenen Zwecken in der modernen Gesellschaft zusammengefunden haben, begegnen unter einer solchen Verschiedenheit von Bezeichnungen, daß exklusive Klassifikation fast unmöglich ist. Zu den allgemeinen Bezeichnungen ‚society' (Gesellschaft), ‚association' (Verein) und ‚organization' – hier als Überschrift verwendet – kann man bekannte Begriffe wie ‚club', ‚league' (Liga) und ‚orden' fügen, um nur einige wenige zu erwähnen. Obgleich sie alle ein Produkt der Demokratisierung von Massengesellschaften während der letzten hundert Jahre sind, gab es viele Typen von freiwilligen Organisationen in früheren Zivilisationen und sogar in schriftlosen Kulturen."

Das 18. Jahrhundert betreffend, erwähnt Collier „literary and social clubs" (literarische und gesellige Zirkel), „chambres littéraires" (Lesekabinette), „revolutionary clubs" (revolutionäre Clubs) sowie die akademische „Royal Society". Nach heutiger Definition erfaßt damit Collier's nur die sogenannten „unorganisierten" Gesellschaften (Salons, Clubs, Freundeszirkel), die Revolutionsgesellschaften und eine einzige unter den vielen wissenschaftlichen Akademien. Die so wichtigen gemeinnützig-ökonomisch-patriotischen Gesellschaften sind nicht genannt, die Lesegesellschaften nur am Rand. Die Freimaurer sind anderswo im Lexikon untergebracht.

Wenn wir hier den Begriff der Sozietät des 18. Jahrhunderts zu definieren versuchen, müssen wir vorerst diejenigen Sozietäten ausschließen, die zwar diesen Namen oder einen gleichwertigen tragen, aber nicht dem Sozietätstypus des 18. Jahrhunderts entsprechen. Vorerst – wie schon unter dem Typus der „Religiösen Gesellschaften" abgehandelt – fallen die religiösen Gemeinschaften, Orden, Bruderschaften weg, weil ihnen das Element der „Freiwilligkeit" fehlt und weil sie einer anderen Weltanschauung verpflichtet sind als derjenigen der Aufklärung. Aus letzterem Grund wären auch Geheimgesellschaften im Stil der Rosenkreuzer auszuschließen, nicht aber – wie schon diskutiert – die Freimaurer.

Wir möchten auch unorganisierte Gesellschaften – die eben genannten Salons, Clubs und Zirkel – an den Rand der Sozietätsbewegung verweisen, da ihnen das Element der bewußten Organisation fehlt.

Selbstverständlich scheint es, daß gesellschaftliche Organisationen traditioneller Art wie Zünfte und Innungen, die zur Institutionenwelt der alten Gesellschaft gehören, nicht dazu zählen.

Die „Sozietäten" bilden damit – wie van Dülmen sagt – eine eigene Zwischenstufe zwischen „feudaler Kooperation" und „bürgerlicher Assoziation", denn das Vereinswesen des 19. Jahrhunderts, wenn auch aus der Sozietätsbewegung erwachsen, entwickelt wieder seine neuen Eigenheiten.

Aufgrund dieser Voraussetzungen können wir die Sozietäten des 18. Jahrhunderts mit folgenden drei Kriterien charakterisieren:

1. Die Aktivitäten, Ziele und Gegenstände der Sozietäten stehen im Zusammenhang mit der Reform, der „Verbesserung" eines bisherigen, als unbefriedigend empfundenen Zustandes. Die Sozietäten treten in eine Lücke des bisherigen Systems.
2. Die Organisation der Sozietät beruht auf Freiwilligkeit, Mitsprache und Mitverantwortung der Mitglieder.
3. Die Sozietät entwickelt durch ihre Spielregeln ein neues gesellschaftliches Bewußtsein.

Ein gutes Beispiel für das Zusammentreffen dieser drei Kriterien gibt in den neunziger Jahren eine Hamburger Gesellschaft. Sie bestand aus Bürgern, „welche sich zur wechselseitigen Belehrung und zur Nahrung und Beförderung des Gemeinsinns und anderer nützlicher Sachen alle vierzehn Tage, montags versammeln". Diese Gesellschaft entwickelte zwar nach außen hin keine bewußte Wirkung, besaß aber gleichwohl Ämter und Ausschüsse, Gesetze und Mitgliederlisten, ein Album für Vorschläge zu den Unterredungen und ein Protokoll.

Der Bericht eines Zeitgenossen über diese Gesellschaft lautet: ,,Diese Gesellschaft gefällt mir; 1. wegen ihres Zwecks; 2. wegen ihres echten Bürgersinns, indem auch zwei Handwerker von Kopf und Kenntnissen darin sind; 3. wegen des guten, freundlich freien, aber bürgerlichen Tons, der hier herrscht; 4. wegen der Begierde, womit sie wissenschaftliche und andere Aufsätze anhören, und darüber mit Bescheiden sprechen; 5. wegen der Fraternität unter ihnen . . .''

Das erste Kriterium (Reform) ist mit ,,Belehrung'', ,,Beförderung des Gemeinsinns'', das zweite Kriterium (Organisation) mit der Einrichtung von Ämtern etc. erreicht, das dritte Kriterium mit dem ,,guten, freundlich freien . . . Ton'' und mit dem Postulat der Verwirklichung der ,,Fraternität unter ihnen'' sowie durch den Beizug von Vertretern des Handwerkerstandes.

Innerhalb der Einheitlichkeit, die die Sozietätsbewegung an sich aufweist, läßt sich eine gewisse Entwicklung und ein gewisser Wandel feststellen, ganz abgesehen von der augenfälligen zahlenmäßigen und geographischen Ausdehnung der Bewegung. Wenn wir von den Zielsetzungen der Sozietäten ausgehen, so treffen wir zuerst auf die wissenschaftlichen, allenfalls sprachlich literarischen Belange der Akademien – wie etwa in unseren Beispielen von Berlin und Göttingen – oder der gelehrten Gesellschaften. Mit dem zweiten und dritten Jahrzehnt melden sich die Freimaurer mit ihrem philanthropisch-universellen Appell. Präludiert durch die frühe Gründung von Dublin, überführen die gemeinnützig-ökonomischen Gesellschaften von den fünfziger und sechziger Jahren an das von den gelehrten Sozietäten erst verdeckt oder nur theoretisch anvisierte praktische Ziel der Umsetzung von Wissen in die Praxis – eine Bewegung, die auch Akademien teilweise mitmachen, wie etwa Châlons sur Marne, und die wir an den Beispielen Rennes, Bern, Hamburg, Zürich, Celle und Burghausen verdeutlicht haben. Während Klubs und Salons in England und Frankreich in ,,unorganisierter Form'' schon längst die Bewegung begleitet haben, treffen wir in den Lesegesellschaften – wie etwa Mainz oder Ludwigsburg – auf die organisierte Popularisierung des Wissens allgemeiner Art.

Nebeneinander teilen sich friedlich und oft mit Mitgliedschaft der gleichen Persönlichkeiten allmählich verschiedene Sozietätstypen in die allgemeine Aufgabe von Aufklärung und Reform, meist – wenn wir von den zeitweiligen Schwierigkeiten des Sonderfalls der Freimaurer absehen – neben dem Staat oder auch mit ihm. Gegen Ende des Jahrhunderts gerät die Bewegung – aber nur teilweise – in den Sog der allgemeinen prärevolutionären Polarisierung, von welcher noch zu sprechen sein wird. In unsern Beispielen: früh etwa Bern, später die Illuminaten, nur intern die Toggenburger Lesegesellschaft.

Parallel zu dieser Erweiterung von Zielsetzung und Aktivitäten entwickelt sich auch der Mitgliederbestand der Sozietäten: Anfänglich sind es vom Ziel her bestimmt eher bürgerliche Gelehrte in den Akademien und gelehrten Gesellschaften, dann erfolgt bei den Freimaurern ein erstes Durchbrechen der Standesschranken, das schließlich bei den gemeinnützig-ökonomischen Gesellschaften immer deutlicher wird. Dort, wo das Bürgertum noch nicht so frei war wie in den Republiken, führt das zur Emanzipation des Bürgertums. Doch davon später mehr.

Schließlich wären bei dieser Entwicklung auch die äußern Faktoren von Politik und Wirtschaft nicht zu vergessen. Der Anfang der Sozietätsbewegung läßt sich wohl auch aus der Erholung nach dem Dutzend von Jahren Spanischen Erbfolgekrieges zu Beginn des Jahrhunderts erklären, aus dem entsprechenden Sieg englischer Denkart und dem Aufatmen Frankreichs nach dem Ende der allzu ruhmvollen Epoche des kriegerischen Sonnenkönigs. Desgleichen muß sich die lange Friedensepoche von dreißig Jahren zwischen dem Siebenjährigen Krieg und dem Ausbruch der Revolutionskriege wohltuend ausgewirkt haben. Doch hat das Jahrhundert – in welchem die Kriege doch sich allmählich vom totalitärgrauenhaften Charakter des Dreißigjährigen entfernen – im allgemeinen ruhigeren Charakter. Das Totschlagen des Glaubens wegen hat aufgehört, die großen Seuchen verschwinden, Wirtschaftskrisen können besser eingedämmt werden. Es ist mehr Zeit für überschüssige Energien friedlicher Art vorhanden.

Aber die Gründe für die Sozietätsbewegung bleiben vielfältiger Art.

II. Nationale Varianten der Sozietätsbewegung

Die Sozietätsbewegung hat ausgesprochen internationalen Charakter und hat sich überall, wo die europäischen Kulturformen herrschend waren, durchgesetzt, im mediterranen Raum, im nördlichen und östlichen Europa und in beiden Amerika. Man befindet sich im Jahrhundert des europäischen Konzerts, einer allgemeinen Offenheit der Elite, die, sobald sie über den engen Kreis ihrer Stadt oder ihrer Provinz hinausschaut, noch nicht durch die Hauptstadt eines Nationalstaates in vollständigen Bann gelegt ist. Man bewegt sich noch frei im europäischen und überseeischen Raum. Die „Tour d'Europe", die Europareise, führt den englischen Lord und den deutschen Prinzen nach Paris, in die Schweiz und nach Italien. Der an sich feststellbare antifranzösische Affekt richtet sich nicht primär gegen die französische Gedankenwelt, sondern vor allem gegen die Einseitigkeit und Aufgeblasenheit eines französischen Hofstils. Die Rückbesinnung auf das eigene Volk und auf dessen höhere Werte ist nur im Keim vorhanden und wird erst nach der napoleonischen Eroberungszeit stärker werden. Der entstehende „Nationalismus" läßt sich noch mit einem allgemeinen humanen „Kosmopolitismus" verbinden.

Dennoch kann man je nach den vorliegenden historischen Bedingungen von Land zu Land verschiedene Ausprägungen und bestimmte Ungleichheiten in der Entwicklung der Sozietätsbewegung feststellen. Aber es ist hier vorsichtshalber zu sagen, daß wir heute noch nicht genügend gut im Bilde sind, um endgültige Aussagen zu machen. Es gibt viele Länder, in denen die Sozietätsforschung noch nicht recht in Gang gekommen ist und die notwendigen Zusammenstellungen fehlen. Wir versuchen hier nur so gut wie möglich eine vorläufige Darstellung zu geben.

1. Frankreich

Am Anfang der Bewegung steht – wenn wir von der altüberlieferten italienischen Akademietradition absehen – Frankreich, das auch hier und nicht nur in Literatur und Kultur in Führung liegt. Von den dreißiger Jahren des 17. Jahrhunderts an stellen wir eine Bewegung von Gründungen fest, nicht nur in Paris, sondern auch in der Provinz. Aber gleichzeitig setzt die Tendenz zur Zentralisierung ein. Das königliche Patent integriert sukzessive die selbständigen Provinzialakademien ins königliche Verwaltungssystem. Die „Académie française" hat vor 1700 die Akademien von Avignon (gegründet 1658), von Arles (1667) und von Toulouse (1695) einverleibt. So ist die sprachliche Vereinheitlichung durch Übergang der provenzalischen Akademien zur Sprache von Paris erfolgt. Beispiel ist die „Académie des Jeux floraux" in Toulouse, wo die Persönlichkeiten hauptstädtischen Ursprungs allmählich ihre Sprache durchzusetzen beginnen. Was für die mehr sprachlich-literarisch ausgerichteten Akademien gilt, gilt auch für die naturwissenschaftlichen, für die Akademie von Montpellier (1706) und für diejenige von Bordeaux (1713).

Die Zentrale hat die Sache im Griff, weil königliche Patente Prestige und finanzielle Kredite bedeuten. Akademien, die selbständig bleiben wollen – wie etwa Caen –, gehen allmählich ein.

Diese Entwicklung fordert auch eine soziale und intellektuelle Auslese, denn die Mitgliedschaft zu einer Akademie ist auf 35 bis 40 Mitglieder beschränkt. Wer eben nicht hineinpaßt, dem wird der Eintritt verwehrt.

Bei den zahlreichen Gesellschaften ohne akademischen Rang sorgt ein „Droit d'association", ein Recht zur Gesellschaftsgründung für eine gewisse zentralistische Kontrolle.

Gegen Ende des 17. Jahrhunderts beginnt in den Akademien die Diskussion um die Spezialisierung. In Paris sind ja die Akademien nach bestimmten wissenschaftlichen Interessenkreisen getrennt. In der Provinz läßt sich das nicht überall durchführen, doch ist die Spezialisierung in Frankreich am weitesten gediehen – auch durch die Gründung von Kunstakademien, die allerdings eher Schulcharakter haben.

Nach dem Tode Ludwig XIV. beginnt der starke englische Einfluß. Das Netz von Freimaurerlogen legt sich über das ganze Königreich. Von der Kirche sind sie zwar verboten, vom Staat aber toleriert. Um 1770 zählen 400 Städte dieses nunmehr offiziell rein katholischen Landes ihre Logen mit insgesamt 20 bis 30000 Logenbrüdern. Abgesehen davon vermehren sich die Akademien in der Provinz. Von 1650 bis 1715 zählen wir 13, davon die Hälfte in Südfrankreich. 1760 sind es im ganzen 28. Die beginnenden sechziger Jahre sind durch eine dritte Gründungswelle gekennzeichnet: Ökonomisch-agrarische Gesellschaften dort, wo sich die Akademien nicht besonders um die Landwirtschaft kümmern. Es sind schließlich gegen 20, zu denen wir noch die ungefähr 30 „Bureaux", die Zweiggesellschaften, zu zählen haben. Diese Gründungswelle ist vor allem das Verdienst des Ministers Bertin, der als interessierter Agronom das französische Landwirtschaftswesen ungemein förderte. Es wären überdies noch einige gemeinnützige Gesellschaften zu erwähnen, die allerdings schlecht erforscht sind. Die Zahl der „Sociétés littéraires" und

,,Chambres de lecture", literarische Gesellschaften und den Lesegesellschaften ähnliche Sozietäten, beläuft sich am Jahrhundertende in der Provinz auf gegen 80.

Frankreich verfügt also über ein sehr dichtes Netz von Sozietäten verschiedener Art. Es zeigt sich, daß nicht nur die so attraktive und große
Hauptstadt Paris, sondern auch die Provinz bis in die entlegenen Regionen erfaßt ist. Dazu wäre die nicht kontrollierbare Zahl aller ,,sociétés
inorganisées", der nicht organisierten Gesellschaften, der Salons vor allem, zu berücksichtigen. Infolge der Sozietätsbewegung ist in diesem
führenden Land der Aufklärung die Intellektualität eben sehr dicht gesät.

2. Großbritannien

Hier beginnt die Sozietätsbewegung mit jenem naturwissenschaftlich interessierten Freundeskreis, der um 1660 die Gründung der ,,Royal Society for the Improving of Natural Knowledge" vornahm. Die Beruhigung
der politischen Szene durch die Restauration der Stuartkönige hatte dies
möglich gemacht. Schon in der zweiten Sitzung erfährt die Gesellschaft,
daß der König mit dem Programm der Zusammenkunft bekannt gemacht
worden und bereit sei, die Gesellschaft zu unterstützen, was in England
weniger Patronat bedeutete als ein königliches Patent in Frankreich. Die
,,Society" bleibt recht frei in ihrer Gestaltung. Sie ist von Anfang an eine
ausgesprochen naturwissenschaftlich ausgerichtete Akademie. Sie wird
die beherrschende Sozietät bleiben, hochgeachtet in Großbritannien und
der ganzen gelehrten Welt.

Irland gründete bald, schon 1684, nach dem Modell der ,,Royal Society",,The Dublin Philosophical Society". Ein botanischer Garten, ein
Museum und ein Laboratorium wurden eingerichtet. Dann brachte der
irische Bürgerkrieg eine längere Unterbrechung, und erst 1744 erfolgte
die Neugründung einer ,,Physico-Historical Society", die sich mit Naturforschung und Erforschung der Geschichte des irischen Königreiches
befaßte.

Schottland zog erst 1731 nach mit der Gründung einer Gesellschaft für
die Verbesserung des medizinischen Wissens, die 1738 zu einer ,,Society
for improving of Arts and Sciences" erweitert wurde. Sie nannte sich
auch ,,The Philosophical Society of Edinburgh" und erhielt 1782 die
,,Royal Charter", worauf sie den Namen ,,Royal Society of Edinburgh"
annahm.

Das wären die ,,Royal Societies" in den drei Königreichen. Aber das
Land der Clubs lieferte – als es nach dem Spanischen Erbfolgekrieg auch

in Konkurrenz mit Frankreich um die geistige Führung ging – zwei originellere Beiträge an die Sozietätsbewegung: einmal die Freimaurerei, die zumindest anfangs wie eine Art von englischer Mission auf dem Kontinent anmutet, und dann die ersten gemeinnützig-ökonomischen Sozietäten, diejenige in Dublin von 1731 und die entsprechende in London von 1754, die „Society for the encouragement of Arts, Manufactures and Commerce". Gegründet von William Shipley, dem Leiter der Zeichenschule in London, spielt sie die gleiche Rolle für England wie die „Dublin Society" für Irland. Sie arbeitet nicht mit Preisausschreiben, sondern mit Prämien, auf allen möglichen Gebieten, auch auf landwirtschaftlichem. Die Mitgliederzahl ist beeindruckend. 1759 waren es schon 927, im Jahr 1764 war die Zahl auf 2507 gestiegen. Die Zahl der Korrespondenten entwickelte sich im gleichen Zeitraum von 17 auf 93. Vor allem erreichte die Gesellschaft nicht nur London, sondern auch den weiten Umkreis der mittelenglischen Grafschaften. Die Gentry ging ja gerne ab und zu in die Hauptstadt, wo sich in den fünfziger Jahren neben der „Society of Arts" schon ein sehr lebhafter Sozietätsbetrieb vorfand. Es gab Sozietäten für Altertumskunde, Botanik, Insektenkunde, Naturgeschichte, Mineralogie, Geologie und für das Ingenieurwesen. Darum ist die englische ökonomisch-gemeinnützige Bewegung ausgesprochen londonzentrisch, aber nicht zentralistisch im französischen Stil.

Nach einem vorübergehenden Versuch von 1723 einer „Society of Improvers in the knowledge of Agriculture" werden erst spät auf dem Lande selbst ökonomische Gesellschaften gegründet, die nun ausschließlich agrarisch tätig sind. Eine der ersten entstand 1777 in Bath, vorderhand für ganz Westengland, dann folgten gegen 90 weitere in sozusagen allen Grafschaften von Cornwall bis zu den Highlands; all diese Gesellschaften entstanden in den neunziger Jahren, die meisten waren allerdings nur von kurzer Dauer.

Es ist bemerkenswert, daß England, das mit Dublin und London die ersten Impulse für den Kontinent gegeben hatte, erst so spät die französische, deutsche und weitere kontinentale Entwicklung ökonomischer Gesellschaften in den Regionen mitmacht. In Großbritannien ist im Gegensatz zu Frankreich kein fürstlicher Wille entscheidend. Die „Royal Charter" nimmt man gerne als spätere Anerkennung an, ohne zuerst lange um sie zu betteln. In Großbritannien arbeiten Staat und private Organisation Hand in Hand. London, die große freie Handelsstadt und nicht eigentlich Residenz, ist sehr geeignet als offenes Zentrum für ganz England. Die breite Streuung interessierter Gentry mit ihren vielfältigen Beziehungen sorgt für die Durchdringung des Landes durch den „gentleman farmer" anders als im höfisch dominierten Paris.

Es ist selbstverständlich, daß die Sozietätsbewegung auch ihren Reflex in den britischen Kolonien hat, das heißt in der Variante englischen Wesens, die Nordamerika darstellt. Wir verfügen allerdings über wenig Information: 1743/44 wird ein erster Versuch einer „American Philosophical Society" gemacht, der dann 1769 endgültig wird in der „American Philosophical Society, held at Philadelphia for Promoting useful Knowledge". Ihre Absicht ist gemeinnützig-ökonomisch. Hinter beiden Gründungen steht der praktische Geist eines Benjamin Franklin. Die „American Philosophical Society" zählt schon bei der Gründung 144 lokale Mitglieder, 90 aus den übrigen Kolonien und 17 überseeische Korrespondenten. Sie wird für lange Zeit die wichtigste Gesellschaft in den nun entstandenen unabhängigen Vereinigten Staaten sein.

Einer der Gründer der „Lunar Society" von Birmingham, William Small, hat 1760 in Virginia eine „Society to encourage scientific experimentation and the interest in arts and manufactures" ins Leben gerufen.

Spät – wie in England – kommt es schließlich in verschiedenen Staaten zur Errichtung landwirtschaftlicher Sozietäten, in North Carolina, Pennsylvania, Maine, New York und in Massachusetts.

Der Süden hat – wie könnte es bei seiner Sozialstruktur mit der großen Pflanzereiaristokratie anders sein – in gewissen Zentren seine Clubs, z. B. den 1784 gegründeten „Maryland Tuesday Club".

3. Italien

Eigentlich hätte man Italien vor Frankreich und vor England stellen sollen, denn hier steckte man ja schon in der Sozietätsbewegung, als es diesen Begriff noch gar nicht gab, und schwelgte in allen möglichen Akademieformen, als das Europa nördlich der Alpen noch erschreckend „barbarisch" anmutete. Allerdings hatten Paris und London im Laufe des 17. Jahrhunderts mit ganz anderen finanziellen Mitteln und mächtigen politischen Hintergründen die italienischen Anregungen weiterentwickelt. Aber Italien blieb das Land der Akademien, aufgebaut auf seiner so dichten städtischen Kultur. Man verstand es, die ausländischen Anregungen in die jahrhundertealte Akademietradition einzubauen. 1714 entstand in Bologna eine „Accademia delle scienze", und vor allem wurde die ökonomische Anregung aufgenommen. Wir haben früh schon die 1753 in Florenz von einem Botaniker gegründete „Accademia dell' agricoltura ossia dei Georgofili" erwähnt, die sich in würdiger humanistischer Tradition den schönen Titel der „Bauernfreunde" beilegt. Weitere landwirtschaftlich-gemeinnützige Sozietäten folgten von 1762 an in Udine,

Verona, Mailand und 1785 in Turin. Diese oberitalienischen Gründungen
– denn dort liegt das Schwergewicht – entsprechen dem transalpinen
Typus.

Beliebt waren lockere Vereinigungen wie die ,,Accademia dei Pugni‘‘
in Mailand. Lesegesellschaften im deutschen Sinn waren nicht nötig, denn
die gute Gesellschaft las schon lange, und die drei Viertel der Bevölkerung, die Analphabeten waren, hätte man auf andere Weise erfassen müssen. Staat und Kirche bereiteten je nachdem Schwierigkeiten, und so zog
man freiere Zusammenkünfte vor. Obschon manche Staaten die Freimaurerei zeitweise verboten, so hatte sie dennoch großen Erfolg, insbesondere in der so weitherzigen Republik Genua.

Den Versuch, alle italienischen Aktivitäten, insbesondere auf dem Gebiet der Naturwissenschaften, zu koordinieren, unternahm von 1782 an
die national-patriotisch ausgerichtete ,,Società Italiana delle Scienze‘‘. Ihre Bemühungen – die durch 14 Bände ,Annali‘ dokumentiert wurden –
fanden auch im Ausland Anerkennung.

Italien bot nach wir vor das Bild einer geistig sehr lebendigen Welt.
Mochte die politische Verfassung, die Abhängigkeit von ausländischen
Einflüssen, mochten die periodischen Kriegszüge der Österreicher oder
Franzosen lästig sein, es ließ sich hier in aufklärerischer Überwindung
barock-klerikaler Mentalität gerade in den alten Akademien und den
neuen Sozietäten frei leben, frei wirken, frei diskutieren und experimen-
tieren.

4. Deutschland

In Deutschland lebte man in einem gewissen Minderwertigkeitskomplex
insbesondere England gegenüber, wo – auch in einer Monarchie – der
Bürger so ganz anders frei sich bewegen und äußern konnte. In den
deutschen Monarchien kontrollierte eben doch die Verwaltung, und sie
dachte ja für den ,,beschränkten Untertanenverstand‘‘. Darum auch die
,,Flucht‘‘ in die Sozietäten. Die Katastrophe des Dreißigjährigen Krieges
wirkte eben noch lange nach, man empfand sich als rückständig. Darum
auch Leibnizens großer Plan, der vorderhand Plan blieb, während in
London die ,,Royal Society‘‘ schon ihre umfassende Tätigkeit entfaltete,
von den Aktivitäten in Paris zu schweigen.

Die großen und größeren Monarchien holen dann allerdings meist
schon in der ersten Jahrhunderthälfte nach und gründen ihre Akademien.
In der zweiten Jahrhunderthälfte folgen die zahllosen Lesegesellschaften
und die gemeinnützig-ökonomischen Gesellschaften. In der Folge wird
so gut wie jedes Fürstentum erfaßt, von der ,,ökonomisch-patriotischen

Sozietät der Fürstentümer Schweidnitz und Jauer" bis zur „Westfälisch-ökonomischen Gesellschaft in der Grafschaft Mark zur Beförderung der Ökonomie der Fabriken und Manufakturen der Handlung, Gewerbe und Künste" in Hamm.

Die Bewegung ist früher und intensiver in Norddeutschland, überhaupt im protestantischen Raum. Österreich liegt da eher am Rande. Es gründet keine Wiener Akademie, doch versieht es alle Kronlande mit den kaiserlich-königlichen Ackerbausozietäten.

Im deutschen Bereich wird die Sozietätsbewegung großteils durch den Staat aufgefangen, ähnlich wie dies in Frankreich mit den Provinzialgesellschaften geschieht.

Doch besteht Deutschland ja nicht nur aus Fürstentümern, sondern auch aus Reichsstädten. Hier stellt sich das Problem anders, denn es handelt sich um Republiken. Albrecht von Haller hatte nämlich festgestellt: „Die Republikanische Regierung scheint sonst den gelehrten Gesellschaften nicht günstig, weil dergleichen Anstalten fast eines Haupts bedürfen, das die Gesetze und die Wahl der Glieder in seiner Gewalt habe. Doch ändert sichs auch hierinne." Was Haller 1759 sagte, gilt jedenfalls für die Akademie, die, weil es um die Anstellung von Akademikern geht, nicht nur eines „Haupts" bedarf, sondern auch der nötigen Kredite. In ein paar Reichsstädten gründen darum freie Bürger mit ihrem eigenen Geld um so erfolgreicher gemeinnützig-patriotische Gesellschaften, die primär auf die städtischen Bedürfnisse zugeschnitten sind. Jedenfalls haben Hamburg, Lübeck und Nürnberg – die beiden letztern allerdings erst in den achtziger und neunziger Jahren – ihre gemeinnützigen Gesellschaften erhalten. Auch die einstige Reichsstadt Straßburg, im der französischen Krone unterstellten Elsaß, hatte 1776 ihre „Société philanthropique" gegründet. Für das halbe Hundert noch existierender Reichsstädte ist dies allerdings wenig. Bremen excellierte immerhin durch eine sehr große Zahl von Lesegesellschaften. Mehrere Lesegesellschaften lassen sich auch in Hamburg, Lübeck, Schweinfurt, Nürnberg, Regensburg, Heilbronn, Köln, Speyer und Frankfurt finden, je eine in Lindau, Ravensburg, Ulm und Worms, doch das entsprach der Lage, wie sie auch in fürstlichen Städten anzutreffen war.

Die Idee der Zusammenfassung aller Aktivitäten im Deutschen Reich wurde 1786 durch den Schulmann Joachim Heinrich Campe, der eine Zeitlang in Hamburg gewirkt hatte, aufgegriffen. Es ging um den ‚Vorschlag einer Verbindung der Gelehrten-Öconomischen und Industrie-Gesellschaften deutscher Nation zu gemeinschaftlicher Wirksamkeit'. Diese nationale Sozietät sollte „die Aufklärung und Veredelung der Menschheit und zwar zunächst innerhalb der Grenzen des Vaterlandes" verwirklichen. Ähnliches plante 1794 Hofrat Becker mit dem ‚Vorschlag einer Verbindung der Gelehrten-ökonomischen und Industrie-Gesellschaften deutscher Nation zu gemeinschaftlicher Wirksamkeit'. – Herder aber hatte 1788 die ‚Idee zum ersten patriotischen Institut für den Allgemeingeist Deutschlands' lanciert, eine „Nationalakademie" als „Vereinigungspunkt mehrerer Provinzen zur allgemeinen praktischen Geistes- und Sittenkultur". Hier klingt nun allerdings nicht mehr das „zunächst" Campes an, wo der nächste Schritt über Deutschland hinaus ins Kosmopolitisch-Internationale gegangen wäre, sondern schon deutet sich das „Nationale" an: „Alles was in Deutschland lebt, kann und soll für Deutschland wirken und denken." Realisiert wurden diese Pläne allerdings noch nicht. Erst die „Allgemeine Deutsche Burschenschaft" hat unter wesentlich andern politischen Umständen und auf andere Weise einen solchen Zusammenschluß innerhalb der akademischen Jugend 1817/18 verwirklicht, um aber schon ein Jahr danach in den Untergrund gehen zu müssen.

5. Die Schweiz

In der aus Republiken zusammengesetzten Schweiz mußte alles von den Bürgerschaften ausgehen. So haben wir denn auch eine föderalistische Vielfalt von Sozietäten aller möglichen Gattungen, über die wir dank Emil Erne mehr oder weniger vollständig Bescheid wissen. Zwischen 1679 und 1798 sind insgesamt um 120 Gesellschaften gegründet worden, die etwa 30 freimaurerischen nicht mitgezählt. Diese Sozietäten lassen sich in drei Gruppen scheiden, gelehrte, gemeinnützig-ökonomische und literarische bzw. Lesegesellschaften. Dazu wäre noch der nur in diesem Land einer noch funktionierenden Milizarmee mögliche Typus der Offiziergesellschaften zu zählen, der sich in Basel, in Zürich und auf gesamtschweizerischer Ebene vorfindet.

Alle kantonalen Hauptstädte besitzen mehrere Gesellschaften – Zürich steht an der Spitze mit 30 Gründungen, wovon 1797/98 noch die Hälfte existiert. Auch etliche kleinere Munizipalstädte verfügen über Sozietäten; in ländlichen Regionen lassen sich viele Lesegesellschaften feststellen.

Die Bewegung hat ihr Schwergewicht in der zweiten Jahrhunderthälfte mit gegen 100 Gründungen zwischen 1759 und 1798. Von 1700 bis 1758 können wir 24 zählen.

Die Bewegung ist fast nur von der protestantischen Schweiz getragen. Einzig Solothurn zählt zwei Gründungen, eine gemeinnützige und eine agrar-ökonomische. Luzern hat eine Lesegesellschaft. In der „Helvetischen Concordia Gesellschaft" besteht von 1768 bis 1783 ein innerschweizerisch-katholischer Zusammenschluß polyhistorisch-geselliger Art.

Die gesamtnationale Tendenz zeigt sich früher als im ja ebenfalls föderalistisch strukturierten Deutschen Reich. Sie läßt sich in drei Etappen fassen: 1761 die ,,Helvetische Gesellschaft" von Schinznach, 1779 die ,,Helvetisch-militärische Gesellschaft" und 1797 die ,,Helvetische Gesellschaft der Freunde der vaterländischen Physik und Naturgeschichte". Diese drei Zusammenschlüsse – die beiden ersten mit katholischem Anteil – sind eine Einspurung der für dieses Land so wichtigen allgemein nationalen Gesellschafts- und Vereinsbewegung des 19. Jahrhunderts.

Dieses kleine Land erwirbt sich mit seiner merkwürdigen Mischung von archaischem und modernem Republikanismus im Zeitalter des ,,gesunden Menschenverstandes" eine besondere Attraktivität. Es ist nicht mehr einseitig von Frankreich und noch nicht von Deutschland überschattet und kann auch in der Sozietätsbewegung eigenständige Formen entwickeln.

6. Die Niederlande

Die in ihrer politischen Struktur der Schweiz nicht unähnlichen Sieben Provinzen der Niederlande stehen historisch mit ihren vielen Sprachgesellschaften, den ,,Rederijkerskamers", am Beginn der Sozietätsbewegung des 17. Jahrhunderts. Wie im deutschen Sprachbereich wirken sie im 18. Jahrhundert veraltet und werden durch zeitgemäßere ,,Dichtgenootschappen" abgelöst, literarische Gesellschaften, die sich besonders auch um die Bühne bemühen. Die erste Gesellschaft dieser Art ist die ,,Nil Volentibus Arduum" in Amsterdam von 1669. Nach 1780 klingt die Bedeutung dieser Sozietäten ab. Dafür wird die Bewegung der Lesegesellschaften sehr intensiv mitgemacht. Man kann gegen 150 feststellen.

Im 18. Jahrhundert reihen sich die Niederlande recht intensiv in die Bewegung wissenschaftlicher Sozietäten ein. 1723 wird die wahrscheinlich früheste, die Sozietät ,,De Liefhebbers van Neptunus Cabinet", in Dordrecht gegründet; 1808 das ,,Koninklijk Nederlandsch Instituut van Wetenschappen, Letterkunde en Schoone Kunsten" in Amsterdam, das eine eigentliche Akademie darstellt. Zwischen diesen beiden Daten liegen 80 oder mehr Gründungen verschiedener Art. Die größte Zahl weisen naturwissenschaftliche Sozietäten mit über 40 auf, davon sind etwa 10 der Medizin zugewandt. Die erste naturwissenschaftliche Sozietät von etwelcher Bedeutung ist die ,,Hollandsche Maatschappij der Wetenschappen" zu Haarlem von 1752. Einige Sozietäten widmen sich mehr der Sprache und der Literatur. Nur etwa 10 gehören dem gemeinnützig-ökonomischen Typus an. Ein paar haben religiöse Ziele.

Die gelehrt-wissenschaftlichen Sozietäten sind überall im Lande anzutreffen, doch mit deutlichem Schwergewicht auf Amsterdam mit seinen feststellbaren 25 Sozietäten. Haarlem zählt noch sieben, Middelburg und Utrecht zählen fünf, die übrigen 16 Städte großenteils nur eine. Zeitlich verteilen sich die Gründungen auf 14 zwischen 1723 und 1760, 50 zwischen 1761 und 1795, dem Jahr, in welchem die alte Republik untergeht. Bis 1808 werden noch weitere 14 gegründet.

Die Niederlande entsprechen damit etwa der Bewegung in Deutschland und in der protestantischen Schweiz. Allerdings ist das Übergewicht der wissenschaftlichen Sozietäten gegenüber den gemeinnützig-ökonomischen auffällig. Doch handelt es sich hier um vorläufige Befunde.

Interessant ist die Ausdehnung ins Kolonialreich, wo zu Ende des Jahrhunderts in Paramaribo, der Hauptstadt von Niederländisch Guayana, bzw. Surinam, gleich drei Sozietäten entstehen, zwei davon mit agrarisch-ökonomischem Charakter, sowie 1787 eine allgemeinere in Batavia, der Hauptstadt von Niederländisch-Indien.

Das Programm läßt sich schön in den noch häufig lateinischen oder niederländischen Devisen der Gesellschaft fassen: ,,Sapientia et libertate" für die ,,Genootschap der Vrije Kunsten en Wetenschappen" in Amsterdam, worin der Gedanke der Befreiung der Wissenschaften aus den Fesseln der alten Zeit anklingt, oder ,,Servandis Civibus", womit sich die ,,Geneeskundig Genootschap", eine 1774 errichtete medizinische Gesellschaft in Amsterdam, zum Dienst an den Mitbürgern bekennt.

7. Spanien

Über Spanien und seine Vizekönigreiche sind wir dank Shafers Arbeit besser im Bild als über Großbritannien und Nordamerika, wenn auch nur über die ,,Sociedades Económicas de Amigos del País". Es scheint, daß sich der französisch-bourbonische Einfluß allmählich Bahn schafft im Sinn der Reform in einem absolutistisch geprägten Land, wo die städtischen Initiativen schon im 16. Jahrhundert gelähmt worden sind. Jedenfalls entsteht – kaum sind die Bourbonen richtig installiert – 1713 die königliche Akademie in Madrid nach dem Modell der ,,Académie française", dann folgt 1738 die historische Akademie.

Die gemeinnützige Bewegung wird vom Minister des Königs Karl III., Pedro Rodríguez, Graf von Campomanes, der von 1762 bis 1791 im Amt ist, in Bewegung gebracht. Eine erste Gesellschaft entsteht 1764 im Baskenland. Es mag die Nähe der zwei Jahre vorher gegründeten französischen landwirtschaftlichen Gesellschaft von Auch in der Gascogne mit ihren Zweiggesellschaften in Dax und St. Gaudens eine Rolle gespielt haben. Die ,,Real Sociedad Bascongada de los Amigos del País" ist sofort mit königlichem Patent versehen worden.

Etwa zehn Jahre später empfiehlt der Rat von Kastilien – dessen Fiscal Campomanes ist – die Gründung von ,,Sociedades" durch die regionale Nobilität. Hier ist es also der Staat, der auf die Privatinitiative der Oberschicht hinwirkt. Solche Gesellschaften sollen Erziehung, Sozialfürsorge, Landwirtschaft (auch entsprechende Schulen), Industrialisierung, Handel vorantreiben. Die Modelle sind die ,,Académie des sciences" von Paris, die ,,Royal Society", die Dubliner und die Berner Gesellschaft. Zwischen 1770 und 1811 werden gegen 70 ,,Sociedades" im Mutterland gegründet; zwischen 1780 und 1822 ein gutes Dutzend in den Vizekönigreichen. Die Aktivität ist recht intensiv bis zur Französischen Revolution, dann erlahmen die Sozietäten, weil sie in das Feuer der Revolution und der Gegenrevolution und schließlich in die französische Okkupation und den Krieg geraten. Teils werden sie im 19. Jahrhundert wieder belebt, aber ohne je die Bedeutung, die sie vor allem als Anreger in den zwei bis drei Jahrzehnten vor der Revolution gehabt haben, wieder zu erreichen.

Für Spanien selbstverständlich ist das Übergreifen in die Kolonien. Campomanes' Appell hat nach 1780 in jedem Vizekönigreich zur Gründung von ,,Sociedades" geführt, sowohl in Lateinamerika – dort vor allem in Lima und Quito –, wie auf den Philippinen. Diejenige von Lima war zugleich auch literarische Sozietät und Editionsgesellschaft. Noch in den Jahren 1812 bis 1819 werden patriotische oder ökonomische Sozietäten in Buenos Aires, Caracas, Puerto Rico und im mexikanischen Chiapas gegründet. Diese Gesellschaften stehen natürlich schon auf dem Hintergrund der kolonialen Revolution.

Ein Beispiel aus der lateinamerikanischen Sozietätsbewegung sei hier herausgegriffen. Als sich Don Francisco de Viedma, Gouverneur-Intendant von Santa Cruz de la Sierra, im Vizekönigreich Peru daran macht, eine geographische und statistische Beschreibung seiner Provinz, des heutigen bolivianischen Cochabamba, zu verfassen, kommt er auch auf die spanischen ,,Sociedades de los amigos del País" zu sprechen. Er weist auf die erste, die baskische Gründung hin. Man wisse, ihr Vorbild seien die naturwissenschaftlichen Akademien von London und Paris gewesen; man wisse, wie sehr diese Gesellschaften ihre betreffenden Provinzen, Städte und Dörfer gefördert hätten. Diejenige von Quito habe dank dem ,,patriotischen Eifer" (,,del patriótico celo") des Prälaten José Pérez Calama sich besonders der Armenfürsorge in dieser Stadt gewidmet. Er weist auf eine entsprechende Abhandlung im ‚Mercurio Peruano' vom 19. Januar 1792 hin. Diese Gründung habe zu einer allgemeinen Aktivität unter den Ministern der betreffenden „Audiencia" geführt. Alle hätten mitgearbeitet nach ihren besten Kräften. Handel und Industrie würden gefördert, und in Quito seien erfreuliche Fortschritte festzustellen. Schließlich sei 1788 eine entsprechende Sozietät nicht allzu weit von Cochabamba, in Charcas (dem heutigen Sucre), durch den Erzbischof und den Intendanten ins Leben gerufen worden. Es wäre nun an der Zeit, daß auch die Stadt Cochabamba, der Verwaltungssitz von Don Viedma, etwas in dieser Richtung vornehmen würde!

Diese Überlegungen im fernen, abgelegenen Andenhochland des Vizekönigreichs Peru zeigen, wie weit und universal der Sozietätsgedanke seine Wirkung hatte.

8. Das übrige Europa

Weniger gut im Bild sind wir über die Entwicklung der Sozietätsbewegung in den nordischen Königreichen Dänemark und Schweden. Doch deutet, was man weiß, auf ähnliche Entwicklungen wie anderswo hin. Beide Königreiche kennen ihre naturwissenschaftlich ausgerichteten Akademien in Kopenhagen und Trontheim, Uppsala und Stockholm. Für Schweden wurde außerdem 1753 durch die Königin Luise Ulrike, die Schwester Friedrichs II. von Preußen, eine besondere Akademie für Geschichte und Altertumswissenschaften gegründet, und 1786 übernahm die der französischen Akademie nachgebildete „Schwedische Akademie" die Pflege schwedischer Sprache und Literatur. Die ordensartige literarische Gesellschaft des „Tankebyggarorden" (1753–1763), präsidiert durch Frau Nordenflycht, war wohl ein Unikum. Lesegesellschaften scheinen erst im 19. Jahrhundert aufzutauchen. Gemeinnützig-ökonomische Gesellschaften entstanden in Flensburg, Kopenhagen, im norwegischen Molde, in Lund, Stockholm und im finnischen Abo. Gemeinnützig wirkte auch die kirchliche „Societas Suecana pro Fide et Christianismo". Die gemeinnützige Bewegung erreichte auch das zwar unter russischer Herrschaft stehende, aber deutsch durchsetzte Baltikum mit Dorpat und Riga. Im Norden entstanden natürlich auch etliche Freimaurerlogen.

Das Königreich Polen kannte – außer den erwähnten in Danzig und Thorn – nur vorübergehende Gründungen, zum Beispiel eine lose organisierte physikalisch-chemische Sozietät in Warschau um 1767. Hier treten die Freimaurerlogen von Polen und Litauen in die Lücke, mit ihrer allgemeinen Beförderung von wissenschaftlichen und gemeinnützigen Unternehmungen.

Die östlichen Provinzen der habsburgischen Krone befinden sich eher am Rand der Bewegung. Jedenfalls können die ökonomischen Sozietäten weder in Ungarn, noch Kroatien, noch im Banat und in Galizien recht Fuß fassen.

In Rußland wirken schon längst die kaiserlichen Akademien von St. Petersburg und Moskau mit Weltruhm. 1765 gründet sich in St. Petersburg eine freie ökonomische Gesellschaft. Es ist, wie wenn sich die Sozietätsbewegung im weiten östlichen Raum allmählich verlaufe.

Am andern Ende Europas, in Portugal, lassen sich abgesehen von etwelcher Akademietätigkeit – je eine gemeinnützig-ökonomische Gesellschaft in Ponte de Lima (1783) und in Lissabon (1788) feststellen.

Am Ende des 18. Jahrhunderts ist somit keine Nation nicht von der Sozietätsbewegung irgendwie erfaßt worden, wenn auch mit unterschiedlicher Intensität und mit unterschiedlichem Erfolg. Doch handelt es sich tatsächlich nur um nationale und regionale „Varianten" der verschiedenen Sozietätstypen, denn das Jahrhundert denkt und handelt primär übernational. Fast alle Sozietäten betreiben eine Korrespondenz zumindest über den regionalen Rahmen hinaus, sehr viele stehen in weitreichenden Beziehungen. Die Akademien gliedern sich gerne ausländische Korrespondenten und Ehrenmitglieder an. Bestrebungen, die Sozietätsbewegung auch offiziell in einen umfassenden internationalen Kontext zu stellen, führten allerdings nie zu dauerndem Erfolg. Interessant ist in dieser Beziehung ein Versuch des Landgrafen Friedrich V. von Hessen-Homburg, der mit seiner „Société patriotique de Hesse-Hombourg" von 1775 bis 1781 eine Kommunikations- und Kooperationszentrale aller gelehrten, ökonomischen und patriotischen Gesellschaften herstellen wollte.

III. Beweggründe, Ziele und Verwirklichung

1. Motivationen zur Gründung von Sozietäten

Wenn die niederländische „Natuur-en Letterkundig Genootschap" in Alkmaar 1782 zu ihrem Leitspruch wählt: „Solus nemo satis sapit", so hat sie ein wesentliches Motiv zur Gründung einer „Sozietät" erkannt: „Alleine weiß niemand genug"; also kann nur der Zusammenschluß zur gegenseitigen Mitteilung, zu „genügendem" Wissen verhelfen. Das Bedürfnis, „genug" zu wissen, ist zeitlich gesehen das erste Motiv zur Sozietätsbewegung.

Im Laufe des 17. Jahrhunderts wird allgemein ein wissenschaftliches Ungenügen festgestellt. Dies wird deutlicher mit der gegen 1700 einsetzenden „Krise des europäischen Bewußtseins". Das wachsende Wissen, die technischen und naturwissenschaftlichen Entdeckungen, die neuen Konzeptionen von Politik und bald auch Ökonomie führten zu einem intensiveren Austausch der denkenden und schreibenden Elite, als es etwa derjenige zwischen Theologen in einem geschlossenen konfessionellen System gewesen war. Bis jetzt korrespondierten Gelehrte mit Gelehrten, von nun an aber gelehrte Gesellschaften mit gelehrten Gesellschaften.

Die Universitäten können den Anwachs des Wissens nicht mehr recht in ihr altes System einbauen: Akademien und gelehrte Gesellschaften müssen diese Aufgabe übernehmen.

Als der Hunger eines breiter werdenden Publikums nach den Informationen des Jahrhunderts immer größer wird, da geht man an die Errichtung von Lesegesellschaften, die sich – wie Marlies Prüsener sagt – „als ein Integrationszentrum gesellschaftlicher, literarischer und politischer Kräfte, die der Leser ... in seine Leseerwartungen miteinbezieht", verstehen.

So haben die Sozietäten in ihrem Selbstverständnis das Gefühl, in eine Lücke des traditionellen Systems zu treten, zuerst mehr auf akademisch-wissenschaftlichem, dann besonders auf ökonomischem oder sozialem Gebiet. Die „unterentwickelte staatliche Verwaltung" genügt nicht mehr. Der „politisch" interessierte Freundeskreis allein hat zu wenig öffentliche Wirkung; er muß zur „Sozietät" umorganisiert werden. Kluge Minister leisten selbst die Abhilfe durch Gründung und Förderung von Sozietäten ein: Ökonomische Gesellschaften müssen einspringen, damit man die staatlichen Aufgaben im landwirtschaftlichen und gewerblichen Sektor bewältigen kann. Staat und Kirche versagen gemeinsam vor der steigenden Armut: „Gemeinnützige Gesellschaften" müssen in diese Lücke treten.

Um aber das neue Wissen richtig bewältigen zu können, um in richtigem Geist in die feststellbaren Lücken der alten Systeme eintreten zu können, brauchte es mehr als organisatorischen Willen, es brauchte eine neue ethische Orientierung. Diese Orientierung fand man im naturrechtlichen Denken schon vorgebildet. Sie reduzierte sich auf einfache, für jeden einsichtige Grundsätze antik-christlich-humanistischer Herkunft. Diese Ethik forderte aber ein Handeln, wie es schon die Zeit konfessioneller Bekenntnisse gefordert hatte. Christlicher Glaube – nun aber „richtig" verstanden – war kein Gegensatz zum Recht der Natur, wie es Grotius, Pufendorf und viele andere mehr entwickelt hatten. Als „Christ und Bürger" – die Formel ist geläufig – ist man verpflichtet, „Gutes zu tun", in einem neuen Geist ernst zu machen mit den alten Postulaten christlicher „caritas". „Gutes tun" konnte man aber weit mehr, wenn man sich in einer Sozietät zusammentat. Dergestalt konnte das „Reich Gottes auf Erden" hier und jetzt der Verwirklichung nahegebracht werden.

Viele der Gründer von Sozietäten, viele begeisterte und aktive Mitglieder waren tatsächlich von diesem hohen Ethos getrieben und bewegt. Dieses Ethos konnte aber – auch das lag im Denken des Jahrhunderts – durchaus mit nüchternen Nützlichkeitserwägungen einig gehen. Besonders bei den ökonomisch-technischen Sozietäten lag denn auch oft ein ganz handgreifliches wirtschaftlich-kommerzielles Interesse vor. Die Landbesitzer sind an der Verbesserung ihres Bodens interessiert, die Kaufleute an derjenigen ihrer Textilien, die Unternehmer an denjenigen ihrer Maschinen. Das ist mit ein Grund, sich an gemeinnützigen Sozietäten zu beteiligen. Ähnliches gilt etwa für die Buchhändler und ihre Bemühung um Lesekabinette und Lesegesellschaften. Und schließlich kann freimaurerische und andere Sozietätsbruderschaft auch von geschäftlichem Nutzen sein. Doch steht derlei in der Regel doch im Rahmen des Ziels und der Absicht der Sozietät. Es handelt sich um ein wohlverstandenes Einzelinteresse, wenn das Wohl des größeren Ganzen mit dem eigenen Wohlergehen Hand in Hand gehen kann.

Schließlich darf man nicht übersehen, daß allmählich der Sozietätsbewegung ein ausgesprochener Modecharakter attestiert werden muß. „Ehrgeiz Edler und Unedler, Großer und Kleiner" wurde so „angefeuert", sagt Isaak Iselin. Es machte sich allmählich gut, in angesehenen

Sozietäten eine Rolle zu spielen. Die Eitelkeit, Mitglied verschiedener Akademien und verschiedener Gesellschaften zu sein, läßt sich von so und so vielen Buchtiteln ablesen!

Daß eine Sozietät aus purem Bedürfnis nach Publizität gegründet wird, davon spricht ein in den sechziger Jahren in Frankreich niedergeschriebener Traité des académies: ,,Sobald in einer Stadt sich zwei Personen finden, die literarische Ambitionen hegen, so kitzelt sie eine unbändige Begierde, in den Zeitungen zu erscheinen. Sie vereinigen daraufhin die Kreise, die sich um die Freuden der Tafel, des Spiels und der Musik interessieren, sie laden den Dompropst, den Amtmann, den Dekan und den Gerichtspräsidenten ein, sie geben der bedeutendsten Persönlichkeit der Region den Titel eines Protektors und sie lassen sich selbst in den Almanach einrücken.''

Zwanzig Jahre später heißt es in der Schweiz: ,,Die Mode der ökonomischen und physikalischen Gesellschaften hat sich auch in Helvetien ausgebreitet. Zu Zürich sind verschiedene, wovon aber einige nur von kurzer Dauer gewesen sind.'' Schließlich sagt Marlies Prüsener über die spätere Entwicklung gewisser Lesegesellschaften: ,,Die Form der Lesegesellschaften hatte so allgemein Anklang gefunden, daß sie zum Teil als ,Mode' rezipiert wurde, ohne daß einerseits die Literatur in der charakterisierten Art eine zentrale Bedeutung für die Gesellschaft erlangte oder andererseits gesellschaftlich-politische Ziele ausschlaggebend wurden.''

Viele Sozietäten erlebten so ihre innere Säkularisation. Sie existierten zwar weiter, aber in verflachter Form, weit weg vom einstigen Anfang. Dann beginnt die Sozietät sich selbst in ihren ursprünglichen Motiven zu verherrlichen, auch wenn alles epigonal geworden ist. Die Gründungszeit wird zum eigentlichen Sozietätsmythos, der allerdings je nach Umständen wieder zu neuem Leben erweckt werden kann.

2. Praxisbezug und Realisierungsmöglichkeiten

Wenn wir von den sowieso am Rand der Bewegung figurierenden Freimaurern absehen, so ist allen Sozietäten gemeinsam ein bestimmtes Verhältnis zur Praxis, eine Kombination von Theorie und Verwirklichung, wie sie Leibniz in der Denkschrift zur Gründung der Berliner Akademie postuliert: ,,Wäre demnach der Zweck, theoriam cum praxi zu vereinigen, und nicht allein die Künste und die Wissenschaften, sondern auch Land und Leute, Feldbau, Manufacturen und Kommerzien und, mit einem Wort, die Nahrungsmittel zu verbessern, überdies auch solche Ent-

deckung zu tun, dadurch die überschwängliche Ehre Gottes mehr ausgebreitet, und dessen Wunder besser als bisher erkannt . . . würden."
Das war Programm. Die Realität sah bekanntlich bescheidener aus;
ganz abgesehen davon, daß die Aktivität dieser Akademie ja bald unter
Friedrich Wilhelm I. fast lahmgelegt wurde. Und so verhielt es sich mit
vielen Gesellschaften.

Wenn man die Sozietäten nur nach ihrer Effizienz bzw. nach ihrem
Erfolg im Sachlichen betrachtet, so entsteht ein schiefes Bild. Man darf
ihre tatsächliche Wirkung nicht überschätzen, abgesehen davon, daß ja
sehr viele Sozietäten nicht über erste Planung und erste Anregung hinaus
gediehen sind.

In diesem Jahrhundert war die Utopie groß, die Möglichkeit der Realisation klein, besonders wenn man sich auf heiklere Gebiete vorwagte.

Und schließlich ist die Sozietät nicht die einzige Möglichkeit, „Verbesserungen" zu erzielen. Sehr viel „Reform" tat sich auch außerhalb und
ohne sie.

Dies gilt einmal für die Schulreform. Sie war Sache des Staates und der
Kirche. Die drei neuen Universitäten, die im Reich gegründet wurden,
Göttingen, Erlangen und Köln sind nicht unbedingt „neu" im Sinn neuer
Institutionsformen. Da wurde neuer Wein in alte Schläuche gegossen.
Allerdings ging es um Einführung neuer Fachbereiche, aber das konnte
auch an alten Universitäten geschehen. Interessanter sind in unserem
Zusammenhang neue Schultypen insbesondere der mittleren Stufe. Die
Kameralschulen, als Beamtenschulen, sind Werke aufgeklärter Monarchen beziehungsweise aufgeklärter Minister. Die ersten Medizinerfach-
schulen – auch die frühen Veterinärschulen in Lyon und Wien wären zu
erwähnen – sind nicht Gründungen von Sozietäten, sondern von interessierten Ärzten in Verbindung mit Staats- oder Stadtverwaltungen, wobei
allerdings medizinische Fachvereinigungen – also sozietätsähnliche Gremien – dahinter stehen können. Bergschulen und polytechnische Anstalten sind nicht von Sozietäten gegründet worden, sondern in der Regel
durch den Staat. Vereinzelt sind Landwirtschaftsschulen – etwa durch die
spanischen „Sociedades de los Amigos del País" – oder Kunstakademien
– etwa durch die Dublin Society – Werke von gemeinnützig-ökonomischen Sozietäten. Sozietäten kümmern sich aber um Schulung für sozial
benachteiligte Schichten, gründen „Armenschulen", so etwa die „Patriotische Gesellschaft" von Hamburg. Beschaffung von Schulmaterial und
andere Hilfen konnten oft von Sozietäten – auch von Freimaurerlogen –
geleistet werden.

Des weitern war der Ausbau und die Neustrukturierung der Verwaltung selbstverständlich Werk des Staates selbst. Sozietäten konnten in

besonderen Fällen Anregungen geben. In Österreich, Spanien, Hannover etwa waren sie der verlängerte Arm der Staatsverwaltung.

Die Reform der Landwirtschaft war zwar – wir haben es gesehen – allüberall von den Sozietäten her in Gang gesetzt. Aber auch hier verfügte schließlich der Staat von altersher über seine Regionalverwaltungen. Es konnte der Fall eintreten, das zwar die Gründung einer ökonomischen Gesellschaft scheiterte, der Staat aber diese Aktivität besonderen, neu gegründeten Verwaltungskammern oder Kommissionen übergab. Dies war zum Beispiel der Fall in Basel um 1760. Im schweizerischen Freiburg ist die kurzlebige ökonomische Gesellschaft in eine staatliche Landesökonomiekommission übergegangen.

Schließlich ist vor lauter Gruppenbildung nicht zu vergessen, daß der Einzelne schließlich auch eigenständig wirksam sein konnte: Basedow mit seinem ,,Philanthropin", dem Elitegymnasium in Dessau, oder Ulysses von Salis mit demjenigen in Graubünden – hinter dessen Gründung steht allerdings die Sympathie der Helvetischen Gesellschaft. Der märkische Edelmann von Rochow gründet selbst seine Volksschule auf seinem Gut Reckahn; Pestalozzi gründet selbst seine Armenschule im Neuhof bei Brugg – jedoch steht hier der Kreis der ,,Ökonomischen Gesellschaft" von Bern helfend bei.

Naturwissenschaftliche Untersuchungen, metereologische Beobachtungen konnten auch Einzelne allein vornehmen. Wie viele Pfarrherren bauten nicht selbständig ihr Naturalienkabinett aus, ohne Mitglied von Akademien oder gelehrten Gesellschaften zu sein.

Hinter nur wenigen technischen Erfindungen steht eine ,,Lunar Society". Die meisten Entdeckungen entstanden in einsamen Privaträumen, in den Kellern und Waschküchen von unabhängigen Pröblern, die häufig in keinem Zusammenhang mit organisierten Sozietäten standen.

Auch wenn die Sozietäten meist eigene periodische Publikationen herausgaben, so war das verlegerische Unternehmen in der Regel Sache eines Einzelnen: Zu nennen sind etwa Nicolai mit seiner ,Allgemeinen Deutschen Bibliothek', Wieland mit seinem ,Deutschen Merkur' oder Iselin mit seinen ,Ephemeriden der Menschheit'. Natürlich gibt es auch Gruppen, Editorengruppen, so etwa Bodmers Freundeskreis mit den ,Diskursen der Maler' oder die ,,Accademia dei Pugni" mit ihrem ,Caffè'.

Eine besondere Erscheinung des Jahrhunderts sind die ,,Typographischen Gesellschaften". Es handelt sich hier um Gruppen, die sich zur Edition eines bestimmten Zweiges der Literatur zusammentun, um den Versuch, kommerziell gute Literatur zu publizieren, die sonst nicht ihre Verleger gefunden hätte. Ein solches Verlagsunternehmen war etwa die ,,Typographische Gesellschaft" in Chur, eine kleine Gruppe von Bündner Aristokraten unter der Leitung des Staatsmanns Ulysses von Salis, in Verbindung mit einem Drucker in der Reichsstadt Lindau. Die Absicht war, insbesondere italienische Aufklärungsliteratur, die in Italien Mühe hatte gedruckt zu werden, zu publizieren. Das Unternehmen dauerte fünf Jahre, von 1768–1773.

Schließlich konnte die Popularisierung des Wissens auch durch andere Mittel als durch Lesegesellschaften erreicht werden. Das alte Mittel der Schulbildung, vom Katechismuslehren bis zum Lateinpauken, wurde oft von tatkräftigen Schulmännern zur Verbreitung neuen Wissens genutzt. Nicht zu vergessen ist schließlich die Möglichkeit der Predigt. Sie ist ja im 18. Jahrhundert immer mehr des alten dogmatischen Inhalts entledigt worden und diente zur Verbreitung von allgemeinen und nützlichem Wissen, sei es in den Modekirchen der Stadt oder von der Kanzel aufgeklärter ländlicher Pfarrherren aus.

Wenn wir allerdings wissen, wie viele Geistliche und Schulleute Mitglieder gemeinnütziger Gesellschaften gewesen sind, dann wird deutlich: was gepredigt und gelehrt wurde, ist doch in vielen Fällen vom ,,Sozietätserlebnis" genährt und geprägt worden.

Auch wenn man die direkte Wirkung der einzelnen Sozietäten nicht überschätzen darf, so hat doch die gesamte Sozietätsbewegung viele Anregungen für Einzelne und für die Öffentlichkeit gebracht. Man müßte aber diejenige Sozietäten aussondern, die Bestand hatten, die in der betreffenden Stadt oder im betreffenden Fürstentum richtig integriert wurden, die einen festen Teil der öffentlichen Aufgaben übernahmen. Auf wissenschaftlichem Gebiet wären dies die meisten unter den Akademien und einzelne gelehrte Gesellschaften, auf gemeinnützigem Gebiet jene erfolgreichen Sozietäten wie etwa in Dublin, London, Hamburg, Basel und Genf.

3. Förderung und Hindernisse

Die Sozietäten standen überall in einem bestimmten politischen Kontext und mußten sich als neue Erscheinungen durchsetzen und behaupten. Wenn der Staat selbst hinter ihnen stand – wie bei den fürstlichen Akademien –, so stellte dies kaum Probleme. Der Fall der Vernachlässigung der preußischen Akademie durch den König selbst ist Einzelfall geblieben. Anders war dies bei den Sozietäten, die auf freiwilliger Basis beruhten. Sie hingen vom guten Willen ihrer Mitglieder ab, und dies nicht nur, was Mitmachen und Initiative betraf, sondern auch in finanzieller Hinsicht. Wenn der Adel einer Region oder die Kaufleute einer Stadt gewonnen waren, dann konnten gemeinnützige-ökonomische Gesellschaften eine fruchtbare Tätigkeit entfalten, aber sie blieben tatsächlich abhängig vom guten Willen der finanzkräftigen Schichten.

Wesentlich aber war außerhalb dieser internen Bedingungen, wie sich Staat und Kirche gegenüber Sozietäten verhielten. Wir haben gesehen, daß dieses Verhalten je nach Land verschieden sein konnte. Wenn wir von den Freimaurern absehen, die sich zum Schutz ihres Freiraums ins Geheimnis flüchteten, so waren eigentliche Verbote durch Staat oder Kirche eher selten. Außerdem konnte man sich in der Regel mit den Autoritäten arrangieren; auch die Unterstellung unter staatlich-kirchliche Zensur war oft nicht allzu tragisch zu nehmen, weil die Zensoren selbst sich nicht selten auf der aufgeklärten Seite befanden und Mitglieder von aufgeklärten Gesellschaften sein konnten. In freieren Staatswesen, etwa in England, in gewissen Republiken, einzelnen Schweizerstädten und den Niederlanden, konnte man zusammenkommen, ohne obrigkeitliche Genehmigung nötig zu haben. Gesellschaften waren nicht von der Erlaubnis der Obrigkeit abhängig.

In Frankreich waren die Sozietäten in die Verwaltung eingebaut. Patente, Bewilligungen, Aufsicht und Kontrolle wie schließlich finanzielle Subventionierung waren die Mittel, die Sozietäten in Abhängigkeit vom Staat zu halten. Aber es gab wenig Einmischung, besonders in der späteren freieren Atmosphäre, wie sie unter Ludwig XV. herrschte. Zwar wurde in Chalôns sur Marne ein Preisausschreiben verboten. Der Bischof von Toulouse ließ eine Akademieabhandlung über Rousseau durch eine solche über einen Lokalheiligen ersetzen. Wenn nötig konnten die Behörden die Kredite blockieren und Lokalitäten für Sitzungen verweigern. Sein oder Nichtsein der Gesellschaften hing in Frankreich von der obrigkeitlichen Genehmigung ab. Aber es herrschte eine stillschweigende Übereinkunft, in Adakemien und Gesellschaften nichts zu übertreiben.

In den meisten Ländern hatten es die Minister begriffen, daß der Staat nicht mehr allein Sache der Juristen sein könne, daß ein Interesse am Staate wünschbar sei und daß es sinnvoll sei, dieses Interesse in richtige Bahnen zu lenken oder es je nachdem sogar bewußt zu wecken. Gehorsam allein – damit konnte ein moderner Staat nicht mehr allzuviel anfangen. Dieser neue Geist spricht deutlich aus den Worten, mit denen Kurfürst Markgraf Karl Friedrich von Baden-Durlach 1765 seine Untertanen zum Eintritt in die neu errichtete ökonomische Gesellschaft aufrief: Er wollte „eine Gesellschaft zur Beförderung nützlicher Wissenschaften und des gemeinen Besten gründen, welche mit zusammengesetzter Wissenschaft ihrer Mitglieder für das Wohl des Landes nachdenken, die Untertanen in nützlichen Dingen unterrichten und zu würdigen Beschäftigungen ermuntern soll. Der Plan dieser Sozietät wird auf höchstem Befehl im ganzen Land hierdurch vor Augen geleget, und es wird Ihre Hochfürstl. Durchlaucht zu gnädigstem Wohlgefallen gereichen, wenn Höchstdenselbe Oberbeamte, auch Eingesessene an den gemeinnützlichen Absichten dieser Gesellschaft Anteil nehmen".

Die ,,Royal Charters" erfolgten in Großbritannien großzügig, wenn eine Sozietät sich einigermaßen bewährt hatte. Gemeinnützige Gesellschaften wie die von Basel oder Hamburg erfreuten sich bald des Wohlwollens der republikanischen Behörden, da sie ja von breiten Schichten der Bürgerschaft getragen waren. – In monarchischen Staaten kam man allerdings ohne behördliche Genehmigung nicht aus.

Die Regel war aber auch ein gewisser Respekt der Behörden vor der Autonomie der Gelehrten. Da führte man alte akademisch-universitäre Traditionen weiter und transponierte sie auf Akademien und Sozietäten. Stolz und mit Recht betont Gottsched: ,,Die Gelehrten, in so ferne man sie nicht als Bürger und Einwohner eines gewissen Landes, sondern nur als Gelehrte betrachtet, sind eben so frei, als die größten Monarchen der Welt. Gleich wie diese niemand als Gott und das Schwert für ihren Oberherrn erkennen: so erkennt auch ein Gelehrter, in Ansehung dieser Eigenschaften, niemand als die Vernunft und eine mächtigere Feder für seinen Obern."

Voraussetzung war allerdings, daß sich die Gesellschaften an die gesetzten Grenzen hielten. Solange die Reformideen von Sozietäten im Rahmen des herrschenden Systems blieben, so lange begrüßte man ihre Aktivitäten. Gescheitere Leute wußten um den Wechsel der Dinge und um Änderung des Systems und nahmen selbst in Kauf, daß in aller Stille sich die Gesellschaft durch Gesellschaften veränderte. Eine Unterwanderung der veralteten Ordnungen war überall im Gang, und sie wäre vielleicht ohne Französische Revolution möglich gewesen, wenn man die etwa ein Dutzend Jahre vor der Bastille durch Minister Turgot intendierten Reformen nicht sabotiert hätte.

Es fehlten die Gegenkräfte auch in der zweiten Jahrhunderthälfte nicht. Dem bernischen Geheimen Rat und den bretonischen Ständen gelang es, ihre ökonomischen Gesellschaften zu lähmen. Der Herzog von Württemberg verweigerte seiner Ludwigsburger Lesegesellschaft die staatliche Genehmigung. Der Bischof von Freiburg verbot katholischen Geistlichen den Besuch der Helvetischen Gesellschaft. Doch das waren eher Einzelfälle.

Das Beispiel eines spektakulären Gesellschaftsverbots – in Wiederholung der kirchlich-staatlichen Freimaurerverbote der früheren Generation – lieferte schon spät im Jahrhundert das Kurfürstentum Bayern mit der Verfolgung der Illuminaten. Bayern kam eben aus einer gescheiterten

Reformphase und unglücklicher Außenpolitik, als es reaktionären Kreisen gelang, die Regierung 1784/85 zum Verbot dieses Geheimbundes zu bewegen, wobei es nicht nur beim Verbot blieb, sondern zu einer eigentlichen Verfolgung kam. Verfolgung bedeutete Entlassung von Illuminaten aus dem Staatsdienst. In einem kurfürstlichen Verbotsdekret heißt es: „Wir sind auch genau unterrichtet, und die untrügliche Erfahrung bestätigt es, daß sie in ihren Versammlungen gegen Religion, den Staat und die Regierung die gefährlichsten Projekte schmieden, ihr abscheuliches System je länger je mehr zu verbreiten und mitbei vorzüglich Unsre geheiligte Religion, Kirchengebräuche, und übrige dahin Bezug habende Sachen bei allen Gelegenheiten teils mündlich, und teils mit ihren heimlich zum Druck beförderten und verbreiteten Spott- und Schmähschriften in Verachtung zu bringen, und wenn es ihnen möglich wäre, ganz zu zernichten suchen, überhaupt aber sich zu Durchsetzung dieser und anderer bösen Absichten nach ihrem angenommenen Hauptgrundsatze aller Mittel erlauben."

Das Verbot wurde auch auf alle bayrischen Lesegesellschaften ausgedehnt. Sogar Kaiser Joseph II. sah sich in diesem Zusammenhang genötigt, den Freimaurerorden staatlicher Aufsicht zu unterstellen: Da die Maurergesellschaften letztlich nur „Gaukeley" seien, heißt es im Freimaurerpatent vom 11. Dezember 1785, könnten sie ohne „Leitung" schnell in „Ausschweifungen, die für Religion, Ordnung und Sitten allerdings verderblich sein können, besonders aber bei Obern, durch eine fanatische engere Verknüpfung in nicht ganz vollkommene Billigkeit gegen ihre Untergebenen, die nicht in der nämlichen gesellschaftlichen Verbindung mit ihnen stehen, ganz wohl ausarten, oder doch wenigstens zu einer Geldschneiderei dienen".

Selbst die aufgeklärten Fürstbischöfe von Mainz und Köln folgten mit Verboten für alle Gesellschaften, von denen man meinte, sie seien von illuminatischem Gedankengut infiziert. Die Aktion steht in der allgemeinen reaktionären Stimmung, wie man sie in jenen Jahren feststellen kann und die sich in der Abwehr des französischen Revolutionsgeistes fortsetzte. Verbote trafen etwa die Lesegesellschaften von Trier (1783), Düsseldorf (1794), Stäfa am Zürichsee (1795) und Siebenbürgen (1798). Köln wird 1792, Erfurt 1795 unter kurfürstliche Überwachung gestellt.

Aufschlußreich ist in diesem Zusammenhang die Auseinandersetzung um die Gründung einer Lesegesellschaft in Würzburg. Aus Furcht, daß sich hier ein Staat im Staate bildet, der sich jeder Kontrolle entzieht, lehnte der Fürstbischof 1795 eine private Gesellschaft ab: Tolerieren wolle er nur eine an die Universität angegliederte gelehrte Gesellschaft. In einer Verteidigungsschrift für diese Lesegesellschaft werden daraufhin als die entscheidenden Grundsätze hervorgehoben, die „völlige Gleichheit und die größte Freiheit ... zu widersprechen und so gar auszutreten". Eine Gefahr sei da nicht zu befürchten, denn „die Lesegesellschaft ist ein bloßes Privatinstitut, durch ihre Mitglieder unter sich und durch eigenen freiwilligen Beitrag errichtet. Sie wünscht gar nicht als ein Corpus im Staate zu scheinen, noch als ein solches, einige Vorteile zu genießen. Sie ist auch keine gelehrte Gesellschaft. Ihr einziger Zweck ist: Nutzen und Vergnügen ihrer Mitglieder durch Lesung zusammengetragener Bücher, Zeitungen und Journale. Die Verbreitung der allgemeinen Aufklärung konnte zwar, als eine entfernte Hoffnung und mittelbare Wirkung, nicht aber als eine bestimmte nächste Absicht in ihren Plan kommen ... und wenn hier etwas einschleicht, so ist das Gegengift auch da, und bestehet in vernünftigen, freundschaftlichen Unterredungen mit rechtschaffenen Mitgliedern der Gesellschaft".

Wenn wir aber die Sozietätsbewegung als Gesamterscheinung betrachten, so sind diese staatlichen Eingriffe und Verbote vor der großen Zahl von sich immer mehr häufenden Sozietätsgründungen verschiedensten Charakters doch vergleichsweise bedeutungslos.

Schwieriger für den Bestand und die Effizienz der Sozietäten waren unkontrollierbare Widerstände in bestimmten sozialen Schichten, die, den Traditionen verhaftet, derlei Bestrebungen und Versuchen mit zähem Mißtrauen begegneten.

Nur ein Teil des Adels etwa begrüßte die Gründung von ökonomischen Gesellschaften. In der neuesten Untersuchung über die ökonomischen Sozietäten in Süddeutschland und Österreich wird festgestellt, die gesamte Konstruktion dieser von der Zentralregierung errichteten Sozietäten habe von Anfang an darunter gelitten, „daß man mangels einer protobürgerlichen Trägerschaft – die Leitung der Sozietäten dem lokalen Grundadel überlassen mußte und damit, jeglichen Lernprozeß überspringend, Träger und Adressaten der ökonomischen Innovationen weitgehend in eins zu setzen gezwungen war. Damit behielten jedoch die adelsständischen Grundherrn alle Mittel in der Hand, um weiterreichende Intentionen, die die monarchische Zentralgewalt mit den Sozietäten verbinden konnte (Schwächung des landespatriotischen Ständeregionalismus oder gar Veränderungen der Agrarverfassung), von vornherein zu konterkarieren oder gar in ihr Gegenteil zu verkehren".

Überall aber war mit dem Mißtrauen aus bäuerlichen oder auch bestimmten bürgerlichen Kreisen zu rechnen. Daß die Bauern in ihrem herkömmlichen Traditionalismus den intellektuellen Neuerer nicht gern sahen, ist nicht erstaunlich, waren sie doch oft weder technisch noch psychologisch fähig, deren Welt zu verstehen. Für die obern Stände waren die Bauern eben doch der „Pöbel, der außer der Unwissenheit... und außer den blinden Erfahrungen der Väter alle andere Richtschnur seiner landesüblichen Arbeiten mißkennt".

Bürgerliches antiintellektuelles Mißtrauen drückt sich in der Meinung eines Basler Kaufmanns und Ratsherren aus, der die schweizerische Gesellschaftsbewegung der sechziger Jahre mit kritischen Bemerkungen begleitet: Man habe in Basel „wollen sehen lassen, daß man auch auf der Mode sein und für sich und andere viel Gemeinnützigs anstiften wolle... aus hier waren Ratschreiber Iselin, Landvogt Christ und Faesch, Dreierherr Münch, die wollten auch zeigen, daß sie Leute waren welche sich um ihr Vaterland verdient machen wollten ... die Sache war natürlich, es hatte sich aus allen Teilen der Schweiz eine Gesellschaft formiert, deren Glieder in Schinznach jährlich zusammen kamen, da erzählten die Herren von Zürich und Bern viel Schönes und lasen auch vieles vor von alledem, was sie zum besten des Landes gemacht und noch machen wollen und so mußten ja unsere Herren auch etwas zu sagen haben, wann sie auch figurieren wollten".

Geistreicher und boshafter äußerte sich früher schon Dean Swift aus der Sicht des intellektuellen Skeptikers über die Akademie- und Sozietätsbewegung der ersten Jahrhunderthälfte. Er läßt Gulliver von Laputa nach Balnibari reisen, wo sich in Lagado eine große Akademie befindet. Dort wird er zuerst von einem neutralen Beobachter über sie orientiert: „Vor ungefähr vierzig Jahren hätten sich gewisse Leute entweder in Geschäften oder zu ihrem Vergnügen nach Laputa hinaufbegeben, und nach einem Aufenthalt von fünf Monaten seien sie mit einigen sehr geringen oberflächlichen Kenntnissen in der Mathematik, aber auch voller flatterhafter Geschäftigkeit zurückgekehrt, die sie in jener luftigen Region erworben hätten. Gleich nach ihrer Rückkehr hätten diese Leute begonnen, mit allem, was unten betrieben wurde, unzufrieden zu sein, und seien auf Pläne verfallen, alle Künste, Wissenschaften, Sprachen und die Technik auf eine neue Grundlage zu stellen. Zu diesem Zweck hätten sie sich ein königliches Patent für die Errichtung einer Akademie der Projektemacher in Lagado verschafft; und diese Neigung habe im Volk so stark überhandgenommen, daß es keine Stadt von einiger Bedeutung im Königreich mehr ohne eine solche Akademie gebe. In diesen Kollegien ersinnen die Professoren neue Regeln und Methoden für die Landwirtschaft und den Hausbau und neue Geräte und Werkzeuge für alle Handwerke und Manufakturen, mit denen, wie sie sich verbürgen, ein Mann die Arbeit von zehn werde verrichten können. Ein Palast könne in einer Woche und von so dauerhaftem Material erbaut werden, daß er ohne Instandsetzungsarbeiten auf ewig stehen werde. Alle Früchte der Erde sollen zu jeder Jahreszeit, die zu wählen wir für richtig halten, zur Reife kommen und einen hundertfachen höheren Ertrag liefern, als sie gegenwärtig erbringen; nebst zahllosen anderen trefflichen Vorschlägen. Der einzige Nachteil ist der, daß noch keines dieser Projekte zur Vollendung gebracht worden ist, und unterdessen liegt das ganze Land bejammernswert wüst, die Häuser verfallen, und das Volk ist ohne Nahrung und Kleidung."

Hier legt Swift das ganze Programm der gemeinnützig-ökonomischen Bewegung vor, wie es gerade in jenen Jahren in Dublin – der Stadt, in der Swift Dekan an St. Patrick war – in Angriff genommen wurde.

Gulliver kann in der Folge die Akademie selbst besichtigen: „Diese Akademie ist kein zusammenhängendes, einzelnes Gebäude, sondern besteht aus einer Reihe verschiedener Häuser auf beiden Seiten einer Straße, die bei zunehmendem Verfall gekauft und zu diesem Zweck verwandt wurden. Ich wurde von dem Präsidenten sehr freundlich aufgenommen und ging viele Tage lang zur Akademie. Jedes Zimmer beherbergt einen oder mehrere Projektemacher, und ich glaube, ich bin wohl in nicht weniger als fünfhundert Zimmern gewesen."

In diesen Zimmern findet Gulliver verschiedene skurrile Projektemacher. Zum Beispiel einen, der Sonnenstrahlen aus Gurken ziehen will, einen, der versucht, aus Exkrementen Nahrung zu machen, einen dritten, der Eis zu Schießpulver ausglüht, einen Blinden, der Farben zusammenstellt, und so weiter.

Den Abschluß dieser Abteilung machen zwei landwirtschaftliche Projekte: „Das erste bestand darin, Ackerland mit Spreu zu bestellen, in der, so versicherte ,der Gelehrte', die wahre Keimkraft enthalten sei, wie er durch verschiedene Experimente bewies, die zu verstehen ich jedoch nicht genügend Fachkenntnisse besaß. Das andere Projekt war ein Plan, durch äußerliche Anwendung einer gewissen Mischung aus Gummiharzen, Mineralien und Pflanzen bei zwei jungen Lämmern das Wachsen der Wolle zu verhindern; und er hoffte, in angemessener Zeit die Zucht nackter Schafe im ganzen Königreich zu verbreiten."

Das war der Spott Swifts über die wissenschaftlichen Akademien wie die „Royal Society" und über den Praxisbezug, den bald die ökonomischen Sozietäten zu ihrer Aufgabe machen sollten. Swift ahnte nicht, wie nahe er mit diesen Übertreibungen gewissen Realisierungen des 20. Jahrhunderts kommen sollte.

Im übrigen kriegen auch die Sprachakademien das Ihre ab: „Darauf gingen wir in die Fakultät für Sprachen, wo drei Professoren darüber berieten, die Sprache ihres eigenen Landes zu verbessern. Das erste Projekt bestand darin, die Rede dadurch abzukürzen, daß man vielsilbige

Wörter zu einsilbigen beschneidet und Verben und Partizipien ausläßt, da alle vorstellbaren Dinge in Wirklichkeit ja doch nur Hauptwörter seien. Das zweite Projekt war ein Plan zur völligen Abschaffung aller Wörter überhaupt, und man machte geltend, daß das außerordentlich gesundheitsfördernd und zeitsparend wäre. Denn es ist klar, daß jedes Wort, das wir sprechen, in gewissem Maße eine Verkleinerung unserer Lungen durch Abnutzung bedeutet und folglich zur Verkürzung unseres Lebens beiträgt."

Gulliver beendet seinen Durchgang durch die große Akademie von Lagado mit einem abschließenden Besuch der Abteilung für politische Projektemacher. „In der Fakultät der politischen Projektemacher habe ich mich nur schlecht unterhalten, denn die Professoren schienen nach meinem Dafürhalten völlig von Sinnen zu sein, und das ist ein Anblick, der mich stets melancholisch stimmt. Diese unglücklichen Leute arbeiteten Pläne aus, Monarchen dazu zu bewegen, Günstlinge auf Grund ihrer Weisheit, Fähigkeit und Tugend zu wählen; Ministern beizubringen, das Wohl des Staates im Auge zu haben; Verdienste, große Fähigkeiten und hervorragende Leistungen zu belohnen; Fürsten zu lehren, ihre wahren Interessen zu erkennen, indem sie sich die ihres Volkes zu eigen machen; für Ämter nur Personen zu wählen, die befähigt sind, sie auszuüben; nebst vielen anderen unsinnigen, unausführbaren Hirngespinsten, die zu hegen noch nie einem Menschen in den Sinn gekommen ist und die bei mir die alte Beobachtung bekräftigen, daß es nichts noch so Überspanntes und Unsinniges gibt, das einige Philosophen nicht als Wahrheit behauptet haben."

Diese „School of political projectors" wäre einer Akademie der Politischen Wissenschaften gleichzusetzen. Wir wissen, daß eine solche Akademie oder Sozietät im 18. Jahrhundert noch nicht möglich war. Die bestehenden Akademien und Sozietäten konnten sich nur nebenbei und in recht allgemeiner Form in diese heiklen Gebiete vorwagen. – Aber hier wird Swift im Grund plötzlich ernst, und es wird sogar bei diesem Meister aller Skeptiker der dem 18. Jahrhundert inhärente Traum von einer besseren Welt sichtbar.

Doch der wohldurchdachte, zynische Bericht über die Bemühungen der „grand academy of Ladoga" mochte wohl manchem die Lust nehmen, weiter an die Gründung von wissenschaftlichen Akademien oder ökonomischen Sozietäten zu denken.

4. Die Frage der persönlichen Initiative

War es in Kenntnis der Swiftschen Akademieverspottung, wenn 1762 in den ‚Abhandlungen und Beobachtungen' der „Ökonomischen Gesellschaft" von Bern die psychologische Problematik der Gründung von Sozietäten zur Sprache kam? „Es werden selten aus Vorsicht nützliche Unternehmungen gegründet; in einer entfernten Aussicht machen die Gegenstände nur einen schwachen Eindruck. Man denkt gewöhnlich erst an die Mittel, wenn das Übel anfängt, sie notwendig zu machen. Auch dannzumal hindert uns oft eine natürliche Trägheit, wo sie nicht durch den Trieb einer Leidenschaft überwogen wird, einem vor unsern Augen wachsenden Schaden zu steuern, indem uns bald Eifer und Wille bald die Standhaftigkeit fehlet, einige Schwierigkeiten zu übersteigen, die sich die erschreckende Einbildungskraft selbst vergrößert. Das Mißtrauen in unsere Kräfte selbst kann auch aus einer tadelhaften Quelle fließen; es kann eine allzu sklavische Furcht vor dem Urteile der Menschen, das von dem Erfolge abhängt, zum Grunde haben; unsre Eigenliebe will nicht die Gefahr laufen, sich geirrt zu haben."

Sicher ist bei Gründung und Durchhalten einer Sozietät die Rolle des persönlichen Einsatzes von einzelnen Mitgliedern wesentlich. Das Glück, eine Persönlichkeit unverwechselbarer Prägung im richtigen Moment zu besitzen, war immer wieder entscheidend. Formuliert finden wir diesen Gedanken 1783 in der „Royal Society of Edinburgh": „Es ist immer beobachtet worden, daß Institutionen dieser Art Perioden von Ermattung wie von Brillanz und Aktivität haben. Jede Vereinigung muß ihrer Kraft von einigen wenigen beflissenen und inspirierten Einzelpersönlichkeiten her bekommen. Wenn die Initiative den Mitgliedern im allgemeinen überantwortet würde, so würde man sich oft nur mit Widerstreben einer Aufgabe unterordnen und sie würde immer nachlässig erfüllt werden. Die zeitweilige Absenz und noch mehr der Tod solcher Männer haben die stärkste Wirkung auf die Gesellschaft, zu der sie gehört haben. Der Geist des Einsatzes, der sie beseelt hatte, bleibt – wenn er nicht gänzlich erlischt – doch für lange Zeit passiv, und es ist nötig, daß eine Persönlichkeit von gleichgeartetem Geist komme, um sie wieder zum Leben zu erwecken."

Vom heutigen Standpunkt aus hält dies treffend Franklin Kopitzsch in bezug auf die Hamburger „Patriotische Gesellschaft" fest: „In Würdigung des frühen Vereinswesens darf ein Aspekt nicht übersehen werden: der außerordentlich intensive Einsatz, den ein Teil der Aufklärer für die Arbeit in den neuen Organisationen leistete, sehr oft durch Mehrfachmitgliedschaften in patriotisch-gemeinnützigen Sozietäten, in Lesegesellschaften, in geselligen Vereinen, in Freimaurerlogen und in Freundeskreisen, all dies häufig neben den Verpflichtungen, die Beruf und städtische Selbstverwaltung mit sich brachten. Allerdings war die Gruppe dieser Engagierten eine Minderheit unter den von der Aufklärung beeinflußten Menschen, so wie diese eine Minorität in der Gesamtbevölkerung blieben – trotz der unverkennbaren sozialen Erweiterung, die die Aufklärung zu erreichen vermochte."

Kopitzsch denkt hier an drei Hamburger Persönlichkeiten: Günther, den reichen Senator, Domherr Meyer, Inhaber einer geistlichen Sinekure, und den Großkaufmann – und Freimaurer – Sieveking. Alle drei hätten sich ein bequemes Leben leisten können; aber Aufgaben der Hamburger ,,Patriotischen Gesellschaft" waren für sie des Opfers an Zeit und Mühe wert. Geld und Stellung hätte man in diesem luxuriösen Jahrhundert anders einsetzen können: Der Adel für Jagd, Spiel und Frauen, der Kaufmann für weitere Vermögensanhäufung oder für irgendwelche Zunftstubengemütlichkeit, der Geistliche für Pfründenintrigen, Essen, Trinken und faules Dahindösen.

Die Sozietät ist nicht nur eine gruppenpsychologische Erscheinung. Die Sozietäten brachten auch Persönlichkeiten hervor, die sich uneigennützig dem ,,gemeinen Besten" zur Verfügung stellten, auch mit ihren finanziellen Mitteln; über eine solche gesellschaftliche Elite verfügte das 18. Jahrhundert überall in genügender Zahl. Man nannte den Geist, aus welchem so gehandelt wurde, damals den ,,Patriotismus". Wir finden ihn immer wieder neu formuliert. Als Beispiel wählen wir wiederum eine Formulierung aus Hamburg: Es ist ,,derjenige starke innere Trieb, der das Beste des Staates zum Augenmerk hat und seine Wohlfahrt auf alle mögliche Art zu befördern sucht". Wir dürfen hier getrost den Begriff ,,Staat" mit demjenigen der ,,Gesellschaft" im allgemeinen Sinn gleichsetzen – oder in der Sprache des Jahrhunderts mit demjenigen der ,,Menschheit".

IV. Neue Organisationsform und neue Gesellschaft

1. Die Sozietät als republikanische Organisation

Die alten, ständischen Institutionen, höfische und adlige Gesellschaftszirkel, geistliche Kollegien, Hochschulfakultäten, Handwerkszünfte werden als zu eng empfunden. Die Produktionsverhältnisse sind außerdem anders geworden. Die Welt der Kaufleute sprengt die geschlossene städtische Gesellschaft, die neue Agronomie bringt die bäuerliche Stabilität in Bewegung, das industrielle Verlagssystem „befreit" die untersten Bevölkerungsschichten. Der erwachende „public spirit" fordert eine Anteilnahme an der Öffentlichkeit durch Kritik und aufbauende Wirksamkeit. Man verlangt nach einem größeren Freiraum. Man wünscht nicht mehr von inkompetenten Instanzen kontrolliert zu werden. Weil der Staat die freiwillige Anteilnahme an der Öffentlichkeit meist nicht geben kann, gründen die aktiveren Adligen und Bürger ihre Sozietäten. Die Sozietät kann wie ein Staat im Staate sein. Das Jahrhundert liebt die Freiheit, liebt es, sich dem traditionellen Zwang der Institutionen, denen man doch verhaftet bleibt, mindestens zeitweilig zu entziehen. Man ist wohler in der Sozietät als im Ratskollegium, wohler in der Akademie als im Universitätssenat.

Die Organisation der Sozietäten ist eine Widerspiegelung dieser neuen Einstellung.

Allerdings sind die Akademien auf den ersten Blick hierarchisch organisiert – aber unter den Akademiemitgliedern besteht mehr Gleichheit als in den komplizierten Fakultätsstrukturen, wo man vom niederen Lehrstuhl zum höheren emporsteigen kann und will. Die Akademiker sind unter sich einer Aristokratie gleich, schon in Hinsicht auf ihre relativ kleine Anzahl, auch wenn die Präsidien oft von langer Dauer sind. Die Aristokratie ist nach Montesquieu eine der beiden Varianten der Republik.

Die gemeinnützig-ökonomischen, die gelehrten, die literarischen Sozietäten und die Lesegesellschaften kann man sogar als demokratische Organisationen bezeichnen, da die Gesamtzahl der Mitglieder die letzte Entscheidungsgewalt besitzt.

Die Übernahme des Modells einer republikanischen Verfassung durch eine Sozietät zeigt sich am Beispiel der bernischen „Ökonomischen Gesellschaft". Ihre dreistufige, verschachtelte Organisation entspricht der staatlichen Gliederung im Großen, Kleinen und Geheimen Rat. Gemeinnützige Gesellschaften konnten in Republiken gerade darum erfolgreich sein, weil ihre Mitglieder seit Generationen in den republikanischen Verwaltungsformen aufgewachsen waren.

In monarchischen Verhältnissen – und das waren die weit zahlreicheren – konnte man sich in den Sozietäten erstmals in republikanischen Formen einüben, wie dies in den vielen französischen Sozietäten, in den gemeinnützigen und ökonomischen Gesellschaften und ganz besonders in den Lesegesellschaften geschehen ist.

Marlies Prüsener sagt dazu: „Der enge Kontakt der Mitglieder in den Lesekabinetten erforderte eine genaue Regelung des Gesellschaftslebens, ein ,politisches Verhältnis', wie es in der Ankündigung der Koblenzer Lesegesellschaft 1783 heißt. Die Statuten der einzelnen Gesellschaften unterscheiden sich nur in unwesentlichen Punkten voneinander. Ihr Grundgedanke liegt in der Gleichberechtigung aller Mitglieder, in der Mitbestimmung aller über die Belange der Gesellschaft, einem demokratischen – oder republikanischen – Prinzip, das es in der politischen Realität noch nicht gab. Darauf wurde besonders großer Wert gelegt." In jenem schon erwähnten Gutachten zur Aschaffenburger Lesegesellschaft wandte man sich sogar gegen die Bezeichnung „Kommissäre" für die gewählten Vertreter der Gesellschaft und schlug dafür „allenfalls Direktoren oder Vorsteher" vor: „Denn die Ernennung gewisser Kommissären dürfte wohl nur von höheren Orten abhängen, wenn es ratsam wäre, dergleichen Institute, welche eigens der Geist einer republikanischen Verfassung beleben muß, unter den Zwang einer eigenen Kommission zu bringen."

Die Ämter der Sozietäten, ihre Ausschüsse, Kommissionen, Vollversammlungen, ihre Gesetzgebung und ihre Protokolle sind – im Sinn der Mitbestimmung aller Glieder nach dem Mehrheitsprinzip – das getreue Abbild eines republikanischen Verwaltungssystems. – Das ist etwas Neues im von monarchischen Prinzipien bestimmten Europa.

Von außen gesehen wirkten die Sozietäten natürlich oft als mehr oder weniger elitäre, aristokratische Organisationen. Durch strenge Aufnahmekriterien wurde ihr aristokratischer Charakter oft noch unterstrichen. Innerhalb der Sozietät herrschte jedoch prinzipiell Gleichheit der Mitglieder. Dies gilt auch für die relativ hierarchisch strukturierte Freimaurerei.

2. Die Sozietäten als neue Gesellschaft zwischen den alten Ständen

Die Sozietäten sind von besonderer Bedeutung als „soziale" Erscheinung des Jahrhunderts, und dies ganz unabhängig von ihrer praktischen Aktivität und Wirksamkeit. Die Frage, welche soziale Gruppe eine Gesellschaft gründet oder ihr später beitritt, ist von hoher Wichtigkeit, nicht nur für die gesellschaftliche, sondern auch für die politische Entwicklung, und dies über die Jahrhundertwende hinaus. Die Sozietäten sind zu wesentlichen Faktoren der Meinungsbildung, der Schaffung einer neuen bürgerlichen Öffentlichkeit beziehungsweise – um in der Sprache des Jahrhunderts zu reden – des „patriotischen" Bewußtseins geworden.

Wir verfügen, die Mitglieder betreffend, nur für Frankreich über genaue statistische Angaben; dies dank den Arbeiten von Daniel Roche. Von den 6000 Akademiemitgliedern aller Grade gehören 20% dem Klerus, 37% der Noblesse und 43% dem Bürgertum an. In den drei großen hauptstädtischen Akademien sind die Anteile ähnlich, nur ist dort natürlicherweise der hohe Klerus stärker beteiligt als der mittlere. Unter den Bürgern sind Kaufleute recht schwach vertreten, nur mit 4,5%. Einzig in den Meerhandelsstädten Rouen und Nantes ist ihr Anteil erheblicher.

Überhaupt sind die Schwankungen der Anteile je nach Stadt recht groß. Wenn wir die ordentlichen Akademiemitglieder zählen, so stellt in Arles der Adel 58%, der Klerus 30%, das Bürgertum nur 11%. In Soissons dominiert der Klerus mit 42%, der Adel umfaßt 32%, das Bürgertum 25%. In Dijon aber steht das Bürgertum mit 69% an der Spitze, gefolgt von 20% Klerus und nur noch 10% Adel. Im allgemeinen geht im Lauf des Jahrhunderts der Anteil des Klerus zurück, und die beiden andern Klassen nehmen zu. Innerhalb der Stände zeigt sich ein gewisser Ausgleich zwischen höherem und niederem Klerus, altem und neuem Adel, Verwaltungsadel und Adel der Gerichtshöfe.

Anders ist die Verteilung bei den 20 bis 30000 Freimaurern Frankreichs. Nur 10% Klerus (aber immerhin!), 25% Adel und 65% Bürgertum; und im Bürgertum dominieren die Kaufleute! Der bürgerliche Anteil ist in der zweiten Jahrhunderthälfte immer größer geworden. Allerdings – da in vielen Städten verschiedene Logen vorhanden sind – konnten sie sich häufig nach sozialer Herkunft scheiden.

In England können wir nur mutmaßen. Bei den Freimaurern dominieren der hohe Adel und die anglikanische Geistlichkeit in den Anfängen, dann kommt das reiche Bürgertum dazu. Nach unten wird eher abgegrenzt. In den übrigen Gesellschaften ist viel Gentry, also Kleinadel da, auch eine große Zahl von Geistlichen. In der Londoner „Society of

Arts" ist alles vertreten, was Rang und Namen hat, aber wenig Bürgertum.

In Deutschland verfügen wir nur teilweise über genauere Angaben. Die Lesegesellschaften umfassen im allgemeinen Adel, gehobenes und mittleres Bürgertum, d. h. Verwaltungsleute, Juristen, Ärzte und Offiziere. Je nach Stadt sind die Anteile verschieden. Zum Beispiel sind in Ludwigsburg Hof und hohe Offiziere stark vertreten; in Regensburg, dem Sitz des Reichstages und eines Bistums, sind es mehr Diplomaten und Geistliche; in der Reichsstadt Nürnberg städtische Verwaltungsleute aller Grade. Da besitzen aber die Kaufleute ihr eigenes ,,Colleg" mit Zeitungen und Zeitschriften. Im mecklenburgischen Teterow besteht die Lesegesellschaft aus Adligen, gebildeten Bürgern der Stadt, Predigern, Kandidaten und Pächtern aus der umliegenden Landschaft.

Für die gemeinnützig-ökonomischen Gesellschaften können wir zwei Beispiele geben. Die ,,Leipziger ökonomische Sozietät" zählt im Gründungsjahr 1764 48 Mitglieder, wovon 29 adliger und 19 bürgerlicher Herkunft sind. Beruflich ist von den 48 Mitgliedern die Großzahl (36) in Beamtenstellen tätig. Etwa 19 beschäftigen sich mit Landwirtschaft. Ein Teil davon steht gleichzeit auch in der Verwaltung. Die Gesellschaft zählt nur 4 Kaufleute, 3 Offiziere und je zwei Professoren und Geistliche. Die ,,Leipziger ökonomische Sozietät" scheint typisch für eine agrarisch-gemeinnützige Gesellschaft zu sein.

Den städtischen Typus haben wir in der ,,Patriotischen Gesellschaft" von Hamburg kennengelernt, mit seinen 82 Kaufleuten, Maklern und Unternehmern auf 96 Mitglieder im Gründungsjahr 1765. Es stehen immerhin 12 in akademischen Berufen.

Ähnlich differenzieren sich die deutschen Freimaurer. In der Residenzstadt Darmstadt sind es Beamtenadel und Juristen, in Berlin Hofadel, in Freiburg Professoren, in Stuttgart Landesverwaltung und Kaufleute. In der Regel handelt es sich einfach um die Schicht, die in der betreffenden Stadt mehr oder weniger repräsentativ ist.

Dies läßt sich auch von der Schweiz sagen, wo wir zumindest in der Helvetischen Gesellschaft über genaue Zahlen verfügen. Da widerspiegeln sich die sozialen Gliederungen der verschiedenen Städte bzw. Kantone: Aus Zürich und Basel sind es vor allem Kaufleute, die in den aristokratisch regierten Städten Bern und Luzern praktisch fehlen. Von dort kommen Patrizier und allenfalls Geistliche, aber wenig Bürgertum. Die Gesamtgesellschaft mit ihren 386 Mitgliedern zählt 106 Patrizier bzw. Magistraten (28%), 72 Pfarrer (19%), 62 Kaufleute (16%), 55 Gelehrte, Schulmänner und Advokaten (14%), 36 Verwaltungsbeamte (9%), 23 Ärzte und Apotheker (6%), 10 Fremddienstoffiziere (3%), 7 Künstler

(2%) und 3 Handwerksmeister (1%). Im Laufe der 37 Jahre Gesellschaftsdauer nimmt die Vertretung der Magistratur ab, während Kaufleute, Berufe höherer Bildung und besonders die Geistlichkeit beider Konfessionen zunehmen. Das bedeutet stärkere Vertretung des Bürgertums, schwächere des anfangs dominierenden Patriziats. Diese Relationen und Entwicklungen dürften auch für viele deutsche Gesellschaften zutreffen. Die schweizerische Magistratur, die hauptsächlich von grundbesitzenden Patriziern gestellt wird, könnte man mit etwelchen Vorbehalten dem deutschen oder französischen niedern Adel gleichsetzen.

Dank dieser Zusammensetzung haben die Sozietäten fast ausnahmslos eine wichtige Rolle im Ausgleich und in der Annäherung der Stände gespielt, vor allem zwischen Adel und Bürgertum. In der Sozietät herrscht in der Regel das Prinzip der Gleichheit unter Mitgliedern. So heißt es in den österreichischen „Ackerbausozietäten": „diese Gesellschaft solle bestehen in Personen ohne Unterschied des Standes", oder: „bei den Versammlungen wird man keinen Rang oder Distinction beobachten". Man verzichtet nach Möglichkeit auf Titulaturen, auf Statusrepräsentation und tagt über sachlichen Fragen am runden Versammlungstisch. In der Würzburger Lesegesellschaft wird betont, „daß die verschiedensten Stände im Staate durcheinander gemischt werden, wodurch sie sich wechselseitig kennen und schätzen lernen". Es kommt in der Sozietät auf den Einsatz in der Arbeit an und nicht auf den Stand. „Bruder" ist man nicht nur bei den Freimaurern. Der offizielle Titel „Mitbruder" wird auch in der Helvetischen Gesellschaft geführt, noch bevor Freimaurer Mitglieder geworden sind. Außerhalb der Gesellschaft mochten die Standesurteile wieder spielen. Es war ein erhebendes Gefühl, als Freimaurer einem gekrönten Haupt als Bruder begegnen zu dürfen. Aber da handelte es sich kaum um „Gleichheit", sondern um gegenseitige Achtung. Es wird selten zu ständisch ungleichen Heiraten gekommen sein etwa deswegen, weil man in der gleichen Sozietät Mitglied war. Für den Adel bedeutete die Sozietätsbewegung ein Herabschrauben der Standesvorurteile. Prinz Ludwig von Württemberg hielt darauf, in den Mitgliederregistern der Helvetischen Gesellschaft in der alphabetischen Reihenfolge aufgeführt zu werden und nicht gesondert, an der Spitze des Verzeichnisses. Die patrizischen unter den Helvetiern haben ihn dennoch mit allen möglichen Titulaturen begrüßt! Es kam auch die Zeit, wo ein wissenschaftlich tätiger Adliger beglückt war, wenn er durch eine Akademie, die ja in der Regel von bürgerlichen Professoren besetzt war, Anerkennung fand. Das Mitmachenkönnen in bestimmten Sozietäten bedeutete für viele Adlige – besonders für den kleineren Landadel – eine Kompensation für die Macht- und Prestigeverluste, die sie durch die Entwicklung des zentralistischen Absolutismus erlitten hatten, was besonders für Frankreich, Spanien und Deutschland gilt.

Für das Bürgertum bedeutete die Sozietätsbewegung die Möglichkeit der Emanzipation. Nun konnte es dem Adel selbständiger gegenübertreten, ohne sich um Adelstitel bemühen zu müssen. Nun konnte der Bürger auf seine Art am Landeswohl mitwirken, aktiv in gewisse Belange eingreifen, Belange, die bis dahin dem Adel vorbehalten gewesen waren oder in die er nur durch Verleihung eines Adelstitels gelangen konnte.

Habermas hat das, die Lesegesellschaft betreffend, in der ihm eigenen Ausdrucksweise so formuliert: Sie bildeten ,,eine Öffentlichkeit in unpolitischer Gestalt – die literarische Vorform der politisch fungierenden Öffentlichkeit. Sie ist das Übungsfeld eines öffentlichen Räsonnements, das noch in sich selber kreist – ein Prozeß der Selbstaufklärung der Privatleute über die genuinen Erfahrungen ihrer neuen Privatheit". Richard van Dülmen formuliert allgemeiner: ,,Zum anderen vollzog sich hier weit entschiedener als in anderen Institutionen der Durchbruch bürgerlichen Denkens und bürgerlicher Kultur. Die Emanzipation von der höfischen Gesellschaft erreichte in den Sozietäten einen Entwicklungsstand des deutschen Bürgertums, das weitgehend noch nicht in politischen Kategorien dachte."

In politischen Kategorien dachte es – wenn auch ungleich – in den Reichsstädten. Die Emanzipation des Bürgertums hat in Republiken nicht den gleichen Stellenwert wie in Monarchien. Grundsätzlich war das Bürgertum schon seit jeher ,,emanzipiert". Es ging allerdings in Republiken doch darum, patrizische Abschlußentwicklungen des 17. Jahrhunderts wieder rückgängig zu machen, das Patriziat zu veranlassen, in einen besseren und republikanischeren Kontakt mit seinen gewöhnlichen Mitbürgern, den Pfarrern, Professoren, Kaufleuten und Handwerksmeistern zu treten. Es ist festgestellt worden, daß die Republiken an sich ,,assoziationsfreudiger" seien – was für die Schweiz und die Niederlande durchaus Gültigkeit hat. Dies liegt in der Tradition der altüberlieferten bürgerlichen Geselligkeit, die allerdings aus festgefahrenen Formen zu lösen war. Insbesondere zeigten die sich im 17. Jahrhundert allmählich entwikkelnden städtischen ,,Collegia Musica" schön den allmählichen Übergang von zünftischer Kooperation zu freier Assoziation.

Allerdings konnte Sozietät wiederum neuen Abschluß bedeuten. In den Akademien – besonders in Frankreich – mochte zudem der äußere Pomp, die äußere Hierarchie und die Beschränkung in der Mitgliederzahl abschließend wirken. Da war noch etliche barocke Eitelkeit zu finden. Auch in den übrigen Sozietäten hoben sich die Mitglieder von denjenigen ab, die nicht würdig gewesen waren, in die Sozietät aufgenommen zu

werden. Man sonderte sich innerhalb des eigenen Standes: Die Aufgeklärten, die Reformer, die alles besser wissen wollten, schieden sich von
den Immobilen, den Konservativen und den Bescheideneren. Man war in
der Sozietät unter sich, man gehörte zum besseren Teil der Menschheit.
Man war Elite. Bürgerliche Moral konnte zum Ausschluß aus der Sozietät führen, wenn Bankerott oder Unregelmäßigkeit in der Lebensführung
vorlag. Man befand sich doch unter Kreditwürdigen.

Man wußte auch um die Grenzen nach unten. Analphabeten waren aus
den Freimaurerlogen ausgeschlossen. Daß nur Offiziere zu den Militärlo-
gen Zutritt hatten, war ein Ding der Selbstverständlichkeit. Das widersprach an sich nicht dem „aller au peuple", dem Kontakt mit dem Volk
im Sinn der Hebung des Volkes, wie dies etwa Pestalozzi – Mitglied
verschiedener Sozietäten –, viele Landpfarrer und etliche Gutsbesitzer
taten.

Was sich in den Sozietäten fand, das war „Besitz und Bildung". Besitz
etwa im Sinn des adlig-patrizischen Grundbesitzes oder des kaufmännischen Vermögens, Bildung etwa im Sinn von akademischer Bildung vor
allem von Geistlichen und Juristen, von denen man dann auch nicht die
entsprechenden Vermögenswerte erwartete. Doch ist der den Sozietäten
angehörende Teil des Adels gebildet, und auch der Kaufmann, der da
mitmacht, hat sein Latein, das er in der Stadtschule mitbekam, nicht ganz
vergessen. Die Lesegesellschaft war dazu da, daß man sich selbst bilden
und weiterbilden konnte, wenn die Schulbildung mangelhaft gewesen
war.

Bildung hieß aber auch Kunst des Umgangs. Da mochte manch Bürgerlicher nachhinken. Darum hat Freiherr von Knigge, der Illuminat,
1788 seinen ‚Umgang mit Menschen' publiziert. Der Bürger sollte das
Linkische überwinden und seine gesellschaftliche Unsicherheit in der
vom Adel bestimmten Welt verlieren.

„Besitz und Bildung" schlossen nicht nur den Banausen adliger oder
bürgerlicher Herkunft aus, sondern auch die Bauern, mochten sie noch
so vermögend und einflußreich sein. Sie waren eben nach wie vor Glieder
des Nährstandes, der weder zum Regieren noch zum Denken bestimmt
war. Auch die „Helvetische Gesellschaft" kennt kein einziges bäuerliches
Mitglied – nur zwei Fälle von Gästen an je einer Versammlung –, dies in
einem Land, wo der Bauer immerhin in sieben Kantonen und den Republiken Wallis und Graubünden frei und souverän war (wo aber in der
Praxis eine grundbesitzende Aristokratie das Regiment führte). Der bäuerliche Händler Ulrich Bräker ist als Mitglied der toggenburgischen
„Moralischen Gesellschaft" die große Ausnahme; aber er war eben gebildet und konnte nicht nur über Shakespeare schreiben!

Die Sozietäten reduzieren sich damit auf das, was man „gute Familien" nennt; ob adliger oder bürgerlicher Herkunft war nun sekundär geworden. Schon längst hatte der Adel auf gutem Fuß mit der bürgerlich bestimmten Geistlichkeit gestanden. Diese alte Öffnung weitete sich nun auf breitere, andere bürgerliche Berufsgruppen aus, schloß aber wiederum nachfolgende Schichten aus. Wir haben schon gesehen, daß in der Reichsstadt Nürnberg Magistratur und Kaufleute getrennte Lesegesellschaften hielten. In der Reichsstadt Ulm wird eine ursprünglich patrizische Lesegesellschaft vom Bürgertum unterlaufen, worauf sich die Patrizier zurückziehen. In der Reichsstadt Frankfurt gründen die Handwerker eine besondere Lesegesellschaft. Es gibt eigene Lehrer-Lesegesellschaften. Die Emanzipation des „Lehrstandes" von der Geistlichkeit sollte sich dann im Verlauf des 19. Jahrhunderts vollziehen.

Gegen Ende des Ancien Régime geht die Lesegesellschaft auch in die Landschaft: In Norddeutschland als Aufklärungsverein geleitet durch den Ortsgeistlichen; in der Schweiz jedoch selbständig organisiert durch die Oberschicht der den Städten untertänigen Landschaft. Es handelt sich um die Oberschicht der dörflichen Handwerker, Amtsträger und Fabrikanten. Damit wird ein Demokratisierungsprozeß eingeleitet, der sich im 19. Jahrhundert weiterentwickeln kann.

Man muß die „Gleichheit" in der Sozietät nicht allein auf die Stände beziehen, nicht nur auf das Zusammenkommen von Adel, Patriziat, Geistlichkeit und Bürgertum, sondern auch auf die Überbrückung konfessioneller Gegensätze in den Ländern, die stark durch sie geprägt waren.

In England erfolgte bekanntlich eine Relativierung der Unterschiede zwischen den verschiedenen protestantischen Bekenntnissen. Wie weit sie sich auf die Sozietäten ausgewirkt hat, wäre noch zu untersuchen. In Deutschland und der Schweiz blieben die an ihre Orte gebundenen Sozietäten konfessionell geschlossen. Möglicherweise war in gemischten Territorien des Reichs in bestimmten Sozietäten eine konfessionelle Mischung möglich. Wir wissen noch zu wenig darüber. Jedenfalls haben in der Schweiz nur die beiden gesamtnationalen helvetischen Gesellschaften bewußt Mitglieder beider Konfessionen aufgenommen. Hier, aber nur hier, war die Teilnahme von Protestanten und Katholiken eines der wichtigsten Sozietätsziele, das man jedoch nicht offen formulierte, sondern bequem hinter dem Postulat der Erfassung aller Kantone verstecken konnte. In der „Helvetischen Gesellschaft" ist etwa ein Viertel der Mitglieder katholischer Konfession, in der militärisch-helvetischen sicher noch mehr. Das war schon viel, da rund drei Fünftel der Bevölkerung der protestantischen Konfession angehörten.

Natürlich haben die Akademien und gelehrten Gesellschaften zuerst und später die gemeinnützig-ökonomischen Gesellschaften das Ihre zur Überbrückung der Gegensätze beigetragen durch die Beziehungen von Sozietät zu Sozietät und durch die weitgeführte internationale Korrespondenz, die keine theologischen Vorurteile und keine konfessionellen Grenzen mehr kannte.

Die intensivste Öffnung geschah jedoch durch die Freimaurerei. Sie hat vom Moment der Ausdehnung über Europa stets beide Konfessionen erfaßt. Durch die häufigen Besuche von Loge zu Loge, den ganzen internationalen Verkehr wurde hier das konfessionelle Tabu schon sehr früh gebrochen, lange vor dem zögernden Abbau der Schranken in gewissen aufklärerisch regierten Staaten.

Eine besondere Frage für die Sozietäten stellte sich mit der Möglichkeit der Aufnahme von Frauen. Sie konnten – nicht nur in Frankreich – Salon halten und sehr bedeutende Leute um sich versammeln. Aber durfte man sie auch in die Sozietäten aufnehmen, auch wenn es sich um Frauen handelte, die – wenn bürgerlich – weit über Kochen und Nähen hinaus gediehen waren oder – wenn adelig – sich nicht weiterhin im höfischen Betrieb von Schloß und Residenz langweilen wollten? Ein Einzelfall scheint die literarische Gesellschaft in Stockholm gewesen zu sein, die, solange sie existierte, unter dem Präsidium der bedeutenden Dichterin Hedwig Charlotte von Nordenflycht stand. Weibliche Mitglieder, das heißt Schullehrerinnen, kannte auch – um 1770 – die englische ,,Society of Christian Knowledge".

In der Regel waren aber für Frauen die Sozietäten verschlossen. Als eine Freimaurerloge in Frankreich Frauen aufzunehmen begann, wurde ihr das verboten. Die Lesegesellschaften wollten im allgemeinen keine Frauen als Mitglieder. Doch läßt sich im deutschen Bereich in den achtziger und neunziger Jahren eine Anzahl von ,,Damen"-, ,,Frauen"- oder ,,Frauenzimmer"-Lesegesellschaften feststellen; so auf Rügen, in Leipzig, im vogtländischen Greiz, im ostfriesischen Aurich und in Speyer. In Zürich gab es in den gleichen Jahren eine ,,Frauenzimmerlesegesellschaft" auf der Zimmerleutenzunft. Gegen Ende des Jahrhunderts öffneten sich gewisse Lesegesellschaften der Damenwelt – doch geschah dies oft mehr im Sinn einer bestimmten Geselligkeit denn als emanzipatorische Öffnung. Die Lesegesellschaften werden ja oft zum unpolitischen Orte geistvoll-kultivierter Unterhaltung oder zur bloß geselligen Vereinigung, in der man Bälle veranstaltet, um – wie dies in Erlangen 1788 betont wird – das ,,schöne Geschlecht an den Vergnügen des Clubs teilnehmen zu lassen". In der ,,Helvetischen Gesellschaft" durften von etwa 1780 an Frauen und Töchter ihrer Mitglieder und Gäste an den patriotisch-geselligen Versammlungen mitmachen, allerdings ohne daß ihnen ein besonderer Status verliehen wurde.

Diese ersten Anzeichen einer gesellschaftlich-emanzipatorischen Öffnung sollten im 19. Jahrhundert wenig Weiterentwicklung finden. Das 19. Jahrhundert hat sich eher in eine neue Männlichkeit verkrampft.

V. Neue Geselligkeit

Gesellschaften, die sich „Lunar Society" nannten und ihre Sitzungen bei Vollmond abhielten, oder Gesellschaften, die wie die „Società dei Pugni" ihr Gesellschaftsorgan ‚Il Caffè' betitelten, mußten einen gewissen Sinn für Humor und Geselligkeit haben. „Delectare et prodesse" („ergötzen und nützen") ist die Devise einer Sozietät gewesen. Als Iselin in der ‚Geschichte der Menschheit' seine eigene Zeit analysierte, da gab er dem 32. Kapitel den Titel „Gesellschaftlichkeit. Bessere Lebensart. Lectur. Schaubühne. Ausbreitung eines feinen Geschmacks. Gelehrte Gesellschaften". Im Text heißt es: „. . . die Muße, bei gesitteten Nationen eine Frucht der Emsigkeit und der Erleuchtung, wie bei Barbaren die Trägheit es von der Dummheit und von der Unwissenheit ist, erzeugte allmählich die edlere und reizvollere Annehmlichkeiten des geselligen Umganges und des häuslichen Lebens."

Diese „Annehmlichkeiten des geselligen Umganges" bezogen sich eben auch und besonders auf die „Gesellschaften". Iselin nimmt eine Entdeckung der Soziologen des 20. Jahrhunderts voraus.

Man kam aus einem an sich ausgesprochen gesellschaftlichen Zeitalter. Die alten italienischen Akademien wie die niederländischen und deutschen Sprachgesellschaften wußten gelehrte Arbeit mit einer humanistisch-höfischen Geselligkeit samt barockem Dekor und barocker Musik zu verbinden. Der französische Salon führte dies weiter, aber nun auf viel breiterer Basis. Man verband freies Philosophieren und Diskutieren mit den Annehmlichkeiten eines luxuriösen Zeitalters. Soupers, Spiel und Musik aber waren nun barocker Schwere und Feierlichkeit entlastet. Dies wurde Vorbild für ganz Europa und für viel weitere Kreise als bisher. Das gilt allerdings für die „nicht organisierten" Gesellschaften, von denen Picard gesagt hat: „In diesen Versammlungen, wo alles nur auf Vergnügen und Erholung angelegt scheint, ist eine tiefe geistige Arbeit geleistet worden und sind gesellschaftliche Veränderungen begonnen worden."

Die organisierten Gesellschaften geben sich auf den ersten Blick ernsthafter. Man weiß um den Kampf der Lesegesellschaften gegen das Abgleiten in einen Kaffee- und Spielhausbetrieb. Johann Jakob Bodmers historisch-politische Gesellschaften waren gezeichnet vom Ernst der Belehrung und der Verantwortung um die Republik, wie man in Gottfried

Kellers ‚Landvogt von Greifensee' nachlesen kann. Man kritisierte damals einen Stil, den die allzu gesellige „Helvetische Konkordia Gesellschaft" um den Luzerner Komponisten Meyer von Schauensee zur Schau trug: „Dieses Gesellschaftsgebäude gründet sich auf sechs Gegenstände, nämlich a) auf das Gottesfürchtige, so den Gottesdienst, geistlichen Bund, nebst denen bisher unterhaltenen wechselweisen Andachtsleistungen in sich hält; b) auf das Ernsthafte und Gelehrte, da jährlich in der Herbst-General-Versammlung von zwei Mitgliedern (die das Los treffen wird) über gemachte Aufgaben jedes eine Preisschrift vor der Session vorlesen soll. Das Jahr hindurch soll eine Korrespondenz gehalten werden . . .; c) auf das Kurzweilige, da zwei General-Procuratores einen erdichteten Luststreithandel vortragen müssen, worüber in der Abratung jedes Mitglied und Ehrengast seine Einfälle und Gutachten zu äußern Gelegenheit hat, und wodurch die Mitbrüder geübt werden, dem Staat und der Gemein nutzbar zu werden; d) auf das Niedliche, welches die gut zubereiteten Mahlzeiten als eine billige Belohnung der gehabten nützlichen Arbeit in sich hält; e) das Ergötzende, so die Musik und Singspiele sind; f) das Einträchtig und Menschenliebende, welches in dem schriftlichen und mündlichen Umgang, wie auch in Ausübung tätlicher Liebe gegen den Nächsten absichtlich sein soll."

Eine solche Gesellschaft – sie bestand aus Geistlichen und Laien der Innerschweiz – war aber eher Ausnahme. Sie erinnert schon begrifflich mit dem „Kurzweiligen", dem „Ergötzenden" noch stark an barocke Sozietäten.

Die französischen Akademien verwerfen den Stil der alten Zeit. Man will auf Musik, Tanz und Galanterie verzichten. Man postuliert moralischen und wissenschaftlichen Ernst. Die in der Regel kleinen Provinzakademien von etwa zwanzig bis dreißig Mitgliedern schlossen sich ja gerne elitär gegen außen ab. Man wollte unter sich sein, ein wenig wie die Freimaurer mit ihrem Geheimnis. Dieses Geheimnis schützte und förderte aber eine sehr intensive innere Geselligkeit. Auch die gemeinnützige Sozietät wollte moralisch intakt, ehrlich ihre Sache führen, ein wenig technokratisch schon. Aber intern baute man eine Art bürgerlicher Liturgie auf. Man spielte nicht mehr mit Karten, sondern mit Preisausschreiben.

Die feierlichen öffentlichen Sitzungen der Akademien erhoben nicht nur die Mitglieder, sondern auch die weitere Öffentlichkeit der betreffenden Stadt. Das Ritual, das die Freimaurer so hoch entwickelten, diente dem Einklang der Seelen, einem neuen Gemeinschaftserleben. Es brachte etwa in den Regimentslogen ein willkommenes Gegenstück zum Einerlei des Exerzierens auf den Kasernenplätzen. Die Freimaurer wußten auch

um die uralte Rolle des gemeinsamen Mahls, des Symposion, und ebensosehr um die Wirkung des gemeinsamen Singens.

Aus dem gemeinsamen Singen der ‚Schweizerlieder' Johann Caspar
Lavaters entwickelte sich in der „Helvetischen Gesellschaft" ein eigentliches patriotisches Ritual: Umtrunk des „Schweizerblutweins" aus dem
„Tellenbecher" unter Intonation aller Schweizer Heldenlieder. Die einst
als allgemeine schweizerische Akademie geplante Gesellschaft war im
Laufe der Zeit zum Veranstalter einer dreitägigen Feier nationaler Geselligkeit geworden.

Es lag im Jahrhundert, daß man Arbeit mit Muße und Geselligkeit zu
verbinden wußte. Selbst eine so ernsthafte Akademie wie die Göttingische wußte darum. In der durch Albrecht von Haller gehaltenen Eröffnungsrede von 1751 hieß es: „Könnte man nicht unter die Vorteile zählen, daß dergleichen Gesellschaften die Traurigkeit des akademischen
Lebens in etwas vermindern? Die Bemühung Jünglinge zu bilden, und
das arbeitsvolle Amt eines akademischen Lehrers, erfordert eine einsame,
stumme, und gleichsam von aller Freundschaft ausgeschlossene Lebensart. Von den Büchern geht man zu den Vorlesungen, von denselben kehrt
man wiederum zu andern Arbeiten zurück, und der Tag verstreicht unter
stets angestrengten Seelenkräften; er wird durch keine Erholung, durch
keinen anderen Trost gemildert, als demjenigen, den das Bewußtsein gibt,
seine Pflicht redlich erfüllet zu haben, einen Trost, der für den Menschen,
das gesellschaftliche der lebendigen Geschöpfe, weder erfreulich noch
unschuldig genug ist, auch so nah an die Eitelkeit grenzet, daß ein die
wahre Glückseligkeit liebender Mann keinen rechten Geschmack daran
findet, weil ihn die Erfahrung lehret, wie leicht sich ein Gift in diesen
Becher mischen kann."

„Die Brüderschaft (um mich so auszudrücken), die gelehrten Zusammenkünfte, der Anblick seiner Freunde, die fröhlichen Gespräche, die
Bekanntmachung neuer Erfindungen, die Gegeneinanderhaltung der besonderen Gedanken eines jeden, und das Vergnügen, so alle aus dieser
Vergleichung schöpfen, haben in den Versammlungen der Gesellschaften
eine Anmut, die weit von den feierlichen Gepränge der Universitäten
entfernt ist. Bei solchen nüchternen Vergnügen ist Fontenelle zu einem
hohen Alter gelangt, und fünfzig verflossene Jahre haben die Liebe nicht
erkälten können, mit welcher er die gelehrte Gesellschaft besuchet, wovon er allein noch übrig ist."

Als Haller das vortrug, zählte Fontenelle, dieser große Promotor der
französischen Aufklärung, 94 Jahre und erfreute sich noch bester physi-
scher wie geistiger Gesundheit. Er war seit 1691 Mitglied der „Académie
française" und seit 1697 der „Académie des sciences".

Haller weist in seiner Rede auf die humanistische Komponente wissenschaftlicher Betätigung hin, insbesondere auf die „fröhlichen Gespräche". Er selbst war ein Meister der kultivierten Unterhaltung. In der gleichen Linie liegt die Atmosphäre vieler Lesegesellschaften. Die Bonner Gesellschaft wählte einen Satz des Illuminaten Adam Weishaupt zu ihrem Motto „Die Geselligkeit der Glieder ist die Seele einer jeden Gesellschaft".

Die „sociabilitas", die Grotius dem menschlichen Wesen zusprach, war nun zur Basis des Umgangs geworden, wie ihn die Sozietäten postulierten. Allerdings wollten die Sozietäten eine höhere Soziabilität als die, welche sie in ihrer normalen Umwelt fanden. Es ging um das kultivierte Gespräch unter Leuten, die zu lesen wußten. In diesem Jahrhundert durften die Musik und das Schauspiel ebensowenig fehlen wie im vorhergehenden. Diese Leute waren es, die dafür sorgten, daß Konzert und Theater aus der exklusiven höfischen Atmosphäre in die bürgerliche übernommen werden konnten. Nach dem Beispiel Londons sind in der zweiten Jahrhunderthälfte Konzert und Theater allmählich zu festen städtischen Einrichtungen geworden, zugänglich für weit breitere Schichten als vorher. Lessing spricht in der ‚Hamburgischen Dramaturgie' von der Aufgabe jenes Theaters, das in der Hansestadt ein Dutzend Bürger gegründet hatten. Es soll:

Wohltätig für den Staat, den Wütenden, den Wilden
zum Menschen, Bürger, Freund und Patrioten bilden.

Diese Verse könnten auch als Programm so gut wie jeder Sozietät dienen. Mit dem Stichwort „Freund" trifft Lessing etwas, was über die patriotische Absicht und die reine Geselligkeit hinausgeht. „Freundschaft" ist in diesem Jahrhundert teuer. Sie ist mehr als nur Geselligkeit. Hatte nicht Klopstock schon gesagt:

Aber süßer ist's noch, schöner und reizender
In dem Arme des Freunds, wissen ein Freund zu sein.

Klopstock besingt hier die Fahrt mit Freunden und Freundinnen auf dem Zürichsee. Es sind die Freunde, die sich in der gesellig-literarischen „Dienstagskompanie" finden, die in der „Physikalischen Gesellschaft" tätig sind, einst der jugendlichen „Wachsenden Gesellschaft" angehörten und bald die „Helvetische Gesellschaft" mitgründen helfen. Die nachfolgende Generation wird nicht nur den Zürichsee befahren, sondern die ganze Heimat erwandern gehen. Land und Leute, Natur und Geschichte sollen, mit Freunden genossen, zum großen Erlebnis werden. Auch das immer beliebter werdende Reisen und Wandern gehört zur neuen Geselligkeit. Die „Helvetische Gesellschaft" hat sich ganz offiziell für die Institution der „Schweizerreise" eingesetzt.

Freundschaftsideologie gehört auch zur Ideologie vieler Sozietäten. Freimaurerlogen stellen sich unter Devisen wie „Vollkommene Freundschaft" oder „L'amitié sincère"; eine niederländische Sozietät wählt „Doctrina et amicitia" („Lehre und Freundschaft"). Schließlich wird der Mozart zugeschriebene ‚Maurergesang' unter Veränderung von wenig Wörtern zum „Gesellschaftslied", das nun von jeder Gesellschaft oder bei jedem geselligen Anlaß angestimmt werden kann:

> Brüder reicht die Hand zum Bunde
> diese schöne Freundschaftsstunde
> führ' uns hin zu lichtern Höhn!
> Laßt, was irdisch ist, entfliehen,
> unsrer Freundschaft Harmonien
> dauern ewig fest und schön.

VI. Der weitere Verlauf der Sozietätsbewegung

Wir haben gesehen, daß mit den siebziger Jahren die ganze europäisch bestimmte Welt von der Sozietätsbewegung erfaßt ist. Überall kennt man Akademien, naturwissenschaftliche Gesellschaften, patriotische, gemeinnützige und ökonomische Sozietäten, literarische Gesellschaften und Lesegesellschaften und die Freimaurerlogen. Sie haben in Staat und Gesellschaft ihren Platz gefunden und sind nun „etabliert". Aber mit den allmählichen Veränderungen der Mentalitäten in den vorrevolutionären Jahrzehnten treten an ihre Seite neue sozietätsähnliche Gebilde, die neue Formen und neue Inhalte bringen. Auf jeden Fall wimmelt es nun so von Geheimgesellschaften verschiedenster Richtungen.

Eine dieser neuen Erscheinungen ist der bündische Zusammenschluß. Im ‚Maurer'- oder ‚Gesellschaftslied' heißt es „Brüder reicht die Hand zum Bunde". Wenn man in der Sozietät, in der Gesellschaft das wirklich Verbindende betonen will, so verwendet man den Begriff „Bund". „Bund" kennzeichnet im deutschen Sprachraum einen neuen Typus der Sozietät, der von den siebziger und achtziger Jahren an sich deutlicher abhebt. Faßbar ist er erstmals im Bund der Freundschaft, den eine Gruppe junger Dichter 1772 unter heiligen Eichen in der Nähe Göttingens beschwor und der als „Göttinger Hainbund" ein Stück deutschen „Sturms und Drangs" gewesen ist. Die Freundschaft stand im Zeichen von Gott, dem Vaterland, der Tugend, der Freiheit, der Unschuld und wahrer Empfindung. Zwanzig Jahre später sammelte sich in Jena die „Gesellschaft der freien Männer", die ein Bund für „alles Gute und Wahre" sein wollte. Der „Bund" ist von den Sozietäten aus gesehen eine Randerscheinung, vor allem schwärmerisch-jugendlicher Art, mehr oder weniger geheim, ohne Praxisbezug, aber mit einem bestimmten politisch-weltanschaulichen Inhalt.

Er steht darum auch in der Nähe politischer Vereinigungen. Denn nun beginnt sich das, was später politische Partei wird, abzuzeichnen. Am Anfang steht die „Assoziationsbewegung" in England. Sie setzt 1769 ein mit den Diskussionen um eine mögliche Reform des Parlaments. Der englische Club nimmt damit die Form einer Partei an. Ähnlich organisiert sich die „Patriotenpartei" in den Niederlanden, die dort 1781 bis 1787 eine antistatthalterliche, national-bürgerliche Politik verfolgt. Es sind Leute aus den französischen Sozietäten, die sich mit dem Beginn der

Revolution in politischen Klubs organisieren. Der bekannteste politische Club, der „Jakobinerclub", entsteht zuerst als „Club breton" in der Nationalversammlung, tauft sich dann in die „Société des amis de la Constitution" um. Den Namen „Jakobiner" bekommen sie, weil sie im „Convent des Jacobins" tagen, dem Dominikanerkloster in Paris, das seit dem Mittelalter nach seinem Standort zu St.-Jacques diese Bezeichnung trägt. Die Jakobiner sollten dann als große Partei die Schicksale bestimmen und nach den Gesetzen der Revolution vom gemäßigt liberalen zum radikalen Kurs übergehen.

Ihr Beispiel hat in Europa Schule gemacht. Zur Propagation der neuen Revolutionsideen gründeten sich überall politische Clubs. Im Frankreich benachbarten Rheinland besonders in Mainz (1792/93), in Landau (1791/95) und Köln (1798) mit dem Ziel, „dem gedruckten Volke aufzuhelfen, es mit den unverjährbaren Rechten des Menschen und Bürgers bekannt zu machen und die heiligen Grundsätze der Freiheit und Gleichheit überall zu verbreiten". Diese Clubs waren Massenvereine mit zweihundert bis fünfhundert Mitgliedern. Zwar dominierten Gelehrte, Geistliche und Kaufleute, aber Handwerker und Bauern hatten Zutritt – wie im Paris der großen Revolution.

Jedes von der Französischen Revolution erfaßte Land kannte parallele Erscheinungen. In der Schweiz zum Beispiel entstanden ähnliche Vereinigungen im Neuenburger Jura und im Bistum Basel. Zum Konflikt kam es im Kanton Zürich, wo einzelne Lesegesellschaften auf dem Lande – getragen von der ländlichen Oberschicht – sich zu politisieren begannen. Es gab da Spaltungen in eine neutrale Gruppe, die im alten Lesegesellschaftsstil weiterfahren wollte, und eine andere, die sich mit der Tagespolitik in der Welt und im Kanton auseinandersetzen wollte. Als die Stäfner Lesegesellschaft ein „Memorial" zuhanden der Regierung ausarbeitete, in welchen der unbefriedigende Zustand, die Rechtsungleichheit zwischen der regierenden Stadt und dem untertänigen Land analysiert und konkrete Änderungen vorgeschlagen wurden, griff die städtische Regierung ein. Ein hoher Magistrat erklärte: „Überspannter Wohlstand ist's, der in den See-Gemeinden hauptsächlich zur Nachäffung nicht nur des städtischen Aufwands, sondern auch städtischer Institutionen verleitete, wie Musik-, Lese- und Chirurgische Gesellschaften sind. Damit öffneten sich Sammelplätze zu politischer Kannengießerei und reichhaltige Nahrung bot sich dar in den um einen Spottpreis käuflichen Produkten des Vorwitzes und der Publizität, welche das Aufklärungssystem der drei letzten Jahrzehnten so sehr begünstigte; und so wurden durch oberflächliches Wissen Halb- und Schwachköpfe für das Gift der Zeitschriften empfänglich gemacht, zu den Eindrücken der Irrlehren von Freiheit und Gleichheit zubereitet und der Neuerungssucht gelenksame Anhänger, während die schlaueren Köpfe hinter diesem Vorhang einzig ihre egoistischen, eigennützigen, ehrgeizigen Absichten durchzusetzen strebten."

So harmlose Dinge wie Lesegesellschaften waren zur politischen Gefahr geworden. Auch Zürich wurde vom gegenrevolutionären Eifer erfaßt, der monarchische Regierungen seit der Illuminatenverfolgung beseelte. Die suspekten Lesegesellschaften von Stäfa und Pfäffikon traf daraufhin das Verbot, die vorsichtigere von Wädenswil durfte weiterexistieren.

Das Beispiel Zürich ließe sich in Varianten überall wiederfinden, wo die französischen Ideen zündeten. Überall glaubte man Subversion zu entdecken. Harmlose Sozietäten wurden der ,,Verschwörung" gegen Staat und Kirche angeklagt, unter Aufsicht gestellt oder aufgehoben. Insbesondere sollten die Freimaurer an allem schuld sein. Eine eigentliche ,,Verschwörungslegende" baute sich auf.

Es ist nicht mehr unsere Aufgabe, diese Krise der Sozietäten zu verfolgen. Das 18. Jahrhundert geht seinem Ende zu.

Revolution und Napoleon erschütterten in weiten Teilen des Kontinents die alte Ordnung. Manche Sozietäten gingen unter mit der guten alten Zeit.

Hier wäre ein interessanter Einzelfall darzustellen; die Rettung städtischer Selbständigkeit durch die Gründung einer Sozietät. Dies geschieht in der Republik Genf, die in freier Verbindung zur Schweiz, zwischen dem Königreich Frankreich und dem Königreich Sardinien, ihre Unabhängigkeit trotz schweren inneren Auseinandersetzungen bis 1798 hatte wahren können. Im Vereinigungstraktat mit Frankreich gelang es diesen aufgeklärten calvinistischen Geschäftsleuten und Politikern, durch das Mittel einer ,,Société économique" einen gewichtigen Teil des bisherigen Staatshaushaltes dem Zugriff der französischen Departementsverwaltung zu entziehen. Das Gemeindevermögen wurde im ,,Vereinigungstraktat" der ,,Société économique" übergeben. Sie leitete, überwachte und reorganisierte nach eigenem Gutdünken alle Schulanstalten – die Hochschule eingeschlossen –, die reformierte Kirche, das Fürsorgewesen und die Förderung der Industrie und Volkswirtschaft. Die Zahlung und Einkassierung der Staatsschulden wurde ihr übergeben. Hier hat also in einer politischen Notzeit der Sozietätsgedanke für eine Republik gerettet, was noch gerettet werden konnte, bis der Wiener Kongreß ein freies Genf, als schweizerischen Kanton, wieder aufgerichtet hat.

Das war ein Einzelfall in einer Stadt, in der neben etlichen Freimaurerlogen eine medizinische, eine naturwissenschaftliche Gesellschaft wie auch eine sehr erfolgreiche gemeinnützige-ökonomische „Société des Arts et Métiers" existierten.

Im übrigen haben sehr viele Sozietäten die große Krise überdauert. Auch in dieser Zeit hört der Gründungseifer nicht auf: Die Freimaurerlogen überleben und konsolidieren sich. Die Französische Revolution hat zwar in ihrer extrem-jakobinischen Phase alle Akademien und Sozietäten aufgehoben, aber sie nehmen meistens schon einige Jahre danach – unter dem Direktorialregime und während der napoleonischen Zeit – ihre Aktivitäten auf neuer Organisationsbasis wieder auf. In den andern Staaten – ob Fürstentum oder Republik – leisten die gemeinnützig-patriotischen Gesellschaften weiterhin ihre Arbeit und bleiben Sammelplätze der bürgerlichen Elite. Mit den Anfängen des Sozialstaats in der zweiten Jahrhunderthälfte schwächte sich allerdings ihre Bedeutung allmählich ab. Die Lesegesellschaften nahmen teils die Form von rein gesellschaftlichen Clubs an, da der Zugang zum Buch nun allgemeiner und leichter geworden war. Die Spezialisierung, die man schon vor der Jahrhundertwende beobachtet, vervielfacht sich: Medizinische, historische, künstlerische, pädagogische und andere Gesellschaften entstehen.

Neu sind in der ersten Hälfte des 19. Jahrhunderts die Massen- und Volksvereine, die Turner, die Sänger – in der Schweiz die Schützen.

Der Begriff „Verein" tritt neben den elitär klingenden Begriff der „Gesellschaft"; Verein tönt demokratischer.

Die Entwicklung ist je nach Land verschieden und verschieden intensiv. Je nach Umständen wird der „Verein" allmählich zum Selbstzweck zufriedener Bürgerlichkeit. Johannes Trojan, der Redaktor an der humoristischen Zeitschrift ‚Kladderatatsch‘, hat diese Entwicklung in einem „Vereinslied" einmal treffend festgehalten:

„Laßt uns in Vereine treten,
Denn dazu ja sind sie da.
Hilfreich durch Sozietäten
tritt der Mensch dem Menschen nah.

Einsam bleibt wie eingerammelt
Jeder auf demselben Fleck,
Doch indem er sich versammelt
Strebt der Mensch zu höhrem Zweck.

Lasset uns Statuten machen,
Denn darauf kommt es ja an,
Daß man etwas überwachen
Oder es verändern kann.

Wenn wir nicht das Richt'ge trafen,
Ist erst recht die Freude groß;
Mit dem Streit um Paragraphen
Geht das wahre Leben los.

Laßt uns Eintrittsgeld erheben,
Denn es weiß ja alle Welt:
Auch das allerbeste Streben
Ist erfolglos ohne Geld.

Dem Verein kann einzig frommen,
Daß recht viel zusammenkommt.
Jedes Mitglied sei willkommen,
Das da sicher zahlt und prompt.

Laßt uns Stiftungsfeste feiern,
Denn das ist die höchste Lust;
Und wir schlagen froh die Leiern
Unsres hohen Ziels bewußt.

Einsam baut der Uhu seinen
Horst in Wäldern wild und roh,
Aber einzig in Vereinen
Wird der Mensch des Daseins froh.

Auch in der Karikatur ist der alte Sozietätsgedanke durchaus noch sichtbar: Die gegenseitige Hilfe – etwa der Freimaurerlogen. Die Idee der
Soziabilität des Menschen, als Loslösung aus Vereinsamung. Der höhere
Zweck, der immer am Beginn der Gründung liegt. Die Organisation
republikanischer Art, mit der Notwendigkeit der demokratischen
„Überwachung" durch die Mitgliederversammlung. Das Eintrittsgeld,
das zur Finanzierung von irgendwelchen Aufgaben – insbesondere in
gemeinnützig-ökonomischen Sozietäten – nötig ist. Der Beizug der „Lei-
er" – der Musik oder des Singens – unter Freimaurern oder unter „Helvetiern" – ist möglich schon im 18. Jahrhundert. Schließlich die Rolle des
Stiftungsfestes, das mit dem Älterwerden einer Sozietät als Rückerinne-
rung an die Gründergeneration immer wichtiger werden kann – denn
„jedem Anfang wohnt ein Zauber inne".

Wir haben versucht, die „Gesellschaft" des 18. Jahrhunderts im Wech-
selspiel mit ihren „Gesellschaften" darzustellen; einer Erscheinung auf
die Spur zu kommen, die mancherlei erklärt und deutlich macht. Es
handelt sich einerseits um eine Bewegung, die auch heute noch nicht
abgeschlossen ist: Sozietätsbildung ist dort, wo Freiräume möglich sind,
nach wie vor ein Mittel menschlicher Kommunikation und menschlicher

Wirksamkeit. Andererseits haben die Sozietäten des 18. Jahrhunderts ihren eigenständigen Charakter und ihre eigene Funktion innerhalb der Gesellschaft dieses Jahrhunderts, als ,,politische" Erscheinung, als wissenschaftliche Leistung und als soziale Aufgabe. In der sozialen Aufgabe liegt die ethische Bedeutung der Sozietätsbewegung, in ihr wird ,,Utopie" zur ,,Reform".

Wir möchten abschließen mit einer Aussage, in welcher diese Bedeutung der Sozietätsbewegung deutlich gemacht wird. Sie stammt von einem Mitglied der von uns öfter genannten ,,Patriotischen Gesellschaft" in Hamburg. Da heißt es einmal in der Konfrontation mit menschlichem Elend, mit Unglück und mit der Zerstörung durch die Gewalten der Natur – und wir dürfen wohl beifügen – durch menschliche Bosheit und Unzulänglichkeit: ,,Und doch *betrüben* mag und muß dieser Hinblick den Menschenfreund, nur *müde machen*, das soll und muß er nicht."

Vierter Teil

Anhang

I. Quellen, Literatur, Erörterungen

Vorbemerkung: Dem Charakter dieses Buches entsprechend wurde auf einen ausführlichen Apparat mit laufenden Anmerkungen verzichtet. Da der zweite und der dritte Teil sich mit einem neuen Forschungsgebiet befaßt, soll dort die neuere Literatur, soweit möglich, lückenlos verzeichnet werden, während sich die Anmerkungen zum ersten Teil vornehmlich auf Belege zu den zitierten Quellen beschränken.

Verzeichnis der häufig zitierten Werke

van Dülmen, Aufklärungsgesellschaften
  Richard van Dülmen, Die Aufklärungsgesellschaften in Deutschland als Forschungsprogramm, in: Francia, Forschungen zur westeuropäischen Geschichte, Bd. 5, 1977.
Erne, Schweizerische Gesellschaftsbewegung
  Emil Erne, Die schweizerische Gesellschaftsbewegung im 18. Jahrhundert. Überblick und Typologie, Ms. Historisches Institut, Universität Bern, 1976.
Eulen, Gewerbefleiß
  Focko Eulen, Vom Gewerbefleiß zur Industrie. Ein Beitrag zur Wirtschaftsgeschichte des 18. Jahrhunderts, Schriften zur Wirtschafts- und Sozialgeschichte, Bd. 11, Berlin 1967.
Hammermayer, Freimaurerei
  Ludwig Hammermayer, Zur Geschichte der europäischen Freimaurerei und der Geheimgesellschaften im 18. Jahrhundert. Genese – Historiographie – Forschungsprobleme, in: Beförderer der Aufklärung in Mittel- und Osteuropa. Freimaurer, Gesellschaften, Clubs, herausgegeben von Eva H. Balazs, Ludwig Hammermayer, Hans Wagner und Jerzy Wojtowicz, Redaktion Heinz Ischreyt, Berlin 1979.
Hartmann, Akademiegedanke
  Der Akademiegedanke im 17. und 18. Jahrhundert, herausgegeben von Fritz Hartmann und Rudolf Vierhaus, Wolfenbütteler Forschungen, Band 3, Bremen und Wolfenbüttel 1977.
Hubrig, Patriotische Gesellschaften
  Hans Hubrig, Die patriotischen Gesellschaften des 18. Jahrhunderts, Göttinger Studien zur Pädagogik, Heft 36, Weinheim/Bergstraße 1957.
Kopitzsch, Hamburgische Gesellschaft
  Franklin Kopitzsch, Die Hamburgische Gesellschaft zur Beförderung der Künste und nützlichen Gewerbe (Patriotische Gesellschaft von 1765) im Zeitalter der Aufklärung. Ein Überblick, in: Wolfenbütteler Forschungen, Bd. 8, München 1980.

Prüsener, Lesegesellschaften
Marlies Prüsener, Lesegesellschaften im 18. Jahrhundert. Ein Beitrag zur Lese-
geschichte, Archiv für Geschichte des Buchwesens, XIII, 1–2, Frankfurt am
Main 1972.
Roche, Académies
Daniel Roche, Le siècle des lumières en province. Académies et académiciens
provinciaux, 1680–1789, 2 t., Civilisations et Sociétés 62, Paris 1978.
Schindler/Bonss, Praktische Aufklärung
Norbert Schindler, Wolfgang Bonss, Praktische Aufklärung – Ökonomische
Sozietäten in Süddeutschland und Österreich im 18. Jahrhundert, in: Wolfen-
bütteler Forschungen, Bd. 8, München 1980.
Shafer, Economic Societies
Robert Jones Shafer, The Economic Societies in the Spanish World (1763–1821),
Syracuse 1958.
Vierhaus, Patriotische Gesellschaften
Deutsche patriotische und gemeinnützige Gesellschaften, herausgegeben von
Rudolf Vierhaus, Wolfenbütteler Forschungen, Bd. 8, München 1980.

N. B. Lesegesellschaften und bürgerliche Emanzipation. Ein europäischer Vergleich, herausgegeben von Otto Dann, München 1981 (Enthält Beiträge aus dem
deutschen, niederländischen, französischen, belgischen, osteuropäischen, böhmi-
schen und russischen Bereich. Das Sammelwerk ist nach der Redaktion des vorliegenden Buches erschienen. Es enthält einen ausführlichen bibliographischen Anhang).

Angaben zu den einzelnen Abschnitten

*(Die Marginalziffern verweisen auf die
entsprechenden Stellen im Text)*

Erster Teil
Die Gesellschaft des 18. Jahrhunderts

S. 17f.   *Handbuch der europäischen Geschichte*, herausgegeben von Theodor Schieder,
Bd. 4: Europa im Zeitalter des Absolutismus und der Aufklärung, herausgegeben
von Fritz Wagner, Stuttgart 1968.
Aufklärung, Absolutismus und Bürgertum in Deutschland, herausgegeben von
Franklin Kopitzsch, Nymphenburger Texte zur Wissenschaft, Modelluniversität
24, München 1976 (enthält verschiedene Aufsätze und eine ausführliche Bibliographie).
Rudolf Vierhaus, Deutschland im Zeitalter des Absolutismus, 1648–1763, Göttingen 1978 (alle historischen Gebiete betreffende Analyse und Darstellung in aussa-
gekräftiger, knapper Form).
Das Achtzehnte Jahrhundert, Mitteilungen der Deutschen Gesellschaft für die
Erforschung des achtzehnten Jahrhunderts, Wolfenbüttel 1977f. (laufende For-
schungs- und Literaturberichte).

I. Die Sozialordnung der Stände

1. Die Welt der Monarchen

Swifts Heraufbeschwörung königlicher Vorfahren: *Jonathan Swift*, Gullivers tra- S. 19 f.
vels into several remote Nations of the world, 1727 (A voyage to Laputa etc.,
chapter VIII).
Justinus Kerner, sämtliche poetische Werke in 4 Bänden, 3. Bd., Leipzig (ohne S. 22–24
Datum): Das Bilderbuch aus meiner Knabenzeit, Erinnerungen aus den Jahren
1786–1804 (verfaßt 1849), S. 8–14 (Max Hesses neue Leipziger Klassiker Aus-
gaben).
Schubart über Kurfürst Karl Theodor: Text zur Schallplatte Johann Stamitz, S. 25
Decca 6.42308 AW.
Beispiel eines Witwenhofes: *Helmut Reichold*, Sophie Caroline Marie von Bran- S. 25 f.
denburg-Bayreuth (1737–1817), 77. Jahrbuch des Historischen Vereins für Mittel-
franken, 1957.
Zu *Camila Perricholi: Thornton Wilder*, The bridge of St. Luis Rey, 1927 und S. 26 f.
Prosper Mérimée, Le carosse du St-Sacrement, in: Le théatre de Clara Gazul
(1825, 1830, 1842).

2. Der hohe und der niedere Adel

Zitat aus den ‚Georgica curiosa‘ von *Wolf Hermhard von Hohberg* in: *Otto* S. 28
Brunner, Adeliges Landleben und europäischer Geist (Leben und Werk Wolf
Hermhard von Hohbergs 1612–1688), Salzburg 1959, S. 285.
Zitat: „Der lange und verschlungene Weg" aus: *Fritz Wagner*, Europa im Zeital- S. 30
ter des Absolutismus und der Aufklärung. Die Einheit der Epoche, in: Theodor
Schieder, Handbuch der europäischen Geschichte, Bd. 4, Stuttgart 1968, S. 95.
Zu *Johann Jakob Moser: Reinhard Rürup*, Johann Jakob Moser, Pietismus und S. 31 f.
Reform, Wiesbaden 1965 (Zitate von S. 109).
Friedrich Carl von Moser, Von dem deutschen Nationalgeist, 1765, S. 14/15. S. 32 f.
Zu *d'Argenson: Peter Gessler*, René Louis d'Argenson 1694–1757. Seine Ideen S. 33
über Selbstverwaltung, Einheitsstaat, Wohlfahrt und Freiheit in biographischem
Zusammenhang, Basler Beiträge zur Geschichtswissenschaft 66, 1957 (Zitat S. 88).

3. Die Geistlichkeit

Zitat von *Charles Péguy* in: *Susanne Thieme*, Zur Soziologie des protestantischen S. 37
Pfarrhauses, in: Reformatio, evangelische Zeitschrift für Kultur und Politik,
29. Jahrgang, 1980, S. 456.
Urteil über *Franz Konrad Kasimir, Fürstbischof von Konstanz* durch Pfarrer Karl S. 38
Joseph Ringold in: *Stefan Röllin*, Pfarrer Karl Joseph Ringold (1737–1815), Leben
und Wirken bis zu seiner Wahl als Pfarrer von Altdorf und bischöflicher Kom-
missar von Uri im Jahr 1793, ein Beitrag zum Reformkatholizismus des 18. Jahrhunderts, Lizentiatsarbeit (Ms. Historisches Institut, Universität Bern) 1976,
S. 144.

4. Das städtische Bürgertum

Zitat aus *Jerzy Wojtowicz*, Miasto Europejskie w epoce oświeccnia i revolucji S. 43
Francuskiej, Warszawa 1972, S. 415/416.

S. 44f.;   Zitate aus *Zinzendorf:* Bericht des Grafen Karl von Zinzendorf über seine han-
48f.; 53   delspolitische Studienreise durch die Schweiz, 1764, herausgegeben von Otto
           Erich Deutsch, Basler Zeitschrift für Geschichte und Altertumskunde,
           35. Bd. 2. Heft, 1936, S. 181/182, 189, 186, 195.

S. 45; 53 Zitate aus Heimpel: *Hermann Heimpel,* Die halbe Violine, Siebenstern Taschen-
           buch 38/39, München/Hamburg 1965, S. 183/184.

S. 49f.   Zitat über die Rolle der *Gattin eines Zürcher Kaufmanns* aus: *Salomon von Orelli,*
           Anrede an die Helvetische Gesellschaft, Verhandlungen der Helvetischen Gesell-
           schaft in Olten, 1790, S. 81/82.

S. 49   F. C. v. Moser über Holland: *Friedrich Carl von Moser,* Iselins Briefwechsel mit
           einem deutschen Staatsmann, Patriotisches Archiv für Deutschland, 4. Bd.,
           Frankfurt und Leipzig 1786, S. 356/357 (Das Urteil stammt von 1764).

S. 52f.   Zitat über den *Handwerksstand* in Zürich aus: Lebenserinnerungen von *Ludwig*
           Meyer von Knonau, herausgegeben von Gerold Meyer von Knonau, Frauenfeld
           1883, S. 43–46.

5. *Das Bauerntum*

S. 55   Zitat: „*Landespunkte*" *von Schwyz:* Die 26 Landespunkte von Schwyz,
           1701–1733, in: Hans Nabholz und Paul Kläui, Quellenbuch zur Verfassungsge-
           schichte der Schweizerischen Eidgenossenschaft und der Kantone, Aarau 1940,
           S. 160/161.

S. 56f.   Zitat aus Carl Schurz: *Carl Schurz,* Jünglingsjahre in Deutschland, Berlin und
           Leipzig 1921, S. 3–5.

S. 57f.   Zitat aus *Laukhard:* Magister F. Ch. Laukhards Leben und Schicksale von ihm
           selbst beschrieben, in: Deutsche Selbstbiographien aus drei Jahrhunderten, her-
           ausgegeben von Gisela Möller, München 1967, S. 205/206.

S. 58   Zitat aus *Hohberg* ‚Georgica curiosa‘: *Otto Brunner,* Adeliges Landleben, Salz-
           burg 1959, S. 287 und S. 285.

6. „*Das Volk*"

S. 59   „Gesinde" ... „gewöhnlich das Volk genannt" aus Carl Schurz (s. hier unter 5).
           Zitat „Der Soldat im Lager" aus Laukhard (hier unter 5), S. 228 und „Bisher
           waren wir ...", S. 219.

S. 60   Zitat aus *Seume:* Johann Gottfried Seume, Mein Leben, in: Deutsche Selbstbio-
           graphien aus drei Jahrhunderten, herausgegeben von Gisela Möller, München
           1967, S. 143.
           Zitat: „So kam denn endlich die Nachricht ..." ebenda S. 154.

S. 61   Zitat: „... werde doch lieber Leineweber ..." ebenda S. 103.

S. 61f.   Zitat aus *Jean Pauls* ‚Selberlebensbeschreibung‘, ebenda S. 22/23.

S. 63   Zu *Rinaldo Rinaldini: A. Bergmann,* Der historische Rinaldini, in: Das Literari-
           sche Echo, Halbmonatsschrift für Literaturfreunde, 31, 1929, S. 379/380.

S. 64   *Preisfrage über die Bettelei* (Pfarrer Albrecht Stapfer) in: *Karl Geiser,* Geschichte
           des Armenwesens im Kanton Bern von der Reformation bis auf die neuere Zeit,
           Bern 1894, S. 230.

S. 66f.   *Weberlied:* Pfarrer *Hieronymus Annoni* in Muttenz bei Basel, ‚Geistliches Passa-
           menter Lied zu singen nach der Melodey des 100. Psalms‘, Basel 1786 in: *Ulrich*

Im Hof, Ancien Régime, Aufklärung, Revolution und Fremdherrschaft 1648–1815, Quellenhefte zur Schweizergeschichte, Heft 6, 3. Auflage, Zürich 1974, S. 26–28.
Rudolf Vierhaus, Deutschland im Zeitalter des Absolutismus, Göttingen 1978, S. 71.   S. 68

II. Die Staaten und der Lauf der Welt
1. Die Staaten des Gleichgewichtssystems

Flugblatt/Politisches Barometer im Jahre 1785 aus: Zeichen der Zeit, ein deutsches   S. 69
Lesebuch, herausgegeben von Walther Killy, Band 1, Frankfurt/Hamburg 1962, S. 25.

2. Die Ereignisgeschichte des 18. Jahrhunderts

Johann Peter Hebel, Erzählungen des rheinländischen Hausfreundes, 1. Abtei-   S. 72f.
lung 1803–1813.
Die hier aufgeführten Ereignisse finden an folgenden Daten statt: S. 72–74
    1685 Ludwig XIV. hebt das Schutzedikt von Nantes auf und vertreibt die Hu-
      genotten aus Frankreich.
    1701–1714 Spanischer Erbfolgekrieg zwischen Frankreich (mit Bayern) und
      Österreich/Großbritannien/Niederlanden. In den Friedensschlüssen von
      Utrecht, Rastatt und Baden fällt Spanien an das Haus Bourbon und die
      Grenzen Europas werden neu festgelegt.
    1715 Tod Ludwigs XIV.
    1700–1721 Nordischer Krieg zwischen Schweden und Rußland/Dänemark.
    1718 Tod Karls XII.
    1733–1735 Polnischer Erbfolgekrieg zwischen Frankreich und Rußland/Öster-
      reich.
    1740–1748 Österreichischer Erbfolgekrieg zwischen Österreich/Großbritan-
      nien/Niederlanden und Preußen/Frankreich/Bayern. Schlesien fällt an
      Preußen.
    1755 Erdbeben von Lissabon.
    1756–1763 Siebenjähriger Krieg zwischen Preußen/Großbritannien und Öster-
      reich/Frankreich.
    1765 Tod Kaiser Franz I.
    1772 Erste Teilung Polens zwischen Rußland, Österreich und Preußen.
    1772 Hinrichtung des dänischen Ministers Struensee.
    1780 Tod der Kaiserin Maria Theresia.
    1782 Belagerung von Gibraltar (englisch) durch Spanien und Frankreich.
    1776–1783 Unabhängigkeitskrieg der englischen Kolonien in Nordamerika.
    1788 Episode der Verteidigung der Veteranischen Höhle in Ungarn durch den
      österreichischen Major Stein während des österreichisch-türkischen Krie-
      ges (1787–1792).
    1788–1790 Russisch-schwedischer Krieg mit der vorübergehenden Rückerobe-
      rung von russisch Karelien.
    1790 Tod Kaiser Josephs II.

S. 72–74   1789 Beginn der Französischen Revolution.
            1792 Tod Kaiser Leopolds II.
            1792 Beginn der Revolutionskriege der gegenrevolutionären Mächte gegen
            Frankreich.
            1806 Eroberung Preußens durch Napoleon I.
            1807 Bombardement Kopenhagens durch die englische Flotte.

III. Utopie und Reform

S. 75   Vgl. *Franco Venturi*, Utopia e Riforma nell'Illuminismo, Torino 1970. Wir möch-
         ten hier nur auf die beiden klassisch gewordenen Werke von *Paul Hazard*, La
         crise de la conscience européenne (1680–1715), 3 Bde., Paris 1935 (deutsche Über-
         setzung) und La pensée européenne au XVIIIe siècle, de Montesquieu à Lessing, 3
         Bde., Paris 1946 hinweisen.

1. „Verbesserung" und „Träume"

S. 76   Die Arbeit *Albrecht Stapfers* erschien in den Abhandlungen und Beobachtungen
         der Ökonomischen Gesellschaft zu Bern, 1760.

2. Theologie und Kirche

S. 82 f.   Friedrich Heer über *Fénelon: Friedrich Heer*, Die dritte Kraft. Der europäische
            Humanismus zwischen den Fronten des konfessionellen Zeitalters, Frankfurt am
            Main 1960, S.614.

S. 83 f.   *Klage eines schweizerischen Politikers über die Lehrtätigkeit der Jesuiten:* Zitat aus
            dem Briefe Joseph Anton Felix Balthasars an Isaak Iselin, 13. Dezember 1758 in:
            Briefwechsel des Basler Ratschreibers Isaak Iselin mit dem Luzerner Ratsherrn
            Felix Balthasar, herausgegeben von Ferdinand Schwarz, Basler Zeitschrift für
            Geschichte und Altertumskunde, 24. Band, 1925, S. 23.

S. 85 f.   *Voltaires* ‚Prière à Dieu' ist das 23. Kapitel des ‚Traîté sur la tolérance' (1762/
            1763).

3. Naturrecht und Moralphilosophie

S. 88   Zitat aus *Fénelons* ‚Telemach': *François de la Motte-Fénelon*, Les aventures de
         Télémaque, fils d'Ulysse (1699), 10. Buch.

S. 89   Zitat aus *Beccarias* ‚Dei delitti e delle pene': *Franco Venturi*, Settecento riformato-
         re, da Muratori a Beccaria, Torino 1969, p. 709.

4. Politik und Ökonomie

S. 90 f.   Zitat aus *Fénelons* ‚Telemach' in: Paul Hazard, Crise de la conscience européenne,
            Paris 1935, Bd. 2, S. 66/67.

S. 94   Zitat aus *Adam Smith:* Adam Smith, Der Wohlstand der Nationen. Eine Untersu-
         chung seiner Natur und seiner Ursachen, München 1974, S. 510/511.

5. Naturwissenschaft und Technik

Zitat aus *Johann Jakob Scheuchzers* ‚Hiobs Naturwissenschaft', Zürich 1721 in: S. 97–102
Ulrich Im Hof, Ancien Régime, Aufklärung Revolution und Fremdherrschaft
1648–1815, Quellenhefte zur Schweizergeschichte, Heft 6, Zürich 1974, S. 30–32.
Zitat aus *Voltaire*, Précis du siècle de Louis XV (1768), Paris 1957, S. 1566 (Kap.   S. 102
13: „Des progrès de l'esprit humain dans le siècle de Louis XV").

Zweiter Teil
Die Gesellschaften des 18. Jahrhunderts

Die Literatur zur Sozietätsbewegung wird im Abschnitt I des dritten Teils einge-   (S. 250–252)
hender besprochen. Das Verzeichnis der häufig zitierten Werke (Abkürzungen)
befindet sich vor den Ausführungen zum ersten Teil. Es werden in der Regel nur
die neuesten Erscheinungen, sofern sie die ältere Literatur enthalten, aufgeführt.

I. Von der Gesellschaft zu den Gesellschaften

Jan Huizinga, Naturbild und Geschichtsbild im achtzehnten Jahrhundert, in: S. 106
„Parerga", Basel 1945, S. 160.
„The greatest happiness of the greatest number": *Jeremy Bentham*, An introduc-
tion of the Principles of Morals and Legislation, 1788.
Beccaria bei *Franco Venturi*, Settecento riformatore, Torino 1969, S. 706.
Iselin bei *Ulrich Im Hof*, Isaak Iselin und die Spätaufklärung, Bern 1967, S. 312
(Anm. 63).
Francis Hutcheson in: Dictionary of National Biography, Bd. 10, S. 334 (Hutche-
son, Inquiry concerning Moral Good and Evil, sec. 3 § 8).
Leibniz' Grundriß eines Bedenkens in: G. W. Leibniz, Politische Schriften II,   S. 106–109
herausgegeben und eingeleitet von H. H. Holz, Frankfurt am Main 1967, S. 32f.
Isaak Iselin, Über die Geschichte der Menschheit, 2. Auflage 1768, 2. Band,   S. 110
S. 377/378 (Der Passus über die Gesellschaften fehlt noch in der ersten Auflage
von 1764).

II. Die Gesellschaften als Beförderer von Reform und Aufklärung

1. Die wissenschaftlichen Akademien und die gelehrten Gesellschaften

Der Akademiegedanke im 17. und 18. Jahrhundert, herausgegeben von Fritz   S. 112
Hartmann und Rudolf Vierhaus, Wolfenbütteler Forschungen, Band 3, Bremen
und Wolfenbüttel 1977.
August Buck, Die humanistischen Akademien in Italien (ebenda, S. 11f.).
Nikolaus Pevsner, Academies of Art, Past and Present, New York 1973 (1. Aufla-
ge 1940) (betrifft die Kunstakademien, sowie ihr Verhältnis zu den wissenschaftli-
chen Akademien).
Henry Lyons, The Royal Society, 1660–1940, Cambridge 1944.
Martha Ornstein, The Role of Scientific Societies in the Seventeenth Century,
Chicago 1928.

S. 112   *J. D. Bernal,* Die Wissenschaft in der Geschichte, Berlin 1961 (3. Aufl., Berlin 1967).

Jürgen von Stackelberg, Die Académie Française, in: Hartmann, der Akademiegedanke, S. 27 f.

L. Hammermayer, Akademiebewegung und Wissenschaftsorganisation während der zweiten Hälfte des 18. Jahrhunderts, in: E. Amberger u. a., Wissenschaftspolitik in Mittel- und Osteuropa, Berlin 1976, S. 16 f.

Jürgen Voss, Die Akademien als Organisationsträger der Wissenschaften im 18. Jahrhundert, Historische Zeitschrift, Bd. 231, 1980, S. 34–74.

S. 114   Zitat aus der ‚Encyclopédie‘: „Supplément à l'Encyclopédie", Bd. 1, S. 93 f. (Avantages des Académies).

Règlement ordonné par le Roy pour l'Académie Royale des Sciences, S. 3 f. (1699).

S. 115   Zur „Societas ereunetica": Artikel Joachim Jungius, in: Allgemeine Deutsche Biographie, 14. Bd., Leipzig 1881, S. 723. (Zitat ebenda). Neuere Literatur in: Neue Deutsche Biographie 10 (1974), S. 686–689.

S. 115 f. *Rolf Winau,* Zur Frühgeschichte der Academia Naturae Curiosorum, in: Hartmann, Akademiegedanke, S. 117 f.

A. Kraus, Die Bedeutung der deutschen Akademien des 18. Jahrhunderts für die historische und naturwissenschaftliche Forschung, in: Hartmann, Akademiegedanke, S. 139.

S. 116–119 *Hans-Heinrich Müller,* Akademie und Wirtschaft im 18. Jahrhundert. Agrarökonomische Preisaufgaben und Preisschriften der Preußischen Akademie der Wissenschaften (Versuch, Tendenzen und Überblick), Berlin 1975 (reichhaltiges Literaturverzeichnis).

Adolf Harnack, Geschichte der Königlich-Preußischen Akademie der Wissenschaften zu Berlin, 2 Bde., Berlin 1900.

Wilhelm Dilthey, Friedrich der Große und die deutsche Aufklärung, in: Studien zur Geschichte des deutschen Geistes, Gesammelte Schriften, 3. Bd., Leipzig, Berlin 1927.

S. 119 f. *Richard Toellner,* Entstehung und Programm der Göttinger Gelehrten Gesellschaft unter besonderer Berücksichtigung des Hallerschen Wissenschaftsbegriffes, in: Hartmann, Akademiegedanke, S. 97 f. (dort weitere Literatur).

S. 120 f. *Daniel Roche,* La diffusion des lumières. Un exemple: l'académie de Châlons-sur-Marne, Annales 19, 1964.

S. 121   Beispiel der *gelehrten Gesellschaften von Danzig und Thorn:* Mündliche Auskünfte von *Jerzy Wojtowicz,* Universität Toruń.

S. 122 f. Beispiel der *gelehrten Gesellschaften in der Schweiz: Erne,* Schweizerische Gesellschaftsbewegungen. *Eduard Fueter,* Geschichte der exakten Wissenschaften in der schweizerischen Aufklärung (1680–1780), Aarau 1941, S. 133 f.

2. Literarische Gesellschaften und Lesegesellschaften

S. 123–125 *Karl F. Otto,* Die Sprachgesellschaften des 17. Jahrhunderts, Sammlung Metzler 109, Stuttgart 1972.

S. 126 f. *Herbert G. Göpfert,* Lesegesellschaften im 18. Jahrhundert, in: Dichtung-Sprache-Gesellschaft. Akten des IV. Internationalen Germanistenkongresses in Prin-

ceton, Frankfurt am Main 1971 und in: Aufklärung, Absolutismus und Bürger- S. 126f.
tum in Deutschland, herausgegeben von Franklin Kopitzsch, München 1976.
Marlies Prüsener, Lesegesellschaften im 18. Jahrhundert. Ein Beitrag zur Lesege-
schichte, Archiv für Geschichte des Buchwesens, XIII, 1–2, Frankfurt am Main
1972.
von Dülmen, Aufklärungsgesellschaften, S. 70.
Zitat von Bürgermeister *Heinecken:* C. A. Heinecken, Geschichte der freyen S. 126
Hansestadt Bremen von der Mitte des 18. Jahrhunderts bis zu deren Unterwer-
fung unter dem französischen Zepter (Handschrift) bei Prüsener S. 379.
Zitat aus dem ‚Hannoverschen Magazin‘ in: *Prüsener*, Lesegesellschaften, S. 380. S. 127
Beispiel der *Lesegesellschaft von Mainz: Prüsener*, Lesegesellschaften, S. 395–401. S. 128f.
Beispiel der *Ludwigsburger Lesegesellschaften: Barney M. Milstein*, Eight Eight- S. 129f.
eenth Century Reading Societies, A sociological Contribution to the History of
German Literature, Berne and Frankfurt/M, 1972, S. 19–42.
Beispiel der *literarischen Studentengesellschaften in der Schweiz: Ulrich Im Hof,* S. 130–132
Die Helvetische Gesellschaft als Jugendbewegung ..., in: Der Schweizerische
Zofingerverein, 1819–1969, Bern 1969, S. 15–22.
Hans Métraux, Schweizer Jugendleben in fünf Jahrhunderten, Aarau 1942,
S. 176–179.
Beispiel der *Toggenburgischen Gesellschaft: Johannes Dierauer*, Die ,,Reformierte S. 132–134
toggenburgische Moralische Gesellschaft‘‘, ein Kulturbild aus der zweiten Hälfte
des XVIII. Jahrhunderts, herausgegeben vom Historischen Verein des Kantons
St. Gallen, St. Gallen 1913.

3. Gemeinnützige Gesellschaften

Hans Hubrig, Die patriotischen Gesellschaften des 18. Jahrhunderts, Göttinger S. 134–137
Studien zur Pädagogik, Heft 36, Weinheim/Bergstraße, 1957 (betrifft die Gesell-
schaften von Dublin, London, Paris, Erfurt, Hamburg, Lübeck, Hessen-Homburg
und schweizerische Gesellschaften).
Deutsche patriotische und gemeinnützige Gesellschaften, herausgegeben von Ru-
dolf Vierhaus, Wolfenbütteler Forschungen, Bd. 8, München 1980 (betrifft die
Gesellschaften von Hamburg, Schleswig-Holstein, Lübeck, Celle, Hessen-Hom-
burg, die Helvetische Gesellschaft, Leipzig, Karlsruhe, Burghausen, Nürnberg,
Lautern und die österreichischen Ackerbausozietäten).
Zitat von 1798 über die *Hamburger Gesellschaft* bei *Kopitzsch,* Hamburgische S. 135
Gesellschaft, S. 67.
Zitat über die *Basler Gesellschaft* bei *Paul Siegfried*, Festschrift zur 150. Stiftungs- S. 137
feier der Gemeinnützigen Gesellschaft 1777–1927, Basel 1927, S. 1.

Beispiel der *Dublin Society: The Royal Dublin Society, 1731–1981*, edited by S. 137–139
James Meenan and Desmond Clarke, Dublin 1981.
Hubrig, Patriotische Gesellschaften, S. 22 (Zitat).
Eulen, Gewerbefleiß, S. 134.
Beispiel der *Hamburger Gesellschaft: Franklin Kopitzsch*, Die Hamburgische Ge- S. 139–142
sellschaft zur Beförderung der Künste und nützlichen Gewerbe (Patriotische Ge-
sellschaft von 1765) im Zeitalter der Aufklärung. Ein Überblick, in: Vierhaus,
Patriotische Gesellschaften, S. 71–118 (mit reichhaltigem Apparat).

S. 142 f. Beispiel der *Zürcher Moralischen Gesellschaft: Siegfried Viola*, Aus den Anfängen der schweizerischen Gemeinnützigkeitsbewegung mit besonderer Berücksichtigung des Kantons Zürich, Zürich 1941, S. 83–93.

S. 143 f. Beispiel der *spanischen Sozietäten: Robert Jones Shafer*, The Economic Societies in the Spanish World (1763–1821), Syracuse 1958, S. 88 f.

S. 144–146 Beispiel der *Lunar Society: Robert E. Schofield,* The Lunar Society of Birmingham, A Social History of Provincial Science and Industry in Eighteenth Century England, Oxford 1963.

4. Ökonomisch-landwirtschaftliche Gesellschaften

S. 146–157 *Vierhaus*, Patriotische Gesellschaften.
Focko Eulen, Vom Gewerbefleiß zur Industrie. Ein Beitrag zur Wirtschaftsgeschichte des 18. Jahrhunderts, Berlin 1967.
Hans Heinrich Müller, Akademie und Wirtschaft im 18. Jahrhundert, Berlin 1975 (Liste der ökonomischen Sozietäten und ihrer Publikationen).
E. Justin, Les sociétés d'agriculture au XVIIIe siècle (1757–1793), Saint-Lô 1935.
A. J. Bourde, Agronomie et agronomes dans la France au XVIIIe siècle, Paris 1967, 3 Bände.
Weitere Literatur bei *Roche, Académies*, 2. Bd., S. 195–198.

S. 147 f. Zitat aus einem *französischen ökonomischen Lexikon: Noël Chomel/de la Mare,* Dictionnaire oeconomique . . . 3 Bände, neue Edition durch M. de la Mare, Paris 1767 (erste Edition 1709, zweite Edition 1718). Vorwort von de la Mare S. II.

S. 148 f. Zitate ,,durch reif überdachte Maßregeln . . .", ,,nicht nur Gelehrte" aus *Schindler/Bonss*, Praktische Aufklärung, S. 274 und S. 276.

S. 149 *Walter Guyer*, Kleinjogg, der Zürcher Bauer, 1716–1785, Erlenbach-Zürich 1972.

S. 149–151 *Jean Meyer*, La Noblesse Bretonne au XVIII siècle, Paris 1966, S. 576–585.

S. 151–154 *Christian Pfister*, Agrarkonjunktur und Witterungsverlauf im westlichen Schweizer Mittelland zur Zeit der ökonomischen Patrioten 1755–1797 (der die ,,Ökonomische Gesellschaft" betreffende Teil ist noch nicht publiziert; Dissertation Phil.-Hist. Fakultät, Universität Bern, 1974).
Kurt Guggisberg, Das erste Jahrhundert der Ökonomischen Gesellschaft, in: Kundige Aussaat, köstliche Frucht. Zweihundert Jahre Ökonomische und gemeinnützige Gesellschaft des Kantons Bern 1759–1959, Bern 1958.

S. 153 Urteil des *Grafen von Zinzendorf:* Bericht des Grafen von Zinzendorf über seine handelspolitische Studienreise durch die Schweiz, 1764, Basler Zeitschrift für Geschichte und Altertumskunde, 35. Band, 2. Heft, S. 303.
Ludwig Deike, Die Celler Sozietät und Landwirtschaftsgesellschaft von 1764, in:

S. 154 f. Vierhaus, Patriotische Gesellschaften, S. 161–194.

S. 155–157 Beispiel der *Burghausener Gesellschaft: Norbert Schindler, Wolfgang Bonss*, Praktische Aufklärung – Ökonomische Sozietäten in Süddeutschland und Österreich im 18. Jahrhundert, in: Vierhaus, Patriotische Gesellschaften, S. 283–293.

5. Patriotisch-politische Gesellschaften

S. 158 f. Zur (ersten) *Patriotischen Gesellschaft in Hamburg: Jürgen Rathie*, Geschichte, Wesen und Öffentlichkeitswirkung der Patriotischen Gesellschaft von 1724 in Hamburg, in: Vierhaus, Patriotische Gesellschaften, S. 51–69.

Kopitzsch, Hamburgische Gesellschaft, S. 72–74.   S. 158 f.

Zur „Gesellschaft der Maler": *H. Schöffler*, Das literarische Zürich 1700–1750,   S. 159
Leipzig 1925.

Zur „Accademia dei Pugni": *Mario Mirri*, Cesare Beccaria, il Principe di Würt-   S. 159 f.
temberg e la „Società Morale" di Losanna, Rivista storica italiana LXXVI, 1964,
S. 749–759.
Franco Venturi, Italy and the Enlightenment, studies in a Cosmopolitan Century,
London 1972, S. 155 f.

Zur „Helvetischen Gesellschaft": *Ulrich Im Hof*, Die Helvetische Gesellschaft   S. 160–163
1761–1798, in: Vierhaus, Patriotische Gesellschaften, S. 223–240.

6. Die Freimaurerei

Ludwig Hammermayer, Zur Geschichte der europäischen Freimaurerei und der   S. 163–170
Geheimgesellschaften im 18. Jahrhundert. Genese – Historiographie – Forschungsprobleme, in: Beförderer der Aufklärung in Mittel- und Osteuropa, Berlin 1979 (mit ausführlichem kritischen Apparat).
Geheime Gesellschaften, herausgegeben von *Peter Christian Ludz*, Wolfenbütteler Studien zur Aufklärung, Band V/1, Heidelberg 1979.
van Dülmen, Aufklärungsgesellschaften, S. 157–162.

Zitate aus einer deutschen *Abhandlung über die (englische) Freimaurerei* in: „Mo-   S. 164–166
natliches Gespräch von einer fruchtbringenden Gesellschafft", 1741, S. 211, 372,
373, 215, 216, 211/212, 211.

Zitate aus einer *Verteidigungsschrift von 1746:* Le Franc Maçon dans les républi-   S. 166
ques, 1746.

Zitat: „In den Logen trafen sich Magnaten . . ." aus: *Jerzy Wojtowicz*, Die polni-   S. 167
sche Freimaurerei im öffentlichen Leben der Aufklärungsperiode, in: Beförderer
der Aufklärung in Mittel- und Osteuropa, Berlin 1979, S. 179/180.

Zum ‚Maurergesang oder auch Gesellschaftslied': *Ludwig von Köchel*, Chronolo-   S. 170
gisch-thematisches Verzeichnis sämtlicher Tonwerke Wolfgang Amadeus Mozarts, 7. Auflage, Wiesbaden 1965, S. 724–726.

Richard van Dülmen, Der Geheimbund der Illuminaten. Darstellung, Analyse,   S. 170–172
Dokumentation, Stuttgart 1975 (mit der Liste aller Mitglieder und reichhaltiger
Dokumentation). Zitate von S. 34/35, 212, 439 (Decknamen), 49–51 (Provinzial-
einteilung).
Vgl. *van Dülmen*, Aufklärungsgesellschaften, S. 264/265.

7. Religiös-gemeinnützige Gesellschaften

‚Monatliches Gespräch von einer Fruchtbringenden Gesellschafft", 1741 („Ge-   S. 172 f.
spräch zwischen H.[errn] Graf von Zinzendorff u.[nd] einem Freymäurer").

Zu den drei religiös-gemeinnützigen Gesellschaften: Aufsätze in: Pietismus und   S. 173–175
Neuzeit. Ein Jahrbuch zur Geschichte des neueren Protestantismus. Band 7,
1981: *Eamon Duffy*, The society of promoting christian knowledge. SPCK and
Europe. The background to the founding of the Christentumsgesellschaft (eben-
da). *Allan Parkmann*, Hofprediger Wrangel und die Societas Suecana Pro Fide et
Christianismo (ebenda). *Horst Weigelt*, J. A. Urlsperger und die Anfänge der
Christentumsgesellschaft (ebenda). *Martin Brecht*, „Wir sind correspondierende

S. 173–175 Pietisten". Neue Einsichten in die Anfänge der Christentumsgesellschaft (ebenda).

S. 174 Zitate aus der „Vorrede" der Publikation der Christentumsgesellschaft und aus *J. A. Urlspergers* Schrift in: *Ernst Staehelin*, Die Christentumsgesellschaft in der Zeit der Aufklärung und der beginnenden Erweckung, Basel 1970, ˙S. 194 und S. 97.

S. 173 Zur Aktivität der SPCK in den nordamerikanischen Kolonien: *R. C. Simmons*, The American Colonies from Settlement to Independence, London 1976, S. 208.

Dritter Teil
Sozietätsbewegung und Sozietätsgedanke

(S. 239/240) Vgl. das Verzeichnis der häufig zitierten Werke (Abkürzungen) vor den Ausführungen zum ersten Teil.

I. Der Begriff der Sozietät
1. Lage der Forschung

S. 179 *Collier's Encyclopedia*, vol. 21, 1968, S. 149.

Ernst Manheim, Aufklärung und öffentliche Meinung, Leipzig 1933 (neue Edition, Stuttgart 1979).

Hans Gerth, Die sozialgeschichtliche Lage der bürgerlichen Intelligenz um die Wende des 18. Jahrhunderts. Ein Beitrag zur Soziologie des Frühliberalismus, Frankfurt 1935. (2. Auflage unter dem Titel: Bürgerliche Intelligenz um 1800, Göttingen 1976.)

S. 179f. *Roger Picard*, Les salons littéraires et la société française 1616–1789, New York 1942.

S. 180 *Fritz Valjavec*, Entstehung der politischen Strömungen in Deutschland, 1770–1815, München 1951.

Reinhart Koselleck, Kritik und Krise. Ein Beitrag zur Pathogenese der bürgerlichen Welt, Freiburg 1959.

C. B. Macpherson, The political theory of possessive individualism. Hobbes to Locke, London-Oxford-New York 1970.

Jürgen Habermas, Strukturwandel der Öffentlichkeit. Untersuchungen zu einer Kategorie der bürgerlichen Gesellschaft, Neuwied 1962.

Daniel Roche, La diffusion des lumières. Un exemple: L'académie de Châlons-sur-Marne, Annales 19, 1964.

Daniel Roche, Le siècle des lumières en province. Académies et académiciens provinciaux, 1680–1789, 2 Bände, Paris 1978. (Der zweite Band enthält eine umfassende Bibliographie, Karten und Tabellen).

Ulrich Im Hof und *François de Capitani*, Die Helvetische Gesellschaft, Spätaufklärung und Vorrevolution in der Schweiz, Frauenfeld, 2. Bd.: Die Gesellschaft im Wandel, Mitglieder und Gäste der Helvetischen Gesellschaft (im Druck).

Rudolf Rübbert, Die ökonomischen Sozietäten (Staatswiss. Dissertation, Würzburg 1934).

Hans Hubrig, Die patriotischen Gesellschaften des 18. Jahrhunderts, Weinheim/ S. 180
Bergstraße 1957.
Focko Eulen, Vom Gewerbefleiß zur Industrie. Ein Beitrag zur Wirtschaftsge-
schichte des 18. Jahrhunderts, Berlin 1967, S. 127f. (betrifft Dublin, Leipzig,
Karlsruhe, Nürnberg, Hamburg und weitere Gesellschaften, enthält eine Liste der
ökonomischen Sozietäten).
Herbert G. Göpfert, Lesegesellschaften im 18. Jahrhundert, in: Dichtung – Spra-
che – Gesellschaft, Akten des IV. Internationalen Germanisten-Kongresses in
Princeton, Frankfurt a. M. 1971.
Barney M. Milstein, Eight Eighteenth Century Reading Societies, a sociological
Contribution to the History of German Literature, Berne and Frankfurt/M, 1972
(Ludwigsburg, Trier, Zug, Wädenswil, Schaffhausen, Basel).
Marlies Prüsener, Lesegesellschaften im 18. Jahrhundert. Ein Beitrag zur Lesege-
schichte, Archiv für Geschichte des Buchwesens XIII, 1–2, Frankfurt/M 1972.
Ludwig Hammermayer, Zur Geschichte der europäischen Freimaurerei und der
Geheimgesellschaften im 18. Jahrhundert. Genese-Historiographie-Forschungs-
probleme, in: Beförderer der Aufklärung in Mittel- und Osteuropa, Berlin 1979.
(S. 23 f. Auseinandersetzung mit der Literatur).
Otto Dann, Die Anfänge politischer Vereinsbildung in Deutschland, in: Soziale S. 181
Bewegung und politische Verfassung, herausgegeben von Ulrich Engelhardt u. a.,
Stuttgart 1976.
Thomas Nipperdey, Verein als soziale Struktur in Deutschland im späten 18. Jahr-
hundert. Eine Fallstudie zur Modernisierung, in: ders., Gesellschaft, Kultur,
Theorie. Gesammelte Aufsätze zur neueren Geschichte, Göttingen 1976.
Richard van Dülmen, Die Aufklärungsgesellschaften in Deutschland als For-
schungsprogramm, in: Francia, Bd. 5, 1977.
Ulrich Im Hof, Der Sozietätsgedanke im 18. Jahrhundert, in: Pietismus und Neu-
zeit. Ein Jahrbuch zur Geschichte des neueren Protestantismus, Bd. 7, 1981.
Zitat: „Freemasonry – a neglected topic“, Aussage von J. M. Roberts, zit. in:
Hammermayer, Freimaurerei, S. 9.
Der Akademiegedanke im 17. und 18. Jahrhundert, Wolfenbütteler Forschungen,
Band 3, 1977.
Deutsche patriotische und gemeinnützige Gesellschaften, Wolfenbütteler For-
schungen, Band 8, München 1980.
Geheime Gesellschaften, Wolfenbütteler Studien zur Aufklärung, Band V/1, Hei-
delberg 1979.
Ulrich Im Hof, Die Helvetische Gesellschaft, 1761 bis 1798, Spätaufklärung und
Vorrevolution in der Schweiz (demnächst).
Emile Erne, Die schweizerische Gesellschaftsbewegung im 18. Jahrhundert (Ms.
Historisches Institut, Universität Bern, 1976).
Gianfranco Torcellan, Un tema di ricerca, Le accademie agrarie nel settecento, in:
Settecento Veneto e altri scritti storici, Torino 1969, S. 329–419.
Michele Maylender, Storia delle accademie d'Italia, 5 Bde., Bologna 1926–1930
(Reprint).
Robert Jones Shafer, The Economic Societies in the Spanish World (1763–1821),
Syracuse 1958.
Beförderer der Aufklärung in Mittel- und Osteuropa. Freimaurer, Gesellschaften, S. 181f.

S. 181f.   Clubs, herausgegeben von Éva H. Balázs, Ludwig Hammermayer, Hans Wagner und Jerzy Wojtowicz, Berlin 1979.
S. 182f.   *Fragenkatalog* (Questionario) in: *Gianfranco Torcellan*, Settecento Veneto e altri scritti storici, Torino 1969, S. 331–335.
S. 183   *Vierhaus*, Patriotische Gesellschaften, S. 8.

2. *Sozietätsbegriff und Sozietätsbewegung*

S. 184   *van Dülmen*, Aufklärungsgesellschaften, S. 253.
S. 184f.   *Collier's Encyclopedia*, vol. 21, 1968, S. 149.
S. 185   *Geheime Gesellschaften*, Wolfenbütteler Studien zur Aufklärung, Band V/1, Heidelberg 1979.
           Zitat: ,,eine eigene Zwischenstufe . . .‟ aus: *van Dülmen*, Aufklärungsgesellschaften, S. 252.
S. 185f.   Zitat: *Hamburger Gesellschaft* der neunziger Jahre, bei: *Kopitzsch*, Hamburgische Gesellschaft, S. 100.

II. Nationale Varianten der Sozietätsbewegung

S. 188   Da die systematische Beschäftigung mit der Sozietätsbewegung erst in ihren Anfängen steckt und nur wenig Länder über die entsprechende allgemeinere Literatur verfügen, können hier nur einige wenige und lückenhafte Hinweise gegeben werden. Dabei beschränken wir uns in der Regel auf neuere Publikationen. Nützlich auch für die Geschichte der Sozietätsbewegung ist die international konzipierte Arbeit von *David A. Kronick*, A History of scientific and technical Periodicals, the Origins and Development of the scientific and technical Press, 2. Auflage, Metuchen N.J. 1976.

1. Frankreich

S. 188–190   *Daniel Roche*, Académies (im 2. Band umfassende Literaturangaben zur Sozietätsbewegung in Frankreich).
S. 188f.   *Pierre Gaxotte*, L'Académie française, Paris 1965.

2. Großbritannien

S. 190–192   *Henry Lyons*, The Royal Society, 1660–1940, Cambridge 1944.
             A. Rupert Hall, The Royal Society of Arts, Two Centuries of Progress in Science and Technology, Journal of the Royal Society of Arts, CXXII, 1974, S. 641–658.
             Derek Hudson and *Kenneth Luckurst*, The Royal Society of Arts 1754–1954, London 1954.
             R. E. P. Ernle, English Farming, Past and Present, London 1928.
             E. L. Jones, Agriculture and Economic Growth in England, 1650.1815, London 1967.
             W. E. H. Lecky, History of Ireland in the 18th century, London 1919, p. 297f.
             Desmond Clarke, Thomas Prior 1681–1751, Founder of the Royal Dublin Society, Dublin 1951.
             Ralph S. Bates, Scientific Societies in the United States, New York 1945.

Brooke Hindle, The pursuit of Science in Revolutionary America, 1735–1789,   S. 190–192
Chapel Hill 1956.
Hans Joachim Braun, Die Sozietäten in Leipzig und Karlsruhe als Vermittler
englischer ökonomisch-technischer Innovationen, in: Vierhaus, Patriotische Ge-
sellschaften, S. 245 f.
Dazu oben (Zweiter Teil) die Angaben zur ,,Dublin Society" und zur ,,Lunar
Society".

3. Italien

Michele Maylender, Storia delle accademie d'Italia, 5 Bände, Bologna 1926–1930.   S. 192 f.
Eric W. Cochrane, Tradition and Enlightenment in the Tuscan Academies
(1690–1800). Chicago 1961.
Marco Tabarrini, Degli studi e delle vicende della Reale Accademia dei georgofili
nel primo secolo di sua esistenza, Firenze 1856.
O. Mattirolo und E. Mussa, Cronistoria della Reale Accademia di Agricoltura di
Torino, Torino 1939.
I materiali dell'Istituto delle scienze, Accademia delle scienze, Università degli
Studi di Bologna, 1979.
La società italiana delle Scienze un secolo dopo la fondazione (1782–1882), Napoli
1882.
Dazu oben (Zweiter Teil) die Angaben zu den wissenschaftlichen Akademien und
zur ,,Società dei Pugni".

4. Deutschland

Vierhaus, Patriotische Gesellschaften.   S. 193–195
Hartmann, Akademiegedanke.
Eulen, Gewerbefleiß.
Prüsener, Lesegesellschaften.
Zu den Vorschlägen von *Campe, Becker* und *Herder: van Dülmen,* Aufklärungs-   S. 194 f.
gesellschaften, S. 261/262.
Dazu oben (Zweiter Teil) die Angaben zu den deutschen Sozietäten.

5. Schweiz

Erne, Schweizerische Gesellschaftsbewegung.   S. 195 f.
François Ruchon, La Franc-Maçonnerie en Suisse avant la fondation de l'Alpina
1736–1844 in: La Franc-Maçconnerie en Suisse, Editions de l'Alpina 5, 1944.
200 Jahre Freimaurerloge Modestia cum Libertate im Orient zu Zürich, Zürich
1971.
Dazu oben (Zweiter Teil) die Angaben zu den schweizerischen Sozietäten.

6. Niederlande

J. H. Buursma, Nederlandse Geleerde Genootschappen opgericht in de 18e Eeuw,   S. 196 f.
Uithoorn 1978.
R. P. W. Visser, De Nederlandse Geleerde Genootschappen in de Achttiende

S. 196 f. Eeuw, Dokumentatieblad, Werkgroep 18e eeuw, Nr. 7, 1970 (Verzeichnis der Sozietäten).
Briefliche Mitteilung von Prof. *P. J. Buijnsters*, Nijmwegen.

7. Spanien

S. 197–199 *Shafer*, Economic Societies.
Jean Sarrailh, L'Espagne éclairée de la seconde moitié du XVIIIe siècle, Paris 1954, S. 223 f.

S. 198 f. Bericht von *Francisco de Viedma* aus: *Francisco de Viedma*, Descripcion geografica y estadistica de la provincia de Santa Cruz de la Sierra, 3. Auflage, Cochabamba 1969, S. 169–170.

8. Das übrige Europa

S. 199 Zum *Norden: Artur Almhult* and others, Academies in Sweden, Gdynia, Baltic Institute, 1937.
Briefliche Mitteilungen von Prof. *O. Bandle*, Abteilung für nordische Philologie am Deutschen Seminar der Universität Zürich.

S. 199 f. Zum *Osten:* Beförderer der Aufklärung in Mittel- und Osteuropa, Freimaurer, Gesellschaften, Clubs, herausgegeben von Éva H. Balázs und anderen, Berlin 1979 (betrifft Österreich, Ungarn, Böhmen, Serbien, Siebenbürgen, Rumänien, Polen, Kurland, Rußland).

S. 200 Zu *Österreich:* Schindler-Bonss, Praktische Aufklärung, S. 263–282.
Zur ,,Société Patriotique de Hesse-Hombourg": *Jürgen Voss*, Die Sociétié Patriotique de Hesse-Hombourg (1775–1781). Der erste Versuch einer europäischen Koordinationsstelle für wissenschaftlichen Austausch in: Wolfenbütteler Forschungen Band 8, München 1980, S. 195–221.

III. Beweggründe, Ziele und Verwirklichung
1. Motivationen zur Gründung von Sozietäten

S. 201 Devise der Sozietät von *Alkmaar:* R. P. W. Visser (s. Dritter Teil, Abschnitt II unter 6. Niederlande) Nr. 1.
Zitat aus *Prüsener*, Lesegesellschaften, S. 378.

S. 202 f. Zitat aus *Isaak Iselin*, Geschichte der Menschheit, 2. Auflage 1768, S. 377.

S. 203 ,,Traîté des académies", zitiert nach der Zusammenfassung bei *Daniel Roche*, Académies, S. 15. Es handelt sich um ein Manuskript in Nîmes, frühestens 1762 verfaßt.
Zitat über die *schweizerischen Sozietäten* aus: *Gottlieb Emanuel von Haller*, Bibliothek der Schweizergeschichte, 1. Teil, Bern 1758, S. 319.
Zitat aus *Prüsener*, Lesegesellschaften, S. 508.

2. Praxisbezug und Realisierungsmöglichkeiten

S. 203 f. Zitat aus Leibniz' Denkschrift: *Gottfried Wilhelm Leibniz*, Denkschrift über den Zweck und Nutzen einer zu gründenden Sozietät der Wissenschaften zu Berlin, Gottfried Wilhelm Leibniz, Politische Schriften, herausgegeben von Hans Heinz Holz, Frankfurt/M. 1967, S. 86.

3. Förderung und Hindernisse

Zitat von *Karl Friedrich von Baden-Durlach* aus: *van Dülmen*, Aufklärungsge- S. 207f.
sellschaften, S. 261, Anm. 39.
Zitat von *Gottsched* aus: *van Dülmen*, Aufklärungsgesellschaften, S. 257, Anm. 20. S. 208
Zum kurfürstlichen *Verbot des Illuminatenordens: Richard van Dülmen*, Der S. 208f.
Geheimbund der Illuminaten, Stuttgart 1975, S. 93f.
Zur *Repression gegen Lesegesellschaften: Prüsener*, Lesegesellschaften, S. 533f. S. 209
Die Verteidigungsschrift für die Lesegesellschaft von Würzburg stammt vom spä- S. 209f.
tern Fürstprimas des napoleonischen Rheinbunds, Erzbischof Karl von Dalberg,
zitiert bei: *van Dülmen*, Aufklärungsgesellschaften, S. 267, Anm. 64.
Zitat: „daß man mangels einer protobürgerlichen...“ bei: *Schindler/Bonss*, Prak- S. 210
tische Aufklärung, S. 273.
Zitat: „Pöbel, der außer der Unwissenheit“ bei: *Schindler/Bonss*, Praktische Auf- S. 211
klärung, S. 280. Es handelt sich um ein Urteil aus dem österreichischen Bereich.
Zitat: „Man habe in Basel wollen sehen lassen...“ bei: *Ulrich Im Hof*, Die
Helvetische Gesellschaft (demnächst), Kapitel 1.3.3.
Jonathan Swift, Gullivers Reisen (erste Ausgabe 1726), Ausgewählte Werke, In- S. 211–213
sel-Verlag 1972, S. 257–270.

4. Die Frage der persönlichen Initiative

Zitat aus den Abhandlungen und Beobachtungen durch die ökonomische Gesell- S. 214
schaft zu Bern gesammelt, 3. Jahrgang, Bern 1762 (Vorrede S. XXVII–XXVIII).
Zitat: „Es ist immer beobachtet worden...“ in: Royal Society of Edinburgh,
Transactions 1783–1793, History of the Society, S. 6 (1783).
Zitat: „In der Würdigung...“ bei: *Kopitzsch*, Hamburger Gesellschaft, S. 98. S. 214f.
Zitat: „...derjenige starke innere Trieb...“ bei: *Kopitzsch*, Hamburger Gesell- S. 215
schaft, S. 98.
Zum Begriff des Patriotismus vgl. *Rudolf Vierhaus*, „Patriotismus“, Begriff und
Realität einer moralisch-politischen Haltung, in: Vierhaus, Patriotische Gesell-
schaften, S. 9f.

IV. Neue Organisationsform und neue Gesellschaft
1. Die Sozietät als republikanische Organisation

Prüsener, Lesegesellschaften, S. 405/406. S. 217

2. Die Sozietäten als neue Gesellschaft zwischen den alten Ständen

Dazu vor allem: *van Dülmen*, Aufklärungsgesellschaften, S. 251f., *Prüsener*, Le- S. 218–225
segesellschaften, S. 383f., *Schindler/Bonss*, Praktische Aufklärung, S. 258f., *Ro-
che*, Académies, S. 75f.
Für Frankreich: *Roche*, Académies, Tabellen S. 381f. S. 218
Lesegesellschaften: *Prüsener*, Lesegesellschaften, S. 385, 418–424. S. 218f.
Leipziger Ökonomische Sozietät bei: *Eulen*, Gewerbefleiß, S. 135. S. 219
Helvetische Gesellschaft bei: *Ulrich Im Hof* und *François de Capitani*, Die Helve- S. 219–220
tische Gesellschaft, Spätaufklärung und Vorrevolution in der Schweiz, Frauen-

feld, 2. Bd.: Die Gesellschaft im Wandel, Mitglieder und Gäste der Helvetischen Gesellschaft (im Druck).

S. 221 *Jürgen Habermas,* Strukturwandel der Öffentlichkeit, Untersuchungen zu einer Kategorie der bürgerlichen Gesellschaft, Neuwied 1962, S. 180 (zit. bei *Prüsener,* Lesegesellschaften, S. 292).
Zitat: ,,Zum andern vollzog sich hier ...": *van Dülmen,* Aufklärungsgesellschaften, S. 215.
Zu den ,,Collegia musica" vgl. *E. Preussner,* Die bürgerliche Musikkultur. Ein Beitrag zur deutschen Musikgeschichte des 18. Jahrhunderts, Hamburg 1935.

S. 224 *Hedwig Charlotte von Nordenflycht* (1718–1763), die schwedische Dichterin, hat die Gründung der Gesellschaft selbst angeregt.
Zu den *Lesegesellschaften in Rügen und Erlangen,* s. *Prüsener,* Lesegesellschaften, S. 386 und 509.

V. Neue Geselligkeit

S. 226 *Roger Picard,* Les salons littéraires et la société française, New York 1942, S. 353.
S. 226 f. ,,Helvetische Concordia Gesellschaft" aus: ,,Schweizerische Nachrichten", Zürich 1779, S. 72 (In: *Ulrich Im Hof,* Ancien Régime, Aufklärung, Revolution und Fremdherrschaft, Quellenhefte zur Schweizergeschichte, Heft 6, Aarau 1954, S. 41).
S. 228 f. *Albrecht von Haller,* Rede an dem Geburtstage Georg II., 1751. Deutsche Übersetzung in: Sammlung kleiner Hallerischer Schriften, 2. Teil, Bern 1772, S. 202/204. Neue Auflage unter dem Titel ,Über den Nutzen wissenschaftlicher Gesellschaften und Akademien' in: Göttinger Universitätsreden aus zwei Jahrhunderten, herausgegeben von Wilhelm Ebel, Göttingen 1978, S. 53/54.
S. 229 *Weishaupts* Satz bei: *Prüsener,* Lesegesellschaften, S. 401.
Gotthold Ephraim Lessing, Hamburgische Dramaturgie, 1. Band, 6. Stück (Prolog, 19. Mai 1767).
Friedrich Gottlieb Klopstock, Ode an den Zürchersee. Die Fahrt fand am 30. Juli 1751 statt. Die Ode entstand einige Tage danach.
S. 229 f. Zur *Freundschaftsideologie: Peter Christian Ludz,* Ideologie, Intelligenz und Organisation. Bemerkungen über ihren Zusammenhang in der frühbürgerlichen Gesellschaft, Opladen 1976, S. 29. *Friedrich H. Tenbruck,* Freundschaft, ein Beitrag zu einer Soziologie der persönlichen Beziehungen, in: Kölner Zeitschrift für Soziologie und Sozialpsychologie 26, 1965, S. 431 f. *Hammermayer,* Freimaurerei, S. 33.
S. 230 ,Maurergesang'/,Gesellschaftslied': *Ludwig von Köchel,* Chronologisch-thematisches Verzeichnis sämtlicher Tonwerke Wolfgang Amadeus Mozarts, 7. Auflage, Wiesbaden 1965, S. 726. (vgl. hier im Zweiten Teil, Abschnitt II, 6. Freimaurerei).

VI. Der weitere Verlauf der Sozietätsbewegung

S. 231 Zu den ,,Bünden" vgl. *van Dülmen,* Aufklärungsgesellschaften, S. 268 f. und *Geheime Gesellschaften,* Wolfenbütteler Studien zur Aufklärung, Band V/1, Heidelberg 1979.

Zitat: ,,dem gedruckten Volke aufzuhelfen ..." bei: *van Dülmen,* S. 267 (vgl. S. 232
S. 270/271, dort weitere Literatur).
Eugene Charlton Black, The association. British extraparliamentary political or- S. 231
ganisation, 1769–1793, Cambridge 1963.
Zitat: ,,Ueberspannter Wohlstand ist's ..." in: *Diethelm Fretz,* Die Entstehung S. 232f.
der Lesegesellschaft von Wädenswil, XI. Neujahrsblatt der Lesegesellschaft Wä-
denswil für 1940, S. 113 (Rede des Statthalters Hans Konrad Hirzel).
,,Société économique" in Genf: Histoire de Genève de 1798 à 1931, Genève 1956, S. 233
S. 15 f.
Zur Verschwörungstheorie: *Hammermayer,* Freimaurerei, S. 14f., S. 56,
Anm. 185 (Literatur)
Zum Übergang ins 19. Jahrhundert: *Thomas Nipperdey,* Verein als soziale Struk- S. 234
tur in Deutschland im spätern 18. und frühen 19. Jahrhundert, in: ders., Gesell-
schaft, Kultur, Theorie, Göttingen 1976. *Otto Dann,* Die Anfänge politischer
Vereinsbildung in Deutschland, in: Soziale Bewegung und politische Verfassung,
herausgegeben von Ulrich Engelhardt u. a., Stuttgart 1976.
Johannes Trojan, (1837–1915) ,,Vereinslied" in: Neue Scherzgedichte, Stuttgart/ S. 234f.
Berlin 1903, S. 84/85.
Zitat: ,,Und doch betrüben mag ..." von *Johann Arnold Günther* aus seinem S. 236
Bericht über die ,,Hamburgischen Rettungsanstalten für im Wasser verunglückte
Menschen" (3. Band der Verhandlungen und Schriften der Hamburgischen Ge-
sellschaft zur Beförderung der Künste und nützlichen Gewerbe, Hamburg
1792–1807), zitiert bei: *Kopitzsch,* Hamburgische Gesellschaft, S. 103.

II. Verzeichnis der ökonomisch-gemeinnützigen Sozietäten in Europa und Übersee von 1731 bis 1789

Dieses Verzeichnis beruht auf den Listen, die Eulen (Gewerbefleiß, S. 180–183) 1967 als erster erstellt hat und die H. H. Müller (Akademie und Wirtschaft, Berlin 1975, S. 276–286) weiterführt. Hier werden diese Listen ergänzt und soweit möglich korrigiert aufgrund von Roche (Académies, S. 436 und S. 478), Schindler-Bonss (Praktische Aufklärung, S. 268), Shafer (Economic Societies, S. 48 f. und S. 145 f.), Erne (Schweizerische Gesellschaftsbewegung) und R. P. W. Visser (s. hier Angaben zum Dritten Teil, Abschnitt II unter 6).

Wir brechen dieses Verzeichnis mit dem Beginn der großen Revolution ab. Die Gründungen setzen sich – besonders zahlreich in England (H. H. Müller, S. 281 f.) – weiter fort, in gewissen Ländern (Spanien, Frankreich) kommen sie aber zum Stillstand. Hier wird damit die vorrevolutionäre Zeit erfaßt, das erste halbe Jahrhundert der ökonomisch-gemeinnützigen Sozietätsbewegung. Nicht aufgenommen wurden die bei Müller erwähnten Gesellschaften mit ungewissen Gründungsjahren (Hannover, Eutin, Gießen, Wittenberg, Danzig, Spalato, Venedig) sowie die kurzlebigen österreichischen Ackerbausozietäten (Ödenburg, Debrecen, Preßburg und Galizien). Von den etwa 70 spanischen ,,Sociedades de los Amigos del País" (1791) wurden nur die bei Shafer erwähnten aufgeführt.

Die Bezeichnungen der Sozietäten treten oft in verschiedenen Varianten auf. Auf die Angabe der oft unklaren Zeit der Dauer einer Sozietät mußte verzichtet werden. Das Verzeichnis hat der Forschungslage entsprechend vorläufigen Charakter.

1723 Schottland	Society of Improvers in the knowledge of Agriculture
1731 Dublin	Society for the Improvement of Husbandry, Agriculture, and other useful Arts
1753 Florenz	Accademia dell'agricoltura ossia dei Georgofili
1754 London	Society for the Encouragement of Arts, Manufactures, and Commerce
1754 Erfurt	Akademie nützlicher Wissenschaften
1757 Rennes	Société d'agriculture, de commerce et des arts, établie par les Etats de Bretagne (Zweiggesellschaften in Dol, St. Malo, St. Brieux, Tréguier, Léon, Quimper, Vannes)
1759 Bern	Ökonomische Gesellschaft (Zweiggesellschaften in Emmental, Simmental, Aarau, Nidau, Aigle, Avenches, Lausanne, Nyon, Payerne, Vevey, Yverdon)
1759 Zürich	Ökonomische Kommission der Naturforschenden Gesellschaft (Zweiggesellschaft im Kyburgeramt)

1760 Virginia	Society to encourage scientific Experimentation and the Interest in Arts and Manufactures
1761 Tours	Société royale d'agriculture (Zweiggesellschaften in Le Mans und Angers)
1761 Paris	Société royale d'agriculture (Zweiggesellschaften in Beauvais, Meaux, Sens)
1761 Limoges	Société royale d'agriculture (Zweiggesellschaften in Angoulême und Brive)
1761 Lyon	Société royale d'agriculture (Zweiggesellschaften in Montbrison, St. Etienne, Roanne, Villefranche)
1761 Clermont	Société royale d'agriculture (Auvergne)
1761 Orléans	Société royale d'agriculture (Zweiggesellschaften in Chartres, Blois, Montargis)
1761 Rouen	Société royale d'agriculture (Zweiggesellschaft in Evreux)
1761 Soissons	Société royale d'agriculture (Zweiggesellschaft in Laon)
1761 Biel	(Schweiz) Ökonomische Gesellschaft
1761 Freiburg	(Schweiz) Ökonomische Gesellschaft
1761 Solothurn	Ökonomische Gesellschaft
1762 Alençon	Société royale d'agriculture (Zweiggesellschaft in Falaise)
1762 Bourges	Société royale d'agriculture (Berry)
1762 Auch	Société royale d'agriculture (Gascogne) (Zweiggesellschaften in Dax, und St. Gaudens)
1762 La Rochelle	Société royale d'agriculture
1762 Montauban	Société royale d'agriculture (Guyenne) (Zweiggesellschaften in Rodez und Villefranche)
1762 Valence	Société patriotique (Dauphiné)
1762 Amsterdam (?)	Genootschap van Liefhebbers van den Landbouw in de Verenigde Nederlanden
1762 Flensburg	Königlich Dänische Ackerakademie (Glücksburgische ökonomische Gesellschaft)
1762/63 Weissensee	Thüringische Landwirtschaftsgesellschaft
1763 Valenciennes	Société royale d'agriculture (Hainaut) (Zweiggesellschaft in Cambrai)
1763 Vergara	(spanisches Baskenland) Real Sociedad Bascongada de los Amigos del País
1764 Bern	Société morale
1764 Paris	Société d'encouragement de l'industrie nationale (Société patriotique)
1764 Celle	Braunschweigisch-Lüneburgische Landwirtschaftsgesellschaft (Zweiggesellschaften in Ülzen, Hannover, Nienburg, Dannenberg und Stade)
1764 Leipzig	Ökonomische Sozietät (6 Kreissozietäten)
1764 Zürich	Moralische Gesellschaft
1765 Aix	Société royale d'agriculture (Provence)
1765 Coruña	Academia de agricultura
1765 Hamburg	Gesellschaft zur Beförderung der Künste und nützlichen Gewerbe (Patriotische Gesellschaft)

1765 Karlsruhe	Gesellschaft der nützlichen Wissenschaften zur Beförderung des gemeinen Besten (Sozietät zur Verbesserung der Landesökonomie)
1765 Ansbach	Fränkische physikalisch-ökonomische Gesellschaft (1770 ?)
1765 Kassel	Hochfürstliche Hessen-Kasselische Gesellschaft des Ackerbaues und der Künste
1765 Klagenfurt	K. K. Ackerbaugesellschaft in Kärnten
1765 Görz	K. K. Ackerbaugesellschaft
1765 St. Petersburg	Kaiserlich freie ökonomische Gesellschaft
1765 New York	Society for the Promotion of Agriculture, Arts, and Manufactures
1766 Harburg	Gesellschaft der Hausväter
1766 Klein-Bautzen	Kurfürstlich Sächsische Ökonomische Bienengesellschaft in der Oberlausitz
1766 Linz	K. K. Ackerbaugesellschaft
1766 Innsbruck	K. K. patriotische Gesellschaft des Ackerbaues und der Künste für Tirol und Vorarlberg
1766 Graz	K. K. Gesellschaft des Ackerbaues und der nützlichen Künste in der Steiermark
1767 Laibach	K. K. Gesellschaft des Ackerbaues und der nützlichen Künste im Herzogtum Krain
1767 Warschau	Gesellschaft zur Beförderung der praktischen Kenntnisse in der Naturkunde, Ökonomie, Manufakturen und Fabriken
1768 Gotha	Ökonomische Sozietät
1768 Freiburg	(Breisgau) K. K. Vorderösterreichische Ackerbaugesellschaft
1768 Wien	K. K. Ackerbaugesellschaft (Niederösterreich)
1768 Kopenhagen	Kongelike Danske Landhuus-holdnings-Selskab
1769 Burghausen	Kurbayrische Landesökonomiegesellschaft
1769 Prag	Böhmische Ackerkultursozietät
1769 Hermannstadt	Siebenbürgische Ackerbaugesellschaft
1769 Philadelphia	American Philosophical Society for useful Knowledge
1769/70 Lautern	Kurpfälzische physikalisch-ökonomische Gesellschaft
1770 Tudela	Real Sociedad de Amigos del País
1770 Brünn	K. K. mährische-schlesische Gesellschaft zur Beförderung des Ackerbaues, der Natur- und Landeskunde
1770 Troppau	K. K. Ackerbaugesellschaft (Schlesien)
1770/72 Stockholm	Svenska patrioska Sällskap
1770 Virginia	Society of Agriculture
1771 Verona	(Rep. Venedig) Pubblica Accademia di Agricoltura, commercio e arti
1771/1772 Breslau	Patriotische Gesellschaft in Schlesien (9 Kreissozietäten)
1772 Magdeburg (?)	Ökonomische Gesellschaft im Magdeburgischen
1772 Jauer	Ökonomisch-patriotische Sozietät der Fürstentümer Schweidnitz und Jauer
1772 Lund	Physiographiska Sällskap

1772 Lewes	Society for the Encouragement of Agriculture, Manufacture and Industry (Sussex)
1774 Baeza	(Andalusien) Real Sociedad de Amigos del País
1775 Birmingham	Lunar Society
1775 Madrid	Real Sociedad económica de Amigos del País (Zweiggesellschaften Toledo, Guadalajara, Avila, Villa de Talavera)
1775 Sevilla	Real Sociedad de Amigos del País
1776 Saragossa	Real Sociedad de Amigos del País
1776 Valencia	Real Sociedad de Amigos del País
1776 Paris	Société libre d'émulation pour l'encouragement des inventions qui tendent à perfectionner la pratique des arts et métiers à l'imitation de celle de Londres
1776 Straßburg	Société philanthropique (1777 mit Nancy vereinigt)
1776 Genf	Société des arts et métiers
1776 Mailand	Società patriotica
1776 Amsterdam	Maatschappij tot Bevordering van den Landbouw
1776 Molde	(Norwegen) Ökonomische Gesellschaft
1777 Bath	Society for the Encouragement of Agriculture (West of England).
1777 Basel	Gesellschaft zur Beförderung des Guten und Gemeinnützigen
1777 Haarlem	Oeconomische Tak van de Hollandsche Maatschapij der Wetenschapen
1778 Reims	Société libre d'émulation à l'imitation de celle de Paris
1778 Palme	(Mallorca) Real Sociedad económica Mallorquina de los Amigos del País
1778 S. Cristóval de la Laguna	Real Sociedad económica de Amigos del País (Kanarische Inseln)
1778 Homburg vor der Höhe	Hochfürstlich Hessen-Homburgische Patriotische Gesellschaft zur Beförderung der Kenntnisse und Sitten
1778 Chur	Gesellschaft landwirtschaftlicher Freunde in Bünden
1779 Perpignan	Société royale d'agriculture (Roussillon)
1780 Segovia	Real Sociedad económica de Amigos del País
1781 Manila	(Philippinen) Real Sociedad económica de Amigos del País
1783 Santiago da Cuba	Real Sociedad económica de Amigos del País
1783 Ponte de Lima	(Portugal) Ökonomische Gesellschaft
1784 Schottland	Highland and Agricultural Society of Scotland
1784 Mompox	(Neu Granada) Real Sociedad económica de Amigos del País
1784 Edam	Het Genootschap van Kunsten en Wetenschappen (ab 1787 in Amsterdam)
1784 South Carolina	Society for the Promotion of Agriculture in South Carolina
1785 Großflintbeck	(Schleswig) Agronomische Lesegesellschaft
1785 Turin	Società agraria
1785 Philadelphia	Society for the Promotion of Agriculture
1786 Moulins	Société royale d'agriculture (Bourbonnais und Nivernais)
1786 Kiel	Schleswig-Holsteinische Patriotische Gesellschaft

1786 Erzgebirge	Ökonomische erzgebirgische Ackerbaugesellschaft
1787 Rouen	Société libre d'émulation
1787 Kennebec	(Maine) Society for the Promotion of Agriculture
1788 Amiens	Société d'émulation
1788 Lissabon	Academia real das sciencias de Lisboa para o adiadamenta a agricultura, das artes e da industria em Portugal e suas conquistas
1788 Paramaribo	(Niederländisch Guyana) Het Genootschap de Surinaamsche Landbouw
1789 Poitou	Société royale d'agriculture
1789 Seefeld	(Bayern) Seefeldische Feldbau- und Jagdsozietät
1789 Lübeck	Gesellschaft zur Beförderung gemeinnütziger Tätigkeit

Literatur zur Gesellschaft und Kultur
des 18. Jahrhunderts

Lesegesellschaften und bürgerliche Emanzipation
Ein europäischer Vergleich.
Herausgegeben von Otto Dann. 1981. 279 Seiten (Edition Beck)

Helmuth Kiesel / Paul Münch
Gesellschaft und Literatur im 18. Jahrhundert
Voraussetzungen und Entstehung des literarischen Markts in Deutschland.
1977. 245 Seiten mit 10 Abbildungen und zahlreichen Tabellen im Text.
Paperback (Beck'sche Elementarbücher)

„Kiesel / Münchs Arbeit behandelt . . . die politisch-gesellschaftlichen Grundlagen
der Epoche, die Entstehung, Struktur und Funktionsweise des literarischen Markts . . .
Das Werk ist nicht nur eine willkommene, sondern unentbehrliche Ergänzung zur
Literaturgeschichte des 18. Jahrhunderts.“   *Wirkendes Wort*

Ernst Hinrichs
Einführung in die Geschichte der Frühen Neuzeit
1980. 237 Seiten mit 6 Abbildungen im Text. Paperback
(Beck'sche Elementarbücher)

Das Buch führt ein in die Geschichte Mittel- und Westeuropas zwischen der Refor-
mation und der Französischen Revolution. Neben der Verlaufsgeschichte werden die
Geschichte der Bevölkerung, der Familie, der Wirtschaft, der Gesellschaft und der
Bildung besonders behandelt.

Lessing
Epoche – Werk – Wirkung
Von Wilfried Barner, Gunter Grimm, Helmuth Kiesel, Martin Kramer.
Unter Mitwirkung von Volker Badstübner, Rolf Kellner und Ursula Nowak.
4., völlig neubearbeitete Auflage. 1981. 453 Seiten
(Arbeitsbücher für den literaturgeschichtlichen Unterricht)

„Eine Erschließungstat ersten Ranges . . . Daß Lessing und sein Werk . . . unver-
stellt zum Vorschein kommen, erhebt den Band zum Glücksfall.“ *Süddeutsche Zeitung*

Arnold Hauser
Sozialgeschichte der Kunst und Literatur
53. Tsd. 1978. XIV, 1119 Seiten. Leinen (Beck'sche Sonderausgaben)

Verlag C. H. Beck München